HISTOIRE
PARLEMENTAIRE
DE FRANCE

II

PARIS. — IMPRIMÉ CHEZ BONAVENTURE ET DUCESSOIS,
55, QUAI DES AUGUSTINS.

Complément des Mémoires pour servir à l'Histoire de mon Temps

HISTOIRE
PARLEMENTAIRE
DE FRANCE

RECUEIL COMPLET
DES DISCOURS PRONONCÉS DANS LES CHAMBRES DE 1819 à 1848

PAR

M. GUIZOT

TOME DEUXIÈME

PARIS

MICHEL LÉVY FRÈRES, LIBRAIRES ÉDITEURS

RUE VIVIENNE, 2 BIS, ET BOULEVARD DES ITALIENS, 15

A LA LIBRAIRIE NOUVELLE

1863

Tous droits réservés

HISTOIRE PARLEMENTAIRE DE FRANCE

DISCOURS DE M. GUIZOT

XLV

Exposé des motifs du projet de loi sur l'instruction primaire présenté à la Chambre des députés le 2 janvier 1833.

— Chambre des députés. — Séance du 2 janvier 1833. —

L'instruction publique, et spécialement l'instruction primaire, était, depuis la révolution de 1830, l'une des questions dont les Chambres et le public se préoccupaient le plus vivement. La Charte de 1830 avait promis, dans son article final, une loi à ce sujet. Le 24 octobre 1831, le comte de Montalivet, comme ministre de l'instruction publique et des cultes, présenta à la Chambre des députés un projet de loi sur l'instruction primaire qui n'arriva pas jusqu'à la discussion. Peu après l'ouverture de la session de 1832, le 17 décembre 1832, quatre députés, MM. Eschasseriaux, Laurence, Eusèbe Salverte et Taillandier, firent, sur le même sujet, une proposition formelle et détaillée. Dès mon entrée au ministère de l'instruction publique, je m'occupai de la préparation d'un nouveau projet de loi.

J'ai dit, dans mes *Mémoires*[1], au milieu dé quelles circonstances, politiques et domestiques, j'accomplis ce premier travail et quelles idées y présidèrent. Je présentai le projet de loi à la Chambre des députés, le 2 janvier 1833 ; M. Renouard, député de la Somme, en fit le rapport, le 4 mars suivant, au nom de la commission qui avait été chargée de l'examiner. La discussion s'ouvrit le 29 avril et dura jusqu'au 3 mai. Le projet de loi, adopté dans la Chambre des députés par 249 voix contre 7, fut présenté le 6 mai à la Chambre des pairs. M. Cousin en fit le rapport le 21 mai, et la Chambre des pairs l'adopta le 28 mai, à la majorité de 114 voix contre 4, en y faisant quelques amendements. Reporté le 1er juin à la Chambre des députés, le projet de loi amendé y fut, sur le rapport qu'en fit, le 12 juin, M. Dumon, député de Lot-et-Garonne, l'objet d'une nouvelle discussion qui dura du 14 au 18 juin. Les amendements de la Chambre des pairs furent, les uns acceptés, les autres repoussés par la Chambre des députés, où le projet de loi fut de nouveau voté par 219 voix contre 57 ; et il retourna, le 20 juin, à la Chambre des pairs qui, sur un second rapport de M. Cousin, l'adopta purement et simplement, le 22 juin, à 86 voix contre 11. Il fut promulgué, comme loi, le 28 juin 1833.

J'insère ici, dans leur ordre et sans en interrompre la série par les autres questions qui occupèrent les Chambres dans ce long intervalle, du 2 janvier au

---

[1] Tome III, pages 57-71.

28 juin 1833, les divers discours que je prononçai dans ces divers débats sur toutes les questions que souleva ce projet de loi.

Messieurs, le caractère du projet de loi que nous avons l'honneur de vous présenter est d'être essentiellement pratique.

Il ne repose, en effet, sur aucun de ces principes absolus que l'esprit de parti et l'inexpérience accréditent selon les temps et les circonstances, et qui, lorsqu'ils règnent seuls dans une loi, la rendent presque toujours vaine et stérile.

L'histoire de l'instruction primaire, depuis quarante années, est une éclatante démonstration de ce danger.

Quel principe, au premier coup d'œil, paraît plus favorable que celui-ci :

« Quand un gouvernement est fondé sur les lumières générales, il doit à tous l'instruction nécessaire à tous. »

Quoi de plus spécieux, de plus digne, ce semble, d'une grande nation ?

C'est presque l'honneur de l'Assemblée constituante de s'être laissé prendre à cette illusion généreuse ; et, sous l'empire de l'enthousiasme qui entraînait alors les meilleurs esprits, la loi du 13 et du 14 septembre 1791 décida que l'instruction *serait gratuite à l'égard des parties d'enseignement indispensables pour tous les hommes*. Ce qu'avait dit l'Assemblée constituante, la Convention le fit, c'est-à-dire le tenta, car elle décréta partout un enseignement élémentaire, avec un traitement fixe de 1,200 fr. à tout instituteur, sur le Trésor public, ainsi qu'une retraite proportionnée.

Promesse magnifique qui n'a pas produit une seule école ! Quand l'État veut tout faire, il s'impose l'impossible ; et comme on se lasse bientôt de lutter contre l'impossible, à des illusions gigantesques succèdent promptement le découragement, la langueur et la mort.

Du principe absolu de l'instruction primaire gratuite considérée comme une dette de l'État, passons au principe opposé qui compte encore aujourd'hui tant de partisans, celui de l'instruction primaire considérée comme une pure industrie, par conséquent livrée à la seule loi de toute industrie, la libre concurrence, et à la sollicitude naturelle des familles, sans aucune intervention de l'État. Mais cette industrie que l'intérêt comprend, l'intérêt seul la poursuit; l'intérêt peut donc aussi l'interrompre et l'abandonner. Les lieux où l'instruction primaire serait le plus nécessaire sont précisément ceux qui tentent le moins l'industrie, et le besoin le plus sacré demeure sans garantie et sans avenir.

Contre ces deux principes extrêmes, nous adresserons-nous au principe communal? Demanderons-nous à la commune, qui semble participer à la fois de la famille et de l'État, de se charger seule de l'instruction primaire, de la surveillance et par conséquent des dépenses? Le principe communal nous jette bien loin des grandes vues de l'Assemblée constituante et de la Convention; il nous mène sous le gouvernement du Directoire et sous la loi de l'an IV, aussi étroite en matière d'instruction primaire que le principe exclusif sur lequel elle repose; loi en vérité trop peu libérale et envers l'instituteur et envers le peuple, qui n'assurait à l'instituteur que le logement, et n'exemptait de la rétribution qu'un quart des élèves pour cause d'indigence. Encore la loi de l'an X, conçue dans le même esprit, réduisit ce quart au cinquième, pour ne pas trop diminuer le seul traitement éventuel du maître, mais en augmentant par là l'ignorance et la misère de la commune.

C'est qu'il est bien difficile que la plupart des communes supportent seules les dépenses nécessaires pour que l'instruction primaire y soit réelle; dans presque toutes, il faudra que l'instituteur se contente à peu près de la seule rétribution des élèves qu'il attirera; traitement éventuel, incertain, insuffisant. Cet instituteur, déjà si dépourvu, on le ruine entièrement, si on le force de donner l'instruction gratuite aux indigents; et de conséquence en conséquence, on arrive à n'admettre dans l'école qu'un très-petit nombre de pauvres, c'est-à-dire que l'on prive de l'instruction primaire ceux-là mêmes qui en ont le plus pressant besoin. Rien n'est plus sage assurément que de faire intervenir les pouvoirs locaux dans la surveillance de l'instruction primaire ; mais il n'est pas bon qu'ils y interviennent seuls, ou il faut bien savoir qu'on livre alors l'instruction primaire à l'esprit de localité et à ses misères. Si on veut que le maître d'école soit utile, il faut qu'il soit respecté ; et pour qu'il soit respecté, il faut qu'il ait le caractère d'un fonctionnaire de l'État, surveillé sans doute par le pouvoir communal, mais sans être uniquement sous sa main, et relevant d'une autorité plus générale.

Cherchez toujours ainsi, messieurs, et vous ne trouverez pas un bon principe qui, admis à dominer seul dans l'instruction primaire, ne puisse lui porter un coup mortel. Et pour finir ces exemples par le plus frappant de tous, supposons un gouvernement qui, pour établir la salutaire influence de la religion dans l'instruction du peuple, irait, comme l'a tenté la Restauration dans ses plus mauvais jours, jusqu'à remettre l'éducation du peuple au clergé seul. Cette coupable condescendance enlèverait à l'instruction primaire les enfants de toutes les familles qui repoussent, avec raison, la domination ecclésiastique ; comme aussi, en substituant dans les écoles ce qu'on appelle la morale civique à l'instruction morale et religieuse, on commettrait d'abord une faute grave envers l'enfance, qui a besoin de morale et de religion, et ensuite on soulèverait des résistances redoutables ; on rendrait l'instruction primaire suspecte, antipathique peut être à une foule de familles en possession d'une juste influence.

Nous espérons, messieurs, avoir évité dans le projet de loi ces excès différents, également dangereux. Nous n'avons point imposé un système à l'instruction primaire ; nous avons accepté tous les principes qui sortaient naturellement de la matière, et nous les avons tous employés dans la mesure et à la place où ils nous ont paru nécessaires. C'est donc ici, nous n'hésitons pas à le dire, une loi de bonne foi, étrangère à toute passion, à tout préjugé, à toute vue de parti, et n'ayant réellement d'autre objet que celui qu'elle se propose ouvertement, le plus grand bien de l'instruction du peuple.

Quoiqu'elle renferme une assez grande variété de principes, cette loi est simple dans son économie. Elle réduit à trois questions fondamentales toutes celles que l'on peut se proposer sur l'instruction primaire, savoir :

1° Les objets d'enseignement que l'instruction primaire doit embrasser ;

2° La nature des écoles auxquelles elle doit être confiée ;

3° Les autorités qui doivent y être préposées.

La première question est résolue dans le titre Ier de la loi, qui contient comme la définition de l'instruction primaire.

Nous avons divisé l'instruction primaire en deux degrés, l'instruction primaire élémentaire et l'instruction primaire supérieure. Le premier degré est comme le minimum de l'instruction primaire, la limite au-dessous de laquelle elle ne doit pas descendre, la dette étroite du pays envers tous ses enfants. Ce degré d'instruction doit être commun aux campagnes et aux villes ; il doit se rencontrer dans le plus humble bourg comme dans la plus grande cité, partout où il se trouve une créature humaine sur notre terre de France.

Tel qu'il est constitué, vous reconnaîtrez qu'il est suffisant. Par l'enseignement de la lecture, de l'écriture et du calcul, il pourvoit aux besoins les plus essentiels de la vie ; par celui du système légal des poids et mesures et de la langue française, il implante partout, accroît et répand l'esprit et l'unité de la nationalité française ; enfin, par l'instruction morale et religieuse, il pourvoit déjà à un autre ordre de besoins tout aussi réels que les autres, et que la Providence a mis dans le cœur du pauvre comme dans celui des heureux de ce monde, pour la dignité de la vie humaine et la protection de l'ordre social.

Ce premier degré d'instruction est assez étendu pour faire

un homme de qui le recevra, et en même temps assez circonscrit pour pouvoir être partout réalisé. Mais de ce degré à l'instruction secondaire qui se donne, soit dans les institutions et pensions privées, soit dans les colléges de l'État, il y a bien loin, messieurs, et pourtant, dans notre système actuel d'instruction publique, il n'y a rien entre l'un et l'autre. Cette lacune a les plus grands inconvénients; elle condamne ou à rester dans les limites étroites de l'instruction élémentaire, ou à s'élancer jusqu'à l'instruction secondaire, c'est-à-dire jusqu'à un enseignement classique et scientifique extrêmement coûteux.

Delà il résulte qu'une partie très-nombreuse de la nation qui, sans jouir des avantages de la fortune, n'est pas non plus réduite à une gêne trop sévère, manque entièrement des connaissances et de la culture intellectuelle et morale appropriées à sa position.—Il faut absolument, messieurs, combler cette lacune; il faut mettre une partie si considérable de nos compatriotes en état d'arriver à un certain développement intellectuel, sans lui imposer la nécessité de recourir à l'instruction secondaire si chère et, je ne crains pas de le dire, car je parle devant des hommes d'État qui comprendront ma pensée, si chère à la fois et si périlleuse. En effet, pour quelques talents heureux que l'instruction scientifique et classique développe et arrache utilement à leur condition première, combien de médiocrités y contractent des goûts et des habitudes incompatibles avec la condition où il leur faudrait retomber, et, sorties une fois de leur sphère naturelle, ne sachant plus quelle route se frayer dans la vie, ne produisent guère que des êtres ingrats, mécontents, à charge aux autres et à eux-mêmes!

Nous croyons rendre au pays un vrai service en établissant un degré supérieur d'instruction primaire qui, sans entrer dans l'instruction classique et scientifique proprement dite, donne pourtant, à une partie nombreuse de la population, une culture un peu plus relevée que celle que lui donnait jusqu'ici l'instruction primaire. Déjà le projet qui vous a été présenté l'année dernière et le rapport de votre commission rendaient un enseignement de ce genre facultatif, selon les besoins et les ressources des localités ; nous avons cru entrer dans vos vues en organisant d'une manière positive ce degré supérieur de l'instruction primaire, en le rendant obligatoire pour toutes les communes urbaines au-dessus de 6,000 âmes, comme le degré inférieur l'est pour toutes les communes, si petites qu'elles soient.

S'il n'y a qu'un seul degré d'instruction primaire et qu'on élève ou qu'on étende trop ce degré, on le rend inaccessible à la classe pauvre ; si on le resserre trop, on le rend insuffisant pour une grande partie de la population qui ne peut pas non plus atteindre jusqu'à nos colléges ; et si, en admettant une instruction primaire supérieure, on la laisse facultative, on ne fait absolument rien. La loi se tait, ou elle prescrit et elle organise. C'est par ces considérations que nous avons établi et réglé un degré supérieur d'instruction primaire qui ajoute aux connaissances indispensables à tous les hommes les connaissances utiles à beaucoup : les éléments de la géométrie pratique, qui fournissent les premières données de toutes les professions industrielles ; les notions de physique et d'histoire naturelle, qui nous familiarisent avec les grands phénomènes de la nature, et sont si fécondes en avertissements salutaires de tout genre ; les éléments de la musique, ou au moins du chant, qui donnent à l'âme une véritable culture intérieure ; la géographie, qui nous apprend les divisions de cette terre que nous habitons ; l'histoire, par laquelle nous cessons d'être étrangers à la vie et à la destinée de notre espèce, surtout l'histoire de notre patrie qui nous identifie avec elle ; sans parler de telle ou telle langue moderne qui, selon les provinces où nous sommes placés, peut nous être indispensable ou du plus grand prix. Tel est, messieurs, l'esprit du titre Ier de la loi qui vous est soumise.

Les titres II et III déterminent la nature et les caractères des écoles auxquelles l'instruction primaire doit être confiée.

Ici, messieurs, notre premier soin devait être et a été de restituer pleine et entière, selon l'esprit et le texte précis de la Charte, la liberté d'enseignement. Désormais tout citoyen âgé de dix-huit ans accomplis pourra fonder, entretenir, diriger tout établissement quelconque d'instruction primaire, soit du degré inférieur, soit du degré supérieur, normal ou autre, dans toute espèce de commune urbaine ou rurale, sans autres conditions qu'un certificat de bonne vie et mœurs, et un brevet de capacité obtenu après examen. Vous reconnaîtrez, avec votre commission de la session dernière, qu'exiger une preuve de capacité de quiconque entreprend l'éducation de la jeunesse n'est pas plus entraver la liberté de l'enseignement, qu'on ne gêne la liberté des professions de l'avocat, du médecin ou du pharmacien en leur imposant des preuves analogues de capacité.

La profession d'instituteur de la jeunesse est, sous un certain rapport, une industrie, et à ce titre elle doit être pleinement libre; mais, comme la profession de médecin ou d'avocat, ce n'est pas seulement une industrie, c'est une fonction délicate à laquelle il faut demander des garanties; on porterait atteinte à la liberté si, comme jusqu'ici, outre la condition du brevet, on imposait encore celle d'une autorisation préalable. Là commencerait l'arbitraire. Nous le rejetons, et avec plaisir, car nous ne redoutons pas la liberté de l'enseignement, messieurs, nous la provoquons au contraire. Elle ne pourra jamais, à notre gré, multiplier assez les méthodes et les écoles; et si nous lui reprochions quelque chose, ce serait de ne pas faire davantage. Elle promet plus qu'elle ne donne, nous le croyons; mais ses promesses sont assez innocentes, et une seule accomplie est un service envers le pays que nous nous sentirions coupables d'avoir empêché. Encore une fois, nous sommes les premiers à faire appel à la liberté de l'enseignement; nous n'aurons jamais assez de coopérateurs dans la noble et pénible entreprise de l'amélioration de l'instruction populaire. Tout ce qui servira cette belle cause doit trouver en nous une protection reconnaissante.

Tout le monde convient que le droit de surveillance exercé sur les écoles privées est d'une part nécessaire et légitime en soi, et que, de l'autre, il n'est nullement une entrave à la liberté de l'enseignement, puisqu'il ne porte point sur les méthodes. D'ailleurs, dans le projet de loi, la surveillance est au plus haut degré désintéressée, exercée par une autorité impartiale et qui doit rassurer les esprits les plus ombrageux, car elle est en très-grande partie élective. Enfin, nul maître d'école privée ne peut être interdit de l'exercice de sa profession, à temps ou à toujours, qu'après un procès spécial comme le délit lui-même, et par une sentence du tribunal civil ordinaire.

Mais quelque liberté que nous laissions, quelques sûretés que nous donnions aux écoles privées, quelques vœux que nous fassions pour qu'elles s'étendent et prospèrent, ce serait un abandon coupable de nos devoirs les plus sacrés de nous en reposer sur elles de l'éducation de la jeunesse française. Les écoles privées sont libres, et par conséquent livrées à mille hasards. Elles dépendent des calculs de l'intérêt ou des caprices de la vocation, et l'industrie qu'elles exploitent est si peu lucrative qu'elle attire peu et ne retient presque jamais. Les écoles privées sont à l'instruction ce que les enrôlements volontaires sont à l'armée; il faut s'en servir sans y trop compter. De là, messieurs, l'institution nécessaire des écoles publiques, c'est-à-dire d'écoles entretenues en tout ou en partie par les communes, par les départements ou par l'État, pour le service régulier de l'instruction du peuple. C'est le sujet du titre III.

Nous avons attaché à toute commune ou, pour prévoir des cas qui, nous l'espérons, deviendront de jour en jour plus rares, à la réunion de plusieurs communes circonvoisines, une école publique élémentaire; et, pour entretenir cette école, nous avons cru pouvoir combiner utilement plusieurs principes que trop souvent on a séparés. Il nous a paru que nulle école communale élémentaire ne pouvait subsister sans ces deux conditions : 1° un traitement fixe qui, joint à un logement convenable, rassure l'instituteur contre les chances de l'extrême misère, l'attache à sa profession et à la localité ; 2° un traitement éventuel, payé par les élèves, qui lui promette une augmentation de bien-être à mesure qu'il saura répandre autour de lui, par sa conduite et ses leçons, le besoin et le goût de l'instruction.

Le traitement fixe permet d'obliger l'instituteur à recevoir gratuitement tous les enfants dont les familles auront été reconnues indigentes. Seul, le traitement fixe aurait deux graves inconvénients. D'abord, comme il devrait être assez considérable, il accablerait quiconque en serait chargé ; ensuite, il établirait le droit à l'instruction gratuite, même pour ceux qui peuvent la payer, ce qui serait une injustice sans aucun avantage, car on profite d'autant mieux d'une chose qu'on lui fait quelque sacrifice, et l'instruction élémentaire elle-même ne doit être gratuite que quand elle ne peut ne pas l'être. Elle ne le sera que pour quiconque aura prouvé qu'il ne peut la payer. Alors, mais seulement alors, c'est une dette sacrée, une noble taxe des pauvres, que le pays doit s'imposer ; et dans ce cas, il ne s'agit plus, comme dans la loi de l'an IV ou dans celle de l'an X, du quart ou du cinquième des élèves ; non, messieurs, tous les indigents seront admis gratuitement. En revanche, quiconque pourra payer payera, peu sans doute, très-peu, presque rien, mais enfin quelque chose, parce que cela est juste en soi, et parce que ce léger sacrifice attachera l'enfant à l'école, excitera la vigilance des parents et les relèvera à leurs propres yeux.

Voilà pour l'instruction élémentaire. Quant à l'instruction primaire supérieure, comme elle est destinée à une classe un peu plus aisée, il n'est pas nécessaire qu'elle soit gratuite ; mais la rétribution doit être la plus faible possible, et c'est pour cela qu'il fallait assurer un traitement fixe à l'instituteur. Nous espérons que ces combinaisons prudentes porteront de bons fruits.

Maintenant, qui supportera le poids du traitement fixe ? La commune, le département ou l'État ? Souvent et presque toujours, messieurs, tous les trois : la commune seule, si elle le peut ; à son défaut, et en certaine proportion, le département ; et, au défaut de celui-ci, l'État, de sorte que, dans les cas les plus défavorables, la charge, ainsi divisée, soit supportable pour tous.

C'est encore là une combinaison dans laquelle l'expérience nous autorise à placer quelque confiance. Nous reproduisons le minimum du traitement fixe de l'instituteur élémentaire, tel qu'il a été fixé par le dernier projet de loi et accepté par votre commission ; et le minimum que nous vous proposons pour le traitement fixe de l'instituteur du degré supérieur ne nous paraît pas excéder les facultés de la plupart des petites villes.

L'ancien projet de loi et votre commission avaient voulu que toute commune s'imposât jusqu'à concurrence de cinq centimes additionnels pour faire face aux besoins de l'instruction primaire. Trois centimes nous ont semblé suffisants, mais à condition d'imposer le département, non plus seulement à un nouveau centime additionnel, mais à deux, pour venir au secours des communes malheureuses. Quand les sacrifices de la commune et ceux du département auront atteint leur terme, alors interviendra l'État avec la subvention annuelle que vous consacrez à cet usage. Vous voyez dans quel intérêt ont été calculées toutes ces mesures, et nous nous flattons que vous les approuverez.

Il ne peut y avoir qu'une seule opinion sur la nécessité d'ôter à l'instituteur primaire l'humiliation et le souci d'aller recueillir lui-même la rétribution de ses élèves et de la réclamer en justice, et sur l'utilité et la convenance de faire recouvrer cette rétribution dans les mêmes formes et par les mêmes voies que les autres contributions publiques. Ainsi l'instituteur primaire est élevé au rang qui lui appartient, celui de fonctionnaire de l'État.

Mais tous ces soins, tous ces sacrifices seraient inutiles, si nous ne parvenions à procurer à l'école publique ainsi constituée un maître capable, digne de la noble mission d'instituteur du peuple. On ne saurait trop le répéter, messieurs; autant vaut le maître, autant vaut l'école elle-même.

Et quel heureux ensemble de qualités ne faut-il pas pour faire un bon maître d'école?

Un bon maître d'école est un homme qui doit savoir beaucoup plus qu'il n'en enseigne, afin de l'enseigner avec intelligence et avec goût; qui doit vivre dans une humble sphère, et qui pourtant doit avoir l'âme élevée pour conserver cette dignité de sentiments, et même de manières, sans laquelle il n'obtiendra jamais le respect et la confiance des familles; qui doit posséder un rare mélange de douceur et de fermeté, car il est l'inférieur de bien du monde dans une commune, et il ne doit être le serviteur dégradé de personne; n'ignorant pas ses droits, mais pensant beaucoup plus à ses devoirs; donnant à tous l'exemple, servant à tous de conseiller, surtout ne cherchant point à sortir de son état, content de sa situation parce qu'il y fait du bien, décidé à vivre et à mourir dans le sein de l'école, au service de l'instruction primaire, qui est pour lui le service de Dieu et des hommes. Faire des maîtres, messieurs, qui approchent d'un pareil modèle, est une tâche difficile, et cependant il faut y réussir, ou nous n'avons rien fait pour l'instruction primaire.

Un mauvais maître d'école, comme un mauvais curé, comme un mauvais maire, est un fléau pour une commune. Nous sommes bien réduits à nous contenter très-souvent de maîtres médiocres, mais il faut tâcher d'en former de bons; et pour cela, messieurs, des écoles normales primaires sont indispensables. L'instruction secondaire est sortie de ses ruines; elle a été fondée en France le jour où, recueillant une grande pensée de la Révolution, la simplifiant et l'organisant, Napoléon créa l'École normale centrale de Paris. Il faut appliquer à l'instruction primaire cette idée simple et féconde. Aussi, nous vous proposons d'établir une école normale primaire par département.

Mais quelle que soit la confiance que nous inspirent ces

établissements, ils ne conféreront pas à leurs élèves le droit de devenir instituteurs communaux si ceux-ci, comme tous les autres citoyens, n'obtiennent, après un examen, le brevet de capacité pour l'un ou l'autre degré de l'instruction primaire auquel ils se destinent.

Il ne reste plus, messieurs, qu'une mesure à prendre pour assurer l'avenir des instituteurs primaires. Déjà la loi du 21 mars 1832 exempte du service militaire tous ceux qui s'engagent pour dix ans au service non moins important de de l'instruction primaire. Un article du dernier projet ménageait des pensions, au moyen de retenues assez fortes, aux instituteurs communaux dont les services auraient duré trente ans, ou qui, après dix ans, seraient empêchés de les continuer par des infirmités contractées pendant leurs fonctions. Votre commission de la session dernière avait rejeté cet article par diverses considérations, entre autres par la crainte que le trésor public n'eût quelque chose à ajouter aux produits des retenues pour former une pension un peu convenable. Après de sérieuses réflexions, un autre système nous a paru propre à atteindre le but que nous nous proposons. Dans le nouveau projet de loi, il ne s'agit plus de pensions de retraite, mais d'une simple caisse d'épargne et de prévoyance en faveur des instituteurs primaires communaux. Cette caisse serait établie dans chaque département ; elle serait formée par une retenue annuelle sur le traitement fixe de chaque instituteur communal ; le montant de la retenue serait placé en rentes sur l'État, et le produit total serait rendu à l'instituteur à l'époque où il se retirerait, ou, en cas de décès dans l'exercice de ses fonctions, à sa veuve ou à ses héritiers.

Il est expressément entendu que, dans aucun cas, il ne pourra être ajouté aucune subvention sur les fonds de l'État à cette caisse de prévoyance ; mais elle pourra recevoir des legs et des dons particuliers. Ainsi se trouveraient conciliés les intérêts de l'État, chargé de trop de pensions pour consentir à voir s'augmenter encore cet énorme chapitre de ses dépenses, et ceux de l'instruction primaire, qui vit de peu, mais qui a besoin d'avenir.

Je me hâte de passer au titre IV de cette loi, relatif aux diverses autorités préposées à l'instruction primaire. C'est ici surtout, messieurs, que nous nous sommes efforcés de nous dépouiller de tout esprit de système et d'accepter l'intervention de toute autorité réclamée pour le bien du service.

Des écoles communales semées sur toute la surface de la France exigent évidemment des autorités rapprochées d'elles. Celles qui jusqu'ici ont présidé partout à l'instruction primaire sont les comités de cantons. Ces comités sont loin d'avoir été inutiles. Plusieurs ont rendu de vrais services; cependant on peut faire à cette institution deux sortes de reproches opposés également graves.

Les comités cantonaux sont encore trop loin des différentes écoles communales du canton pour exercer sur elles la surveillance permanente que celles-ci réclament; et, bien que trop éloignés, sous un rapport, de chaque commune, sous un autre ils n'en sont pas assez loin ni placés dans une sphère assez élevée pour être étrangers à l'esprit de localité. Enfin, c'était une question épineuse de déterminer par qui et comment devaient être nommés les membres de ces comités.

L'expérience générale de tous les pays où l'instruction primaire est florissante l'a démontré. Il faut, pour qu'une école communale marche, qu'elle ait auprès d'elle un comité spécial qui ait cette école seule à surveiller, et qui la surveille sans efforts parce qu'elle est constamment sous ses yeux; et il faut en même temps que ce comité local se rapporte à un comité plus général placé à distance, ni trop près, ni trop loin, et dont les membres soient, par leur position, étrangers aux petitesses de l'esprit local, et possèdent la fortune, les lumières et le loisir que leurs fonctions demandent. Nous vous proposons donc de substituer aux anciens comités de cantons un comité de surveillance par école communale, et un comité supérieur par arrondissement :

l'un chargé des détails et particulièrement du matériel de l'inspection, l'autre chargé surtout de la direction morale; l'un qui présente les candidats, l'autre qui les agrée (vous concevez qu'il s'agit toujours ici des écoles publiques); celui-ci qui, en cas de négligence habituelle ou de délit grave, accuse l'instituteur primaire; celui-là qui le juge, le suspend ou le révoque.

Ces deux comités représentent, dans leur action combinée, l'intervention légitime de la commune et du département; car ils ont encore sur les anciens comités cantonaux ce précieux avantage que la plus grande partie de leurs membres pourra être et sera réellement empruntée aux pouvoirs électifs de la commune, de l'arrondissement et du département.

Cependant ces deux comités, bien que se soutenant, s'excitant, s'éclairant l'un l'autre, pourraient encore se relâcher ou s'égarer dans leur zèle si une autorité supérieure, celle qui à son tour représente la puissance publique appliquée à l'instruction primaire, n'intervenait, soit pour recueillir des lumières, soit pour en donner, et pour imprimer partout l'impulsion et une direction nationale. Le ministre trahirait ses devoirs envers l'État et envers l'instruction première, s'il s'en tenait uniquement aux rapports officiels qui lui seront transmis, et s'il n'envoyait souvent quelques délégués pour s'assurer en personne du véritable état des choses, convoquer extraordinairement les comités et prendre part à leurs délibérations. Nous affirmons ici, en toute conscience, que c'est à l'intervention active et éclairée de ces agents supérieurs du ministère de l'instruction publique qu'est due la plus grande partie des progrès de l'instruction primaire pendant ces derniers temps. Supprimer cette intervention, ce serait rendre l'État absolument étranger à l'instruction primaire, la replacer sous l'empire exclusif du principe local, revenir par une marche rétrograde à l'enfance de l'art, arrêter tout progrès, et, en ôtant à la puissance publique les moyens les plus efficaces, la dégager aussi de sa responsabilité.

C'est encore à l'autorité supérieure qu'il appartient de nommer les membres des commissions chargées de faire les examens pour l'obtention des brevets de capacité, ainsi que les examens d'entrée et de sortie des écoles normales primaires. Remarquez-le bien, messieurs; il ne s'agit plus ici d'une surveillance matérielle ou morale, ni d'apprécier l'aptitude générale d'un candidat et de le juger sous quelques rapports de convenance ou de discipline; il s'agit d'une affaire toute spéciale, d'une œuvre de métier, s'il m'est permis de m'exprimer ainsi. D'abord cette opération exige, à certaines époques de l'année, beaucoup plus de temps, de suite et de patience qu'on n'en peut raisonnablement demander et attendre de personnes du monde, comme les membres du conseil d'arrondissement et de département, et d'hommes très-occupés et nécessairement attachés à leur localité, comme les membres du conseil municipal. Ensuite, il faut ici des connaissances positives et techniques sur les diverses matières dont se compose l'examen; et il ne suffit pas d'avoir ces connaissances, il faut encore avoir prouvé qu'on les a, afin d'apporter à ces examens l'autorité suffisante. Voilà pourquoi les membres de cette commission devront être, au moins en grande partie, des hommes spéciaux, des gens d'école, comme, dans un degré supérieur, ce sont aussi des hommes spéciaux qui sont chargés des examens pour l'obtention des brevets du baccalauréat dans les lettres et dans les sciences, brevets qui ouvrent la porte de toutes les professions savantes. Il est évident que l'instruction primaire tout entière repose sur ces examens. Supposez qu'on y mette un peu de négligence ou de complaisance, ou d'ignorance, et c'en est fait de l'instruction primaire. Il importe donc de composer ces commissions d'examen avec la sévérité la plus scrupuleuse, et de n'y appeler que des gens versés dans la matière.

Or, ce choix, qui est en état de le mieux faire que le ministre de l'instruction publique? Le lui enlever et lui demander compte ensuite des progrès de l'instruction primaire, serait une contradiction trop manifeste et trop choquante pour que vous puissiez la redouter de votre loyauté et de vos lumières.

Enfin, messieurs, vous achèverez le système entier de l'instruction primaire en étendant vos soins sur ces écoles si intéressantes, mais qu'il est si difficile d'organiser, et qu'on ne peut aborder qu'avec une circonspection extrême ; nous voulons parler des écoles primaires de filles. Il est impossible d'imposer à toute commune une école spéciale de filles ; mais toute commune doit être encouragée à en établir une, selon ses ressources et d'après le vœu du conseil municipal. Il n'y a pas de raison pour que ces écoles ne soient pas soumises aux mêmes conditions que les autres écoles primaires.

La loi descendrait peut-être à un simple règlement d'administration en statuant que, dans les écoles mixtes, le comité communal veillera à ce que les garçons et les filles soient convenablement séparés. Nous pensons, avec votre ancienne commission, que l'institution des dames inspectrices, praticable et utile dans quelques grandes villes, impossible dans les campagnes, a plus d'inconvénients que d'avantages, et qu'il vaut mieux confier la surveillance des écoles de filles, aux comités ordinaires de la commune et de l'arrondissement, pour que cette surveillance soit plus effective et plus sérieuse. Du reste, cette matière délicate est susceptible, peut-être, d'innovations utiles ; mais on ne saurait les tenter avec trop de prudence, et nous avouons qu'avant de vous présenter avec quelque confiance rien de spécial en ce genre, nous avons encore besoin des leçons du temps et de l'expérience.

En effet, messieurs, l'expérience est notre guide. C'est elle seule que nous voulons suivre et que nous avons constamment suivie. Il n'y a ici aucune hypothèse. Les principes et les procédés employés dans cette loi nous ont été fournis par les faits : elle ne contient pas un seul article organique qui déjà n'ait été mis heureusement mis en pratique.

Nous avons pensé qu'en matière d'instruction publique surtout, il s'agit plutôt de régulariser et d'améliorer ce qui existe que de détruire pour inventer et renouveler sur la foi de théories hasardeuses. C'est en travaillant sur ces maximes, mais en travaillant sans relâche, que l'administration est parvenue à communiquer à cette importante partie du service public une marche forte et régulière, au point qu'il nous est permis de dire sans aucune exagération que, depuis deux ans, il a été plus fait pour l'instruction primaire par le gouvernement de Juillet, que depuis quarante années par les gouvernements précédents. La première Révolution avait prodigué les promesses sans s'inquiéter des résultats. L'Empire épuisa ses efforts dans la régénération de l'instruction secondaire; il ne fit rien pour celle du peuple. La Restauration, jusqu'en 1828, a consacré 50,000 fr. par an à l'instruction primaire. Le ministère de 1828 obtint des Chambres 300,000 fr. La Révolution de Juillet nous a donné 1 million chaque année, c'est-à-dire en deux ans plus que la Restauration en quinze années. Voilà les moyens, voici les résultats.

Vous le savez, messieurs, l'instruction primaire est tout entière dans les écoles normales primaires. Ses progrès se mesurent sur ceux de ces établissements. L'Empire qui, le premier, prononça le nom d'école normale primaire, en laissa une seule; la Restauration en ajouta cinq à six. Nous, messieurs, en deux années, nous avons perfectionné celles-là, dont quelques-unes étaient dans l'enfance, et nous en avons créé plus de trente, dont une vingtaine sont en plein exercice, et forment, dans chaque département, un vaste foyer de lumières pour l'instruction du peuple. Tandis que le gouvernement perce des routes dans les départements de l'Ouest, nous y avons semé des écoles; nous nous sommes bien gardés de toucher à celles qui étaient chères aux habitants du pays; mais nous avons mis dans le cœur de la Bretagne la grande école normale de Rennes qui portera ses fruits, et nous lui avons donné une ceinture féconde d'écoles normales de divers degrés : une à Angers, une à Nantes, une autre encore à Poitiers. Le Midi a maintenant plus de cinq grandes écoles normales primaires, dont les unes sont déjà, et les autres seront bientôt en activité. Enfin, messieurs, nous nous croyons sur la route du bien. Que votre prudence entende la nôtre; que votre confiance nous soutienne et nous encourage, et le temps n'est pas éloigné où nous pourrons dire tous ensemble, ministres, députés, départements, communes, que nous avons accompli, autant qu'il était en nous, les promesses de la révolution de Juillet et de la Charte de 1830, dans ce qui se rapporte le plus directement à l'instruction et au vrai bonheur du peuple.

PROJET DE LOI.

TITRE PREMIER.

De l'instruction primaire et de son objet.

Art. 1er. L'instruction primaire est élémentaire ou supérieure.

L'instruction primaire élémentaire comprend nécessairement l'instruction morale et religieuse, la lecture, l'écriture, les éléments de la langue française et du calcul, le système légal des poids et mesures.

L'instruction primaire supérieure comprend nécessairement, en outre : le dessin linéaire, l'arpentage et les autres applications de la géométrie pratique; des notions des sciences physiques et de l'histoire naturelle applicables aux usages de la vie; le chant; les éléments d'histoire et de géographie, surtout de l'histoire et de la géographie de la France.

Selon les besoins et les ressources des localités, l'instruction primaire supérieure pourra recevoir les développements qui seront jugés convenables.

Art. 2. Le vœu des pères de famille sera toujours consulté et suivi, en ce qui concerne la participation de leurs enfants à l'instruction religieuse.

Art. 3. L'instruction primaire est ou publique ou privée.

TITRE II.

Des écoles primaires privées.

Art. 4. Tout individu âgé de dix-huit ans accomplis pourra exercer la profession d'instituteur primaire, et diriger tout établissement quelconque d'instruction primaire, sans autre condition que de présenter au maire de la commune où il voudra tenir école :

1° Un brevet de capacité obtenu après examen, selon le degré de l'école qu'il veut établir;

2° Un certificat de bonne vie et mœurs, délivré sur l'attestation de trois conseillers municipaux par le maire de la commune, ou de chacune des communes où il aura résidé depuis trois ans.

Art. 5. Sont incapables de tenir école :

1° Les individus interdits par jugement de la jouissance des droits civils;

2° Les condamnés à des peines afflictives ou infamantes;

3° Les condamnés en police correctionnelle pour vol, escroquerie, banqueroute simple, abus de confiance ou attentat aux mœurs;

4° Les individus interdits en exécution de l'art. 7 de la présente loi.

Art. 6. Quiconque aura ouvert une école primaire sans avoir satisfait aux conditions prescrites par l'art. 4 de la présente loi sera poursuivi devant le tribunal correctionnel du lieu du délit, et condamné à une amende de 50 ou 200 fr. L'école sera fermée.

En cas de récidive, le délinquant sera condamné à un

emprisonnement de quinze à trente jours, et à une amende de 100 à 400 fr.

Art. 7. Tout instituteur privé, sur la demande du comité d'arrondissement mentionné dans l'art. 19 de la présente loi, ou sur la poursuite d'office du ministère public, pourra être traduit, pour cause d'inconduite ou d'immoralité, devant le tribunal civil de l'arrondissement, et être interdit de l'exercice de sa profession, à temps ou à toujours.

Le tribunal entendra les parties, et statuera en chambre du conseil. Il en sera de même sur l'appel qui, en aucun cas, ne sera suspensif.

Le tout, sans préjudice des poursuites et des peines qui pourraient avoir lieu pour crimes, délits ou contraventions prévus par le Code pénal.

TITRE III.

Des écoles primaires publiques.

Art. 8. Les écoles primaires publiques sont entretenues, en tout ou en partie, par les communes, par les départements ou par l'État.

Art. 9. Toute commune est tenue, soit par elle-même, soit en se réunissant à une ou plusieurs communes voisines, d'entretenir au moins une école primaire élémentaire.

Art. 10. Les communes dont la population excède six mille âmes devront avoir en outre une école primaire supérieure.

Art. 11. Tout département sera tenu d'entretenir une école normale primaire. Le conseil général délibérera sur les moyens d'assurer l'entretien de cette école.

Art. 12. Il sera fourni à tout instituteur communal :

1° Un local convenablement disposé tant pour lui servir d'habitation que pour recevoir les élèves ;

2° Un traitement fixe qui ne pourra être moindre de

200 fr. pour une école primaire élémentaire, et de 400 fr. pour une école primaire supérieure.

Art. 13. A défaut de fondations, donations ou legs qui assurent un local et un traitement, conformément à l'article précédent, le conseil municipal délibérera sur le moyen d'y pourvoir.

En cas d'insuffisance des revenus ordinaires, le conseil municipal imposera la commune jusqu'à concurrence de trois centimes additionnels au principal de ses contributions directes pour l'établissement de l'école primaire communale.

Lorsque des communes n'auront pas, soit isolément, soit par la réunion de plusieurs d'entre elles, procuré un local et assuré le traitement au moyen de cette contribution de trois centimes, le conseil général imposera les départements jusqu'à concurrence de deux centimes additionnels pour contribuer aux dépenses reconnues nécessaires à l'instruction primaire.

Si les centimes ainsi imposés aux communes et aux départements ne suffisent pas aux besoins des écoles primaires communales, le ministre de l'instruction publique y pourvoira au moyen d'une subvention prélevée sur le crédit qui sera porté annuellement pour l'instruction primaire au budget de l'État.

Un rapport détaillé sur l'emploi des fonds précédemment alloués sera annexé chaque année à la proposition du budget.

Art. 14. En sus du traitement fixe, l'instituteur communal recevra une rétribution mensuelle dont le taux sera réglé par le conseil municipal, et qui sera perçue dans la même forme et selon les mêmes règles que les contributions publiques directes.

Le rôle en sera recouvrable, mois par mois, sur un état des élèves certifié par l'instituteur et visé par le maire.

Seront néanmoins admis gratuitement dans l'école communale élémentaire ceux des élèves de la commune ou des communes réunies que les conseils municipaux auront désignés comme ne pouvant payer aucune rétribution.

Art. 15. Il sera établi dans chaque département une caisse d'épargne et de prévoyance en faveur des instituteurs primaires communaux.

Cette caisse sera formée par une retenue annuelle d'un vingtième sur le traitement fixe de chaque instituteur communal. Le montant de la retenue sera placé en rentes sur l'État. Le produit total de la retenue exercée sur chaque instituteur lui sera rendu à l'époque où il se retirera, ou, en cas de décès dans l'exercice de ses fonctions, à sa veuve ou à ses héritiers.

Dans aucun cas, il ne pourra être ajouté aucune subvention sur les fonds de l'État à cette caisse d'épargne et de prévoyance; mais elle pourra recevoir des legs et dons particuliers.

Art. 16. Nul ne pourra être nommé instituteur communal s'il ne remplit les conditions de capacité et de moralité prescrites par l'art. 4 de la présente loi, ou s'il se trouve dans un des cas prévus par l'art. 6.

TITRE IV.

Des autorités préposées à l'instruction primaire.

Art. 17. Il y aura près de chaque école communale un comité local de surveillance composé du maire, du curé ou pasteur, et de trois conseillers municipaux désignés par le conseil municipal. Plusieurs écoles de la même commune ne pourront être réunies sous la surveillance d'un même comité local.

Art. 18. Il sera formé, dans chaque arrondissement de sous-préfecture, un comité spécialement chargé de surveiller et d'encourager l'instruction primaire.

Le ministre de l'instruction publique pourra, suivant la population et les besoins des localités, établir dans le même arrondissement plusieurs comités dont il déterminera la circonscription.

Art. 19. Seront membres du comité d'arrondissement :

Le préfet ou le sous-préfet, président ;

Le procureur du roi ;

Le maire du chef-lieu ;

Le juge de paix ou le plus ancien des juges de paix résidant au chef-lieu ;

Le curé ou l'un des curés du chef-lieu ;

Un ministre de chacun des autres cultes reconnus par la loi, qui résidera dans l'arrondissement, et qui aura été désigné par son consistoire ;

Ceux des membres du conseil général de département qui auront leur domicile réel dans l'arrondissement, et trois membres du conseil d'arrondissement désignés par ledit conseil.

Art. 20. Les comités s'assembleront au moins une fois par mois. Ils pourront être convoqués extraordinairement par un délégué du ministre. La présidence du comité appartiendra au délégué.

Les comités ne pourront délibérer, s'il n'y a au moins cinq membres présents pour les comités d'arrondissement, et trois pour les comités communaux.

Art. 21. Le comité communal a l'inspection sur les écoles publiques et privées de la commune. Il veille à la salubrité des écoles et au maintien de la discipline.

Il présente au comité d'arrondissement les candidats pour les écoles publiques.

Il s'assure qu'il a été pourvu à l'enseignement gratuit des enfants pauvres.

Il dresse et arrête le tableau des enfants qui, ne recevant pas ou n'ayant pas reçu à domicile l'instruction primaire, devront être appelés aux écoles publiques, avec l'autorisation ou sur la demande de leurs parents.

Il fait connaître au comité d'arrondissement les divers

besoins de la commune sous le rapport de l'instruction primaire.

En cas d'urgence, il peut ordonner provisoirement que l'instituteur sera suspendu de ses fonctions, à la charge de rendre compte sur-le-champ au comité d'arrondissement de cette suspension, et des motifs qui l'ont déterminée.

Art. 22. Le comité d'arrondissement inspecte, et au besoin fait inspecter par des délégués pris parmi ses membres ou hors de son sein, toutes les écoles primaires de son ressort.

Il envoie, chaque année, au préfet et au ministre de l'instruction publique, l'état de situation de toutes les écoles primaires de son ressort.

Il donne son avis sur les secours et encouragements à accorder à l'instruction primaire.

Il provoque les réformes et les améliorations nécessaires.

Sur la présentation du comité communal et sous la condition de leur institution par le ministre de l'instruction publique, il nomme les instituteurs communaux, procède à l'installation de ces instituteurs et reçoit leur serment.

Art. 23. En cas de négligence habituelle ou de faute grave d'un instituteur communal, le comité d'arrondissement, ou d'office, ou sur la plainte adressée par le comité local, mande l'instituteur inculpé. Après l'avoir entendu ou dûment appelé, il le réprimande ou le suspend pour un mois, avec ou sans privation de traitement, ou même le révoque de ses fonctions.

L'instituteur frappé d'une révocation a un mois pour se pourvoir, contre cette décision du comité, devant le ministre de l'instruction publique en conseil royal. Toutefois, la décision du comité est exécutoire par provision.

Art. 24. Les dispositions de l'art. 7 de la présente loi, relatives aux instituteurs privés, sont applicables aux instituteurs communaux.

Art. 25. Il y aura dans chaque département une ou plusieurs commissions d'instruction primaire chargées d'examiner tous les aspirants aux brevets de capacité, soit pour l'instruction primaire élémentaire, soit pour l'instruction primaire supérieure, et qui délivreront lesdits brevets sous l'autorité du ministre. Ces commissions seront également chargées de faire les examens d'entrée et de sortie des élèves de l'école normale primaire.

Les membres de ces commissions seront nommés par le ministre de l'instruction publique.

TITRE V.

Des écoles spéciales de filles.

Art. 26. Selon les besoins et les ressources des communes, sur la demande des conseils municipaux, il pourra être établi des écoles spéciales de filles.

Les dispositions précédentes de la présente loi sont applicables auxdites écoles.

Donné à Paris, au palais des Tuileries, le 31 décembre 1832.

LOUIS-PHILIPPE.

Par le roi :

Le ministre secrétaire d'État au département
de l'instruction publique,

GUIZOT.

— Séance du 29 avril 1833. —

Sur l'article 1ᵉʳ du projet de loi qui réglait ce que devait être l'instruction primaire, M. le comte de Laborde, député de la Seine, proposa que l'enseignement du dessin linéaire fût obligatoire dans toutes les écoles primaires élémentaires. Je repoussai cet amendement.

M. Guizot, *ministre de l'instruction publique.* — Ce qui importe en matière d'instruction primaire élémentaire, c'est qu'elle puisse exister partout : il ne faut donc pas la rendre trop difficile. Je comprends qu'on élargisse autant qu'on le peut la sphère de l'instruction primaire supérieure, mais quand il s'agit de l'instruction primaire élémentaire, rendez-en les conditions accessibles au plus grand nombre d'instituteurs possible. Sans cela, vous ne parviendrez pas à la fonder partout.

Lorsqu'un instituteur, en prenant son brevet de capacité, voudra faire constater qu'il est en état d'enseigner le dessin linéaire, l'administration ne s'y refusera pas. Le paragraphe 4 donne la faculté d'étendre l'instruction primaire élémentaire comme l'instruction primaire supérieure, mais les conditions exigées doivent être aussi restreintes que possible; autrement, vous seriez privés d'instituteurs dans un grand nombre de communes.

M. le général Demarçay demanda qu'au lieu du dessin linéaire, les éléments de géométrie devinssent, dans toutes les écoles primaires, un enseignement obligatoire. Je repoussai aussi son amendement.

M. Guizot, *ministre de l'instruction publique.*—L'objection que j'ai faite contre l'introduction du dessin linéaire est encore plus forte contre l'introduction des éléments de géométrie. En effet, on trouvera beaucoup moins d'instituteurs capables d'enseigner les éléments de géométrie que d'instituteurs capables d'enseigner le dessin linéaire.

Je rappellerai à l'honorable préopinant qu'il ne s'agit pas d'exclure les éléments de géométrie de l'instruction primaire élémentaire. Partout où il sera possible de les introduire, on le fera. Il s'agit uniquement de n'en pas faire une condition *sine qua non* de l'enseignement élémentaire ; ce qui rendrait, comme je l'ai dit, cet enseignement très-difficile à établir dans un grand nombre de communes.

M. LE GÉNÉRAL DEMARÇAY. — Je propose de supprimer les mots de *dessin linéaire*, parce que c'est une idée fausse, une application dénuée de tout fondement, et je puis le dire, ridicule.

M. le ministre de l'instruction publique. — Les mots *dessin linéaire* ne sont pas dans le deuxième paragraphe ; c'est un amendement de M. de Laborde.

Les deux amendements furent rejetés.

M. Eusèbe Salverte demanda que les premières notions des droits et des devoirs politiques fissent partie de l'instruction primaire élémentaire.

M. GUIZOT, *ministre de l'instruction publique.* — Je prie la Chambre de remarquer qu'il s'agit d'enfants de six à dix ans.

M. SALVERTE. — Qui connaissent le système légal des poids et mesures.

M. le ministre de l'instruction publique. — (se reprenant). Et d'un enseignement qui s'applique à toutes les communes du royaume. Je crois qu'il serait difficile d'introduire dans cet enseignement des notions des droits et des devoirs sociaux et politiques. (*Interruption.*)

Je demande à n'être pas interrompu. On pourra me répondre. Je regarde la propagation des idées saines sur les droits et sur les devoirs politiques comme très-essentielle, et l'administration est très-disposée à prendre tous les moyens de satisfaire à ce besoin ; mais je ne crois pas qu'on puisse exiger que tous les maîtres d'école du royaume, chargés d'enseigner la lecture, l'écriture, le calcul, l'orthographe, soient chargés de donner en même temps des notions sur les droits et les devoirs politiques. Cela me paraitrait un hors-d'œuvre dans des écoles qui ne sont fréquentées, en général, que par de très-jeunes enfants.

L'amendement fut rejeté.

M. Taillandier demanda que l'instruction primaire supérieure fût plus limitée que ne l'établissait le troisième paragraphe de l'article 1er du projet de loi, et que les comités de surveillance institués par l'article 18 eussent le droit de l'étendre, s'ils le jugeaient convenable. Je combattis son amendement.

M. GUIZOT, *ministre de l'instruction publique*. — J'aurai l'honneur de faire remarquer à la Chambre que, pour l'instruction primaire supérieure, il s'agit de villes de six mille âmes et au-dessus, et que l'énumération des objets d'enseignement pour ces écoles ne s'élève pas au-dessus des besoins ordinaires de ces villes.

J'ajouterai qu'il s'agit ici des écoles publiques, et que c'est dans ces écoles que l'instruction primaire supérieure s'appliquera aux objets énumérés dans le paragraphe : il sera possible que les écoles primaires privées ne donnent pas un enseignement aussi étendu.

L'amendement qui vous est proposé aurait une singulière conséquence, celle de laisser chaque comité juge des limites de l'instruction primaire élémentaire. Je ne suis pas plus admirateur qu'un autre de la régularité et de l'uniformité absolues ; cependant il me parait que ce serait chose étrange de laisser varier, selon les localités, les limites d'un enseignement aussi important. Lorsque vous fondez une école normale primaire, vous formez des maîtres auxquels vous imposez l'obligation de transmettre certaines connaissances : pourquoi cela ? parce que vous voulez répandre ces connaissances, donner à cet enseignement un certain degré de généralité. Eh bien ! en adoptant l'amendement, vous détruirez d'une main ce que vous fonderez de l'autre.

Quant à la faculté que réclame le préopinant pour les instituteurs privés, d'enseigner le latin et le grec s'ils le jugent utile, c'est autre chose. Le projet actuel a pour objet uniquement l'instruction primaire; les études classiques n'y sont pas comprises. C'est une idée généralement adoptée aujourd'hui que de faibles études classiques, un mauvais enseignement du grec ou du latin n'ont pas d'utilité. Le projet de loi actuel a pour objet de restreindre plutôt que de répandre ce mauvais enseignement classique. Ce serait aller contre l'esprit du projet; aussi je repousse l'amendement de M. Taillandier.

L'amendement ne fut pas appuyé.

M. Laurence (député des Landes), tout en déclarant qu'il n'était guère partisan du serment politique, demanda que tous les instituteurs, privés aussi bien que publics, y fussent astreints. Je combattis son amendement.

M. Guizot, *ministre de l'instruction publique*.—Je ne pense pas comme le préopinant sur le serment. Il est écrit dans nos ois, et quand il a été prêté, il doit être tenu. Mais je n'élève pas ici la question générale, j'exprime seulement mon opinion sur un cas particulier. Je ferai remarquer à l'honorable préopinant que, s'il avait fait attention à la loi tout entière, il aurait vu, à l'art. 23, que les instituteurs publics sont obligés de prêter serment; mais quand il s'agit d'écoles privées, qui ne reçoivent aucun secours ni des communes ni de l'État, qui n'ont enfin aucun caractère public, il n'y a pas lieu d'exiger le serment, pas plus que pour toute autre profession.

M. Laurence.—M. le ministre n'a répondu qu'à la moitié de mes observations ; cependant sa réponse me suffit.

M. Roger.—Est-il dans les intentions de M. le ministre que la disposition de l'art. 4 s'applique aux instituteurs actuellement en fonctions ?

M. le ministre.— C'est un article qui s'applique aux instituteurs à venir.

—Séance du 30 avril 1833.—

M. Vatout (député de la Côte-d'Or) demanda que toute association qui se proposerait de former des institutions et des instituteurs primaires dût être autorisée par une ordonnance royale, rendue sur l'avis des conseils municipaux ou des conseils généraux, et insérée au *Bulletin des lois*. Je combattis cet amendement.

M. Guizot, *ministre de l'instruction publique.* — Je n'ai qu'une simple observation à faire à la Chambre. L'amendement de l'honorable préopinant me paraît inutile, car le droit commun suffit pour atteindre le but qu'il se propose. Dans l'état actuel de la législation, toutes les fois qu'une association s'établit et veut fonder des écoles ou tout autre genre d'établissements, elle est obligée de communiquer ses statuts et d'obtenir une autorisation. Sans doute, il peut y avoir des associations inconnues, qu'il est de mon devoir de découvrir et de surveiller ; mais toutes les associations connues ont rempli ces formalités et obtenu ces autorisations ; et, s'il s'en présentait de nouvelles, elles seraient soumises aux mêmes formalités. Mais l'article irait plus loin que l'intention de l'honorable préopinant ; il arrive continuellement, vous le savez tous, que, dans une ville, il se forme une association locale pour fonder une école ; je crois qu'il serait trop restrictif de la liberté de l'enseignement d'exiger une ordonnance royale pour fonder cette école ; elle sera soumise aux formalités exigées dans les cas généraux ; elle présentera un instituteur qui aura obtenu un brevet de capacité et de moralité, et l'école sera fondée. Ces petites réunions locales, qui n'ont pas de caractère général, n'ont d'autre but que de fonder des écoles ; il ne faut pas les soumettre à des formalités extraordinaires et exiger l'autorisation d'une ordonnance royale.

Quant aux associations en général, soit ecclésiastiques, soit laïques, elles sont, par le droit commun, obligées de communiquer leurs statuts et d'obtenir une autorisation, sans quoi elles n'ont pas d'existence légale et peuvent à l'instant être poursuivies et réprimées.

De toutes parts. — Aux voix, aux voix !

M. VATOUT. — Je demande à répondre, car la chose est très-importante. M. le ministre de l'instruction publique vient de vous dire que mon amendement était inutile. Moi, je crois, au contraire, qu'il est extrêmement utile pour opposer une digue à cet esprit envahisseur de la secte que j'ai signalée. On vous a dit que toutes les associations étaient soumises à l'investigation du gouvernement ; mais, si vous n'adoptez pas la mesure que j'ai l'honneur de proposer, dans le silence de la loi, il pourra se former, sur tous les points de la France, des associations d'hommes qui compromettront l'avenir du pays. Il est des départements de la Bretagne, comme celui d'Ille-et-Vilaine, où elles existent déjà. Si vous n'adoptez pas des dispositions à cet égard, vous n'empêcherez pas la secte de s'établir partout, de s'emparer de la direction des esprits et de compromettre l'avenir de la morale nationale. Je persiste donc, de toutes les forces de ma conviction, dans l'amendement que j'ai eu l'honneur de présenter à la Chambre.

M. le ministre de l'instruction publique. — L'association particulière à laquelle l'honorable préopinant fait allusion a été autorisée par une ordonnance royale, et a communiqué ses statuts ; elle existe en vertu d'une ordonnance royale. A présent faudra-t-il examiner de nouveau ses statuts, et lui retirer l'autorisation? C'est une délicate question. A mon avis, je le répète, la garantie actuelle est suffisante. (*Aux voix! aux voix! aux voix!*)

L'amendement fut rejeté.

M. **Hector Lepelletier d'Aunay** (député de la Nièvre) demanda que l'obligation imposée par l'article 9 à toutes les communes d'entretenir au moins une école primaire élémentaire ne fût pas absolue. Je lui répondis :

M. GUIZOT, *ministre de l'instruction publique*. — Il est évident que l'exécution de la loi, dans toute la précision de ses dispositions, ne peut pas être immédiate, que c'est une question de temps, qu'il y a des communes très-pauvres qui ne pourront sur-le-champ, ni fonder une école pour leur compte, ni contribuer à une école voisine. Mais le principe sera écrit dans la loi, et dès que la commune pauvre deviendra capable soit d'avoir une école, soit de contribuer à une école voisine, on poursuivra l'exécution de l'article. Il y a toujours, en pareil cas, une certaine latitude laissée à l'administration.

M. **Coulmann** (député du Bas-Rhin) demanda que le ministre de l'instruction pût, au besoin, autoriser la formation ou le maintien, à titre d'*écoles communales*, d'écoles affectées spécialement à l'un des cultes salariés par l'État. Je m'expliquai sur sa proposition en ces termes :

M. GUIZOT, *ministre de l'instruction publique*. — Je n'ai

aucune objection à faire à l'amendement, en principe. Il est évident qu'il y a certaines localités dans lesquelles il est impossible de ne pas adopter des écoles séparées pour les différentes communions.

Je ferai observer que, dans l'état actuel de la France, cela se fait toujours, au gré du conseil municipal lui-même. Le conseil municipal partage les fonds entre différentes écoles. Dans la ville de Nîmes, par exemple, à laquelle j'ai l'honneur d'appartenir, le conseil municipal, sans distinction des protestants et des catholiques, répartit ses secours entre les écoles des différentes communions.

M. ANDRÉ KŒCHLIN. — Je vous sous-amende et je demande que l'on dise :

« Le ministre de l'instruction publique pourra autoriser l'établissement d'écoles *mixtes*. »

Dans ma commune, il y a une école mixte : catholiques, protestants, israélites, tous y sont admis d'un commun accord.

M. le ministre de l'instruction publique. — Cela va de droit. On ne demande à aucun enfant, quand il se présente à l'école, de quelle communion il est.

M. le président. — Il semble que, législativement, il n'est pas d'usage de dire : « *Tel ministre pourra....* » c'est au gouvernement qu'on donne le droit. (*Sentiments divers.*)

M. RENOUARD, *rapporteur.* — Je demande si, d'après sa rédaction, M. Coulmann veut dire qu'une ordonnance royale sera nécessaire, ou s'il entend que le ministre n'aurait besoin que d'un simple arrêté. Cette dernière faculté aurait peut-être des inconvénients.

M. le ministre de l'instruction publique. — Je ferai remarquer, en réponse à l'observation de M. le président, qu'il y a dans la loi une une foule de dispositions qui contiennent des pouvoirs spécialement donnés au ministre de l'instruction publique, qu'il y a aussi des lois donnant tel droit au ministre des finances, au ministre de la guerre, etc., que cela se reproduit continuellement dans vos délibérations, que cela veut simplement dire qu'il ne sera pas besoin d'une ordonnance du roi, et qu'un simple arrêté du ministre suffira.

L'amendement que j'avais consenti fut adopté.

M. Larabit (député de l'Yonne) demanda qu'au lieu des communes de 6,000 âmes de population, toutes les communes contenant 2,000 habitants fussent tenues d'avoir une école primaire supérieure. Je repoussai son amendement.

M. GUIZOT, *ministre de l'instruction publique*. — La première condition de toute loi, c'est d'être possible à exécuter. Il s'agit ici d'imposer à certaines communes l'obligation d'avoir une école primaire supérieure; or, on ne peut imposer cette obligation qu'aux communes qui sont réellement en état d'avoir une école primaire supérieure. La plupart des communes de 2,000 âmes, dont a parlé le préopinant, ne sont pas en état de subvenir à une telle dépense.

M. LARABIT. — Elles le sont toutes.

M. le ministre. — Je vous en demande pardon ; j'ai recueilli à cet égard un grand nombre de faits... Toutes les fois qu'une commune de 2,000 âmes, de 1,000 âmes même, sera en état d'avoir une école primaire supérieure, non-seulement je ne m'y opposerai pas, mais j'y aiderai volontiers. Il s'agit ici d'une obligation absolue ; on ne peut l'imposer qu'aux communes qui sont réellement en état de la supporter. Il y a en France 363 communes de 6,000 âmes et au-dessus ; sur ces 363 communes, il y en a 150 qui, dans l'état actuel, n'ont pas une école primaire supérieure. Il y aura donc déjà une grande amélioration introduite dans l'enseignement primaire, et il n'est pas exact de dire, comme le disait l'honorable préopinant, que toutes les communes de 6,000 âmes ont déjà l'instruction qu'on propose de leur donner.

L'amendement fut rejeté.

M. Glais Bizouin (député des Côtes-du-Nord) demanda que non-seulement toutes les communes chefs-lieux de département, mais aussi toutes les communes chefs-lieux d'arrondissement, fussent tenues d'avoir une école primaire supérieure. Je combattis son amendement.

M. GUIZOT, *ministre de l'instruction publique.* — Je ferai observer au préopinant qu'il y a un certain nombre de chefs-lieux d'arrondissement qui n'ont pas plus de 1,500 à 1,800 âmes, et qu'il serait excessif de leur imposer l'obligation absolue d'avoir une école primaire supérieure. Si ces villes peuvent l'avoir, on la leur donnera; mais l'obligation serait trop forte pour elles.

L'amendement fut rejeté.

M. Aroux (député de la Seine-Inférieure) demanda que les villes qui possédaient un collége pussent y établir une école primaire supérieure. Je lui répondis :

M. GUIZOT, *ministre de l'instruction publique.* — Je n'ai qu'un mot à dire. Lorsque les villes demanderont que l'école primaire supérieure soit adjointe à leur collége, et toutes les fois que les localités le permettront, cela ne pourra souffrir aucune difficulté. Je dirai même que cela existe déjà dans un grand nombre de colléges communaux, et qu'il me paraît inutile d'introduire dans la loi un détail de ce genre.

M. Aroux demanda de plus qu'en cas d'insuffisance

des revenus communaux pour l'établissement d'une école primaire supérieure, l'enseignement primaire supérieur pût être introduit dans l'école affectée à l'instruction élémentaire. Cette demande donna lieu aux observations suivantes :

M. Guizot, *ministre de l'instruction publique.* — Je ferai remarquer que la Chambre a déjà rejeté l'expression des mots *en outre*, qui se trouve dans l'art. 10, et que l'amendement de M. Aroux n'est autre chose que la suppression de ces mots.

Remarquez ce qui arriverait : l'art. 10 portait que les communes dont la population excède 6,000 âmes devront avoir en outre une école primaire supérieure, et que néanmoins elles pourront n'avoir qu'une école primaire ordinaire à laquelle on adjoindra l'enseignement supérieur. Les deux paragraphes disaient le contraire l'un de l'autre. La Chambre ayant rejeté les mots *en outre*, me paraît avoir rejeté d'avance l'amendement de l'honorable préopinant.

M. DE LABORDE. — Je ne partage pas l'opinion de M. le ministre.

L'amendement de M. Aroux porte sur les villes de 6,000 âmes qui n'auront pas les fonds suffisants pour deux établissements, tandis que l'art. 10 porte sur les villes de 6,000 âmes en général qui auront une école primaire supérieure. Celles qui n'auront pas les fonds suffisants n'auront qu'une école qui pourra tenir lieu de deux degrés d'enseignement.

M. JACQUES LEFEBVRE. — M. le ministre de l'instruction pense qu'en rejetant les mots *en outre*, la Chambre a déjà décidé la question. Je crois qu'il est dans l'erreur. En effet, supposez que la Chambre ait rejeté les mots *en outre*....

M. *le président.* — Elle ne les a pas supprimés.

M. LEFEBVRE. — Je dis que, quand bien même elle les aurait

supprimés; cette suppression ne serait pas l'équivalent de l'amendement proposé par M. Aroux. La suppression de ces mots ne laisserait pas moins subsister dans son entier l'art. 9 qui oblige toutes les communes à avoir une école primaire du premier degré. En sorte qu'en supprimant les mots *en outre*.... (*Le bruit couvre ici la voix de l'orateur.*)

M. Dubois (de la Loire-Inférieure). — Je crois que vous affaiblissez précisément l'obligation que vous voulez imposer aux villes en état de faire les frais d'un enseignement supérieur. Je crois qu'en leur donnant la facilité de dire que leurs finances les mettent dans l'impossibilité de supporter ces frais, vous leur offrez les moyens de reculer devant l'obligation que vous voulez imposer.

M. Aroux a dit qu'un maître ne sacrifierait pas l'enseignement supérieur à l'enseignement inférieur, et réciproquement. Eh bien! c'est une question de temps. Il est évident que, lorsque le même homme sera obligé de donner à la fois deux natures d'instruction, l'une des deux souffrira; mais lorsque le travail sera divisé, quand la dépense pourra être supportée par les villes, il y aura avantage à avoir deux écoles distinctes. Par ce moyen, vous arriverez à avoir de meilleurs maîtres et des élèves plus instruits.

M. *le ministre de l'instruction publique*. — Je vais ajouter un mot qui lèvera la difficulté.

Le gouvernement est investi par la Chambre des fonds nécessaires pour donner des secours aux villes qui ne sont pas assez riches pour fonder ces établissements. Eh bien! les villes les moins riches obtiendront une plus large part dans ce fonds commun, et le but que se propose M. Aroux sera atteint.

M. Jouvenel (député de la Corrèze) demanda que les départements ne fussent pas tous tenus d'avoir une école normale primaire, et qu'ils pussent entretenir, dans des écoles normales primaires extérieures, des bourses en nombre proportionné à leurs besoins présumés. Je combattis cet amendement.

M. Guizot, *ministre de l'instruction publique.*—Messieurs, l'amendement de l'honorable préopinant est tout à fait contraire au principe de la loi.

Suivant ce principe, l'instruction primaire est donnée d'abord aux frais des communes, ensuite des départements, et aux frais de l'État seulement lorsque les communes et les départements n'y peuvent suffire.

Le préopinant renverse ce principe en mettant ces frais à la charge de l'État, tandis que l'État ne fournit qu'un fonds commun, destiné à combler les lacunes que laissent les fonds des communes ou des départements.

L'amendement est contraire au principe de la loi; et comme je crois ce principe fondé en raison, je repousse cet amendement.

L'amendement ne fut pas appuyé.

M. Falguerolles (député du Tarn) demanda que les secours accordés par le gouvernement aux écoles primaires fussent proportionnés au nombre de leurs élèves, et que les écoles privées fussent admises à en recevoir. Je combattis son amendement en expliquant l'intention du projet de loi.

M. Guizot, *ministre de l'instruction publique.*—Le premier but de l'amendement du préopinant est atteint par l'amendement de M. Coulmann, que la Chambre a adopté. J'ajoute qu'il y aurait inconvénient dans l'amendement de M. Falguerolles, car il statue que les secours du gouvernement seront répartis dans les diverses écoles, selon le nombre d'élèves, et leur importance relative. On ne peut pas admettre que le nombre des élèves sera la règle de répartition des secours ; ce sont les besoins des écoles qui doivent servir de règle, et non pas le nombre des élèves. Si les écoles se suffisent, quel que soit le nombre des élèves, il sera inutile de leur donner des secours.

Quant à la partie de l'amendement relative aux écoles privées, je ferai remarquer que, quand il est évident qu'une école privée rend des services, elle reçoit quelquefois des secours. Le projet de loi ayant pour objet d'assurer l'établissement d'écoles publiques, les secours donnés aux écoles privées s'affaibliront à mesure que des écoles publiques s'établiront ; mais là où une école privée rend vraiment service, et où il n'existe pas d'école publique, elle reçoit des secours.

L'amendement fut retiré.

M. de Salverte ayant proposé, à l'article 14 du projet de loi, une modification qui semblait poser en principe l'instruction primaire gratuite, je la repoussai en ces termes :

M. GUIZOT, *ministre de l'instruction publique.* — Le but de la loi est de rendre l'instruction primaire universelle, mais l'instruction primaire gratuite n'est pas le principe de la loi. Le principe, c'est que l'instituteur reçoive un traitement fixe de la commune et de tous les élèves qui peuvent payer ; ce n'est que par voie d'exception que les élèves qui ne peuvent pas payer sont admis dans l'école, en sorte que la gratuité en faveur des indigents est l'exception. Je pense donc que, logiquement, le principe doit être placé dans la loi avant l'exception. Après avoir institué le traitement fixe, on établit une rétribution des élèves ; ensuite on dit : seront néanmoins admis les élèves pauvres. Il me paraît important de ne pas poser le principe de la gratuité de l'instruction primaire ; je le crois faux en raison et mauvais dans l'application.

La gratuité n'est qu'une exception à laquelle ont droit tous les pauvres.

La proposition de M. de Salverte fut rejetée.

M. Félix Réal (député de l'Isère) demanda le rejet de la disposition de l'article 14 du projet de loi qui ordonnait que la rétribution mensuelle due aux instituteurs primaires serait perçue dans la même forme et selon les mêmes règles que les contributions publiques directes. Le président de la Chambre, M. Dupin, quitta le fauteuil pour appuyer cet amendement.

M. GUIZOT, *ministre de l'instruction publique.* — Il s'en faut beaucoup que le présent article ait été dicté par une théorie ; c'est la pratique, au contraire, c'est l'expérience, la nécessité qui ont guidé l'administration. Cette nécessité n'a pas existé seulement en France ; elle a existé dans tous les pays où l'instruction primaire est arrivée à un grand développement. En Écosse, en Hollande, en Allemagne, partout où l'instruction primaire est devenue universelle, la règle que nous vous proposons est établie.

Remarquez qu'il y a une grande raison pour qu'elle soit établie ; c'est par là que l'instituteur primaire public est distinct de l'instituteur primaire privé. L'instituteur privé traite de gré à gré avec les parents, il court les chances du payement ou du non-payement ; celui qui a rang d'instituteur public, celui qui reçoit son institution de la commune, du département et de l'État, revêt à l'instant un nouveau caractère, et l'État intervient, pour lui, entre lui et les parents, afin de lui maintenir ce caractère de fonctionnaire public, de magistrat, qu'il a voulu lui imprimer.

C'est précisément pour faire cesser les collisions entre l'instituteur et les parents, pour éviter les procès, les réclamations scandaleuses, que nous avons établi cette disposition, et qu'on l'a établie partout. Si elle avait l'inconvénient qu'a signalé M. le président, d'empêcher ces conventions qui permettent de payer les denrées à un prix agréé, elle serait grave; mais il n'en est rien, l'instituteur sera le maître de recevoir dans son école les enfants avec les parents desquels il aura fait une convention. Le principe de la rétribution est posé, mais rien ne s'oppose à des arrangements particuliers ; les mœurs ne seront pas dérangées, il n'y aura pas de troubles apportés dans les relations ; seulement l'instituteur sera placé dans la situation légitime de fonctionnaire public. Je le répète, c'est le seul moyen d'éviter les scandales, les procès, les collisions, d'éviter un scandale plus commun qu'on ne pense, c'est-à-dire que les enfants des parents qui payent soient bien traités, tandis que les enfants de ceux qui ne payent point le sont moins bien. Cette disposition tend à la dignité du maître, à la bonne tenue de l'école. Si vous voulez faire une institution universelle, efficace, adoptez une disposition qui a pour elle les raisons que je viens de donner, et l'expérience, car elle est en usage dans tous les pays où l'instruction primaire est avancée.

Après quelques explications sur le sens et le mode d'exécution de l'article 14, l'amendement de M. Félix Réal fut rejeté et l'article maintenu.

M. Larabit demanda que les élèves admis gratuitement dans l'école communale élémentaire, fussent portés sur une liste annuelle dressée par le conseil municipal. Je répondis :

M. GUIZOT, *ministre de l'instruction publique.* — Je n'ai aucune objection grave à élever contre ce vœu ; cependant il ne faut pas interdire aux conseils municipaux la faculté de désigner, dans le courant de l'année, un certain nombre d'enfants indigents à admettre dans les écoles. Il ne faut pas que la liste annuelle excluc ceux qui n'y ont pas été compris.

M. LARABIT. — Il faudrait alors mettre « seront désignés dans chacune de leurs sessions. »

M. *le ministre*. — Cela pourrait avoir lieu.

M. Larabit n'insista pas sur sa proposition.

MM. François Delessert et Demarçay demandèrent le retranchement du 4° paragraphe de l'article 14 qui portait que « dans les écoles primaires supérieures, un nombre de places gratuites, déterminé par le conseil municipal, serait réservé pour les enfants qui, après concours, auraient été désignés par le comité d'instruction primaire, dans les familles qui seraient hors d'état de payer la rétribution. » Je combattis ce retranchement.

M. GUIZOT, *ministre de l'instruction publique*. Il ne s'agit pas ici, comme pour l'instruction primaire et élémentaire, d'une dette absolue et générale; il s'agit uniquement de savoir si, parmi le grand nombre d'enfants qui reçoivent l'instruction primaire élémentaire, lorsqu'on en remarque quelques-uns qui montrent des dispositions pour une science plus élevée, vous ne leur en faciliterez pas l'étude, ou plutôt si vous ne permettrez pas aux villes, aux conseils municipaux, de la leur faciliter.

On a beaucoup abusé des bourses, on les a beaucoup multipliées; mais le principe des bourses ne peut pas être absolument attaqué. Il n'est pas possible de dire que jamais le gouvernement ne tendra la main à un enfant distingué, pour l'aider à s'élever dans l'ordre de l'intelligence, dans l'ordre de la société; il n'est pas permis de dire que ce qui s'est fait constamment depuis que la société existe, nous allons l'interdire à tout jamais.

L'instruction primaire élémentaire est une dette envers tous ceux qui ne peuvent pas la payer; mais lorsque, parmi ceux qui ne peuvent pas la payer, on en remarque quelques-uns qui offrent des dispositions distinguées, on les admet gratuitement à recevoir cette instruction, au concours, après examen; et lorsque, parmi ces enfants, vous en remarquerez quelques-uns qui annonceront des dispositions encore plus distinguées, vous en admettrez quelques-uns à recevoir l'instruction classique, et ce nombre ira toujours diminuant; le nombre de bourses sera toujours plus restreint. Parmi les élèves qui ont été élevés dans vos colléges, si parmi eux quelques-uns sont remarquables pour les mathématiques, ils peuvent recevoir des bourses très-peu nombreuses qui existent à l'École polytechnique. Ainsi, vous pouvez parcourir toute l'échelle de l'instruction publique, depuis le degré le plus inférieur jusqu'au degré le plus élevé, vous avez toujours eu la facilité de tendre la main au mérite rare, pauvre, de l'aider à monter jusqu'au haut de l'échelle. Voulez-vous renverser tout à fait ces moyens? Je ne le pense pas.

Le paragraphe fut maintenu avec la substitution des mots *pourra être réservé* au lieu de *sera réservé*.

Sur le 3ᵉ paragraphe de l'article 15, M. Aroux proposa que la caisse d'épargne et de prévoyance, en faveur des instituteurs primaires communaux, fût formée par une retenue annuelle d'un vingtième sur le traitement, tant fixe que casuel, de chaque instituteur primaire. Je fis, sur cet amendement, les observations suivantes :

M. Guizot, *ministre de l'instruction publique.* — Je ne crois pas qu'on puisse espérer d'assurer le sort des instituteurs dans leur vieillesse par une épargne obligée qu'on leur imposerait; cela est impossible. Il faut leur ouvrir une nouvelle voie, leur donner l'exemple de l'économie; eh bien! en leur imposant une économie qui ne suffira pas sans doute à pourvoir à tous leurs besoins dans leur vieillesse, on les engage par là à l'étendre. On crée en même temps, dans chaque département, une caisse d'épargne qui deviendra très-souvent l'objet de legs, de donations qui concourront à assurer le sort des instituteurs. Je crois qu'il est impossible de l'assurer par des pensions mêmes provenant de retenues. Ce n'est pas au moment où l'État est sur le point d'abandonner ce système-là, pour l'administration en général, qu'il faudrait l'introduire dans ce cas particulier.

Je le répète, il faut encourager les instituteurs à faire eux-mêmes des économies, et inviter la bienfaisance particulière à venir à leur secours; je ne crois pas qu'on puisse aller au delà. Si vous voulez leur imposer une économie en imposant une retenue, soit sur le traitement fixe, soit sur le traitement casuel, pour assurer leur sort dans leur vieillesse, jamais vous n'en viendrez à bout.

L'amendement de M. Aroux fut rejeté.

M. le président. — Sur la phrase qui suit, M. F. Delessert propose la modification suivante :

Au deuxième paragraphe, après la 5ᵉ ligne :

« Le montant de la retenue sera placé soit en rentes sur

l'État, soit au compte ouvert au trésor royal pour les caisses d'épargne et de prévoyance, d'après l'ordonnance du 3 juin 1829. Les intérêts de ces fonds seront capitalisés tous les six mois. »

Le reste comme à l'article de la commission.

M. Guizot, *ministre de l'instruction publique.* — Je n'ai aucune objection à ce que les fonds provenant des retenues sur les instituteurs soient placés dans les comptes courants du trésor ou à la caisse d'épargne et de prévoyance; mais ce qui me paraît difficile, c'est l'alternative qui est laissée dans cet amendement, à cause des inconvénients qui pourraient en résulter. Ainsi, par exemple, on pourrait placer une certaine portion sur l'État et une autre à la caisse d'épargne; cela diminuerait la sécurité, la tranquillité d'esprit des instituteurs. Je crois qu'il importe qu'ils sachent positivement par la loi dans quelle caisse leurs fonds seront versés.

Je ne vois aucun inconvénient à ce que les fonds soient versés aux caisses d'épargne et de prévoyance. Cela vaut peut-être mieux que de les employer en rentes.

M. François Delessert. — Je réponds que, d'après les statuts organiques des caisses d'épargne et de prévoyance, les instituteurs eux-mêmes prendront part à l'administration sur le placement des fonds. Ainsi les fonds pourront être placés en rentes ou au trésor suivant le choix de ces instituteurs eux-mêmes, si cela leur convient mieux; mais si la Chambre le veut, elle peut décider dès à présent que les fonds seront versés au trésor, et je consens volontiers à modifier en ce sens cette partie de mon amendement.

M. de Laborde. — Quand il faudrait vendre les rentes, le prix qu'on en retirerait serait quelquefois inférieur au capital, tandis qu'en compte courant, on est toujours sûr de retrouver ce qu'on a versé.

M. le ministre de l'instruction publique. — Si M. Delessert consent à modifier son amendement en ce sens, je répète que je n'ai plus aucune objection à faire.

M. le président. — Alors l'amendement de M. F. Delessert serait rédigé de la manière suivante :

« Le montant de la retenue sera placé au compte ouvert au trésor royal pour les caisses d'épargne et de prévoyance, d'après l'ordonnance du 3 juin 1829. Les intérêts de ces fonds seront capitalisés tous les six mois. »

L'amendement de M. F. Delessert, ainsi modifié, fut adopté.

Quand on en vint à la discussion du titre IV du projet de loi intitulé : *Des autorités préposées à l'institution primaire,* la formation des comités appelés à la surveillance des écoles fut l'objet d'une longue discussion dans laquelle j'intervins pour démontrer l'insuffisance des comités cantonaux.

M. Guizot, *ministre de l'instruction publique.* — J'ai quelques renseignements à donner à la Chambre sur la question qui l'occupe. Il y a 2,846 cantons ; les comités cantonaux ont été institués en 1816. Depuis plusieurs années, on a mis beaucoup d'activité à l'organisation de ces comités ; on est parvenu à en instituer 1,031, encore ne sont-ils organisés que sur le papier ; il n'y en a guère plus de 200 qui aient une activité effective ; par conséquent, il y a plus de 1,800 cantons dans lesquels on n'est pas venu à bout d'organiser les comités. Je ne crois pas qu'il soit utile de maintenir une institution qui n'est en quelque sorte qu'une ombre. Messieurs, partout où les comités cantonaux existent réellement, partout où ils sont susceptibles de faire un véritable bien, ils seront maintenus. L'intention du projet de loi n'est pas de soumettre l'instruction publique à un régime systématique qui fasse violence aux faits. La loi n'empêche pas d'établir des comités cantonaux dans les localités où il y aura possibilité et avantage de le faire. (*Aux voix! aux voix!*)

M. ESCHASSÉRIAUX.—Je crois que la question que vient de traiter M. le ministre, à l'occasion de l'amendement de M. de Jouvencel, est un peu prématurée. M. le ministre vous a dit qu'il y a un très-grand nombre de localités où l'on a fait l'essai de comités cantonaux, et que cet essai n'a pas été fructueux. Je lui dirai que la réponse à cette assertion existe dans la composition même de ces comités. Un ministre qui siége aujourd'hui comme député dans cette enceinte, et à qui on doit rendre justice pour tous les efforts qu'il a faits pour propager l'instruction publique en France, malgré le mauvais vouloir de la Restauration, M. Vatimesnil avait proposé les comités cantonaux; ils étaient présidés par le curé. Aujourd'hui, la composition de ces comités est à peu près la même, sauf que la présidence n'est pas de droit accordée aux curés. Messieurs, si vous voulez que l'instruction publique fasse des progrès en France, il ne faut pas concentrer la surveillance dans le chef-lieu d'arrondissement. Vous ne parviendrez à répandre l'instruction dans les cantons qui en sont maintenant le plus dépourvus, qu'autant que vous utiliserez les excellents matériaux qui existent, c'est-à-dire le juge de paix, le maire, les membres du conseil municipal et quelques personnes appartenant à des professions libérales dont on pourra tirer un très-bon parti. C'est de cette manière que l'instruction se répandra et s'améliorera. C'est le but que vous voulez atteindre. Eh bien, en concentrant les comités dans les grandes villes, vous rendrez la chose impossible, car quelque zèle qu'apportent les membres de ces comités dans l'exercice de leurs fonctions, comme ils sont presque tous des fonctionnaires publics, on n'obtiendrait jamais d'eux un dévouement tel qu'il le faudrait à l'instruction primaire. Je ne fais ici qu'ébaucher la question. J'y reviendrai tout à l'heure, quand il s'agira des comités.

M. TAILLANDIER. — En 1816, une ordonnance du roi a prescrit l'établissement des comités cantonaux, et il est notoire que c'est sous l'empire de cette ordonnance que l'instruction primaire a fait le plus de progrès en France.

On a cité M. de Vatimesnil : M. de Vatimesnil a fait beaucoup, sans doute, pour l'instruction primaire ; mais il n'a pas voulu des comités cantonaux; au contraire, je crois qu'il les a supprimés et qu'il les a remplacés par des comités d'arrondissement. Il est certain qu'aujourd'hui ce sont les comités d'arrondissement qui fonctionnent... (*Interruption.*)

Je tiens l'ordonnance du 21 avril 1828, qui porte : « Qu'il sera formé dans chaque arrondissement de sous-préfecture, un comité gratuit pour surveiller et encourager l'instruction primaire ! Ainsi les reproches qu'on a faits ne s'adressent pas aux comités cantonaux, mais bien aux comités d'arrondissement.

M. le ministre de l'instruction publique. — Je ferai remarquer qu'il ne s'agit ici de rien d'exclusif, qu'il ne s'agit pas d'interdire les comités cantonaux. Partout où il en existe de bons, on les maintiendra; partout où il sera possible d'en former de bons, on en formera ; il faut seulement ne pas faire une loi absolue de l'organisation des comités cantonaux, quand il est démontré par le fait qu'il ne sont pas possibles à présent dans tous les lieux, et qu'il y a, au contraire, une foule de lieux où cette organisation ne serait pas applicable. Il s'agit d'aller au fait et de créer des institutions d'une véritable efficacité.

L'amendement de M. Jouvencel fut rejeté.

J'avais proposé, dans l'article 17 du projet de loi, que le curé ou le pasteur fussent, de droit, membres du comité local appelé à la surveillance de l'école. La commission proposa à la Chambre de retirer ce droit au curé et au pasteur. Cette disposition donna lieu à un long débat dans lequel je maintins la proposition du gouvernement.

M. Guizot, *ministre de l'instruction publique.* — Je demande à présenter quelques observations sur l'article de la commission.

La seule question véritable qu'il y ait dans cet article, c'est la question de la présence des curés ou des pasteurs dans le comité local chargé de la surveillance de l'école établie à côté de lui.

Je n'hésite pas à le dire ; si cette question ne s'était pas trouvée impliquée dans l'article, la commission aurait adopté le comité local et spécial tel qu'il était proposé par le gouvernement. Mais je crois, messieurs, que les personnes qui, en thèse générale, ont tenu à écarter les curés ou les pasteurs de ce comité ne se font pas une idée bien exacte de ce qu'est l'instruction primaire, et particulièrement l'instruction morale et religieuse que vous avez admise dans le premier article du projet, comme faisant partie essentielle et comme étant la base de l'instruction primaire.

L'instruction morale et religieuse n'est pas, comme le calcul, la géométrie, l'orthographe, une leçon qui se donne en passant, à une heure déterminée, après laquelle il n'en soit plus question; la partie scientifique est la moindre de toutes dans l'instruction morale et religieuse. Ce qu'il faut, c'est que l'atmosphère générale de l'école soit morale et religieuse ; il s'agit ici d'éducation encore plus que d'enseignement. L'instruction morale et religieuse n'est pas une leçon, je le répète, c'est l'atmosphère même dans laquelle les enfants doivent être élevés. A cette condition seulement, vous aurez dans les écoles une instruction véritablement morale et religieuse.

Il arrive un âge où l'instruction religieuse devient l'objet d'un enseignement scientifique qui est donné spécialement ; mais, pour la première enfance, dans les écoles primaires, si l'instruction morale et religieuse ne plane pas sur l'enseignement tout entier, vous n'atteindrez pas, messieurs, le but que vous vous êtes proposé quand vous l'avez mise en tête de l'instruction primaire.

Que fait, que doit faire le maître d'école ? est-ce qu'il donne à une certaine heure une leçon de morale, de religion ? Non ; il ouvre et ferme l'école par la prière ; il fait dire la leçon dans le catéchisme ; il donne des leçons d'histoire par la lecture de l'Écriture sainte. L'instruction religieuse et morale s'associe à l'instruction tout entière, à tous les actes du maître d'école et des enfants. Et par là seulement vous atteignez le but que vous vous êtes proposé, qui est de donner à l'instruction un caractère moral et religieux.

Messieurs, prenez garde à un fait qui n'a jamais éclaté peut-être avec autant d'évidence que de notre temps : le développement intellectuel, quand il est uni au développement moral et religieux, est excellent ; il devient un principe d'ordre, de règle, et il est en même temps une source de prospérité et de grandeur pour la société. Mais le développement intellectuel tout seul, le développement intellectuel séparé du développement moral et religieux devient un principe d'orgueil, d'insubordination, d'égoïsme, et par conséquent de danger pour la société. (*Assentiment dans plusieurs parties de l'assemblée.*)

Est-ce là ce que vous voulez ? Voulez-vous développer l'intelligence seule des enfants sans leur donner en même temps des habitudes morales et religieuses, sans leur donner ces règles intérieures qui deviennent des lois pour la conduite, et qui ne sont pas seulement des leçons pour l'intelligence ?...

Je ne suppose pas que ce soit là votre pensée : quand vous avez écrit dans votre loi que l'instruction serait morale et religieuse, vous n'avez pas voulu que ce fût un vain mot ; vous avez voulu qu'elle le fût réellement ; eh bien ! après avoir écrit ce principe dans la loi, vous iriez, dans un article suivant, déclarer, d'une manière générale, que le curé, que le pasteur, qui est naturellement le magistrat moral et religieux de la commune, et qui semble à ce titre faire partie essentielle du comité chargé de surveiller l'école, sera écarté de ce comité ! J'ose dire que ce serait là un véritable contresens législatif, et qu'il ne peut être dans l'intention de la Chambre, lorsqu'elle veut faire donner l'instruction morale et religieuse dans les écoles primaires, d'exclure de la surveillance de ces écoles le magistrat moral et religieux de chaque commune.

Cela n'est pas possible, et l'expérience déposerait, aussi bien que la raison, contre une telle idée.

Quels sont les pays où l'instruction primaire a véritablement prospéré, où elle a pris un grand développement ? Regardez l'Écosse, l'Allemagne, la Hollande, la Suisse ; ce sont les pays où le clergé a exercé une surveillance, une influence continuelle sur l'instruction primaire. (*Murmures aux extrémités.*)

Permettez, messieurs, je sais très-bien quelle est l'objection que l'on peut faire à ce que je dis là, et je vais y répondre ; je la connais d'avance.

Je dis que les pays dont j'ai parlé sont ceux où l'instruction primaire a le plus prospéré, et que le clergé a, dans ces pays, sur l'instruction primaire, une influence beaucoup plus grande que celle que lui donnera la loi que vous faites.

La raison, la véritable raison à laquelle il faut arriver, et qui fait repousser par quelques personnes l'intervention du clergé dans l'instruction primaire, c'est qu'on dit que le clergé est hostile à l'instruction primaire, hostile à notre ordre social nouveau, à nos institutions.

Voix à gauche. — A la révolution de Juillet.

M. le ministre de l'instruction publique. — Oui, à la révolution de Juillet ; je ne crains pas plus que vous d'en prononcer le nom. Si vous voulez introduire le clergé dans nos écoles, c'est un ennemi, dit-on, que vous donnez à l'instruction primaire, dans le sein même des établissements destinés à la faire prospérer.

Je ne crois pas que j'affaiblisse l'objection. (*Non, non! c'est cela!*)

Il y a du vrai dans cette objection, et cependant tout n'est pas vrai. Avant de discuter les conséquences du fait tel qu'on le décrit, je demande la permission de le réduire à ses véritables limites.

Depuis quinze ans, le clergé a beaucoup fait pour l'instruction primaire en France. (*Rumeurs négatives à gauche.*) Il a beaucoup fait, je le répète.

Un membre de l'extrême gauche. — Il a beaucoup empêché.

M. le ministre de l'instruction publique. — Vous répondrez.

Le nombre des écoles primaires, fondées ou entretenues par le clergé, s'est beaucoup accru depuis quinze ans; le nombre des élèves s'est aussi beaucoup accru; de meilleures méthodes y ont pénétré.

Il y a un exemple connu de tout le monde : ce sont les écoles des frères de la doctrine chrétienne; ces écoles sont des écoles ecclésiastiques, placées sous l'influence ecclésiastique ; cependant il est impossible de dire qu'elles ne se sont pas beaucoup multipliées en France, qu'elles n'ont pas fait beaucoup de bien, qu'elles n'ont pas adopté de bien meilleures méthodes; qu'elles n'ont pas, en un mot, joué un rôle important dans les progrès de l'instruction primaire.

Vous direz, je le sais, que ce n'est pas du clergé qu'est venue cette impulsion, que ce n'est pas lui qui a commencé, qu'il n'a fait que suivre, que l'impulsion est venue d'ailleurs, peut-être contre son gré. Quand j'en conviendrais, quand le clergé n'aurait fait que se croire obligé de soutenir la concurrence, ce serait déjà beaucoup. Ne serez-vous pas toujours là, vous philanthropes, amis des institutions et des idées nouvelles? Ne serez-vous pas là pour contrôler l'influence du clergé, pour prendre votre part dans la dispensation de l'instruction primaire? C'est de vous que le clergé recevra toujours l'impulsion; il sera obligé de devenir l'instrument de vos vues, de concourir à un bien que peut-être il n'eût pas fait de son propre mouvement. Pourquoi voulez-vous l'en empêcher?

Savez-vous quel serait le résultat de cette exclusion qu'on vous propose de prononcer? Ce serait une déclaration de suspicion générale prononcée contre le clergé en France en matière d'éducation et d'instruction primaire. (*Mouvement et bruits divers.*) Je ne crois pas qu'il soit dans l'intention de la Chambre de prononcer une pareille déclaration.

Entrons un peu plus avant dans le détail des faits.

Indépendamment des frères de la doctrine chrétienne, il y a beaucoup d'ecclésiastiques, de curés, de pasteurs bienveillants pour l'instruction primaire, et qui concourent avec activité à sa propagation. Je puis en rendre témoignage, car je sais chaque jour ce qu'ils font à ce sujet.

Eh bien, la déclaration générale que vous porteriez en adoptant l'amendement, cette déclaration offenserait les bons comme les mauvais; elle les confondrait dans une même suspicion; et comme elle serait prononcée sans distinction, elle blesserait le corps tout entier. (*Bruits dans plusieurs parties de la salle.*)

M. le président. — Cette question est une des plus graves que le projet soulève. J'invite la Chambre au silence.

M. le ministre de l'instruction publique. — L'esprit de corps règne avec ses avantages et ses inconvénients; il faut le prendre tel qu'il est. Les bons se trouveront offensés comme les mauvais, les bienveillants comme les hostiles; vous vous priverez par là du concours des bons; et quant aux mauvais, à ceux qui seraient hostiles, enlèverez-vous, détruirez-vous leur influence? Prenez garde, vous ferez tout le contraire.

Par le projet du gouvernement, le comité local de surveillance est composé du maire, du curé ou du pasteur et de trois conseillers municipaux désignés par le conseil municipal. Il y a donc quatre laïques contre un ecclésiastique. Si l'ecclésiastique n'est pas bon, s'il n'est pas bienveillant pour l'instruction primaire, il sera dans une minorité évidente, il sera annulé par le comité même au sein duquel il siégera.

Voulez-vous le mettre en dehors du comité? Qu'arrivera-t-il? Il reprend toute son indépendance, il est étranger à toutes vos affaires, il ne s'y mêle en aucune façon; mais il demeure à côté de vous; il profite de la liberté que vous avez avec raison écrite dans la loi, et que le gouvernement a lui-même proposée; il fonde une école rivale de la vôtre. Il décrie la vôtre par tous les moyens dont il dispose.

Messieurs, en pareille matière, il vaut cent fois mieux avoir la lutte en dedans qu'en dehors. S'il doit y avoir lutte, que le curé malveillant, hostile, soit obligé de venir dans vos comités, de prendre part à l'administration de l'instruction primaire. S'il n'y vient pas, il se met dans son tort aux yeux de tous les honnêtes gens, de tous les pères de famille sensés; et c'est à vous qu'appartient le bon côté de la question; c'est vous qui avez été libéraux, modérés, raisonnables; c'est le curé qui est violent, intolérant, exclusif.

Par l'autre système, vous perdez tous les avantages de cette position. Vous manquez, permettez-moi de le dire, vous manquez au principe fondamental de votre gouvernement qui, dans les petites comme dans les grandes choses, dans les écoles comme dans les Chambres, en matière d'instruction primaire comme en matière de gouvernement, désire amener toutes les opinions, toutes les influences, tous les intérêts à vivre à côté les uns des autres, à se connaître, à traiter ensemble, à transiger; cette vie commune de tous les intérêts, de toutes les influences, de toutes les opinions, c'est le principe de la Charte, de la liberté, de la discussion, de la publicité; principe respecté, consacré par le projet de loi tel qu'il vous a été présenté par le gouvernement et qui, si je ne me trompe, est méconnu, énervé par le projet de votre commission.

Je persiste dans la proposition du gouvernement. (Nombreuses marques d'assentiment.)

La modification proposée par la commission à l'article 17 du projet du gouvernement fut adoptée.

— Séance du 2 mai 1833. —

En discutant la formation des divers comités appelés à surveiller les écoles primaires, plusieurs membres manifestèrent le désir que cette surveillance fût exclusivement municipale, et que les autorités universitaires y demeurassent étrangères. Je pris la parole à ce sujet.

M. GUIZOT, *ministre de l'instruction publique.* — Le préopinant se méprend sur le principe de la loi ; j'ai eu soin cependant de l'exposer dans les motifs. Le principe fondamental est de n'attribuer rien d'exclusif, ni à l'État, ni au département, ni à la commune, relativement à la direction de l'instruction primaire.

Le principe de la loi, c'est de s'adresser aux différents pouvoirs, aux différentes associations plus ou moins étendues, de demander à chacune d'elles ce qu'elle peut utilement pour l'instruction primaire : à la commune une part des dépenses et des attributions de surveillance, au département et à l'État d'autres droits, d'autres soins. Il n'est pas exact de dire, et je ne pouvais pas laisser passer sans réponse, que l'instruction primaire est purement municipale, que tout pouvoir exercé hors de la municipalité est une usurpation. Une telle assertion est contraire au principe de la loi. J'aurai l'honneur de faire observer au préopinant qu'indépendamment du comité municipal dont il s'agit, il y a d'autres comités, des comités cantonaux ou d'arrondissement, qui ne sont pas des comités municipaux, des comités purement communaux, mais des comités correspondant à certaines circonscriptions administratives. Pour ces comités, comme pour d'autres, il est impossible que le ministre n'ait pas le pouvoir, non-seulement de les convoquer lorsqu'il le jugera convenable, mais d'y envoyer un inspecteur général qui les présidera dans telle ou telle occasion particulière.

Je prie la Chambre de remarquer qu'une chose qui m'est continuellement demandée, c'est une inspection active et spéciale de l'instruction primaire. Il y a une multitude de conseils généraux qui ont demandé des inspecteurs généraux spécialement chargés de surveiller l'instruction primaire, de se rendre dans les départements, de présider les comités. Ce vœu a été formellement émis. Des inspecteurs de l'instruction primaire, soit généraux, soit particuliers, ne peuvent pas ne pas dépendre du ministre de l'instruction publique. Il est impossible qu'il n'ait pas le pouvoir de convoquer les comités de surveillance, et d'en confier la présidence à des inspecteurs désignés par lui.

Sur l'article 20 du projet, M. Laurence demanda que les délégués du ministre de l'instruction publique ne fussent pas membres des comités chargés de la surveillance des écoles et n'eussent pas droit de les présider, ni de les convoquer. Je repoussai cette proposition.

M. GUIZOT, *ministre de l'instruction publique.* — Le préopinant (M. Laurence) se trompe sur la nature de cette délégation et des hommes qui seront envoyés ; il est nécessaire d'envoyer des hommes spéciaux qui soient chargés, non pas de corriger des abus, de faire aucune réquisition, mais de faire connaître les bonnes méthodes, de répandre les progrès que fait l'instruction dans la sphère supérieure. C'est à cela que les inspecteurs des études et les inspecteurs généraux sont employés.

Vous avez créé, dans l'instruction primaire, des écoles supérieures où vous avez placé des notions élémentaires sur les sciences, les mathématiques, l'histoire naturelle, et sur leur application aux usages de la vie. Il est nécessaire que des hommes spéciaux aillent visiter ces écoles, voir la manière dont elles sont dirigées, et leur faire connaître les bonnes méthodes d'enseignement. Ce n'est pas l'administration ordinaire, ni les préfets, ni les sous-préfets qui pourront remplir cette mission ; il y a une foule d'occasions où cette délégation d'hommes spéciaux, et leur incorporation momentanée avec les comités, seront les seuls moyens de faire faire des progrès à l'instruction primaire.

La proposition de M. Laurence fut adoptée.

— Séance du 3 mai 1833. —

A propos de l'article 22 du projet de loi présenté par le gouvernement, qui portait que les instituteurs primaires, nommés par le comité d'arrondissement sur la présentation du comité cantonal, seraient institués par le ministre de l'instruction publique, M. Taillandier demanda la suppression de cette dernière condition. Je combattis cet amendement qui devint l'objet d'un long débat.

M. Guizot, *ministre de l'instruction publique.* — Le principe de la loi, comme la Chambre le sait, est de faire concourir les divers pouvoirs pour atteindre ensemble le but. L'instituteur est présenté par le conseil municipal, nommé par le comité, et institué par le ministre de l'instruction publique. Vous avez fait de l'instituteur un fonctionnaire public, vous l'avez exempté du recrutement. Quand on accorde de pareils avantages, il faut bien savoir quels sont les hommes auxquels on les accorde.

L'administration ne nomme pas, elle ne fait qu'accorder ou refuser l'institution; c'est une espèce de *veto* qu'elle exerce. D'ailleurs les instituteurs se forment pour la plupart dans les écoles normales. Le concours de l'administration me paraît donc naturel et même nécessaire.

MM. Eschassériaux, Laurence et Eusèbe de Salverte, ayant appuyé la proposition de M. Taillandier, je repris la parole pour la combattre.

M. GUIZOT, *ministre de l'instruction publique.*—Le but du projet de loi, comme je l'ai déjà dit, a été d'imprimer aux instituteurs primaires un caractère public; cela est tellement vrai que vous leur avez imposé l'obligation de prêter serment; vous les avez assimilés aux avoués, aux notaires, aux huissiers et à tous les officiers ministériels qui ne sont admis à entrer en fonctions qu'après avoir reçu de la puissance publique le caractère public. Voilà l'assimilation que vous avez voulu établir, voilà quel est l'objet du serment, et c'est ce que vous détruiriez si vous supprimiez le paragraphe.

J'ajouterai que c'est dans l'intérêt des instituteurs surtout que cette demande vous a été faite. Quelle est la cause des plaintes de la plupart des instituteurs? C'est qu'ils sont isolés, abandonnés, livrés à l'influence purement locale, dans une dépendance souvent déplorable à l'égard des petits pouvoirs qui sont à côté d'eux. Ils ont besoin de se sentir rattachés à une corporation, soutenus par la puissance publique. Ils se plaignent constamment de leur faiblesse, de leur isolement; lorsqu'ils auront été institués par la puissance publique, qu'ils en auront reçu un caractère public, ils seront relevés à leurs propres yeux et aux yeux de la population en général.

M. JOUVENCEL. — Je propose que l'institution leur soit donnée par les préfets. (*Appuyé, appuyé!*)

M. AROUX. — Je demanderai à M. le ministre de l'instruction publique s'il accède à l'explication qui vient d'être donnée par M. le rapporteur, qui a dit que, lorsqu'un instituteur sera suspendu ou destitué de ses fonctions, ou décédé, l'exécution provisoire sera accordée aux nominations faites par le comité cantonal et d'arrondissement.

M. le ministre de l'instruction publique. — Il ne peut y avoir de véritable caractère conféré à l'instituteur, et il ne peut entrer définitivement en fonctions que lorsqu'il a prêté serment. Après cela, lorsqu'il faudra ouvrir une nouvelle école, il n'y aura aucun inconvénient à ce que cette ouverture soit retardée de quinze jours ou trois semaines. Quand il s'agira, au contraire, de la substitution d'une école à une autre, l'ancien instituteur restera en fonctions jusqu'à ce que le nouveau soit nommé.

Plusieurs voix. — Et en cas de décès.

M. LE MINISTRE. — En cas de décès, le nouvel instituteur exercera provisoirement ; l'école ne sera pas fermée pour cela, mais il n'aura le caractère définitif que quand il aura prêté serment.

Conformément au sous-amendement proposé par M. de Jouvencel, l'institution des instituteurs primaires par le préfet fut substituée par la Chambre à leur institution par le ministre de l'instruction publique.

M. Taillandier demanda que, dans l'article 23 du projet de loi, il ne fût fait aucune mention du conseil royal de l'instruction publique dont il ne voulait pas que l'existence parût ainsi indirectement confirmée. Je repoussai cette demande.

M. Guizot, *ministre de l'instruction publique*. — La Chambre a fait voir, en diverses occasions, qu'elle était ennemie de l'anarchie en administration comme en politique. Or, il n'y a rien de plus anarchique que de considérer les institutions qui sont en vigueur comme si elles n'existaient pas ; il n'y a rien de plus anarchique que de croire qu'on fait toujours table rase et qu'on a tout à recommencer. Messieurs, les institutions doivent être considérées comme existantes tant qu'elles ne sont pas abrogées par la loi ; et, s'il m'est permis de le dire, il ne serait pas digne de la Chambre de croire qu'elle se lie par le maintien ou la suppression d'un mot dans la loi. Les pouvoirs publics conservent toujours le droit de modifier les institutions existantes, et ce serait, je le répète, une sorte d'anarchie que de ne pas vouloir mentionner dans la loi une institution qui existe réellement, et qui est journellement en vigueur.

Après une vive et longue discussion, les mots *conseil royal* furent maintenus dans l'article.

A propos du titre V du projet de loi, article 26, M. François Delessert exprima le regret que ce projet n'eût pas institué et réglé en détail les écoles de filles comme les écoles de garçons. Je répondis :

M. Guizot, *ministre de l'instruction publique*. J'ai déjà eu l'honneur de le dire à la Chambre, en lui présentant le projet de loi ; je me suis trouvé dans l'impossibilité de mettre dans ce projet les dispositions relatives aux écoles de filles, parce que je n'avais pas une connaissance suffisante des faits à cet égard. Je ne crois pas qu'il soit possible de faire de bonnes lois, quand on n'a pas une pleine connaissance des faits qui s'y rapportent. Eh bien, le régime des écoles de filles est tellement divers; elles ont été soumises à des autorités si différentes, si incohérentes, et les faits ont été si mal recueillis que, pour mon compte, je me déclare complétement hors d'état de soumettre, quant à présent, à la Chambre un ensemble de dispositions raisonnables à ce sujet.

Je me suis occupé et je m'occupe assidûment de recueillir les faits ; quand je me croirai suffisamment instruit, je mettrai sous les yeux de la Chambre les dispositions qui me paraîtront devoir en résulter. Les faits, je ne les sais pas à présent, et il me serait impossible de prendre un engagement précis sur l'époque à laquelle je pourrai présenter à la Chambre le résultat des travaux que je prépare depuis quelque temps.

M. François Delessert. — M. le ministre pourrait s'engager à présenter une loi à cet égard dans la prochaine session.

M. le ministre. — Je le ferai si la chose est possible, mais je ne puis prendre aucun engagement à cet égard.

M. Vivien demanda alors la suppression complète de cet article 26 comme inutile. Je répondis :

M. Guizot, *ministre de l'instruction publique*. — Je ne vois aucun inconvénient à la suppression de l'article. Il avait été mis plutôt comme une promesse de ce qu'il y avait à faire que comme contenant des dispositions précises.

J'adhère à la suppression totale.

L'article, mis aux voix, est supprimé.

M. Senné (*de sa place*). — J'ai besoin de demander une explication à M. le ministre.

Dans le moment actuel, il y a une foule de communes où il n'y a pas d'instituteurs distincts pour les garçons et d'institutrices pour les filles.

M. le ministre de l'instruction publique. — Je n'entends pas.

M. Senné (*descendu de quelques bancs*). — Je disais qu'il y a beaucoup de communes où les instituteurs reçoivent en même temps les garçons et les filles, parce qu'il n'y a pas un assez grand nombre et des uns et des autres, pour faire vivre un instituteur et une institutrice. Je demande si dans ces communes, les instituteurs ne pourront pas continuer à recevoir encore des filles, sous la condition de les recevoir, comme cela existe, dans un local séparé.

M. le ministre de l'instruction publique. — Il n'y aura rien de changé. L'administration veillera à ce que l'usage ne dégénère pas en abus ; mais jusqu'à ce qu'une législation spéciale soit intervenue pour les écoles de filles, l'usage dont parle M. Senné subsistera.

M. Taillandier. — J'ai proposé un article sur cet objet.

M. le président. — Voici l'art. 28 additionnel de M. Taillandier.

« Dans les communes où il n'y aura pas d'institutrice, l'instruction primaire sera donnée aux filles par l'instituteur communal, mais à d'autres jours ou à d'autres heures que ceux où il tiendra l'école des garçons. » (*Oh! oh! — Bruit.*)

M. le ministre de l'instruction publique. — Je demande que toute cette matière soit remise, avec la législation des écoles de filles, à l'époque où l'on s'en occupera. Il est impossible d'imposer d'une manière absolue à l'instituteur communal l'obligation de tenir une école spéciale de filles... (*Bruit.*)

M. Taillandier. — Alors je le retire.

M. de Jouvencel proposa cet article additionnel au projet de loi : « Avant le mois de janvier 1835, tous les instituteurs actuellement en exercice, dont les brevets sont antérieurs à 1830, devront, pour conserver leurs fonctions, être confirmés par les conseils municipaux des communes dont ils dépendent, après que les comités des cantons auront certifié leur aptitude à l'enseignement. Je combattis cette disposition.

M. Guizot, *ministre de l'instruction publique.* — Je ne crois pas qu'il soit utile, et je dirai même qu'il soit juste, d'entreprendre une révision et une épuration générale de tous les instituteurs qui existent aujourd'hui en France. Il faut laisser les existences comme elles sont. Quand les instituteurs commettront des fautes, ils tomberont sous la législation que vous délibérez. Leurs fautes seront punies, leur conduite sera surveillée, comme la loi actuelle l'exige. Mais, je le répète, entreprendre une épuration générale de tous les titres des instituteurs actuellement en exercice, cela me paraît devoir les inquiéter tous, sans qu'il y ait à cela une véritable nécessité.

M. Jouvencel. — Je ne parle dans mon amendement que des instituteurs brevetés il y a plus de trois ans, avant 1830.

M. le *ministre de l'instruction publique.* — Je persiste dans mon observation. Je ne crois pas qu'il soit utile d'aller porter le trouble dans le très-grand nombre d'instituteurs privés et publics qui existent, et de les soumettre à la nécessité d'un nouveau brevet.

La discussion s'étant prolongée et animée, je repris la parole pour bien expliquer dans quel sens et dans quelles limites j'entendais protéger la situation des instituteurs primaires actuellement en exercice :

M. Guizot, *ministre de l'instruction publique.* — Je ferai observer que la distinction établie par la loi entre les écoles publiques et privées et le système d'écoles publiques que fonde la loi n'existe pas aujourd'hui que les écoles publiques communales sont à fonder. Toutes les communes qui déclareront qu'elles veulent fonder dans leur sein une école publique contracteront l'obligation de donner 200 fr. à leur instituteur. Si elles sont contentes de leur instituteur actuel, elles le maintiendront; si elles n'en sont pas contentes, elles en prendront un autre. Il ne s'agit pas de confirmer l'état actuel des instituteurs; ce à quoi je me me suis opposé, c'est à ce qu'on imposât aux instituteurs actuellement existants l'obligation de subir de nouveaux examens et de se pourvoir de nouveaux brevets.

M. le Président. — Voilà pourquoi j'ai posé la question; il m'a semblé qu'il y avait un malentendu de la part de ceux qui proposaient l'amendement. Il résulte de l'explication donnée que l'instituteur actuel restera instituteur privé, et que, lorsqu'on voudra fonder une école communale, ce sera un établissement nouveau pour lequel l'instituteur devra obtenir sa nomination d'après les formes tracées par la loi.

M. le ministre de l'instruction publique. — C'est complétement dans ce sens que j'ai entendu la loi, et les termes mêmes de la loi le disent.

M. LAURENCE. — La loi n'en dit rien, et il est d'autant plus important de s'expliquer à cet égard que, dans l'état actuel, des instituteurs reçoivent des indemnités du ministère, et que des logements leur sont donnés par la commune.

M. le ministre de l'instruction publique. — Les instituteurs actuels sont des instituteurs privés auxquels ou les communes ou l'Etat donnent des subventions. Quand il s'agira d'en faire des instituteurs communaux, toutes les dispositions de la loi leur seront applicables.

M. VIVIEN. — Un instituteur est en possession de la fonction d'instituteur dans une commune; il reçoit dans ce moment une subvention de la commune, la commune désire le conserver. Faudra-t-il qu'il reçoive un brevet de capacité pour devenir un instituteur communal? (*Non! non!*)

M. le Président. — Le brevet de capacité, d'après votre loi, est pour les écoles privées, et c'est pour cela que M. le ministre de l'instruction publique, quand on a discuté l'art. 4, a déclaré qu'il n'entendait pas assujettir à de nouveaux brevets les instituteurs qui étaient en possession d'exercer ; mais il résulte de l'explication qu'il vient de vous donner que, pour les écoles publiques, il faudra satisfaire aux dispositions de la loi ; il y aura à déclarer qu'un tel est nommé instituteur communal, ce qui sans cela ne serait pas, car il n'y aurait qu'une simple confirmation. (*Oui! oui! c'est entendu!*)

M. LAURENCE. — C'est-à-dire que la capacité de l'instituteur, comme instituteur, ne peut plus être mise en question, mais que c'est l'investiture. (*Oui! oui!*). L'investiture, il ne l'a pas.

M. ESSACHÉRIAUX. — Les explications données satisfont en grande partie au vœu qu'exprimait l'amendement de M. Jouvencel. Il reste toujours cependant que toutes les conditions exigées par le projet de loi ne seront pas remplies dans les choix de nouveaux instituteurs ; il en est une, la plus essentielle suivant moi, sur laquelle on passera, ce me semble, assez légèrement : c'est la condition de capacité ; car il suffit que vous n'exigiez pas que de nouveaux brevets soient pris par les instituteurs actuels, pour que vous laissiez aux communes la chance d'avoir des instituteurs très-médiocres.

M. le ministre de l'instruction publique. — Je ne voudrais pas prolonger inutilement cette discussion ; mais je ferai remarquer que le projet de loi établit deux degrés d'école : les écoles primaires élémentaires et les écoles primaires supérieures. Eh bien ! parmi les brevets délégués depuis plusieurs années, il y a des brevets qui répondent aux écoles élémentaires, et des brevets qui répondent aux écoles supérieures. Les instituteurs qui ont reçu des brevets du premier degré possèdent à peu près les connaissances exigées pour les écoles supérieures. Ce sont là des faits dont on tiendra compte en instituant les écoles publiques ; mais si vous soumettez tous les instituteurs de France à venir se présenter à de nouveaux examens et à recevoir de nouveaux brevets, vous porterez un grand trouble dans toutes les existences.

M. Eschassériaux ayant demandé ce que deviendraient, d'après le nouveau projet de loi, les écoles d'adultes, je répondis :

M. GUIZOT, *ministre de l'instruction publique.*—Beaucoup de membres de cette Chambre peuvent savoir que je me suis occupé des écoles d'adultes, et que j'ai pris des dispositions dont quelques-unes ont eu un plein succès. Mais on ne saurait régler cette législation dès aujourd'hui, car le régime de ces écoles et la manière de les établir sont variables selon les localités, et on ne peut prendre à leur égard une disposition générale. Il y a des villes où l'on peut établir des écoles d'adultes, de telle manière qui ne réussirait pas dans telle autre ville. Je me suis occupé de recueillir à cet égard des renseignements. Je ferai la même observation que sur les écoles de filles : je ne pourrais non plus à cet égard présenter encore un ensemble de dispositions raisonnables.

M. LE GÉNÉRAL DEMARÇAY. — Si l'on ne veut donner aux adultes dont il s'agit que la somme d'instruction qu'on donnera aux enfants, pourquoi les jeunes gens de quinze ou dix-sept ans ne seraient-ils pas admis dans les écoles des enfants ?

M. *le ministre de l'instruction publique.* — Il n'y a pas d'objection, rien ne les empêche d'y entrer.

M. TAILLANDIER.—Je rends justice à M. le ministre ; je sais qu'il fait des efforts pour répandre l'instruction primaire, pour établir des écoles d'adultes ; mais les hommes passent, et les institutions restent. M. le ministre est aujourd'hui au pouvoir, il peut n'y être plus dans quelque temps. (*On rit.*) Je persiste à penser que le principe doit être écrit dans la loi, et j'ai rédigé mon article de manière à poser seulement le principe. (*Aux voix! aux voix!*)

M. le Président. — Voici le premier article de M. Taillandier : « Moyennant des rétributions fixées conformément à l'art. 14 de la présente loi, et aux jours et heures que le conseil municipal déterminera, l'instituteur communal donnera l'instruction primaire aux hommes adultes qui la voudront recevoir. »

M. le ministre de l'instruction publique. — Je ne puis admettre une disposition aussi générale. Il y a telle école où il serait impossible à l'instituteur primaire de donner aux adultes cette instruction.

L'article fut rejeté.

— Chambre des pairs. — Séance du 6 mai 1833. —

Le 6 mai 1833, je présentai le projet de loi à la Chambre des pairs en mettant en regard la rédaction primitive et les amendements adoptés par la Chambre des députés.

M. GUIZOT, *ministre de l'instruction publique.*—Messieurs les pairs, le Roi nous a ordonné de présenter le projet de loi sur l'instruction primaire que la Chambre des députés vient d'adopter, avec des amendements qui seront également l'objet de vos délibérations.

Définir l'instruction primaire de telle sorte qu'elle puisse en même temps être donnée partout, et s'étendre, s'élever à mesure que s'étendent et s'élèvent les besoins de la population ; lui assurer la liberté promise par la Charte, sous la seule condition des garanties de moralité et de capacité exigées des professions les plus libres ; fonder, en acceptant la concurrence des écoles privées, un vaste ensemble d'écoles publiques qui mettent l'instruction primaire à l'abri des lacunes et des chances de l'industrie particulière ; former de bons maîtres, condition absolue des bonnes écoles ; régler enfin le mode d'administration et de surveillance des écoles, en attribuant aux pouvoirs locaux et généraux la part d'influence et d'action qui leur convient ; tels sont les principes, tel est le système des dispositions du projet de loi.

Ces principes sont simples, messieurs, et d'une utilité, je pourrais dire d'une nécessité presque évidente. L'instruction primaire doit être universelle ; donc elle ne saurait être uniforme ; il faut qu'elle s'adapte aux besoins divers, aux divers degrés de développement des classes auxquelles elle est destinée ; qu'elle soit tantôt assez facile, assez modeste pour pénétrer dans les moindres villages et s'offrir aux existences les plus humbles ; tantôt assez développée, assez variée pour satisfaire aux convenances de ces professions, aujourd'hui si nombreuses et si importantes, qui ne prétendent pas à la science, mais qui ont besoin d'en connaître les éléments, car elles en font chaque jour l'application.

Vous voulez l'universalité de l'instruction primaire ; appelez donc la liberté à votre aide ; que rien n'entrave le vœu des familles et les essais de l'industrie. Prenez garde seulement à deux choses : d'une part, souvenez-vous que, lorsqu'il s'agit de la fortune et de la santé des citoyens, vous demandez à l'industrie libre certaines garanties fondamentales ; serez-vous moins soigneux, moins prévoyants quand vous vous occupez de leur intelligence et de leur moralité ? D'autre part, ne vous faites point d'illusion ; l'industrie libre, l'intérêt privé sont absolument hors d'état de porter l'instruction primaire dans tous les lieux et à tous les degrés qu'elle doit atteindre pour que les besoins du pays soient satisfaits. L'expérience le démontre comme le prévoit la raison : la puissance publique seule est au niveau d'une telle œuvre. Que la puissance publique intervienne donc ; qu'elle fonde partout des écoles ; qu'à ces écoles elle assure des maîtres dignes de leur mission, si élevée bien que si obscure. Ainsi, mais seulement ainsi, vos soins pour l'instruction populaire seront efficaces; vous accomplirez le devoir de l'État, en respectant le droit et en acceptant le concours de la liberté.

Comment interviendra la puissance publique? Agira-t-elle seule du haut de sa grandeur, pour ainsi dire, en se chargeant de tout le poids de l'entreprise, et en faisant partir, du centre de l'État, toute son action? Non, messieurs; si nous n'attendons pas de l'industrie privée tout ce qu'on s'en est quelquefois promis, nous ne voulons pas non plus imposer au pouvoir central un fardeau qu'il porte mal, quand il le porte seul. L'instruction primaire est une dette de l'État envers la population; mais cette dette, pour être aisément et effectivement payée, doit être répartie entre les associations diverses et inégales dont la réunion forme l'État. La loi, cette expression de la raison publique et de l'intérêt général, imposera donc aux communes l'obligation de pourvoir aux besoins de l'instruction primaire. Si les communes n'y peuvent suffire, la loi appellera les départements à leur aide; et comme le concours des départements même laissera encore beaucoup à faire, les ressources générales de l'État seront alors invoquées et viendront combler les dernières lacunes : ainsi seront excitées et employées, chacune à sa place et dans sa mesure, toutes les forces de la société.

Le même principe qui préside à la répartition des devoirs et des charges présidera à la distribution des droits et des pouvoirs. La commune, le canton, l'arrondissement, le département, l'État concourront à la surveillance des écoles comme à leur entretien; et, après avoir assuré leur situation matérielle, la loi, non moins soigneuse de leur existence, et, s'il m'est permis d'employer cette expression, de leur santé morale, appellera à veiller sur elles toutes les influences qui peuvent, qui doivent se prêter, dans cette vue, un mutuel appui.

Tel est le projet de loi, messieurs; ses dispositions n'ont pour objet que d'appliquer, de réaliser les principes que je viens d'indiquer. J'ose croire que vous les trouverez conséquentes et pratiques. En commençant par l'enseignement populaire les améliorations et les réformes que l'instruction publique en général nous paraît appeler, nous nous sommes également imposé de repousser toute prétention, toute promesse chimérique, et de ne refuser aucun auxiliaire, aucun moyen d'action. Nous n'hésitons pas à affirmer que c'est ici une loi sincère; nous espérons que ce sera aussi une loi efficace.

M. le ministre lit le projet de loi.

— Séance du 27 mai 1833. —

A propos de l'article 14, le comte Roy demanda le retranchement du 2e paragraphe : « Le recouvrement de la rétribution ne donnera lieu à aucune remise au profit des agents de la perception. » Je donnai, à ce sujet, les explications suivantes :

M. GUIZOT, *ministre de l'instruction publique*. — Je dois donner quelques explications à la Chambre sur la manière dont ce paragraphe a été introduit dans la loi en discussion. Comme M. le comte Roy l'a fait observer, il n'était point dans la proposition du gouvernement. La disposition fondamentale de l'article 14, qui fait, de la rétribution payée par les parents au profit de l'instituteur, une contribution publique qui devra être perçue dans la même forme que les contributions directes, cette disposition ayant été l'objet d'objections graves, le paragraphe dont il s'agit a été introduit dans la loi comme une espèce d'adoucissement. On a voulu que les parents sussent bien que le percepteur ne gagnerait rien à cette rigueur qu'il était appelé à exercer contre eux, que cette perception, qui pouvait les blesser dans certains cas, ne donnerait lieu à aucun avantage au profit du percepteur.

J'ai peine à croire que la charge qui en résultera pour le percepteur soit aussi grande que M. le comte Roy a paru le penser. Il a raisonné dans l'hypothèse de huit communes par percepteur, et de cent élèves par commune. Il y a évidemment exagération, car cela donnerait, pour toutes les communes de France, 4 millions d'élèves dans les écoles primaires. Le nombre des élèves qui payeront la rétribution nouvelle sera, terme moyen, de quinze ou vingt.

Je reconnais qu'il y aura aggravation de travail et de dépense; mais il n'est pas impossible d'introduire une disposition analogue à celle que vient de proposer M. Girod (de l'Ain), et au moyen de laquelle on assurera au percepteur le recouvrement de ses frais. J'insiste seulement sur ce point que le véritable motif du paragraphe a été de faire passer plus facilement cette métamorphose de la rétribution mensuelle en contribution publique.

M. LE COMTE ROY. — La proposition de M. Girod (de l'Ain), si elle était admise, ferait du moins disparaître ce que la disposition présente de trop injuste. Cependant il faudrait dire encore par qui l'indemnité serait acquittée.

M. le ministre de l'instruction publique. — L'observation de M. le comte Roy sur l'inconvénient d'insérer, dans la loi de l'instruction primaire, une disposition qui lui paraît purement administrative, et qui a besoin d'être concertée entre M. le ministre des finances et M. le ministre de l'instruction publique, cette observation me paraît jusqu'à un certain point fondée. Il est bien vrai que, quand même aucune disposition pareille ne serait introduite dans la loi, M. le ministre des finances aurait toujours le droit, en se concertant avec M. le ministre de l'instruction publique, de déclarer qu'il n'y aura aucune remise au profit des percepteurs pour cette nature de contribution.

M. LE COMTE ROY. — J'ai exprimé très-positivement une

opinion conforme à ce qui est demandé par M. le ministre de l'instruction publique. J'ai toujours entendu, en proposant la suppression du deuxième paragraphe de l'article 14, que M. le ministre des finances et M. le ministre de l'intérieur ou de l'instruction publique se concerteraient pour établir le mode et les conditions de la perception autorisée par cet article.

M. Girod (de l'Ain). — On pourrait retrancher le paragraphe.

M. le ministre de l'instruction publique. — Il est utile pour bien accréditer dans les campagnes cette métamorphose de la rétribution.

M. Girod (de l'Ain) proposa, par voie d'amendement, cette rédaction qui fut adoptée : « Le recouvrement de la rétribution ne donnera lieu qu'au remboursement des frais par la commune, sans aucune remise au profit des agents de la perception. »

A propos de l'article 15, le baron Mounier proposa cet amendement : « Il sera établi, dans chaque département, une caisse de retraite en faveur des instituteurs communaux ; les statuts de ces caisses seront déterminés par des ordonnances royales. Il sera fait, au profit de la caisse de retraite, une retenue d'un vingtième sur le traitement de chaque instituteur communal. Les caisses départementales pourront recevoir des dons et legs dans les formes et selon les règles prescrites pour les établissements d'utilité publique. »

M. Guizot, *ministre de l'instruction publique.* — Ce n'est

pas, je l'avoue, sans quelque embarras que je viens combattre la proposition de l'honorable membre, car elle aurait pour effet de donner à l'instruction primaire plus que le gouvernement n'a osé demander pour elle, mais non pas certainement plus qu'il n'est nécessaire de faire, car il est bien certain que l'économie obligée que le projet de loi impose aux instituteurs sera fort loin de suffire aux besoins de leur vieillesse. Cependant je prie la Chambre de se rappeler qu'en ce moment le public tout entier, l'autre Chambre en particulier, et tous les hommes qui se sont occupés de l'état de notre administration financière, sont très-frappés du vice du système des pensions, soit des pensions par voie de retenue, soit des pensions sur les fonds publics, et de la charge énorme qui en est résultée pour l'État, charge telle que le Trésor se trouve avoir à payer aujourd'hui, pour les services passés une somme qui est à peu près le quart de celle qui est payée pour les services présents.

C'est sous l'influence de cette idée qu'a été rédigé le projet de loi, et en particulier l'article dont il s'agit.

L'honorable préopinant a paru croire qu'un système de retenue bien combiné parerait aux inconvénients qu'a entraînés le système qui a été jusqu'ici en vigueur. Il a paru croire surtout que c'était à nos convulsions politiques, aux bouleversements qui ont eu lieu dans notre administration, qu'étaient dus les principaux inconvénients de ce système et l'énormité des charges qui en étaient résultées.

Je ne partage pas complétement l'opinion de M. le baron Mounier. Pour arriver, par un système de retenue sur les traitements, à un fonds qui assure des pensions de retraite, il faut deux choses : il faut d'une part, une retenue qui aille au moins au vingtième du traitement, et, d'une autre part, il faut qu'on exige trente ans de service et soixante ans d'âge. Il en résultera qu'une foule d'individus qui auront subi les retenues, et qui n'atteindront pas les trente ans de service et les soixante ans d'âge, se trouveront avoir complétement perdu la contribution qu'ils ont apportée au fonds commun.

Il est impossible que l'honorable préopinant et tous les hommes qui ont administré n'aient pas été frappés de l'espèce de révolte qu'excite toujours cette irrégularité. Quand un homme meurt à cinquante-neuf ans, après vingt-neuf ans de service, après avoir versé une somme considérable dans la caisse de retenue, et que sa famille ne se trouve avoir aucune espèce de droit aux fonds par lui déposés, il en résulte une injustice qui choque, et à laquelle on a souvent été tenté de remédier par des allocations sur les fonds de l'État.

Je crois qu'il y a là un inconvénient d'autant plus grave qu'il s'applique à l'instruction primaire. Je prie la Chambre de remarquer que les traitements des instituteurs primaires sont très-faibles et presque tous égaux ; en sorte que le système des retenues rendrait beaucoup moins dans l'instruction primaire que dans toute autre branche d'administration.

Dans les autres administrations, les traitements sont très-inégaux ; il y en a de fort considérables, et les traitements considérables amènent des retenues considérables qui tournent au profit des petits traitements; mais en matière d'instruction primaire, tous les traitements sont très-faibles, en sorte que les retenues sont aussi très-faibles. L'injustice que je signalais tout à l'heure sera donc encore plus choquante dans l'instruction publique que dans toute autre administration.

Je crois que le système des caisses de retenue, dont le vice unique n'est pas dans les bouleversements politiques, et qui appelle presque inévitablement le secours des fonds de l'État, je crois, dis-je, qu'avant d'appliquer de nouveau ce système, avant de l'étendre à une administration nouvelle, il faut s'en rendre un compte plus rigoureux et plus complet qu'on ne l'a fait jusqu'à présent.

La Chambre n'ignore pas qu'une commission a été chargée d'examiner le système général des pensions, et de voir quelles modifications on pourrait y apporter. Il me paraît très-grave d'étendre le système des pensions à une classe d'hommes aussi considérable que celle des instituteurs primaires, au moment où l'on est frappé de tous les inconvénients qui sont résultés de ce système dans toutes les branches de l'administration et où l'on cherche le moyen de remédier à ces inconvénients.

Je prie la Chambre de remarquer, en outre, qu'en adoptant l'amendement qui vous est proposé, elle prendrait l'initiative d'une dépense que l'autre Chambre n'a pas jugé à propos de mettre à la charge de l'État. Cette observation ne me paraît pas sans quelque gravité.

J'ajouterai que l'honorable préopinant n'a peut-être pas assez compté, pour accroître les fonds des caisses d'épargne et de prévoyance, sur les legs et les donations que ne manqueront pas de faire les bienfaiteurs habituels de l'instruction primaire, et qui suppléeront à l'insuffisance de ces caisses.

Je ferai encore remarquer à la Chambre que le principe de l'économie obligée est aussi parfaitement juste en ce sens qu'il ne fait subir à aucun instituteur les chances du hasard. Il ne les soumet pas à cette loi des tontines qui, par elle-même, n'est pas très-morale. Chaque instituteur est soumis à une économie obligée, et lorsqu'il arrive au bout de sa carrière, on lui rend le produit de ses économies; personne, de cette manière, ne court de chance; personne ne profite du mal d'autrui; personne ne perd les fonds qu'il a versés dans la caisse.

Il est vrai que ce système n'atteint pas complétement le but que l'honorable préopinant voudrait atteindre. Mais si vous entriez dans le système qu'on voudrait y substituer, vous vous exposeriez à imposer à l'État des charges considérables, des charges de même nature que celles contre lesquelles on se récrie de toutes parts.

Je crois donc devoir persister dans le système du projet de loi.

M. LE BARON SILVESTRE DE SACY. — Il me semble qu'il manque quelque chose pour compléter les dispositions de cet article. On assujettit cette caisse de prévoyance à rendre, à l'instituteur que l'âge ou la maladie oblige de se retirer, les sommes déposées avec leur produit. Mais alors à quoi serviraient les dons et les legs qui pourront être faits à ces caisses? Quel en sera l'usage? car les caisses ayant reçu de tous les instituteurs leurs économies, ayant fait fructifier ces économies, à quoi s'appliquera cet excédant résultant des dons et legs qui auront été faits?

Je crois qu'il est très-heureux que la caisse ait cet excédant; elle sera par là à même d'ajouter quelque chose quand le cas l'exigera. Il me semble que la loi devrait prévoir, par quelques paroles, l'emploi qui devra être fait de l'excédant des fonds que la caisse aura reçus. Je n'ai rédigé aucun amendement à cet égard, mais ces réflexions se présentent naturellement.

M. le ministre de l'instruction publique. — L'observation de M. de Sacy est tout à fait fondée, mais je crois que la loi y a pourvu par le dernier paragraphe de l'article.

Je prie la Chambre de remarquer que notre intention a été de laisser le plus de latitude possible aux donateurs et testateurs. Tel donateur, en faisant un legs à la caisse du département, stipulera que l'emploi de ce legs sera particulièrement affecté aux instituteurs ruraux, aux instituteurs de telle ville. Il faut leur laisser à cet égard la plus grande liberté. Quand il n'aura fait aucune disposition, dans ce cas le conseil général réglera l'emploi de ce legs, c'est-à-dire en fera la répartition entre les instituteurs. Il nous a paru que la loi ne pouvait régler d'avance et d'une manière générale l'emploi des dons et legs ainsi versés à la caisse d'épargne, et qu'il fallait laisser cet emploi à la variété des dispositions que le conseil général jugerait convenable de prendre. Si nous avions dit que les fonds seraient répartis au marc le franc entre tous les instituteurs du département, il en serait résulté de graves inconvénients : on aurait donné à des instituteurs plus qu'il n'était nécessaire de leur donner. Il vaut beaucoup mieux, lorsque le donateur ou le testateur n'a point fait de dispositions particulières, laisser au conseil général la liberté de répartir cet excédant de fonds entre les instituteurs, selon leurs besoins. Il faut, je crois, avoir cette confiance dans le bon sens du conseil général.

M. le baron Mounier ayant persisté dans son amendement en en développant les raisons, je repris la parole.

M. Guizot, *ministre de l'instruction publique.* — Je remercie M. le baron Mounier de m'avoir fourni l'occasion d'expliquer les paroles que j'ai eu l'honneur d'adresser à la Chambre. La Chambre peut se rappeler que je me suis exprimé avec beaucoup de doute et même de timidité à ce sujet.

Je suis parfaitement convaincu que le droit de la Chambre des pairs, en matière de dépenses, est entier. Je partage l'opinion du préopinant : je crois que l'initiative de toute loi d'impôt appartient à la Chambre des députés seule ; mais que la Chambre des pairs conserve sur le budget de l'État, en matière de dépenses, la plénitude de ses droits. Cependant il est impossible de ne pas reconnaître, en fait, que depuis son existence, la Chambre des pairs a agi avec beaucoup de réserve à cet égard, et que toutes les fois qu'il s'est agi d'augmenter une dépense, quoiqu'elle eût complétement le droit de prendre l'initiative en cette matière, elle a pensé, non pas comme restriction constitutionnelle, mais comme convenance de conduite, que c'était particulièrement à la Chambre des députés qu'il appartient de prendre cette initiative.

Mon opinion et mes paroles ne vont point au delà ; jamais je n'ai entendu contester à la Chambre des pairs aucun de ses droits ; j'ai entendu simplement lui rappeler ses propres usages, sa propre conduite, et les convenances qu'elle a eu pleinement raison d'observer.

Quant au fond de la question, je me permettrai de faire observer à l'honorable préopinant que je n'ai pas émis, sur les caisses de retenue, toute l'opinion qu'il m'a prêtée. J'ai seulement dit que ces caisses de retenue s'étaient partout trouvées insuffisantes, quoiqu'on eût imposé une forte retenue et exigé des conditions rigoureuses pour l'admission aux pensions.

J'ai attribué cette insuffisance non-seulement aux convulsions politiques, mais à d'autre causes.

Dans tous les règlements relatifs aux caisses de retenue, en même temps qu'on a cru devoir exiger trente ans de service et soixante ans d'âge, on a tellement senti la rigueur de ces conditions et l'espèce d'injustice qui pouvait en résulter, qu'on a toujours ouvert une autre porte; on a toujours prévu le cas des infirmités contractées dans l'exercice des fonctions. Il n'y a personne, ayant administré, ayant fait partie du conseil d'État, qui ne sache combien de fois on fait usage de ce moyen. C'est là une des causes qui ont singulièrement aggravé la situation des caisses de retenue.

Je crois que si vous adoptiez le système des caisses de retenue, il serait à peu près impossible de ne pas admettre quelque chose de semblable. Si vous teniez rigoureusement aux trente ans de service et aux soixante ans d'âge, il en résulterait des injustices choquantes dans une multitude de cas.

On ne peut assimiler les pensions données sur les fonds généraux de l'État aux pensions données sur les fonds de retenue. Quand un militaire n'obtient aucune pension, il n'est pas considéré comme ayant rien perdu, attendu qu'il n'a rien donné sur son traitement. Il ne s'agit à son égard que d'une pension qui, à tort ou à raison, est considérée comme plus gratuite, comme une libéralité volontaire de la part de l'État envers le pensionnaire, et non pas comme le prix des retenues qui lui ont été faites.

Cette seule circonstance, qui fait considérer l'argent versé comme une sorte de propriété sur laquelle l'employé conserve des droits, fait aussi qu'on considère comme une injustice la perte de cet argent dont aucune partie ne revient à la famille de l'employé qui meurt avant d'avoir rempli les conditions exigées pour obtenir la pension. Cette injustice est inhérente au système de retenue et de tontine appliqué aux pensions. Je crois que la Chambre ne voudra pas donner à ce système une extension que nous avons voulu repousser par le projet de loi.

M. DE BARANTE.—L'exception portée dans l'art. 15 de la Charte ne me paraît pas devoir s'appliquer à l'article en discussion. En effet, supposez qu'on adopte l'amendement de M. le baron Mounier, on ne voterait aucune espèce de dépense, on donnerait seulement la faculté à la législature de voter, le cas échéant, une dépense; conséquemment, ce pourrait être la Chambre des députés qui voterait la dépense.

Toutefois, je suis loin d'approuver l'amendement. Je demeure très-frappé des inconvénients des caisses de retenue: M. le ministre de l'instruction publique, par la manière dont il a discuté ce système, me dispense de dire ce que je dirais moins bien que lui.

Je crois que, sans adopter le système entier des caisses d'épargne et de prévoyance, il conviendrait de se rapprocher de ce système, en ce sens que chaque employé aurait son compte ouvert pour toutes les sommes par lui versées, et que la liquidation se ferait, non pas d'après la considération de ses infirmités ou d'après d'autres considérations auxquelles se prêtent plus ou moins facilement les liquidations, mais d'après les versements par lui faits. Dans tous les cas, je crois que, pour ne pas s'enchaîner d'avance, il conviendrait de retrancher les dernières lignes du troisième paragraphe, à partir de ces mots : « Le produit total ».

M. le ministre de l'instruction publique.—Je ne verrais pas un grand inconvénient au retranchement proposé par le préopinant si le paragraphe n'avait eu précisément pour objet de rassurer complètement les instituteurs, leurs veuves ou héritiers, sur l'emploi qui serait fait de leurs retenues. La loi a voulu dire, pour donner toute sécurité aux instituteurs : au moment où vous sortirez de votre profession, après en avoir rempli toutes les conditions, tout ce que vous aurez versé, intérêt et capital, vous sera remis ou à vos héritiers.

Le retranchement de ce paragraphe leur donnerait, au contraire, de graves inquiétudes. N'oublions pas que nous agissons pour des hommes fort obscurs, qui ignorent ce qui se passe à vos séances, qui ignorent vos discussions, dont la plupart ignoreront peut-être la loi qui fixera leurs droits, et que vous les inquiéteriez prodigieusement, si, par un mot dans la loi, vous ne leur donniez pas les garanties qu'ils désirent.

M. le président. — Il y a deux amendements proposés : celui de M. le baron Mounier et celui de M. le baron de Barante.

Je mets aux voix l'amendement de M. Mounier.

L'amendement est rejeté.

M. LE BARON MOUNIER. — Je demande la division. J'aurai une observation à faire sur le premier paragraphe.

Les deux premiers paragraphes sont adoptés.

M. LE BARON MOUNIER. — Je demanderai à M. le ministre de l'instruction publique pourquoi l'on a retranché, dans la nouvelle rédaction de l'art. 15, la faculté donnée par la première rédaction de placer le montant de la retenue en rentes sur l'État ?

M. le ministre de l'instruction publique. — Le gouvernement avait proposé de placer la retenue en rentes sur l'État ; la Chambre des députés a demandé que la retenue fût placée aux comptes ouverts au trésor royal, pour la caisse d'épargne et de prévoyance. J'avais pensé qu'il était possible de faire ce que vient de demander l'honorable préopinant, c'est-à-dire de laisser l'alternative ; mais en y réfléchissant, j'y ai vu des inconvénients. Cela ôtait aux instituteurs la pleine connaissance de l'emploi de leurs fonds. Ne suivant pas les opérations faites sur les rentes, ils n'auraient pas su si leurs retenues étaient placées en rentes ou aux comptes du trésor royal, et ils auraient pu en concevoir quelque inquiétude.

Un autre inconvénient, c'est que le placement en rentes sur l'État est sujet à des variations, ce qui ne peut convenir à des hommes qui, n'ayant qu'un très-petit capital, ont le plus grand intérêt à ce qu'il ne varie pas. Ces motifs m'ont déterminé à adopter l'amendement proposé par la Chambre des députés.

M. LE BARON MOUNIER. —Cette observation me satisfait complétement. Je demande seulement qu'on retranche ces mots: « D'après l'ordonnance du 3 juin 1829. »

Cet amendement est adopté.

M. le président.—Il y a un amendement de M. de Barante qui propose de retrancher les dernières lignes du 3e §.

L'amendement de M. de Barante est mis aux voix et rejeté.

M. le président. — Je mets aux voix le 4e paragraphe amendé par la commission.

M. LE BARON SYLVESTRE DE SACY. —Je ne vois pas quelle nécessité il y a d'insérer dans la loi que, dans aucun cas, l'État ne pourra venir au secours des caisses d'épargne. S'il survenait des circonstances qui rendissent cela convenable, pourquoi ne pourrait-on pas le faire? Il me semble donc qu'il serait beaucoup mieux de se borner à donner la faculté de recevoir les dons et legs, et de supprimer les deux premières lignes de l'article.

M. le ministre de l'instruction publique. — Je suis très-disposé à accueillir le retranchement proposé, et à admettre une plus grande latitude laissée à l'État pour les caisses départementales. Cependant je crois devoir faire observer à la Chambre qu'on n'a pas voulu interdire par là les dons de fonds pour les caisses d'épargne et de prévoyance; on a voulu seulement que ces dons ne fussent faits que par les départements et sur les fonds départementaux.

L'amendement de M. de Sacy fut rejeté.

— Chambre des pairs. — Séance du 28 mai 1833.—

Sur le 1er paragraphe de l'article 20, M. Auhernon

proposa cet amendement : « Les comités s'assembleront au moins une fois par mois. Ils pourront être convoqués sur la demande d'un des inspecteurs de l'Université attaché à l'académie du ressort, ou de tout autre membre de l'Université délégué par le ministre de l'instruction publique qui assistera à la délibération.

M. Guizot, *ministre de l'instruction publique.*—L'intention du projet de loi a été précisément de ne point soulever les questions que M. Aubernon soulève par son amendement.

Le ministre de l'instruction publique exerce son action, d'une part, par l'administration spéciale de l'instruction publique, formée des inspecteurs généraux, des recteurs, des inspecteurs d'académie, et d'autre part, par l'administration générale, formée des préfets, des sous-préfets, etc. La répartition des attributions entre ces deux hiérarchies de fonctionnaires est extrêmement difficile à faire.

Il y a des cas dans lesquels, évidemment, l'intervention des préfets et des sous-préfets est nécessaire : par exemple, toutes les fois qu'il s'agit de traiter avec les communes ou avec les conseils généraux de département, pour les dépenses qu'ils peuvent faire en faveur de l'instruction primaire.

Lorsqu'il s'agit, au contraire, du choix des instituteurs, du personnel proprement dit de l'instruction publique, de la direction de cette instruction, de la surveillance de l'enseignement et des méthodes, ce n'est plus à l'administration générale, aux préfets, aux sous-préfets, c'est à l'administration spéciale, c'est-à-dire, aux recteurs, aux inspecteurs, qu'appartiennent ces attributions. Mais, comme je l'ai déjà dit, la répartition des attributions entre l'administration générale et l'administration spéciale de l'instruction publique est très-difficile à faire; on serait obligé, pour la faire, d'entrer dans des détails qui appartiennent plus à un règlement d'administration qu'à la loi.

Cette loi a été rédigée dans l'intention de ne poser que des principes généraux, et de laisser les détails d'application, soit aux règlements généraux d'administration, soit à l'exécution journalière de la loi.

L'amendement de M. Aubernon aurait pour effet d'introduire dans la loi des questions que la loi n'a pas prétendu éluder, mais qu'elle n'a pas prétendu résoudre.

L'amendement d'ailleurs, s'il était adopté, rendrait nécessaires beaucoup d'autres amendements, car il faudrait dire dans chaque article quelle est la part d'attributions qui revient à l'administration spéciale de l'instruction publique, et la part qui revient à l'administration générale. Il en résulterait le remaniement d'un grand nombre d'articles, remaniement qui aurait, dans mon opinion, l'inconvénient de compliquer la loi, et, en la compliquant, de nuire à son exécution. Je crois que la Chambre doit rejeter l'amendement.

M. Aubernon retira son amendement.

Sur le 5ᵉ paragraphe de l'article 22, le comte de Montalivet proposa cet amendement : « Les instituteurs communaux doivent être institués par le ministre de l'instruction publique, ou, en son nom, par le fonctionnaire chargé de la direction supérieure de l'instruction publique dans chaque département. Dans les communes qui ont 3,000 âmes et au-dessus, ils sont nommés par le ministre de l'instruction publique, ainsi que dans les chefs-lieux d'arrondissement, quelle que soit leur population. »

M. GUIZOT, *ministre de l'instruction publique.*—Tous les diplômes de bachelier, de licencié, tous les diplômes qui confèrent un état sont signés par le ministre. Les avoués, les huissiers, les notaires, sont obligés d'avoir la signature du roi. Cette institution par le roi ou par un de ses ministres est toujours dans la vue de relever le fonctionnaire à ses propres yeux.

Nous avons pensé de même que la signature du ministre de l'instruction publique relèverait aussi, aux yeux de l'instituteur, la dignité de sa profession, et qu'elle l'affranchirait, jusqu'à un certain point, dans sa propre pensée, des autorités locales qui le nomment.

Si j'ai bien entendu l'amendement, il propose une dérogation formelle aux principes de la loi. Il veut que ce soit le ministre de l'instruction publique qui nomme les instituteurs. Or, la loi pose en principe que les instituteurs sont présentés par le comité communal, et nommés par le comité d'arrondissement. Ce principe est très-sage; il convient en effet, que les instituteurs soient nommés sur les lieux et par les personnes qui les connaissent.

Sur de nouvelles observations de M. le comte de Montalivet, j'expliquai la portée de la rédaction primitive de ce paragraphe proposée par le gouvernement.

M. GUIZOT, *ministre de l'instruction publique.*—La rédaction primitive, proposée par le gouvernement, porte formellement que c'est le comité d'arrondissement qui nomme les instituteurs communaux, et que le ministre de l'instruction publique ne fait que les instituer. Il ne s'agit pas de réviser la nomination; il s'agit de conférer un caractère public aux instituteurs, au moyen de la signature d'un ministre.

M. de Montalivet retira son amendement.

— Chambre des députés.—Séance du 1er juin 1833. —

M. GUIZOT, *ministre de l'instruction publique.*—Messieurs, conformément aux ordres du roi, nous avons l'honneur de vous présenter le projet de loi sur l'instruction primaire dont la Chambre s'est déjà occupée, et que la Chambre des pairs vient d'adopter, avec quelques amendements qui doivent être soumis à vos délibérations.

Déjà, messieurs, les votes d'un grand nombre de conseils généraux et de conseils municipaux ont, en quelque sorte, devancé l'adoption de ce projet. Les sommes allouées par les conseils généraux de département, pour l'instruction primaire en 1833, s'élèvent à 1,100,166 fr., et plusieurs ont formellement exprimé qu'ils votaient ces allocations dans l'espérance que la loi proposée serait bientôt en vigueur. Beaucoup de conseils municipaux ont également manifesté l'intention de faire, dès que la loi serait rendue, et pour en seconder l'exécution, notamment en ce qui concerne l'instruction primaire supérieure, des sacrifices considérables. Je reçois presque chaque jour, à ce sujet, des demandes et des propositions qui attestent avec quel zèle l'administration sera soutenue par le pays dans l'accomplissement de cette tâche. De mon côté, je me suis déjà occupé de préparer les mesures et les instructions nécessaires pour assurer la prompte et complète exécution de la loi. Cette exécution exigera, soit de la part de l'administration spéciale de l'instruction publique, soit de la part de l'administration générale, des travaux assez longs et qui ne seront pas sans difficulté. Il s'agit de fonder, dans beaucoup de lieux, des établissements nouveaux. Des pouvoirs nouveaux eux-mêmes, et divers, seront appelés à y concourir. Il faudra que leurs attributions soient déterminées avec détail et précision; de telle sorte qu'au lieu de s'entraver mutuellement, ils marchent ensemble et sans embarras vers le même but. Leur action, dans les premiers temps surtout devra être soigneusement surveillée et dirigée, afin qu'ils s'engagent dans des voies conformes au véritable esprit de la loi. Une inspection étendue et attentive des écoles maintenant existantes sera nécessaire, non-seulement pour procurer à l'administration cette connaissance exacte de l'état actuel de l'instruction primaire qui doit la diriger dans ses travaux, mais encore, et surtout peut-être, pour faire pénétrer dans les campagnes comme dans les villes, au sein des familles comme dans l'esprit des instituteurs, une ferme confiance dans l'autorité supérieure, et le sentiment de sa bienveillance active. Enfin l'extension des écoles normales primaires, l'introduction, dans leur régime intérieur, des bons principes et des bonnes habitudes qui doivent former de bons maîtres, et la composition des traités ou livres élémentaires de tout genre nécessaires pour alimenter l'instruction à mesure qu'elle se répand, exigeront des soins particuliers, et une attention assidue à ne point perdre de temps, car l'œuvre est longue et urgente à la fois.

Les préparatifs convenables sont faits, messieurs, pour que ces divers travaux commencent promptement et s'exécutent sans relâche. Nous n'attendons plus pour nous y livrer, et pour accomplir ainsi, en fait d'instruction populaire, cette promesse de la Charte à laquelle la Chambre s'est déjà si intimement associée, que l'adoption définitive du projet de loi qui vous est soumis. Nous l'espérons de votre patriotisme et de vos lumières.

— Chambre des députés.—Séance du 17 juin 1833. —

La nouvelle commission chargée par la Chambre des députés d'examiner les amendements adoptés par la Chambre des pairs, proposa elle-même, sur la composition et le rôle des divers comités appelés à la surveillance des écoles primaires, un nouvel amendement qui donna lieu à une longue discussion dans laquelle j'intervins en ces termes :

M. GUIZOT, *ministre de l'instruction publique.*—Je ne veux en aucune façon ni rengager ni continuer la discussion qui a déjà trop occupé la Chambre. Je lui dois une explication sur les motifs qui ont déterminé le gouvernement à adhérer à l'amendement de la commission, et qui me font persister dans cette adhésion.

Voici les questions qui ont été successivement posées dans votre commission.

Y aura-t-il un comité local spécialement chargé de la surveillance des écoles?

Quelques membres dans la commission différaient d'abord d'opinion à cet égard; ils se sont ralliés à penser qu'un comité local et spécial convenait mieux.

Le curé ou le pasteur fera-t-il essentiellement partie de ce comité?

La commission, à l'unanimité, s'est ralliée à cette opinion. Mais, en même temps, quelques craintes restaient, dans l'esprit d'un grand nombre de membres, sur l'influence trop grande peut-être que le curé pourrait exercer dans ce comité; et alors s'est offert comme palliatif, comme moyen de diminuer cette influence, la translation au conseil municipal du droit de présentation d'un instituteur, ce qui était l'une des principales attributions du comité local. On a pensé que le comité n'étant dès lors chargé que de la surveillance de l'école, de l'inspection habituelle, de donner son avis et de provoquer la suspension de l'instituteur, il n'y avait pas à redouter l'influence excessive des curés.

J'ai adhéré et j'adhère encore à cet amendement, parce que je crois, d'un côté, qu'il faut rallier aux lois un aussi grand nombre d'esprits que possible, et, de l'autre, qu'il faut dissiper les craintes et les préventions qui peuvent s'élever dans des esprits sincères contre cet article de la loi.

Le principe qui a présidé à la rédaction de la loi sur l'instruction primaire, c'est précisément de n'admettre aucune opinion exclusive, de n'en pas faire une loi systématique, de lui concilier autant que possible toutes les influences, toutes les opinions. Eh bien! il est certain qu'un grand nombre de membres, convaincus d'ailleurs que l'influence du clergé n'est pas dangereuse dans l'instruction primaire, un grand nombre d'hommes sincères, amis de nos institutions, redoutent l'excès de cette influence, et sont préoccupés de craintes à cet égard. Il importe, dans l'intérêt de la loi sur l'instruction primaire, de dissiper ces craintes. L'amendement de la commission a été conçu dans ce dessein. Il est vrai que la loi qui en résulte est un peu moins logique, un peu moins systématique, un peu moins bien ordonnée que ne l'étaient le projet de loi primitif et l'amendement adopté par la Chambre des pairs ; mais je tiens beaucoup plus à rallier à la loi un plus grand nombre d'esprits et à dissiper des craintes sincères, quoique mal fondées à mon avis, qu'à la rédaction systématique et à la très-bonne composition de la loi.

Je crois donc que, dans l'intérêt pratique qui doit nous animer tous pour le succès de la loi même, pour le succès de l'instruction primaire, il est utile d'adopter l'amendement de votre commission ; il prouvera que le gouvernement n'a pas voulu donner au clergé une influence excessive, et que, en même temps qu'il a cru nécessaire de l'appeler dans les comités de l'instruction primaire, il a respecté les préventions qui existaient dans un grand nombre d'esprits.

Tel est le seul motif qui m'a décidé à adhérer à l'amendement de la commission. Je persiste dans cette adhésion.

M. LAURENCE. — M. le ministre vient de laisser tomber du haut de la tribune une parole qui qualifie de la manière la plus juste le résultat de la disposition sur laquelle vous avez à vous prononcer. Déjà l'intention de l'article qu'on s'est efforcé d'amender a été suffisamment expliquée par M. Étienne.

Sous cette disposition, en apparence si simple, se cachaient tant de périls que lui-même, en vous les signalant, a expliqué comment la commission, se défiant elle-même de l'introduction des curés et des pasteurs, avait cherché à paralyser l'effet de cette introduction ; c'est-à-dire que c'est au moment où l'ennemi allait entrer dans la place (*Murmures*) qu'on s'occupe de se défendre contre ses attaques. M. le ministre nous a avoué, comme M. Étienne, en termes aussi précis, quoique plus brièvement, que le mal existait dans toute sa profondeur; si bien qu'il a voulu y chercher un palliatif. (*Mouvements divers.*) Je prends acte de cette expression, dont, pour ma part, je proclame la justesse. Oui, il y a mal, mal volontaire, mais remédiable, puisque l'article n'est pas encore voté ; et puisque l'on réclame un palliatif, nous pouvons, en rejetant l'article, rendre le remède inutile.

M. le ministre n'a pu s'empêcher de convenir que le projet demandé par la commission n'était pas parfaitement logique, qu'il était moins net, moins rationnel que celui de la Chambre des pairs. En effet, si le commentaire a manqué à cette disposition, le sens en a été facilement compris. En vérité, on se demande ce que sera la loi future. Ce sera sans contredit une loi bâtarde, mixte, équivoque, à laquelle je n'ose pas donner un nom, de peur de provoquer quelques réclamations; mais, comme tout parti moyen, elle a de grands inconvénients pour une assemblée de législateurs graves, comme doit être la nôtre. Qu'il y ait de la franchise, et que l'on dise sa pensée nettement et sans déguisement. Si on proclame qu'il y a mal, qu'on le dise avec franchise. Ne reculons pas devant notre propre système ; il ne convient pas à un pouvoir de se déguiser.

M. le ministre de l'instruction publique.—Je n'ai que deux observations à faire sur ce que vient de dire le préopinant. Je n'ai pas reconnu qu'il y eût un mal dans la disposition dont il s'agit. Je ne suis pas de ceux qui pensent que la présence des ecclésiastiques dans les comités d'instruction primaire est un mal. La Chambre sait bien que j'ai proclamé l'opinion contraire. Mais j'ai dit en même temps qu'il y avait un grand nombre d'hommes, amis sincères de l'instruction primaire et de nos institutions, qui éprouvaient à cet égard des méfiances, des préventions; que c'était pour aller au-devant de ces méfiances, pour guérir ces préventions, pour rallier ces hommes-là à la loi et à l'instruction primaire, que j'avais adopté l'amendement de la commission.

On qualifiera, si l'on veut, cette politique de politique de *juste-milieu*; je ne la répudie en aucune façon à ce titre : au contraire, je suis de ceux qui pensent que les lois ne sont pas faites pour l'amusement des philosophes, mais pour l'utilité des sociétés, et que la première condition de leur utilité c'est d'être acceptées par le plus grand nombre d'hommes sincères dans la société à laquelle elles sont destinées. Je crois que cette politique est raisonnable, et qu'elle doit présider à une loi d'instruction primaire comme à toute espèce d'autre loi.

Tel est, encore une fois, le motif qui m'a fait adhérer à l'amendement de la commission.

M. JOUFFROY.—Je demande la priorité pour l'article de la Chambre des pairs.

M. GAETAN DE LA ROCHEFOUCAULD.— C'est contraire à nos usages.

M. le rapporteur.—Il y a en discussion le projet du gouvernement et l'amendement de la commission. L'amendement doit nécessairement avoir la priorité.

Plusieurs voix.—Le projet de la Chambre des pairs n'est pas celui du gouvernement.

M. le ministre de l'instruction publique.—Je demande la parole sur la position de la question. Le gouvernement, en présentant l'amendement de la Chambre des pairs, se l'est approprié, l'a fait sien. Par conséquent, il n'y a en discussion, quant à présent, que le projet du gouvernement et l'amendement de la commission.

M. JOUFFROY. — Il y a donc alors deux projets de la commission.

M. ESCHASSÉRIAUX.—Ce n'est pas déroger aux usages suivis par la Chambre que de reprendre, à titre d'amendement, une disposition présentée et abandonnée par le gouvernement. Vous trouveriez de très-nombreux précédents de cette manière d'agir dans les discussions qui ont eu lieu à l'occasion de la loi municipale et de la loi départementale; il est arrivé souvent que l'on a opposé à l'amendement de la commission, et reproduit comme amendement, le projet primitif du gouvernement.

M. le ministre de l'instruction publique.—Je demande la permission de défendre ici les priviléges de la Chambre et de ses commissions. Il est d'usage constant dans la Chambre que lorsqu'une commission propose un amendement à un projet du gouvernement, cet amendement est mis aux voix avant le projet.

L'amendement de la commission, consenti par le gouvernement, fut adopté.

XLVI

— Chambre des pairs. — Séance du 16 février 1833. —

Le gouvernement avait présenté, le 10 décembre 1832, à la Chambre des pairs, un projet de loi relatif à l'état de siége. M. Allent en fit le rapport, le 5 janvier 1833, au nom de la commission chargée de l'examiner et qui y proposa de nombreux amendements. La discussion s'ouvrit, le 15 février, et dura trois jours, après lesquels le projet fut renvoyé à la commission qui n'en entretint plus la Chambre. Je pris la parole, le 16 février, dans ce débat, en réponse à M. le duc de Noailles.

M. GUIZOT, *ministre de l'instruction publique.* — Messieurs, je remercie l'honorable orateur qui descend de la tribune de la modération de son langage; mais cette modération couvre la même pensée que celle qui a éclaté dans le discours du premier orateur que vous avez entendu dans la séance d'hier, le marquis de Dreux-Brézé. L'honorable préopinant n'a pas appelé le projet de loi que vous discutez *liberticide, monstrueux ;* il ne s'est pas étonné qu'on ait osé venir le présenter à la Chambre ; mais au fond, il l'a également accusé de détruire nos libertés constitutionnelles, de rouvrir la carrière des lois d'exception.

Ce n'est pas aux formes, c'est au fond que je m'attache. La pensée, je le répète, est la même que celle que vous avez entendue dans la séance d'hier. J'avoue qu'il m'est impossible d'entendre exprimer une telle pensée sans la plus profonde surprise.

Je vous le demande, messieurs, quel gouvernement a jamais, je ne dirai pas souffert, mais accepté à ce point toutes les libertés, la liberté de tous ses adversaires? la liberté de la parole, la liberté de la presse, la liberté de l'action, journaux, souscriptions, associations, démarches de tout genre, tout a été permis, tout a été toléré, je dirais presque tout a été trouvé bon.

Il y a beaucoup de gens, messieurs, et de fort honnêtes gens, et des hommes de beaucoup de sens, qui reprochent au gouvernement d'être allé trop loin dans cette voie de tolérance, d'avoir trop supporté en fait de liberté. Je ne le pense pas ; je suis de ceux qui croient qu'il a bien fait, et qu'il fera bien de continuer, et qu'il le peut, sans danger pour la société comme pour lui-même. Mais croyez-vous que, s'il l'eût voulu, il ne lui eût pas été facile de faire autrement? Avec un peu moins d'esprit de justice, un peu plus de complaisance et de laisser-aller pour les passions révolutionnaires, on eût volontiers passé au gouvernement de Juillet un peu de tyrannie; on lui eût volontiers permis de traiter un peu plus rudement qu'il ne l'a fait tels ou tels de ses ennemis. Pourquoi ne l'a-t-il pas fait ? Pourquoi s'est-il condamné à subir la liberté de tous ? Parce que, de très-bonne heure et franchement, il s'est dévoué à la cause de l'ordre et de la justice ; parce que, de très-bonne heure et franchement, il a repoussé l'alliance des passions révolutionnaires; parce qu'il a accepté, de très-bonne heure, la double mission des gouvernements de notre temps, le maintien de l'ordre et le respect des droits de tous.

Je n'ai pas besoin, messieurs, de rappeler à votre mémoire tous les faits qui se sont passés depuis deux ans. Il n'en est pas un seul, j'entends parmi les faits importants, dominants, parmi les faits qui caractérisent la marche et la conduite du pouvoir, il n'en est pas un qui ne prouve que le gouvernement de Juillet s'est imposé ce rigoureux devoir, et qu'il l'a accompli. Six semaines s'étaient à peine écoulées depuis la révolution de Juillet, qu'il ferma les clubs et proclama son droit de les fermer. Quelques mois après la fermeture des clubs, le procès des ministres se jugeait dans cette enceinte. Qu'a fait le gouvernement dans toute cette affaire? Ne s'est-il pas dévoué à la cause de de l'ordre et de la justice? N'a-t-il pas protégé ses ennemis vaincus non-seulement contre les factieux, mais contre le préjugé public, le sentiment populaire? Peu après le jugement des ministres, un désordre déplorable, celui du 13 février, éclate dans Paris; le ministère tombe parce qu'il a été inhabile à le réprimer; un ministère nouveau se forme au nom de l'ordre; l'ordre était la mission du ministère du 13 mars, la mission de mon honorable, et je puis le dire, de mon illustre ami, M. Casimir Périer. (*Très-bien! très-bien!*) C'était sa mission de maintenir l'ordre en France, la paix en Europe, et cette mission il l'a glorieusement remplie. (*Nouvelles marques d'adhésion.*) Il a lutté pendant une année contre les principes anarchiques au dedans et au dehors, et pendant qu'il réussissait, il est mort, mort à la peine. Après sa mort, on a pu craindre que le système qu'il avait suivi ne fût affaibli, que le gouvernement ne chancelât dans cette voie. Une grande sédition a éclaté, et le courage n'a pas manqué aux ministres que M. Casimir Périer avait laissés après lui; le courage ne leur a pas manqué pour maintenir l'ordre dans Paris et venger la société attaquée.

A quelque époque, messieurs, que vous preniez le gouvernement de Juillet, dans tous ses grands actes, dans tous les grands événements de son histoire, vous verrez dominer partout ce caractère d'une lutte franchement acceptée dans l'intérêt de l'ordre public et de la liberté de tous. Sans doute, il y a eu dans cette lutte des hauts et des bas, des vicissitudes, des suspensions ; il y a eu des fautes commises : c'est la condition des affaires de ce monde ; mais la lutte n'en a pas moins été franchement acceptée, constamment soutenue et promptement reprise, quand elle avait paru un moment abandonnée. (*Marques d'adhésion.*)

Non-seulement la lutte a été soutenue, mais elle l'a été avec succès, avec un progrès continuel. J'ose croire que je ne me fais pas illusion. Je n'ignore pas que nous avons encore beaucoup à faire pour ressaisir toutes les conditions de l'ordre social, pour rasseoir la société ébranlée. Nous avons beaucoup à faire ; cependant depuis deux ans beaucoup a été fait. Les émeutes sont mortes, les clubs sont morts, la propagande révolutionnaire est morte, l'esprit révolutionnaire, cet esprit de guerre aveugle qui semblait s'être emparé un moment de toute la nation, est mort ; l'esprit de paix domine aujourd'hui dans la société tout entière. Ce sont là, je pense, des progrès réels, des progrès qui amèneront tous les autres.

J'irai plus loin, messieurs ; je dirai que ce progrès a dépassé l'attente générale, et que là même réside une des difficultés contre lesquelles nous avons à lutter aujourd'hui.

Sous la Restauration, on pressentait dans l'avenir une révolution ; une révolution semblait sans cesse suspendue sur nos têtes, tout le monde en parlait, tout le monde l'attendait, elle paraissait inévitable.

M. DE DREUX-BRÉZÉ.—Ce n'est pas avant le ministère Polignac.

M. le ministre de l'instruction publique. — J'ignore si l'honorable membre qui m'interrompt n'a pas partagé ce pressentiment. Quant à moi, attaché pendant plusieurs années au gouvernement de la Restauration, et l'ayant servi loyalement et fidèlement, je déclare qu'il n'y a pas eu un moment où je n'aie entrevu dans l'avenir une révolution inévitable. Elle m'a toujours apparu comme un fantôme qui menaçait la Restauration et qui devait l'atteindre tôt ou tard. Eh bien ! dans quelle disposition ce pressentiment général mettait-il les esprits ? On pensait, on disait que, quand cette révolution éclaterait, l'esprit révolutionnaire, avec tous ses déplorables désordres, s'emparerait de notre société. J'ose dire, messieurs, que la révolution de Juillet a trompé en ceci l'attente générale. J'ose dire que ses conséquences, quelque ébranlement qu'elles aient pu imprimer à certaines parties de l'ordre social, sont restées bien au-dessous de ce qu'on redoutait. Qu'en résulte-t-il aujourd'hui ? Les amis de l'ordre ne peuvent se persuader qu'il en soit ainsi. Ils ne peuvent se persuader que nous ne soyons pas menacés de plus grands maux que ceux que nous avons déjà soufferts; ils ne peuvent se persuader que, si le triomphe de l'esprit révolutionnaire n'a pas encore éclaté, ce triomphe ne soit pas imminent, et que nous n'ayons à en subir toutes les funestes conséquences. Au milieu de leur propre victoire, les amis de l'ordre sont pleins de doute sur les succès qui les attendent encore. Ils croient toujours voir devant eux ce bouleversement général, terrible, qu'ils ont si longtemps prévu. Ils se trompent, messieurs ; l'esprit révolutionnaire, le désordre ne prévaudra pas dans notre France. Nous en avons pour garant non-seulement ce qui s'est passé depuis deux ans, mais la situation même du gouvernement que la révolution de Juillet a fondé. Messieurs, dans son dévouement à la cause de l'ordre et de la liberté de tous, ce gouvernement est sincère; la politique qu'il professe tout haut, c'est la politique qu'il veut dans le fond de son âme ; c'est la politique qu'il pratique réellement. L'honorable orateur que vous venez d'entendre vous a parlé du mal qu'avait fait à la Restauration la défiance qui, pendant toute sa durée, s'était attachée à son nom, à sa personne, si je puis ainsi parler. Je vais plus loin, messieurs, et je dis que le défaut de sincérité a été le vice radical de la Restauration ; elle avait une tendance contre-révolutionnaire au moment même où elle établissait le gouvernement constitutionnel. Par la déplorable influence d'un parti toujours près de la dominer, sa pensée cachée était contraire à sa politique extérieure. Je pourrais en appeler à une foule d'honorables membres de cette Chambre, qui ont lutté contre ce vice de la Restauration, qui, les uns comme ministres, les autres dans des situations différentes, ont essayé mille fois, tantôt de persuader à la Restauration qu'il fallait qu'elle fût sincère, que le pays le lui demandait et accueillerait sa sincérité, tantôt de se prémunir, à l'aide des Chambres et du pays, contre les mauvais effets de ce défaut de sincérité qu'ils ne réussissaient pas à guérir.

Cette lutte, messieurs, a fait notre honneur pendant quinze années; c'est dans cette lutte que nous avons conquis les libertés dont nous jouissons aujourd'hui. Mais enfin on a échoué dans la tentative; on n'a pu vaincre, on n'a pu enchaîner ce défaut de sincérité qui, je le répète, était le vice radical de la Restauration ; elle a fini par un parjure ; et au moment où le parjure a éclaté, elle a trouvé dans les rangs de l'opposition tous les hommes sages, tous les bons citoyens qui avaient fait effort pour l'arracher à ses mauvaises voies, et la rendre à la sincérité qui est aujourd'hui le premier devoir, la première condition de tous les gouvernements.

Je n'hésite pas à l'affirmer, messieurs, rien de pareil n'est à redouter du gouvernement actuel. Soit qu'il parle d'ordre, soit qu'il parle de liberté, il est également sincère ; car l'alliance de l'ordre et de la liberté, c'est la condition de sa durée, c'est ce qui fait sa force et sa sûreté. C'est sous cette étoile, si je puis m'exprimer ainsi, qu'il est né et qu'il a grandi. Il a besoin de l'ordre pour protéger la liberté de tous et la sienne propre; il a besoin de la liberté de tous pour maintenir l'ordre. Si tous n'étaient pas libres, il tomberait lui-même aux mains d'une faction.

Je le répète donc, la sincérité est dans la situation, dans la nature du gouvernement fondé par la révolution de Juillet, soit qu'il défende l'ordre, soit qu'il défende la liberté. Tous les amis de cette double belle cause peuvent donc, sans embarras, sans méfiance, se rallier à lui, le soutenir, lui prêter force. J'ai quelquefois entendu dire qu'il fallait accepter le gouvernement actuel comme nécessaire, parce qu'il n'y en avait pas d'autre à lui substituer. Messieurs, le gouvernement de Juillet est nécessaire, parce qu'il est le seul qui puisse satisfaire au double besoin de la France, à ce besoin d'ordre et de liberté qui est la loi de notre société ; il est le seul qui n'appartienne à aucun intérêt exclusif, à aucune fiction, à aucun antécédent qui le lie ; il est le seul qui soit libre et capable d'accepter toutes les conditions de notre société, le seul qui puisse faire triompher pleinement la bonne cause, la cause sociale. Certes, messieurs, c'est là une nécessité glorieuse et qu'on peut avouer hautement, et qui fait non-seulement la force, mais le mérite du gouvernement de Juillet. Non-seulement donc les amis de l'ordre, les hommes de bien et de sens peuvent se rallier sans crainte, sans méfiance, à ce gouvernement ; mais c'est pour eux un devoir de probité politique comme un intérêt de situation ; ils doivent se rallier à ce gouvernement dans l'intérêt de la bonne cause, que seul il peut soutenir et faire triompher. Que des factions se soulèvent contre lui, qu'elles s'agitent, qu'elles déclament, qu'elles mentent, rien de plus simple : il a dû s'y attendre. Mais pour les hommes étrangers aux factions, pour les hommes qui ne sont occupés que du bien du pays, c'est au gouvernement qu'ils doivent se rallier, c'est à lui qu'ils doivent prêter leur force ; c'est auprès de lui et seulement auprès de lui qu'ils peuvent en trouver pour soutenir la lutte engagée aujourd'hui contre tant de mauvaises passions.

Messieurs, si le projet de loi que vous discutez est examiné sous l'empire de cette idée que le gouvernement de Juillet est sincère, nécessairement sincère dans la cause de l'ordre comme de la liberté, qu'il est également dévoué à l'une et à l'autre, qu'il ne peut séparer sa cause personnelle ni de l'une ni de l'autre, j'ose dire qu'alors ce projet vous apparaîtra sous un tout autre aspect. Entrez donc, messieurs, dans cette position ; oubliez ces fureurs, ces hypocrisies de langage dont se servent les factions, et qui sont au-dessous d'une assemblée comme la vôtre, d'une assemblée éclairée, expérimentée, qui voit les choses de haut, dans le vrai et ne se laisse imposer par aucun mensonge, par aucune déclamation extérieure; écartez tout ce fracas menteur ; voyez les choses comme elles sont, sans exagération, sans arrière-pensée, et vous réduirez bientôt à leur juste valeur ces reproches furieux, ces noms terribles qu'on prodigue au projet de loi.

Il y avait une législation sur l'état de siége. Nous ne l'avons pas faite, nous l'avons trouvée. Et ce n'était pas comme on l'a dit, une législation exceptionnelle; c'était le droit commun pour certaines classes de citoyens, pour certains cas prévus d'une manière permanente et déterminée par la loi.

Ce qu'on a appelé de tout temps une loi d'exception, c'est une loi temporaire qui déroge au droit permanent du pays. La loi sur l'état de siége n'avait rien de semblable; c'était, je le répète, le droit commun du pays, dans un certain nombre de cas déterminés; cette législation avait été constamment appliquée, elle existait en fait comme en droit. Sont survenues des circonstances où le gouvernement a cru devoir y recourir comme l'avaient fait les gouvernements précédents. Dans cette législation, une question particulière s'est élevée ; elle a été portée devant la Cour de cassation. La Cour de cassation a décidé qu'une partie de cette législation, qui n'était pas exceptionnelle, je le répète, qui était le droit commun, devait être considérée comme abrogée. Le gouvernement ne pouvait prendre cette décision de lui-même ; il l'a reçue de l'autorité judiciaire ; il l'a respectée ; à l'instant même, il s'y est rigoureusement conformé. Il a considéré à l'instant même cette disposition comme abolie. Mais comme il en résultait une lacune dans la législation, le gouvernement a pensé qu'il devait vous proposer de revoir cette législation et de la compléter. Les deux Chambres, dans leurs adresses, ont dit elles-mêmes que c'était un travail à faire ; elles l'ont demandé. Le gouvernement a présenté la loi que vous discutez. Et qu'a fait le gouvernement dans cette loi? Il a formellement reconnu et proclamé, avec la Cour de cassation, que la disposition de l'ancienne législation de l'état de siége qui renvoyait les citoyens devant d'autres juges que leurs juges ordinaires était abolie. Cela fait, une lacune subsistait; le gouvernement a proposé quelques dispositions pour la remplir. Je n'entrerai pas dans le détail de ces dispositions; je ne discuterai pas leur mérite particulier; je dirai seulement que ce ne sont point des dispositions exceptionnelles, que ce n'est point là une loi d'exception; ce sont des mesures nouvelles substituées aux mesures beaucoup plus violentes de la législation antérieure. On peut trouver ces nouvelles mesures bonnes ou mauvaises; on peut les modifier, leur en substituer d'autres; mais elles n'ont en aucune façon le caractère d'une loi d'exception; elles ont pour unique objet de remplacer des dispositions beaucoup plus dures admises jusqu'à ce jour, et que le gouvernement lui-même vous propose d'abroger.

Je ne pousserai pas plus loin cette discussion, messieurs; je ne veux qu'enlever au projet de loi ce caractère de loi d'exception, d'empiétement nouveau et inouï sur nos libertés qu'on a essayé de lui imprimer. Je ne donnerai pas, à la question de détail et aux dispositions dont il s'agit, plus d'importance qu'elles n'en ont réellement. Qu'elles soient adoptées ou modifiées, l'ordre et la liberté, et le gouvernement de Juillet n'en souffriront point; ils sont au-dessus de pareilles épreuves.

Encore quelques mots, messieurs; ce seront les derniers. On nous a dit : Acceptez les conséquences du gouvernement que vous avez fait. Messieurs, nous n'avons pas la prétention d'avoir fait le gouvernement de Juillet; il a été fait par une puissance bien supérieure à la nôtre et à celle des hommes : il a été fait par un arrêt de la Providence, exécuté par le bras du peuple français. (*Bravo! bravo!*) Voilà le véritable caractère de la révolution de Juillet; il y a eu arrêt d'en haut, exécution de cet arrêt par la justice du pays. Nous n'avons pas fait le gouvernement de Juillet; mais nous l'avons voulu, nous l'avons accepté ; nous le voulons aujourd'hui comme le premier jour, et nous sommes aujourd'hui, comme le premier jour, fidèles aux principes qui ont triomphé désormais dans notre pays, aux principes que la France, pleine d'inexpérience et d'erreur, mais droite et sincère, avait proclamés en 1789. Elle a cherché pendant quarante ans, à travers toutes sortes d'épreuves et de réactions, la réalisation de ces principes, acceptant tantôt l'anarchie, tantôt le despotisme, dans l'espoir de trouver ce qu'elle cherchait. Elle l'a obtenu enfin par la révolution de Juillet. Elle a obtenu cette alliance de l'ordre et de la liberté qui était le vœu de 1789. Et s'il m'est permis de parler des hommes qui ont pris quelque part à ce grand événement, je dirai que leur gloire est de l'avoir accepté franchement, de lui avoir donné, et dans la Charte de 1830 et dans la conduite du gouvernement depuis cette époque, une nouvelle sanction, un nouveau développement, une nouvelle force; d'avoir été avec plus de mesure, et je crois qu'on peut le dire sans orgueil, avec plus de lumières, les légitimes héritiers de 1789, les enfants de la vraie pensée qui animait alors la France. Nous avons eu le bonheur de venir dans un temps plus calme; nous avons été exempts des illusions, des erreurs de nos pères; mais c'est la même pensée qui nous a animés, c'est la même pensée qui nous anime aujourd'hui, et le gouvernement que nous n'avons pas fait, mais que nous avons accepté, nous le défendrons contre les désordres de tout genre, contre tous les factieux, sous quelque drapeau qu'ils se présentent; et nous avons la ferme confiance qu'il triomphera des uns et des autres, et qu'il fondera définitivement cette alliance de l'ordre et de la liberté qui est son principe ; il n'en a pas d'autre. (*De nombreuses marques d'adhésion succèdent à cette improvisation.*)

XLVII

— Chambre des députés.—Séance du 20 février 1833. —

La Chambre discutait le budget du ministère des affaires étrangères pour l'année 1833. Je pris la parole pour répondre à M. Mauguin.

M. Guizot, *ministre de l'instruction publique*. — Je ne retiendrai pas longtemps l'attention de la Chambre.

J'avoue que j'éprouve un extrême embarras pour répondre au discours que vous venez d'entendre ; je n'y trouve que deux choses, deux idées que je parvienne à associer : la première, c'est l'éternelle question du système de la paix et du système de la guerre que nous agitons depuis deux ans et demi ; j'avoue que, sur cette question-là, je n'ai nul goût à redire ce qui a été dit mille fois à la Chambre ; je suis cependant prêt, si la Chambre le trouve bien, à recommencer les discussions que nous avons...

Au centre.—Non ! non ! C'est bien assez.

M. Mauguin.—Mais je n'ai pas posé cette question.

M. *le ministre de l'instruction publique*. — Je demande

pardon à l'honorable orateur; c'est là la question qu'il a relevée, la question du système de la paix et du système de la guerre, la guerre offensive. L'honorable orateur a dit que les puissances de l'Europe avaient menacé la France, que l'invasion avait été à nos portes, que le système de la guerre offensive convenait à la France, que c'était à elle à prévenir l'Europe, que jamais la guerre défensive n'avait convenu à la France : je demande si ce n'est pas là la question.

M. MAUGUIN.—Voulez-vous me permettre de la rétablir?

M. le ministre de l'instruction publique.—Volontiers.

M. MAUGUIN.—Comme M. le ministre des affaires étrangères a dit hier à la tribune que les cabinets européens avaient reconnu sur-le-champ la Révolution française...

M. le ministre des affaires étrangeres.—C'est un fait.

M. MAUGUIN.—Et comme il y avait eu, dans plusieurs discussions, des reproches faits à l'opposition d'avoir toujours demandé la guerre, j'ai expliqué la position antécédente; il y a eu à peu près dix minutes de mon discours employées à justifier l'opposition et à prouver que ses craintes avaient toujours été légitimes. C'est pour cela que j'ai cité divers discours des ministres, et en même temps les discours en réponse à l'adresse de la Chambre. Mais je n'ai pas, pour le moment, élevé la question de la paix ou de la guerre; car j'ai déclaré, au contraire, que, pour le moment, je crois à la paix.

Au centre.—Ah! ah! enfin!

M. MAUGUIN.—C'est évident, et je l'ai dit.

M. le ministre de l'instruction publique.—Comme j'avais l'honneur de le dire à la Chambre, la première partie du discours du préopinant n'était que le renouvellement du débat que nous agitons depuis deux ans et demi, débat sans intérêt aujourd'hui, puisque, comme en convient l'honorable préopinant, nous avons lieu maintenant de croire à la paix; puisque le débat est sans intérêt, je demanderai la permission de n'y pas rentrer. (*Oui! oui!*)

Quant à la seconde partie du débat de l'honorable orateur,

qui se compose de considérations générales sur l'état actuel de l'Europe et sur les diverses combinaisons qui peuvent en sortir, j'avoue que j'éprouve encore un extrême embarras pour la saisir... (*Exclamations aux extrémités*) pour la ramener à des termes précis, discuter de vraies questions, et en tirer des résultats utiles pour la Chambre et pour le pays.

L'honorable orateur nous a représenté la Sainte-Alliance comme toujours également menaçante, comme embrassant l'Europe continentale tout entière, sauf la France; comme étant à nos portes du côté de l'Italie, à nos portes du côté du Rhin.

C'est l'état de l'Europe tel qu'il a été fait en 1815. Si on appelle Sainte-Alliance toutes les puissances européennes, sauf la France et l'Angleterre, c'est encore une question que nous avons débattue depuis deux ans et demi, et sur laquelle il faut recommencer.

Je ferai seulement observer à la Chambre qu'il n'est survenu dans l'état de l'Europe, depuis quinze ans, qu'un seul grand changement matériel : ce changement, c'est l'abolition du royaume des Pays-Bas.

Voix à droite et à gauche.—Et l'abolition du royaume de Pologne.

M. le ministre de l'instruction publique.—Je répète que le seul grand changement qui soit survenu dans l'état matériel de l'Europe depuis quinze ans, c'est l'abolition du royaume des Pays-Bas, et ce changement a été fait évidemment par l'influence de la France et à l'avantage de la France; non pas dans l'intérêt de la Sainte-Alliance, mais dans l'intérêt de la politique française, de l'indépendance et de la force de nos frontières.

Il n'est donc pas exact de dire que nous n'avons rien gagné depuis 1815, et que la Sainte-Alliance est également à nos portes.

Quant à la Pologne, puisque le nom en a encore été prononcé, et j'avoue que c'est à mon extrême regret que je l'entends prononcer à la tribune, je dirai que la Pologne, lorsqu'elle s'est soulevée, n'existait pas. (*Rumeurs négatives aux extrémités.*) Elle s'est soulevée pour tâcher d'exister ; mais auparavant la Pologne n'existait pas comme nation s'appartenant à elle-même. (*Bruit.*)

Si la Pologne eût eu son existence indépendante, si elle eût formé un État séparé, se serait-elle soulevée? Évidemment, c'est pour arriver à un état tout autre que celui où elle était qu'elle s'est soulevée. Il est vrai qu'elle n'a pas réussi ; il est vrai qu'avec un grand surcroît de douleur et d'infortune, elle est retombée dans une situation à peu près semblable à celle dans laquelle elle se trouvait. (*Exclamations et murmures aux extrémités.*)

Je répète qu'avec un grand surcroît de malheur et de douleur, la Pologne est retombée politiquement dans un état à peu près semblable... (*Interruption des côtés extrêmes.*)

Je voudrais autre chose que des interruptions. Je voudrais qu'on citât des faits, qu'on vînt expliquer exactement, à cette tribune, quel était l'état de la Pologne avant la dernière insurrection.

Un membre à gauche.—M. Mauguin l'a expliqué.

M. le ministre de l'instruction publique.—Quant à moi, je n'ai entendu dans le discours que vient de prononcer M. Mauguin rien qui montrât que la Pologne était, il y a deux ans et demi, dans un état infiniment meilleur que celui dans lequel elle se trouve aujourd'hui.

M. DE RÉMUSAT.—La preuve, c'est qu'elle s'est soulevée.

M. MAUGUIN.—Je demanderai la parole pour répondre.

M. le ministre de l'instruction publique.—Je suis obligé de faire remarquer à la Chambre que je ne parle en aucune façon des souffrances individuelles, que je ne parle que de l'état politique du pays, de sa constitution comme nation indépendante et forte. Je dis que cette indépendance, cette constitution forte, la Pologne ne l'avait pas avant la dernière insurrection, qu'il n'est pas vrai qu'elle l'ait perdue et que son état soit politiquement changé autant que l'honorable membre l'a donné à entendre.

Je ne voulais tirer de tout cela aucune autre conclusion, sinon que l'état matériel de l'Europe n'est pas changé contre nous, changé à notre désavantage depuis 1830, comme l'honorable membre vous le disait tout à l'heure. Il n'y a eu, je le répète, qu'un grand changement, la destruction du royaume des Pays-Bas, et ce changement est à notre profit.

Il y en a eu un second, si l'on veut, c'est la révolution qui s'est faite dans l'intérieur de la Suisse... Eh bien! ce changement, c'est encore à notre profit qu'il s'est fait; c'est encore par notre influence et par l'affaiblissement de la Sainte-Alliance, qu'on vous présente comme toujours en progrès et comme marchant toujours sur nous de l'est à l'ouest.

Ainsi, sous le point de vue matériel, il n'y a eu d'autre changement en Europe que la destruction des Pays-Bas et la révolution intérieure de la Suisse.

Sous le point de vue moral, il est impossible de méconnaître que, depuis 1830, l'influence de la France, l'influence des idées constitutionnelles en Europe a toujours été croissante.

J'ose dire que c'est choquer le bon sens public, le bon sens européen que de dire que, depuis 1830, la Sainte-Alliance a gagné en force en Europe.

Il est incontestable que moralement elle a perdu, beaucoup perdu; que l'influence de la France, l'influence de nos idées, de nos institutions, a toujours été croissante, et que, bien que l'organisation matérielle de l'Europe ne soit pas changée, bien qu'elle soit restée à peu près la même, sauf les deux ou trois faits que je viens de rappeler à la Chambre, sous le point de vue moral l'état de l'Europe est complétement changé.

A partir de 1815, c'était en effet la Sainte-Alliance, c'était le système de réaction contre les idées constitutionnelles qui étaient en progrès; depuis 1830, c'est au contraire le système des idées constitutionnelles qui est en progrès; c'est à son profit que se font les transactions; c'est le système qu'on redoute, et qui est aujourd'hui la puissance prépondérante en Europe : si vous passez en revue tous les faits qui s'accomplissent chaque jour, si vous observez le langage qui se tient dans tous les États de l'Europe, vous verrez, sous la forme des paroles de l'espérance, vous verrez l'influence toujours croissante des idées constitutionnelles, des institutions françaises.

Voilà quels sont les véritables résultats de la révolution de Juillet et de la politique qu'elle a adoptée depuis son origine.

Sans bouleverser l'Europe, sans nous engager dans cette guerre générale qui aurait fait sans doute courir des risques aux gouvernements absolus, mais qui nous en aurait fait courir aussi à nous, car les risques se partagent dans une guerre, sans nous exposer aux chances de cette guerre générale, la bonne politique a suffi à étendre de jour en jour l'influence de la France, l'influence des idées et des institutions constitutionnelles. Tous les changements faits, soit dans l'ordre matériel, soit dans l'ordre moral, se sont faits au profit de la France, de ses idées et de ses institutions. Je le répète, le véritable et le seul résultat de la politique suivie depuis deux ans et demi, ce résultat est contraire aux paroles que l'honorable membre vient de faire entendre.

Je voudrais, je l'avoue, saisir avec plus de précision dans son discours des faits auxquels je pusse répondre ; mais je n'y vois que ces deux faits sur lesquels j'appelle l'attention de la Chambre : tous les changements survenus en Europe dans l'ordre matériel ont été à notre profit ; tous les changements survenus dans l'ordre moral, dans les États absolus comme dans les États libres, ont été aussi à notre profit. Les faits ont donc pleinement confirmé la politique suivie depuis deux ans et demi. Quant à l'avenir, quant à la possibilité d'événements lointains, quant à ces combinaisons si étendues dans lesquels l'esprit de l'honorable membre s'est complu en se répandant au loin, tout cela me paraît impossible à discuter. Si jamais de telles combinaisons se réalisaient, si du nord ou de l'ouest de véritables dangers menaçaient la France, la France serait là ; elle y serait avec son gouvernement (*Bruit aux extrémités*) ; elle y serait avec autant de fermeté et de courage qu'elle a mis de prudence à ne pas aller au-devant des dangers qui ne venaient pas la chercher. Que le danger vienne, la France et le gouvernement de Juillet seront là ; mais il est inutile d'aller se perdre dans des combinaisons si générales qu'il est impossible de les saisir. (*Marques d'approbation prolongées.*)

XLVIII

— Chambre des députés.—Séance du 2 mars 1833. —

Dans le cours de l'année 1832, la France et l'Institut de France avaient perdu cinq hommes inégalement et diversement illustres, mais qui tous avaient grandement honoré leur patrie et fait faire aux sciences qu'ils cultivaient de grands progrès. Champollion jeune était mort le 4 mars ; Cuvier, le 13 mai ; Abel Rémusat, le 3 juin ; Saint-Martin, le 16 juillet ; Chézy, le 3 septembre 1832. Le gouvernement présenta, par mon organe, à la Chambre des députés, un projet de loi destiné à leur rendre un hommage national et à assurer à leurs familles une modeste récompense de leurs travaux,

M. GUIZOT, *ministre de l'instruction publique.*—Messieurs, le roi nous a ordonné de présenter à la Chambre deux projets de loi dont le caractère distinctif est de ne s'adresser qu'à ce sentiment de haute civilisation, à ce zèle pour le progrès des sciences qui forme aujourd'hui le lien commun de tous les esprits éclairés. Il s'agit de montrer que la reconnaissance du pays est assurée à ceux qui se dévouent avec constance et succès à de hautes et difficiles études ; que cette reconnaissance honore leur mémoire, vient au secours de leurs familles, et recueille avec un soin tutélaire les restes de leurs travaux, et les monuments, même incomplets, de leurs découvertes. La sanction législative, attachée à de telles récompenses, en double l'éclat comme elle en garantit la durée ; et notre gouvernement libre et national ne refusera point au talent supérieur ces nobles encouragements qu'il reçut, à diverses époques, de l'habile munificence des royautés absolues.

La mort, dans l'année destructive que nous venons de traverser, a frappé les sciences et l'érudition par la perte de cinq hommes inégalement célèbres, dont les travaux ou jetaient un grand éclat, ou offraient une rare et spéciale utilité : M. Cuvier, éminent à tant de titres ; M. Champollion le jeune, M. Abel Rémusat ; M. de Chézy et M. de Saint-Martin.

Les grands emplois de M. Cuvier, ses talents si variés et cette étendue de connaissances administratives qu'ont appréciée nos assemblées, ne l'empêchaient pas d'être, avant tout, l'homme de la science, de cette science qu'il a constamment enrichie de ses découvertes, servie de tous ses efforts, illustrée et popularisée par sa parole.

Au moment où sa perte soudaine retentit dans Paris, et frappa d'une véritable affliction les esprits péniblement distraits par tant d'autres deuils, un juste besoin d'exprimer le vœu public fit rendre une décision royale qui, par anticipation, accorda à la veuve de M. Cuvier, demeurée presque sans autre fortune que ce grand nom, une pension annuelle de 6,000 francs. Nous aurons l'honneur, messieurs, de vous proposer l'inscription législative de cette pension. Une autre mesure nous a paru également réclamée par le respect dû à la mémoire de cet homme illustre et par l'intérêt de la science.

Dans cette vie occupée par tant d'études diverses, M. Cuvier, qui rendait à la science une grande part de l'argent qu'il recevait de l'Etat, avait successivement formé une vaste et précieuse bibliothèque ; un inventaire fait avec soin la porte à 17,505 volumes. L'étude favorite de M. Cuvier l'histoire naturelle, y occupe nécessairement une grande place ; mais, par le caractère même du génie de M. Cuvier qui embrassait à la fois, avec une netteté singulière et un ordre parfait, les connaissances les plus diverses, sa bibliothèque offre des genres fort opposés, sciences, mathématiques, histoire, législation, littérature, des collections rares et complètes d'ouvrages étrangers et nationaux.

L'ensemble de cette bibliothèque ainsi classée nous a paru mériter d'être acquis par l'Etat. Quelques dispositions testamentaires de M. Cuvier, relatives à diverses séries d'ouvrages, ont été l'objet de renonciations légales ; la collection entière est libre ; et la famille de M. Cuvier, ou l'ami, le collaborateur désigné par son choix, profiteront seuls du prix attaché à cette savante bibliothèque.

En l'acquérant aujourd'hui, messieurs, l'État, il faut le dire, ne fera que reconnaître un long acte de désintéressement, une rare générosité scientifique de M. Cuvier qui, pendant trente années, devenu le centre principal et l'un des promoteurs les plus actifs de la science, recevant de toutes les parties du monde et de tous les voyageurs célèbres des objets rares, de précieux échantillons de découvertes, n'a jamais formé de collections particulières, et a toujours versé les dons qu'on lui adressait dans le musée national; ce fait, messieurs, longtemps peu remarqué, doit être connu de la France.

Acquise à l'État, la bibliothèque de M. Cuvier recevrait une détermination déterminée. Les ouvrages sur l'histoire naturelle et les sciences accessoires seraient placés dans une salle particulière du Muséum, ornée de la statue de l'illustre professeur. Les livres français et étrangers sur la législation, la jurisprudence et toutes les parties de l'administration publique seraient attribués à la bibliothèque du conseil d'État. La collection si précieuse sur la législation de l'enseignement dans divers pays serait conservée dans la bibliothèque du ministère de l'instruction publique. Les savantes éditions d'auteurs classiques et le bon choix d'ouvrages littéraires que M. Cuvier avait réunis prendraient place dans la bibliothèque de l'École normale. L'empreinte d'un cachet particulier perpétuerait le souvenir de l'origine de ces dotations faites à la science, à l'instruction publique, à l'administration, au nom de l'homme qui les éclairait également.

Le crédit nécessaire pour cet objet, messieurs, ne serait pas fort élevé comparativement à l'importance de la collection, et au prix, aux soins qu'elle a coûtés. L'expertise détaillée des ouvrages, l'appréciation du surcroît de valeur qui résulte de l'ensemble, et quelques frais modiques d'exécution composeraient une somme totale de 72,500 fr. facile à justifier dans toutes ses parties. Je déposerai sur le bureau de la Chambre le rapport de la commission qui a été chargée d'examiner cette bibliothèque et d'en constater la valeur.

Une autre disposition du même ordre, messieurs, qui n'est pas seulement un hommage à la science, mais un service, une précaution que la science réclame, vous est proposée dans le même projet de loi.

Le nom de M. Champollion, son entreprise de déchiffrer les pages si longtemps muettes de ce grand livre d'histoire écrit sur tous les monuments de l'Égypte, l'audace de ses promesses, la grandeur avouée des premiers résultats, son voyage, son retour avec tant de nouveaux trésors, sa mort prématurée, au milieu de la joie de sa découverte et pendant qu'il en disposait les matériaux, tout cela, messieurs, n'a pas besoin d'être redit devant vous, et vous a vivement intéressés, comme le public éclairé de l'Europe.

Mais cet intérêt même fait naître aussitôt une question. Les fruits du voyage de M. Champollion, les preuves nouvelles de sa grande découverte, les éléments comme les résultats de son travail ne seront-il pas mis à l'abri par l'État, acquis à la science et en partie publiés pour elle? La réponse ne saurait être douteuse. Ici, l'honneur accordé à M. Champollion est le seul moyen de lui susciter des successeurs, en livrant à leur émulation la voie où il était entré seul. Il n'est pas nécessaire d'indiquer où conduit cette voie et de mesurer le vaste champ que laissent encore à l'esprit humain les études orientales. D'autres peuples ont été amenés à favoriser ces études par des intérêts présents de politique et de conquête. Les efforts de la France, dans la même carrière, avec un but moins immédiat, ont une grandeur intellectuelle qui se suffit à elle-même et qui n'exclut pas d'autres résultats. Dans des vues de civilisation et de commerce, aussi bien que par zèle pour la science, la France ne doit pas détacher ses yeux de cet inépuisable Orient, qui commence à l'Égypte, pleine de notre gloire, qui confine à l'empire d'un puissant souverain de l'Europe, qui forme un second empire britannique au delà de l'Océan, et qui recèle encore une partie si précieuse de ses monuments dans cette Afrique, dont nous occupons maintenant les côtes. L'Égypte en particulier ne peut plus être désormais étrangère à la France; notre conquête passagère en avait rapporté un admirable tableau, où manquait seulement l'antique parole du peuple dont il retraçait les monuments. Il est beau qu'un Français ait retrouvé, ait entendu cette parole, et qu'il ait, à lui seul, achevé l'œuvre de toute une expédition guerrière et savante. En cela, M. Champollion a travaillé doublement pour la gloire nationale; en même temps qu'il a doté notre érudition d'une immortelle découverte, il a complété un des grands faits de notre histoire.

Les travaux *inédits* qui préparaient ou qui constatent ce grand résultat ont été scrupuleusement examinés par une commission savante dont je dépose également le rapport sur le bureau de la Chambre. Il résulte de la déclaration de cet imposant jury que si, dans les manuscrits de M. Champollion, tout n'est pas également original et neuf, tout se rattache cependant à la même entreprise, tout appartient à la grande idée que M. Champollion a réalisée, parce qu'il en était possédé. Ainsi, grammaire et dictionnaire manuscrits de la langue copte, où il pressentait et cherchait l'antique idiome égyptien, incomparable collection de dessins rassemblés dans son voyage, et accompagnés des hiéroglyphes transcrits de sa main, recueil immense de notes et d'explications sur ces dessins ; enfin, dernier résultat et texte même de la découverte, la grammaire égyptienne presque entièrement préparée pour l'impression, voilà, messieurs, ce qu'il a paru important de laisser réuni dans l'acquisition nationale qui vous est proposée.

Des précautions ultérieures détermineront l'emploi de ce dépôt dans le plus grand intérêt de la science. Quant à sa valeur, messieurs, il a paru qu'elle n'était pas appréciable par les règles ordinaires. La commission l'a pensé : il n'y a pas de prix connu pour une découverte. Le gouvernement a donc cru qu'il fallait, dans cette circonstance, ne considérer qu'une règle de justice générale, et évaluer, non les diverses parties du travail de M. Champollion, mais l'avantage que la famille devait attendre de son nom.

M. Champollion laisse une veuve et une fille en bas âge. Il a paru que l'État, en acquérant la pleine propriété des livres annotés, des dessins, des nombreuses transcriptions d'hiéroglyphes, de tous les manuscrits, pouvait y attacher un prix de 50,000 fr. qui serait l'unique héritage de sa fille. En même temps, messieurs, nous aurons l'honneur de vous proposer de faire inscrire au trésor une pension annuelle de 3,000 fr. au profit de Mme veuve Champollion. Cette justice semble due à la mémoire de l'homme illustre qui, par le travail excessif qu'attestent, au rapport de la commission, les résultats immenses de son rapide voyage, a certainement consumé sa vie et s'est sacrifié lui-même à sa découverte.

Le principe qui dicte cette proposition a paru devoir s'appliquer également aux veuves de trois autres orientalistes célèbres décédés dans la même année. Si l'éclat d'une immortelle découverte ne s'attache pas à leurs noms, ils n'en ont pas moins dévoué leur existence à de grands et mémorables travaux qui laissent leurs familles sans aucune fortune. On ne peut craindre que de telles occasions de munificence nationale se représentent souvent, et l'encouragement doit être d'autant plus remarquable qu'un plus grand coup vient de frapper ces études et les a privées de tant de soutiens à la fois.

La France possède encore, il est vrai, dans un savant illustre et vénérable, l'homme que la plupart des hommes occupés en Europe des langues et de l'histoire orientales honorent comme leur guide et leur modèle, et près de lui restent encore quelques-uns de ses élèves. Mais les pertes que vient de faire parmi nous l'étude de l'Orient sont immenses et méritent un éclatant souvenir.

M. Abel Rémusat, doué de la plus ingénieuse pénétration et du jugement le plus sûr, avait, dès sa première jeunesse et sans secours, recommencé cette interprétation de la langue chinoise, interrompue et comme perdue pour la France depuis les grands travaux des missionnaires et de M. de Guignes, leur héritier. Esprit étendu et fort, faisant de la philologie un instrument pour les sciences morales, il avait, dans un ouvrage non terminé, mais admirable, porté la lumière sur les premiers établissements des peuples de la Tartarie et retrouvé leur histoire par leurs idiomes, pour l'intelligence de ce monde oriental dont les Chinois sont les plus antiques témoins. Créateur d'un nouvel enseignement au Collége de France, il en facilita le succès par des ouvrages élémentaires appréciés de tous les savants de l'Europe, et il servit dans ce genre à établir, au profit de la France, une supériorité qu'il convient à la France de rechercher en tout.

Ce que M. Abel Rémusat avait presque seul entrepris pour le chinois, M. de Chézy, avec moins de secours encore, l'entreprit et l'acheva pour la langue sanscrite, avant lui presque entièrement inconnue de l'érudition française. Par cet instinct opiniâtre et cette vive sagacité qui fait les grandes vocations savantes, il pénétra, sans maîtres et sans livres élémentaires, dans cette langue mystérieuse de l'Inde, que l'on apprend avec peine, à Calcutta même, des brahmes du pays conquis. Il donna, par ses savants travaux, à la France, un titre de gloire intellectuelle qui, ne se liant à aucune spéculation politique, semble plus rare et plus désintéressée.

Les travaux de M. de Saint-Martin sur la langue et l'histoire de l'Arménie, complétaient cette série d'efforts dirigés vers l'Orient et qui, l'embrassant dans toute son étendue, promettaient d'y porter partout la lumière. M. de Saint-Martin a fait surtout servir aux progrès de cette grande science l'étude profonde qu'il avait faite d'un idiome trop peu cultivé. Esprit exact et pénétrant, il avait refait l'histoire d'une portion de l'antiquité classique d'après des textes inconnus ou inexpliqués avant lui. Sa mort laisse presque abandonnée une partie neuve et importante de la philologie orientale, d'où il avait extrait de si précieux résultats et vers laquelle les encouragements de l'État doivent appeler de nouveaux efforts.

Des trois savants que je viens de rappeler, deux sont morts sans fortune, et l'autre presque dans l'indigence. Il nous a paru, messieurs, que cette circonstance et les travaux qui honoraient leur vie motivaient, en faveur de la veuve de chacun d'eux, une pension annuelle de 3,000 fr.

Avec un petit nombre de récompenses ainsi décernées dans des occasions rares et solennelles, l'État assurera, messieurs, le progrès des hautes connaissances. Sans doute, des récompenses semblables pourraient s'appliquer à des succès obtenus dans d'autres branches de la littérature et des sciences : tout ce qui honore le pays mérite l'attention de ses représentants ; mais des succès incontestés dans de difficiles études que ne soutient pas la faveur populaire ont surtout besoin d'encouragement. Attentive aux diverses parties de son domaine intellectuel, la France n'en doit laisser dépérir aucune ; elle doit protéger les études nouvelles, favoriser les découvertes commencées, et veiller sur les progrès de la

science comme sur un des éléments de la gloire nationale. L'Assemblée constituante décrétait, le 10 juillet : « Tout
« citoyen qui a servi, défendu, illustré, éclairé sa patrie, a
« des droits à la reconnaissance de la nation, et peut, sui-
« vant la nature et la durée de ces services, prétendre aux
« récompenses. » Soyons difficiles et réservés, messieurs,
dans l'application de cette disposition; mais ne demeurons
pas étrangers aux généreuses inspirations qui l'ont dictée.
Une telle dépense, dont la législature tout entière est
appelée à juger, coûtera bien peu, rapportera beaucoup, et
attestera dignement l'esprit de notre époque.

PREMIER PROJET DE LOI.

Article unique. Il est ouvert au ministre secrétaire d'État
du département de l'instruction publique un crédit extraordinaire de cent vingt-deux mille cinq cents francs destinés à
acquérir au nom et pour le compte de l'État :

1° La bibliothèque de feu M. le baron Cuvier, membre de
la Chambre des pairs, conseiller d'État, membre du conseil
royal de l'instruction publique, secrétaire perpétuel de l'Académie royale des sciences de l'Institut, membre de l'Académie française, associé libre de l'Académie des inscriptions et
belles-lettres, professeur administrateur du Muséum d'histoire naturelle, professeur d'histoire naturelle au Collége de
France, etc.;

2° Les manuscrits, dessins et livres annotés laissés par feu
M. Champollion jeune, membre de l'Académie royale des
inscriptions et belles-lettres de l'Institut, conservateur du
musée royal égyptien, professeur d'archéologie au Collége de
France, etc.

DEUXIÈME PROJET DE LOI.

Art. 1er. Il est accordé sur les fonds généraux :

1° A Mme Anne-Marie Coquet du Trazailé, veuve de M. le
baron Cuvier, membre de la Chambre des pairs, conseiller
d'État, membre du conseil royal de l'instruction publique, etc., etc., une pension de 6,000 fr.;

2º A Mme Rose Blanc, veuve de M. Champollion jeune, membre de l'Académie royale des inscriptions et belles-lettres de l'Institut, conservateur du musée royal égyptien, professeur d'archéologie au Collége de France, etc., une pension de 3,000 fr.;

3º A Mme Andrée-Jeanne-Jenny Lecamare, veuve de M. Abel Rémusat, membre de l'Académie royale des inscriptions et belles-lettres, conservateur-administrateur de la Bibliothèque royale, professeur des langues chinoise, tartare et mandchoue au Collége de France, membre de la commission administrative de l'École des chartes, une pension de 3,000 fr.;

4º A Mme Wilhelmine-Christiana de Klenecke, veuve de M. de Chezy, membre de l'Académie royale des inscriptions et belles-lettres de l'Institut, professeur de langue et littérature sanscrites au Collége de France, professeur de persan à l'École royale et spéciale des langues orientales vivantes, etc., une pension de 3,000 fr.;

5º A Mme ..., veuve de M. de Saint-Martin, membre de l'Académie des inscriptions et belles-lettres de l'Institut, etc., une pension de 3,000 fr.

Art. 2. Ces pensions seront inscrites sur le livre des pensions du trésor public et acquittées à partir du jour de la promulgation de la présente loi.

A mon grand regret, la commission, chargée par la Chambre des députés de l'examen de ce projet de loi, le réduisit aux articles qui concernaient MM. Cuvier et Champollion jeune et leurs veuves, décidant, par une idée mesquine et fausse, à mon avis, que MM. Abel Rémusat, Chézy et Saint-Martin n'étaient pas en possession d'un nom assez populaire pour être l'objet d'une récompense nationale. Elle divisa, de plus, le projet en deux lois qui furent adoptées sans discussion par les deux Chambres et promulguées le 24 avril 1833.

XLIX

— Chambre des députés.—Séance du 6 mars 1833 —

Dans la discussion du projet de loi sur les crédits supplémentaires pour l'exercice 1833, M. Bavoux attaqua le conseil royal de l'instruction publique et l'École normale, pour laquelle un supplément de crédit de 3,000 francs était demandé. Je lui répondis :

M. Guizot, *ministre de l'instruction publique.*—Je demande à la Chambre la permission de me renfermer étroitement dans la question particulière dont il s'agit. Je ne défendrai pas le conseil royal comme institution, je n'examinerai pas dans quel esprit il a été formé ni quels reproches lui ont été adressés : je vais me renfermer dans la question du crédit supplémentaire de 3,000 fr. demandé pour l'École normale.

Je crois que toute dépense qui se fonde sur la demande d'un crédit extraordinaire doit être utile et urgente.

La dépense se divise en deux parties : une portion, destinée à augmenter de douze le nombre des élèves de l'École normale, et une portion destinée à un supplément de traitement pour le conseiller de l'instruction publique chargé de la surveillance de l'École normale.

Quant à l'augmentation de douze élèves...

M. BAVOUX. — Je n'ai point d'objection à faire là-dessus.

M. le ministre de l'instruction publique. — Permettez que je donne des explications. Depuis plusieurs années, on ressent le manque d'un certain nombre de professeurs, particulièrement pour les sciences physiques et mathématiques. Quarante-huit élèves de l'École normale ne fournissaient pas annuellement assez de professeurs pour les besoins de l'instruction publique. De plus, on a reconnu que deux années passées dans l'École normale n'étaient pas suffisantes pour donner aux élèves le degré d'instruction qui leur est nécessaire. Ainsi, d'une part on a augmenté le nombre des élèves, et de l'autre on a porté à quatre années, au lieu de deux, le temps qu'ils passent dans l'École normale. L'utilité de cette augmentation est fondée sur les besoins de l'instruction publique, besoins que vous pouvez, messieurs, avoir reconnus dans vos départements.

Mais comme l'année scolaire commence au 1ᵉʳ novembre, pour ne pas attendre une année, j'ai dû demander un supplément de crédit pour la fin de 1832. Ainsi, d'une part l'utilité de la dépense et de l'autre la nécessité d'un crédit extraordinaire ne peuvent être contestées.

Quant à la deuxième partie de la dépense, à l'allocation d'un supplément de traitement de 3,000 francs pour le conseiller de l'Université chargé de la surveillance de l'École normale, je demande à la Chambre la permission de rétablir quelques faits que le préopinant ne me paraît pas avoir exactement connus.

En 1814, avant la Restauration, l'École normale qui, aux termes du décret de 1808, devait avoir 300 élèves, n'en avait que 74. Pour ces 74 élèves, il y avait un conseiller titulaire de l'Université, recevant à ce titre un traitement de 10 ou 12,000 francs, je n'en suis pas bien sûr. Mais indépendamment de cette somme, M. Guéroult touchait 6,000 fr. comme chargé de la direction de l'École normale ; il y avait de plus un directeur des études qui recevait 5,000 fr. de traitement ; en sorte que la direction de l'École normale, à cette époque, coûtait 28,000 francs. En 1822, au moment où l'École normale a été supprimée par le triomphe de l'esprit jésuitique, dont elle était, dans l'instruction publique, le plus actif et le plus efficace adversaire, il y avait un chef particulier de l'École normale, logé dans l'établissement et recevant un traitement de 12,000 francs ; il y avait de plus un préfet des études recevant 3,000 francs ; en sorte que, à cette seconde époque, la direction de l'École normale coûtait 15,000 francs. Voici ce qu'elle coûte aujourd'hui. Elle a été réduite à un directeur des études, qui est l'un des maîtres de conférences, établi dans l'intérieur de l'École et vivant en commun avec les autres maîtres ; il reçoit un traitement de 6,000 francs et un supplément de 3,000 francs, en sorte qu'elle ne coûte plus aujourd'hui que 9,000 francs. Vous voyez que la dépense de la direction de l'École normale a toujours été en diminuant.

Les faits ainsi rétablis, je conviens qu'il ne suffit pas que la dépense ait été en diminuant ; il faut encore qu'elle soit nécessaire pour que l'administration de l'École porte les fruits qu'on a droit d'attendre d'elle. Je demande pardon à la Chambre si je l'arrête quelque temps sur cette question ; mais il importe que je mette sous ses yeux quelques considérations.

Deux choses sont essentielles pour la bonne administration de l'École. Il faut qu'elle soit bien dirigée intérieurement, qu'elle ait à sa tête un homme vivant en commun avec les maîtres, animé du même esprit, soumis aux mêmes habitudes. C'est ce qui arrive aujourd'hui : le directeur des études est l'un des professeurs de l'École, donnant des leçons comme les autres, et recevant un supplément de traitement pour la direction de l'établissement. Il faut, en outre, que l'École normale ne soit pas isolée de la direction générale de l'instruction publique; il importe qu'elle soit soumise, non-seulement à cette surveillance générale, lointaine, exercée par les chefs de l'instruction publique, mais encore à une surveillance plus active qui empêche que l'esprit de corps ne domine dans l'intérieur de l'École; il faut, en un mot, que l'esprit qui l'anime, qui la vivifie, soit continuellement en rapport avec les lumières et le mouvement extérieur des idées.

C'est pour résoudre ce double problème que l'administration actuelle de l'École normale est constituée. Il y a un directeur intérieur, qui est l'un des maîtres de conférences, et l'un des conseillers de l'Université, qui s'est plus spécialement occupé de l'École normale, qui a le plus d'habitude commune avec les maîtres et avec les élèves. C'est ce lien qui a été établi par l'intervention de l'un des conseillers de l'Université, intervention fondée sur le décret constitutif de l'École normale, et qui se fait à beaucoup moins de frais qu'elle ne s'est jamais faite à aucune autre époque.

Il est vrai que, pendant un certain temps, de 1830 à 1832, cette surveillance habituelle n'a point existé; mais l'École normale ne s'est pas bien trouvée de cet état de choses. Je crois qu'elle a besoin d'être dans un rapport habituel avec l'administration générale de l'instruction publique.

Je crois avoir démontré que la dépense était non-seulement utile, mais encore urgente, et qu'ainsi la demande du crédit supplémentaire est pleinement justifiée.

Le crédit fut voté.

J'ai raconté dans mes *Mémoires*[1] l'incident qu'amena la révocation de M. Dubois, député de la Loire-Inférieure, comme inspecteur général de l'Université, à la suite d'un discours qu'il avait prononcé pour solliciter la révision des pensions accordées du 1er avril 1814 au 29 juillet 1830, et de l'attitude qu'il avait prise dans le

[1] Tome III, pages 197-201.

débat qui s'éleva à ce sujet. Dans la séance de la Chambre des députés du 6 mars 1833, M. Odilon Barrot m'attaqua à raison de cette mesure qui fut l'objet d'un débat très-animé.

M. Guizot, *ministre de l'instruction publique.*—Il y a ici une question de personnes et une question de principes. J'écarte la question de personnes : je ne suis pas de ceux qui ont besoin d'injurier leurs adversaires. (*Mouvement.*)

Ce n'est pas à l'honorable préopinant que j'adresse ce reproche; mais j'ai besoin de le dire, messieurs, je sais estimer, honorer mes adversaires au moment même où je me sépare d'eux le plus hautement. Il n'y a donc rien, dans ce que j'ai cru devoir faire à l'égard du fonctionnaire de l'Université dont il est question, rien qui lui soit moralement personnel. (*Agitation aux extrémités.*)

Voix au centre.—Écoutez! écoutez!

M. *le ministre de l'instruction publique.*—Il n'y a rien qui, dans ma pensée, porte atteinte à l'estime que j'ai toujours eue pour lui, et que je ressens aujourd'hui aussi bien qu'hier. Ce n'est donc que la question des principes qu'il s'agit d'examiner, des principes soit dans l'administration de l'instruction publique, soit dans l'administration de l'État en général.

Quant à l'administration de l'instruction publique, je dirai que cette sorte d'inamovibilité qui n'est pas formellement écrite dans les décrets et statuts constitutifs de l'Université, mais qui s'y rencontre implicitement dans plusieurs endroits, que cette inamovibilité se rapporte aux fonctions de l'enseignement et non pas aux fonctions administratives. Cette distinction, messieurs, est fondée sur le bon sens et la nature même des choses ; je comprends très-bien qu'on attribue un certain caractère inamovible à l'enseignement, aux engagements contractés dans cette carrière et aux droits qu'ils consacrent; mais pour l'administration de l'instruction publique, qui est tout à fait distincte de l'enseignement, qui est matière de responsabilité politique pour le ministre, il est impossible que le caractère de l'inamovibilité y soit attaché, et cela est tellement impossible que, dans la pratique, il n'en a jamais été ainsi.

Je n'apporterai pas à cette tribune, messieurs, des exemples de professeurs destitués sans jugement, et, s'il y en avait, je serais le premier à les combattre, à les repousser comme indignes de cette administration. Mais quant aux fonctions administratives, soit de recteurs, soit de proviseurs, soit d'inspecteurs généraux ou d'inspecteurs d'académie, la pratique, la jurisprudence constante les ont considérées comme amovibles. Je demande à la Chambre la permission de mettre sous ses yeux quelques faits qui ne laisseront aucun doute sur ce point.

Voix diverses.—Ce n'est pas là la question. (*Interruption prolongée.*)

M. le Président.—Si la discussion dégénère en interruptions, vous aurez une séance comme celle d'hier; vous ne pourrez vous en prendre qu'à vous seuls de la cause du désordre.

M. le ministre de l'instruction publique.—Rassurez-vous, messieurs, je ne cherche point à éluder la question politique, j'y reviendrai tout à l'heure; mais j'ai besoin pour moi-même, pour ma propre satisfaction, de démontrer à la Chambre que j'ai eu le droit légal de faire ce que j'ai fait... (*Nouvelle interruption :* Écoutez! écoutez!)

Les fonctionnaires administratifs de l'instruction publique sont les proviseurs de collége, les recteurs, les inspecteurs généraux et les inspecteurs d'académie. Le 23 mai 1831, un recteur a été mis à la retraite contre son gré; le 23 avril 1832, un inspecteur général a été également mis à la retraite contre son gré; le 29 octobre 1831, un, deux, trois, quatre, cinq inspecteurs d'académie ont été, les uns purement révoqués, les autres mis à la retraite contre leur aveu. Un proviseur du collége de Reims a été révoqué par arrêté du 12 octobre 1830. Ainsi, vous voyez que la jurisprudence presque constante de l'instruction publique a été que les fonctionnaires purement administratifs pouvaient être écartés. La responsabilité ministérielle l'exige impérieusement. J'ai donc eu le droit de faire ce que j'ai fait.

Je viens à la seconde question, dont vous a entretenus l'honorable préopinant.

Ce n'est plus une question d'Université, c'est une question de politique générale, d'administration générale de l'État. L'honorable préopinant m'a fait l'honneur de citer quelques phrases que j'ai écrites il y a déjà longues années. La cause que j'ai défendue alors, je la défends également aujourd'hui. La liberté du vote, du vote silencieux... (*Vive interruption. Exclamations diverses*) la liberté du vote, du vote personnel, soit de l'électeur, soit du député, je l'avoue complétement. Messieurs, les exemples ne manquent point, au dehors ni au dedans de cette Chambre, pour prouver que le gouvernement ne professe pas et ne pratique pas une autre doctrine. Les deux honorables membres sur lesquels a porté la mesure dont on parle ne sont pas les seuls qui aient attaqué les mesures du gouvernement, qui aient manifesté de l'opposition; ils sont cependant les seuls qui aient été frappés.

M. Dubois-Aymé. — Je l'ai été aussi.

M. *le ministre de l'instruction publique.* — Je parle de ce qui s'est passé hier. Ils sont les seuls qui aient été frappés. Le ministère est donc très-loin de professer que tous les fonctionnaires doivent lui inféoder leur vote.

M. Jollivet. — M. Dulong a été destitué, et il n'avait pas parlé! (*Bruits divers.*)

M. *le Président.* — M. Jollivet, vous n'avez pas le droit d'interrompre.

M. *le ministre de l'instruction publique.* — Je répète aux interrupteurs qu'il y a dans cette Chambre plusieurs députés fonctionnaires qui ont non-seulement voté, mais parlé avec une entière indépendance, et qui n'ont pas été atteints par une mesure semblable à celle dont il s'agit en ce moment.

Voix à gauche.—C'est un avertissement.

D'autres voix.—Ils le seront bientôt.

M. le ministre de l'instruction publique. — Il n'est donc pas exact de dire que tous les députés fonctionnaires inféodent leurs votes au ministère. Ce qui se passe ici, et la conduite du ministère lui-même, prouve évidemment le contraire.

Mais, messieurs, toutes choses dans ce monde sont des questions de plus ou de moins; toutes choses ont leur limite; et quand l'indépendance, la liberté du vote va, non-seulement jusqu'à l'opposition, l'opposition avouée, mais jusqu'à cette opposition qui porte sur le fond des principes, sur le système et la conduite générale du gouvernement, quand cette opposition, radicale quant au fond des choses, devient en même temps violente dans la forme, quand on en arrive à ce point, je dis que le gouvernement se doit à lui-même de ne pas souffrir que sa dignité soit blessée par cette hostilité dans ses propres rangs, par cette opposition radicale, systématique... (*Rumeurs aux extrémités*) portant sur le fond... (*Interruption.*)

M. le Président.—J'invite la Chambre au silence dans l'intérêt de toutes les opinions.

M. le ministre de l'instruction publique.—Vous me répondrez, messieurs.

Je dis que lorsque l'opposition arrive à ce point de n'être plus simplement un acte d'indépendance et de liberté, mais d'être en même temps une déclaration de principes et d'intentions contraires aux principes et aux intentions du gouvernement, contraires à la conduite générale du gouvernement, je dis qu'alors il est impossible qu'un gouvernement qui veut faire les affaires du pays, qui veut les faire selon ses idées et sa conscience, supporte dans son sein une telle dissidence, principe funeste de désordre et de faiblesse, principe qui détruit la force vitale du gouvernement..., (*Assentiment au centre*) qui lui ôte la confiance au dehors, qui empêche ses amis de se rallier énergiquement autour de lui, qui détruit cette unité sans laquelle toute administration est impossible.

Ceci est tout simplement une question de bon sens et de loyauté pour chacun de nous.... (*Exclamations dubitatives aux extrémités.*) Oui, une question de bon sens et de loyauté, et j'en parle, non pas en théorie, mais par ma propre expérience. Puisque l'honorable préopinant a bien voulu rappeler quelques-unes de mes paroles en 1820, qu'il me soit permis de rappeler aussi que, à cette époque, je m'étais mis fortement en opposition, en opposition déclarée avec le système du gouvernement qui prévalait; et cela, messieurs, sans y être obligé, car je n'étais membre d'aucune Chambre; c'était pour la satisfaction personnelle de ma conscience, c'était l'expression libre et spontanée de mes opinions.

Eh bien! j'ai été écarté du gouvernement à cette époque; j'ai été destitué par le ministère d'alors; c'était tout simple, je l'ai trouvé tout simple, et je ne m'en suis ni plaint, ni étonné; j'ai trouvé naturel que le gouvernement qui suivait une ligne de conduite mauvaise, selon moi, une ligne de conduite que j'avais hautement proclamée mauvaise, j'ai trouvé naturel, dis-je, que ce gouvernement se séparât d'un fonctionnaire qui l'attaquait, qui faisait non-seulement acte de liberté, mais acte d'hostilité. On ne peut pas être à la fois dans la garnison de la place et dans l'armée des asssiégeants. (*Approbation aux sections intérieures.*) Il est impossible de jouer à la fois les deux rôles... (*Silence! Ecoutez!*)

Je reviendrai tout à l'heure à l'objection relevée par un des honorables interrupteurs. En attendant, je reste dans la question telle que je l'ai posée.

Je dis que c'est une question de bon sens et de loyauté.

Il choque le bon sens, en effet, qu'un gouvernement soit obligé de garder dans son sein des adversaires, des adversaires qui trouvent ses principes généraux mauvais, sa conduite générale mauvaise, qui veulent qu'il agisse d'après d'autres principes, qu'il marche dans une autre direction, qu'il tende vers un autre but, qu'il recherche d'autres alliances; je dis qu'un gouvernement qui se condamnerait à cette condition perdrait ses propres amis et n'acquerrait pas ses adversaires.

Au centre.—Oui, oui! C'est vrai! Très-bien!

M. *le Ministre de l'instruction publique.* — L'un des honorables membres qui m'interrompaient tout à l'heure m'a dit, m'a crié : « Mais vous proclamez l'incompatibilité des fonctions de député avec les emplois publics. »

Messieurs, ce n'est pas dans notre Chambre que cette question là se décide; c'est au dehors, dans les colléges électoraux; ce sont les électeurs qui en sont juges. (*Rumeurs aux extrémités.*) Quand les électeurs trouvent que les principes, la direction, la conduite de l'administration leur conviennent, ils envoient ici des hommes qui sont de cet avis. Que ces hommes deviennent ou ne deviennent pas fonctionnaires, peu importe; s'ils deviennent fonctionnaires, c'est que les électeurs ont voulu qu'ils marchassent dans cette direction, qu'ils suivissent ces principes. Si les électeurs sont d'un autre avis, ils n'envoient pas à la Chambre des hommes qui soient de l'avis de l'administration, mais des hommes d'un avis contraire, et l'administration est obligée de changer de principes. Il n'y a là rien que de très-simple.

Il ne résulte donc, de ce que j'ai l'honneur de dire à la Chambre, aucune incompatibilité entre les emplois publics et les fonctions de député; il en résulte seulement que chacun agit avec conscience, selon son opinion et se place dans la situation qui correspond à son opinion, au lieu de se placer dans une situation contraire.

Il s'agit donc de savoir si, dans le cas particulier qui nous occupe et a donné lieu à la mesure attaquée, les faits sont d'accord avec les principes que je viens d'exposer à la Chambre. Or, je ne puis m'empêcher de penser, et je le répète sans faire aucun tort, dans ma propre pensée, aux honorables membres qui ont été l'objet de cette mesure, je ne puis m'empêcher de penser qu'ils ont manifesté hier une opposition, une dissidence de principe, d'intention avec le gouvernement, une dissidence radicale quant au fond, et violente quant à la forme.

Au centre.—Oui ! oui ! (*Bruit aux extrémités.*)

M. *le Ministre de l'instruction publique.* — Je dis que la dissidence est radicale quant au fond. Et que voulez-vous de plus radical qu'une dissidence qui porte sur la Charte.... (*Exclamations aux extrémités*) sur le sens, sur la valeur de la constitution même de l'État ?

On vous a dit hier à cette tribune, ce n'est pas l'honorable membre auquel je fais allusion qui l'a dit, mais ce sont les amis avec lesquels il vote, on vous a dit que vous aviez deux Chartes, une Charte aperçue et une Charte inaperçue, une Charte réfléchie et une Charte irréfléchie, une Charte de 1814 et une Charte de 1830.

Eh bien ! nous, messieurs, nous croyons que nous n'avons qu'une Charte, qui n'a qu'une date, qui a été également réfléchie dans tous ses articles au moment où elle a été votée. Nous n'adoptons pas cette distinction entre des articles qui ont passé inaperçus et d'autres articles sur lesquels on a longuement délibéré ; nous disons que tous les articles de la Charte sont de même date, de même valeur, qu'ils ont la même autorité, et qu'il est contraire à l'essence même de la Constitution de venir faire de telles distinctions.

Quand il y a différence d'opinion, de sentiment sur un point aussi fondamental, je vous le demande, n'est-ce pas là une dissidence radicale, une de ces dissidences qui permettent de s'estimer toujours, de s'honorer profondément, mais qui ne permettent pas de marcher et d'agir ensemble ?

De la Constitution, je passe à ce qui regarde la politique habituelle du gouvernement. Quel est le système de l'administration actuelle ? C'est le système du 13 mars ; système, je me fais honneur de le dire, implanté dans cette Chambre par mon honorable et illustre ami, M. Casimir Périer...; (*Approbation des centres*) système adopté par la Chambre à cette époque, et qui, dans ma pensée, a sauvé le pays. (*Nouvel assentiment aux bancs de la majorité.*)

Ce système, ce n'est pas comme vous le disait hier l'honorable orateur qui m'a précédé à cette tribune, ce n'est pas un système de fusion aveugle entre les différents partis; il n'a pas la prétention de réunir toutes les pensées, toutes les intentions. Cela serait fort désirable sans doute, mais nous n'aspirons pas à un tel rêve. Ce que nous voulons, c'est la paix entre tous les intérêts paisibles; c'est la transaction continuelle, et de tous les moments, entre le présent et le passé; et quand je dis le passé, je parle de tous les passés de la France, de tous les passés depuis quarante ans; car il y en a eu beaucoup, messieurs, et de fort différents, et qui tous ont laissé des traces profondes dans notre pays.

Eh bien! notre système de politique, c'est de ne pas aller chaque jour remuer tous ces passés, fouiller partout le sol de la France, exhumer tout ce qu'on peut y trouver de ruines et de cadavres, pour les jeter sans cesse à la tête des générations actuelles. (*Sensation.*)

Nous ne voulons rien de semblable, messieurs; nous voulons que tous les passés soient, non pas oubliés, rien ne doit être oublié pour l'instruction des peuples, mais que la politique ne les prenne plus pour règle, qu'elle n'en tienne plus compte dans les lois, qu'elle ne fasse plus de différence entre telle et telle date, qu'elle ne donne pas aux uns des droits qu'elle conteste aux autres, qu'elle ne ménage pas les uns plus que les autres. Nous voulons une politique juste, une politique impartiale, une politique qui sache calmer les haines, étouffer les mauvais souvenirs... (*Bravos aux sections intérieures*), qui n'aille pas s'adresser continuellement à des passions que vous ne ranimerez pas puissamment, je vous en préviens, car elles sont, non pas mortes, mais vieillies, à des passions qui ne sont plus en état de s'emparer de la France, et de la lancer sur l'Europe comme elles l'ont fait une fois. Non, les passions révolutionnaires n'ont de puissance aujourd'hui que pour nous troubler, nous agiter, nous empêcher de faire le bien ; elles ne peuvent plus nous inspirer cet enthousiasme, nous procurer cette gloire qu'elles nous ont donnés une fois. Tous les appels qu'on leur adresse sont impuissants pour leur faire produire des résultats énergiques et grands. Mais ces appels n'en font pas moins beaucoup de mal au pays, en entretenant dans les esprits une irritation, une méfiance réciproques qui divise les citoyens, empêche le gouvernement de s'affermir, et détruit tous les bons effets de cette transaction générale que nous appelons la Charte. Car, ne vous y trompez pas, messieurs, en 1830 comme en 1814, à quelque date que vous la preniez, dans quelques articles que vous la considériez, la Charte est une transaction, une grande transaction entre des principes anciens et des principes nouveaux, entre des intérêts anciens et des intérêts nouveaux, entre des faits anciens et des faits nouveaux. Ce caractère de transaction politique est le caractère dominant de la Charte, et c'est ce qui a fait de la Charte une ancre de salut, une arche de paix.

Les révolutions, messieurs, ne se terminent que par les transactions, par un accommodement général, légitime, entre tous les partis, entre tous les intérêts, entre toutes les idées. Ne croyez pas qu'il soit jamais arrivé à une révolution de se terminer par le triomphe complet, exclusif, d'un parti ou d'un système. Non, il n'y a jamais eu dans le monde de parti, de système qui fût assez raisonnable, assez juste pour que son triomphe complet et exclusif mît la paix dans la société. C'est pour cela qu'il faut une transaction après de longues agitations politiques, après de longues vicissitudes, une transaction qui fasse à tous une part, qui ménage tout le monde, qui prenne ce qu'il y a de juste et de raisonnable dans toutes les idées, dans tous les intérêts.

Voilà le véritable caractère de la Charte, et ce qui a fait sa force ; en 1814 même, elle a été le triomphe du parti national, et, en même temps, elle a été une transaction, une pacification générale.

Eh bien! ce que nous avons voulu depuis 1830, mes amis

et moi, puisqu'il est permis ici de parler des personnes, ce que nous avons voulu, c'est que la Charte ne perdît pas ce caractère, c'est que la Charte de 1830 fût aussi une arche de paix en France, une pacification générale et définitive. Ce que nous avons voulu, c'est que, en assurant, par une grande victoire, l'empire des principes et des intérêts nationaux que la Restauration avait si souvent attaqués, la Charte rendît cependant justice à tout le monde, ménageât tout le monde, ne semât nulle part le trouble et la méfiance, et ne fît aucun appel aux passions révolutionnaires, aux passions haineuses. (*Mouvement d'adhésion.*)

Voilà quelle a été notre politique, voilà quel a été le système que nous avons défendu, système qui nous a paru en contradiction évidente avec la mesure proposée hier et soutenue par les honorables membres dont il s'agit.

Je ne veux pas, messieurs, revenir sur la discussion d'hier; je ne veux pas me donner un démenti à moi-même en réchauffant les passions dans cette assemblée et au dehors, en faisant appel à des souvenirs fâcheux; mais je ne puis m'empêcher de dire que la mesure proposée hier et qui tendait à une révision de toutes les pensions, pour atteindre et frapper certaines personnes qu'il fallait bien aller chercher parmi les autres pour les découvrir, car elles ne sont pas marquées au front et vous ne pouvez pas les reconnaître à la simple vue, je ne puis m'empêcher de dire que cette mesure devait avoir pour résultat de troubler cette paix publique, d'inquiéter ces intérêts maintenant à peu près tranquilles... (*Légers murmures de doute aux extrémités*) d'alarmer les existences, de méconnaître les droits acquis. C'est à cause de cela que nous nous sommes opposés à la mesure; c'est par là qu'elle nous a paru en contradiction directe, en hostilité évidente avec le système général de conduite et de principes que nous avons soutenu et pratiqué depuis la révolution de 1830.

Voilà pour le fond.

Quant à la forme, je n'ai rien à en dire, mais j'en appelle

aux souvenirs de la Chambre; il nous a paru qu'elle était violente, contraire à la dignité du gouvernement, à la dignité du pouvoir qui, en même temps qu'il doit respecter les droits, la liberté, le caractère de ses adversaires, doit aussi se respecter et se faire respecter lui-même. (*Adhésion des centres.*) Messieurs, il n'y a pas de gouvernement sans respect; la force, la force même légale est loin de suffire au maintien de l'ordre dans la société : c'est le respect qui est le véritable ciment de la société, la véritable force du pouvoir. Il ne peut s'en passer; et quand on travaille à lui enlever cette force, quand on lui manque à ses propres yeux comme aux yeux du public, il se doit à lui-même de ressentir l'offense et d'en demander raison. (*Mouvement très-prononcé d'assentiment.*)

Comme marque d'improbation pour cette mesure, M. Odilon Barrot avait proposé, sur le crédit supplémentaire de 3,000 francs demandé pour l'École normale, une réduction de 500 francs qui fut rejetée.

— Chambre des députés. — Séance du 25 mars 1833. —

M. Bellaigue, député de l'Yonne, ayant demandé quelques explications sur la forme et les éléments du budget du ministère de l'instruction publique, je les donnai en ces termes :

M. GUIZOT, *ministre de l'instruction publique*. — J'ai lieu de m'étonner de la première observation qu'a faite l'honorable orateur. Le budget se divise en deux parties : l'une comprend le budget de l'Université, l'autre le budget du ministère de l'instruction publique proprement dit. L'Université, ayant des recettes spéciales, a un budget à part, comme la caisse des invalides de la marine, comme les autres établissements spéciaux. Ce budget est resté trop longtemps en dehors du contrôle des Chambres, mais il y est rentré depuis plusieurs années.

L'observation particulière du préopinant sur le traitement du ministre est fondée sur ce fait. L'administration des cultes était auparavant réunie à l'instruction publique; la moitié du traitement du ministre était supportée par l'Université, et l'autre par l'administration des cultes; mais l'administration des cultes ayant été distraite de ce département, le budget de l'Université a été appelé à supporter le traitement en entier. Il n'y a eu que mutation, il n'y a pas dépense de plus pour l'État.

Je ne dis pas que la division du budget de l'instruction publique en deux parties ne soit pas dans le cas d'être changée; mais vous sentez que ce changement tient nécessairement à l'organisation générale de l'administration de l'instruction publique, qui doit être faite aussitôt que cela se pourra. J'ai déjà eu l'honneur d'annoncer que le gouvernement s'occupe de cet objet; il sera présenté sans aucun doute une loi sur l'administration de l'instruction publique; mais elle n'est pas aussi urgente que la loi sur l'instruction primaire que nous avons présentée, ni que celle sur l'instruction secondaire que nous vous présenterons. J'ai été au plus pressé. Je suis loin de dire que ce mode d'administration ne soit pas susceptible de réforme; mais ce qui importe le plus dans l'intérêt public, c'est que les écoles soient nombreuses et bonnes, et que tous les besoins de l'enseignement soient satisfaits. C'est lorsque les réformes vraiment pressantes pour le public seront faites qu'une loi générale sur l'administration de l'instruction publique viendra consommer l'œuvre.

La Chambre n'ignore pas que, toutes les fois qu'on a commencé par vouloir organiser l'administration, les établissements ont perdu beaucoup de temps. Il vaut mieux d'abord assurer les services publics; on pourra ensuite songer à une nouvelle organisation de l'administration centrale. Le gouvernement n'a nullement l'intention d'éluder aucune des promesses de la Charte ; il entend les accomplir toutes pleinement, mais en suivant l'ordre dans lequel elles doivent être accomplies pour répondre aux besoins de la société.

Quant au fait particulier de l'administration centrale, je ferai remarquer à l'honorable préopinant que lorsqu'on a transféré une partie des bureaux du ministère des travaux publics au ministère de l'instruction publique, il en est résulté une augmentation de dépenses pour le chauffage des employés, qui ont été placés dans un nouveau local. J'ignore s'il y a eu, au ministère des travaux publics, une diminution sur la dépense du chauff   : ce qu'il y a de certain, c'est que les nouveaux employé   qui ont été reportés à mon ministère doivent être chauffés et éclairés.

Dans la même séance, à l'occasion de la discussion du budget du ministère de l'instruction publique, M. Jouffroy, député du Doubs, revint sur l'incident de la révocation de M. Dubois, comme inspecteur général de l'instruction publique, et souleva la question des droits des membres de l'Université. Je lui répondis :

M. Guizot, *ministre de l'instruction publique*.— Quand cette question s'est élevée pour la première fois, quand j'ai été appelé à la traiter, j'ai le premier reconnu que les membres du corps enseignant avaient des droits, des droits que nul ne pouvait violer, et qui trouvaient, dans le régime de l'Université, leurs garanties. Pas plus aujourd'hui que l'autre jour, je ne conteste ces droits. Quand un membre de l'Université croit son droit méconnu ou violé, il y a pour lui des moyens légaux pour le réclamer. Tout droit d'un membre du corps enseignant trouve, dans ce corps même, des juges qui prononcent selon certaines formes et dans certaines limites. Il ne me viendrait pas en pensée, je ne dis pas d'empêcher, mais de trouver mauvais qu'un membre du corps enseignant, qui croit son droit méconnu, réclame ses garanties, les réclame dans les formes et par les moyens légaux. C'est le cas particulier dans lequel nous sommes aujourd'hui.

La question universitaire n'arrive donc pas naturellement devant la Chambre. Elle trouve ailleurs, dans le corps enseignant lui-même, dans le conseil présidé par le grand maître, ses juges légaux. C'est là qu'elle doit être portée, et l'honorable membre peut l'y porter.

Ce n'est donc pas sur la question universitaire que je retiendrai un moment l'attention de la Chambre, car, encore une fois, ce n'est pas ici qu'elle peut être vidée. Mais indépendamment de la question universitaire, il y a ici une question politique que je ne veux pas réveiller de manière à soulever une nouvelle irritation dans cette Chambre, mais dont il m'est impossible de ne pas dire quelques mots.

La distinction dont j'ai entretenu la Chambre entre les membres administratifs et les membres enseignants, je ne l'ai pas inventée; elle est écrite dans les décrets constitutifs de l'Université elle-même. Je n'examine pas quelles sont, aux termes de ces décrets, les conséquences qu'elle peut avoir; mais, quant à la distinction même, elle est écrite dans les décrets de l'Université.

Je lis dans l'article 29 du décret du 19 mars 1808, qui est constitutif :

« Les fonctionnaires de l'Université prendront rang entre eux dans l'ordre suivant, sur deux colonnes, l'une indiquant le rang de l'administration, l'autre celui de l'enseignement. *Administration :* grand-maître, chancelier, conseillers à vie, conseillers ordinaires, etc. *Enseignement :* les professeurs des facultés, les professeurs des lycées, les agrégés, les régents de collège, les maîtres d'étude, etc. »

Il y a plusieurs autres articles des décrets constitutifs dans lesquels je retrouverais la même distinction.

Quant à ses conséquences, lorsqu'il s'agit d'un acte purement universitaire, fait par un membre de l'Université dans ses fonctions d'instruction publique, que ce membre appartienne soit à l'administration, soit à l'enseignement, les formes suivant lesquelles il peut être suspendu, révoqué, rayé, sont déterminées par les décrets de l'Université.

Mais il s'agit ici de tout autre chose. Il n'est pas question d'actes universitaires, d'actes faits dans l'instruction publique, mais d'actes d'une toute autre nature. Lorsqu'un membre de l'Université commet un délit quelconque, un délit prévu au code pénal, il n'est pas justiciable du conseil de l'Université ; il est, comme tous les autres citoyens, soumis à la juridiction des tribunaux ordinaires. La juridiction universitaire s'applique à tous les membres de l'Université, mais seulement pour les actes universitaires.

La question est donc de savoir si les membres de l'Université, dans leurs actes étrangers à l'instruction publique, dans leurs actes politiques, par exemple, sont soustraits aux conséquences de la responsabilité du ministre, par leur qualité de membres du corps enseignant; (*M. Odilon Barrot* : je demande la parole.)... c'est-à-dire, si les membres de l'Université, et particulièrement ceux qui administrent l'instruction publique, qui sont les yeux, les bras, les mains, les agents du ministre de l'instruction publique, sont complétement indépendants de lui, et soumis seulement à la juridiction du conseil de l'Université en toutes choses, dans leurs actes politiques comme dans leurs actes universitaires.

M. Dubois de Nantes.—Je demande la parole.

M. le Ministre.—Voilà la véritable question. Il s'agit de savoir si le privilége universitaire couvre les actes politiques aussi bien que les actes universitaires; si le ministre ne peut agir qu'avec le concours et sous l'approbation du conseil pour la direction générale et politique, comme pour les actes universitaires.

Je prie la Chambre de remarquer qu'on a cité un grand nombre de précédents; précédents qui s'appliquent pêle-mêle, il est vrai, à des administrateurs et à des professeurs de l'Université, révocations, destitutions, suspensions, dont beaucoup ont été fondées, non pas sur des motifs universitaires, non pas sur des délits universitaires, mais sur des motifs politiques, sur des délits politiques. (*Murmures.*) Je voulais dire sur des actes politiques. C'est par mégarde que j'ai dit le mot *délits*, je retire cette expression. (*Mouvement.*) Est-ce qu'il n'est jamais arrivé à aucun de vous, messieurs, de laisser échapper un mot qui ne rendît pas bien sa pensée? (*Marques d'assentiment mêlées de quelques murmures.*) Ceux à qui cela n'est jamais arrivé ont seuls le droit de se plaindre. Quant à moi, cela m'est arrivé quelquefois. Dernièrement, par exemple, je me suis servi du mot *vote silencieux*, qui ne répondait en aucune façon à ma pensée. (*Hilarité aux extrémités.*) Je ne crains pas de le dire, messieurs, l'ensemble de mes opinions et ma vie tout entière prouvent que ces mots ne répondaient pas à ma pensée. Ils me sont échappés comme un autre mot aurait pu échapper à chacun de vous. Je les retire aujourd'hui comme je viens de retirer le mot *délit*, qui ne rend point mon idée.

Je dis donc qu'il est arrivé très-fréquemment, beaucoup trop fréquemment dans l'Université, que les considérations, les motifs politiques, ont déterminé des destitutions, des révocations, des suspensions qui n'étaient nullement prévues par le code universitaire, qui ne rentraient pas dans la juridiction universitaire. C'est qu'en effet il y a là une force des choses à laquelle il est impossible d'échapper. Il est impossible que vous condamniez des ministres responsables, des ministres qui répondent de tous leurs agents, à subir des agents sur lesquels ils n'auraient pas une action indépendante. J'entends par agents les hommes par lesquels les ministres agissent, donnent leurs instructions, transmettent et font exécuter leurs ordres. Je comprends parfaitement comment, lorsqu'il s'agit d'actes purement universitaires, on a pu constituer, dans le sein même de l'Université, une juridiction qui connût de ces actes, et du concours de laquelle le grand-maître de l'Université ne pût se passer. Le grand-maître de l'Université, comme grand-maître, n'est pas responsable ; il est seulement chargé de la bonne administration de l'Université. Mais le ministre de l'instruction publique, appelé devant les Chambres à répondre de la direction politique de l'instruction publique, est nécessairement responsable de ses agents. Or, il n'y a aucune responsabilité possible si le ministre n'a pas le pouvoir de les changer.

Aussi, qu'a fait le préopinant? Il a écarté la responsabilité du ministre; il vous a dit : « Vous n'avez pas besoin de la responsabilité ministérielle, vous avez ici d'autres garanties. Que voulez-vous ? Que les affaires soient bien faites; eh bien! vous avez dans les institutions universitaires, dans la juridiction du conseil, dans les formes légales, des garanties suffisantes. »

Le préopinant a donc positivement écarté la responsabilité ministérielle, tant il a senti qu'avec les conditions qu'on voulait y attacher, elle n'existerait plus.

Messieurs, il n'est au pouvoir de personne de déclarer qu'un ministre qui est appelé tous les jours à justifier, non-seulement sa conduite personnelle, mais celle de tous ses agents, à venir répondre devant les Chambres, devant la France, de la direction générale et politique de l'instruction publique, de l'influence qu'elle exerce sur les générations futures, de déclarer, dis-je, que ce ministre peut être affranchi, dégagé de la responsabilité inhérente à ses fonctions, à sa situation.

Si on imposait au garde des sceaux de ne pouvoir révoquer un procureur général ou un substitut.... (*Interruption aux extrémités.*) ...permettez-moi, messieurs, de développer ma pensée, vous répondrez; s'il en était ainsi, dis-je, le garde des sceaux ne pourrait pas répondre de l'administration de la justice. Il faut qu'il soit libre dans ses rapports avec les agents directs par lesquels il agit, il exécute ses ordres. Le garde des sceaux a, il est vrai, auprès de lui, les juges qui sont complétement indépendants; mais les juges n'ont rien à démêler avec le garde des sceaux, ils prononcent sur des intérêts privés ; les administrateurs, au contraire, c'est-à-dire les parquets, sont à la disposition du ministre parce qu'il répond de leurs actes.

Je reviens aux précédents universitaires, et la distinction est si réelle que je la retrouve dans un grand nombre de cas. Il est arrivé, par exemple, qu'un homme était à la fois recteur, c'est-à-dire administrateur de l'instruction publique dans une certaine circonscription territoriale, et en même temps professeur au sein d'une faculté de droit dans la ville dans laquelle il résidait. Pendant qu'il exerçait les fonctions de recteur, il n'exerçait pas celles de professeur. L'administration supérieure a trouvé qu'il était un mauvais recteur, qu'il agissait dans un sens politique tout autre que le sien, qu'elle n'était pas du tout avec lui en harmonie politique. Elle l'a écarté de ses fonctions de recteur, et l'a renvoyé à celles de professeur. Comme professeur, il ne pouvait être atteint que par la juridiction universitaire et dans des formes déterminées ; mais comme recteur, il s'est trouvé placé sous l'empire de l'administration supérieure, sous la loi de la responsabilité de cette administration. L'exemple que je cite s'est renouvelé dans un grand nombre de cas. En voici un autre. Comme doyen, un professeur administre; il est dans la faculté le représentant du ministre, c'est par lui que les ordres du ministre s'accomplissent. Eh bien ! comme doyen, il est révocable. Les révocations de ce genre sont nombreuses. L'homme révoqué reprend alors ses fonctions de professeur. (*Bruits divers aux extrémités.*)

Je prie donc la Chambre de remarquer cette différence fondamentale que, lorsqu'il s'agit d'actes universitaires, faits dans l'exercice des fonctions universitaires, quelles que soient les fonctions, je comprends qu'ils puissent appartenir à la juridiction universitaire, que toutes les formes, toutes les règles doivent être observées, que l'autorité du ministre ne s'applique pas à ces cas, indépendamment des formes universitaires. Mais lorsqu'il s'agit de politique et nullement d'actes universitaires, lorsqu'un homme paraît avec le caractère de représentant de l'autorité supérieure, comme agent général, comme agent politique, alors la question change, la responsabilité supérieure reprend tous ses droits. Il n'y a aucun moyen d'échapper à cette conséquence.

Pour les actes universitaires, messieurs, on peut se renfermer dans les décrets de l'Université, décrets qui n'ont pas prévu la responsabilité politique, le gouvernement représentatif, la discussion quotidienne; qui ne se sont inquiétés que de la constitution intérieure de l'Université même. Mais, quand une fois l'Université s'est trouvée en présence d'institutions libres, d'une discussion quotidienne, sous l'autorité d'un ministre responsable, il a bien fallu que de nouveaux principes pénétrassent dans l'institution, que certains membres de l'Université passassent dans une situation différente de celle où ils étaient auparavant.

C'est là, je ne veux pas dire le cas unique, mais une des causes qui ont amené ces nombreuses révocations, ces nombreuses destitutions, ces nombreuses suspensions dont on vous a entretenus. Il y en a beaucoup qui ont été des abus, des actes répréhensibles; mais il y en a beaucoup aussi qui étaient inévitables, qui étaient commandées par la force des choses, par l'empire de la situation politique et de la responsabilité politique du ministre placé à la tête de l'Université.

Et remarquez, je vous prie, que c'est précisément dans les moments où la politique a joué un grand rôle et exercé un grand empire, dans les moments de changement de gouvernement que la plupart de ces actes ont eu lieu. Je le répète, je suis fort loin de les défendre tous; il y en a eu de mauvais, de déraisonnables, déterminés par les passions du moment; mais il y en a eu de raisonnables, de légitimes, fondés sur la nécessité, sur ce que l'administration générale de l'instruction publique aurait été impossible sans ce pouvoir, sur ce que l'administrateur supérieur, commandé par la nature des choses, était obligé de faire entrer l'Université dans le domaine de la responsabilité politique.

C'est là toute la question. La responsabilité politique du

ministre peut se trouver compromise par la conduite de ses agents. Il est donc impossible qu'il n'ait pas les moyens de mettre sa responsabilité à couvert. Et quand le Roi m'a fait l'honneur de me confier le département de l'instruction publique, si j'avais pensé que les recteurs, que les administrateurs, mes propres agents, mes agents directs et nécessaires, n'étaient pas sous mon autorité, qu'ils ne pouvaient être atteints que par une juridiction indépendante, que je pouvais, en un mot, être représenté sur tous les points de la France, par des hommes sur lesquels je n'aurais pas d'action propre et libre, j'en appelle à tous les hommes de sens, aurais-je pu, aurais-je dû accepter le pouvoir et la responsabilité politique à de telles conditions?

Je le répète : pour tout ce qui concerne les actes universitaires, les décrets de l'Université sont applicables; les garanties universitaires sont entières. Bien loin de les nier, je suis le premier à dire que toutes les fois qu'un membre de l'Université croit son droit violé, il est de son devoir d'user des moyens légaux pour revendiquer son droit. Mais quand il ne s'agit en aucune manière d'actes universitaires, quand il s'agit d'actes politiques, la responsabilité du ministre demeure entière : il n'y a de bonne administration possible qu'à cette condition.

L

— Chambre des députés. — Séance du 18 avril 1833. —

Dans la discussion du budget des recettes pour l'exercice 1833, la taxe spéciale connue sous le nom de *rétribution universitaire* fut attaquée par plusieurs orateurs. Je l'expliquai et je la défendis, en attendant une réforme attentivement mûrie et discutée, à cet égard.

M. GUIZOT, *ministre de l'instruction publique*. — Quand, dans une précédente séance, l'honorable préopinant qualifia la rétribution universitaire d'exaction, de rétribution illégale, inconstitutionnelle, je m'élevai contre ces expressions. Je me crois obligé de m'élever encore aujourd'hui contre ces mêmes expressions. Quand un impôt a été voté par les Chambres, sanctionné par le roi, il ne peut être inconstitutionnel. Ce que garantit la constitution, c'est le vote de l'impôt dans les formes législatives. Tout impôt voté selon ces formes est légal et constitutionnel.

C'est le cas pour toutes les rétributions universitaires : elles ont été votées librement tous les ans par les Chambres ; elles ne peuvent être taxées d'inconstitutionnelles.

Quand on vote un impôt, on établit le droit de le percevoir ; il doit être perçu selon la loi qui l'établit et les règlements dont il est l'objet. Il est impossible que la rétribution universitaire ne soit pas perçue sur tous ceux qui y sont soumis par les lois et règlements. C'est ce que l'administration a fait : elle n'a pas dépassé les limites ; elle a perçu et perçoit les rétributions universitaires avec plus de tolérance, plus de douceur, plus de paternité que l'on n'en met en percevant les autres impôts au profit de l'État. Je puis en donner la preuve à la Chambre par des faits. En 1832, la rétribution universitaire a été payée dans 314 colléges communaux, par 26,414 élèves : 3,608 élèves ont été dispensés. C'est plus que le dixième pour lequel M. de Tracy demande l'exception. (*Interruption à gauche.*)

Ce sont des faits que je soumets à la Chambre. En 1831, la rétribution a été payée par 23,000 élèves : 1,798 ont été dispensés. Les exemptions sont nombreuses ; elles sont accordées soit à des communes pauvres, soit à des familles pauvres. Je le répète, la perception de l'impôt est faite avec une douceur, une tolérance qui ne pourraient pas avoir lieu si elle se faisait par les formes générales appliquées aux autres impôts.

Je ne prétends pas qu'il n'y ait des modifications à apporter dans le régime financier de l'Université. Je suis convaincu qu'il peut et doit subir d'importantes modifications. Mais ces modifications ne peuvent être faites incidemment à propos d'un article du budget. Elles doivent entrer dans un système général de réforme de l'administration de l'instruction publique.

Je dirai, comme observation générale, que les changements à apporter dans l'instruction publique doivent porter d'abord sur l'enseignement. Les réformes dans l'enseignement importent plus que les réformes dans l'administration; et l'on ne peut réformer utilement l'administration de l'instruction publique que lorsque l'enseignement sera arrivé à l'état dans lequel il doit être. Voilà pourquoi j'aurai l'honneur de présenter à la Chambre une loi pour la réforme de l'enseignement avant celle qui doit réformer l'administration.

J'ajouterai que la Chambre a voté toutes les dépenses de l'Université en même temps que les dépenses générales de l'État; quand elle a ajourné le vote de ses recettes qui étaient comprises dans son budget particulier, elle n'a pas entendu la priver d'une partie de ses ressources. Les recettes s'équilibrent avec les dépenses; vous avez voté les dépenses; si vous supprimez une partie des recettes, il faudra y suppléer par une autre allocation. Je ne crois pas que la Chambre soit disposée à agir ainsi.

Je persiste dans la demande du gouvernement.

———

— Chambre des députés. — Séance du 18 avril 1833. —

Je complétai, en réponse à M. Chasles, député d'Eure-et-Loir, mes explications sur la rétribution universitaire et la nature spéciale du budget de l'instruction publique.

M. GUIZOT, *ministre de l'instruction publique.* — Les recettes de l'Université sont présentées au budget tout aussi bien que ses dépenses; elles sont examinées et discutées chaque année par la Chambre comme les dépenses. On n'est pas fondé à dire que ce sont des recettes inconnues, et dont l'Université ne rend pas de comptes.

Quant à la somme des recettes restantes sur chaque exercice, dont on vous a parlé, elle sert à acquitter les dépenses du commencement de l'année. Elle est indispensable. Il y a eu, en effet, pendant quelques années, un excédant de recettes, lequel a été employé à améliorer l'instruction publique de diverses manières : ainsi, l'année dernière, il a été consacré soit à des constructions nouvelles à l'École de médecine, soit en achat de rentes.

Les recettes de l'Université ne se font pas dans le commencement de l'année; les rétributions ne se payent que par trimestre, et, pendant trois mois, il n'y a pas de rentrées : les examens non plus ne se font pas au commencement de l'année. Il faut que l'excédant des recettes de l'année antérieure serve à acquitter les dépenses des premiers mois de l'année.

J'ajouterai qu'il n'est pas exact que les colléges royaux soient payés par l'État; ils sont payés en grande partie par le produit des droits universitaires. L'État ne fournit pour ces colléges que 920,000 fr., si je ne me trompe. Et il ne faut pas croire que cette subvention paye, à beaucoup près, la totalité des dépenses de ces colléges; le revenu de ces colléges, provenant de leurs recettes, paye la plus grande partie de leurs dépenses. Quant aux colléges communaux, il ne faut pas dire que la rétribution universitaire qu'ils payent est une charge imposée aux villes; ce n'est pas la commune qui a institué le collége qui paye, ce sont les familles des enfants.

Je ne discute pas en ce moment le mérite intrinsèque de la rétribution universitaire; mais elle a été établie comme prix de la surveillance exercée par l'État sur l'ensemble de l'instruction publique. Si l'Université en est privée, il faut qu'on lui fournisse des fonds d'une autre manière. Je n'examine pas, je le répète, le mérite intrinsèque de cette rétribution, mais je dis qu'elle a pour but de payer l'administration de l'instruction publique.

LI

— Chambre des députés.—Séance du 13 mai 1833.—

Dans la discussion du projet de loi sur les attributions municipales, la fondation et même l'entretien des bourses dans les divers établissements communaux d'instruction publique furent mises en question. Je les défendis en provoquant à ce sujet des explications précises.

M. Guizot, *ministre de l'instruction publique.* — Au sujet de ce paragraphe, j'ai une explication à demander à la commission.

Je comprends très-bien que le vote, soit de bourses, soit de secours pour les colléges, est facultatif pour les conseils municipaux. Je comprends également que ce vote là n'est pas une fondation à perpétuité, et qu'il est possible que, à une certaine époque, les conseils municipaux cessent de voter les secours qu'ils avaient accordés aux colléges et les bourses qu'ils avaient fondées. Mais il m'est impossible d'admettre que ces secours, que ces bourses soient purement annuels. Quand une fois des bourses ont été votées par les conseils municipaux et que des boursiers ont été nommés à raison de ces votes, la bourse est acquise au boursier jusqu'à ce que son éducation soit finie dans le collége communal. La bourse n'est donc pas purement annuelle, et le conseil municipal ne peut pas, quand il a fondé une bourse et qu'un boursier a été nommé, l'année d'après révoquer sa bourse et renvoyer le boursier du collége.

Je dirai la même chose pour les secours votés en faveur des colléges.

Voici ce qui arrive fréquemment.

Un conseil municipal demande que son collége soit étendu, qu'il reçoive le titre de *collége royal*, qu'il soit érigé en collége de plein exercice, et qu'on y envoie des professeurs d'un ordre supérieur. Il m'arrive sans cesse de répondre au conseil municipal qui forme cette demande : « Je ne puis y consentir que si vous prenez l'engagement de soutenir votre collége pendant trois, quatre, cinq ans ; je ne pourrais pas, pour une année seulement, vous envoyer des professeurs d'un ordre supérieur, et contracter, pour le compte de l'administration générale, les charges qui sont exigées par de tels établissements. »

Ainsi, tout récemment, le conseil municipal de la ville d'Auch a contracté un engagement pareil : il a voté des fonds pour son collége et il les a votés pour cinq ans ; à cette condition, l'administration supérieure, de son côté, a contracté certaines obligations envers la ville d'Auch et son collége.

La commission entend-elle que ces délibérations obligent réellement les villes, comme cela doit être, non pas pour un an, mais pour trois, pour quatre, pour cinq ans, suivant la durée donnée aux obligations, quand on les a contractées ? S'il n'en était pas ainsi, si le vote, soit de bourses, soit de secours alloués aux colléges par les villes, était purement annuel et pouvait être révoqué tous les ans, quelle qu'eût été l'étendue du vote primitif du conseil municipal, l'administration supérieure se trouverait dans l'impossibilité de remplir, de son côté, les engagements qu'elle aurait contractés envers les communes.

M. DEMARÇAY. — Ce que vient de dire M. le ministre de l'instruction publique a une apparence de vérité, de justice, d'utilité; peut-être même, si je ne me trompe, cette apparence est-elle une réalité. Il faut bien qu'il y ait quelque chose comme cela, puisque M. le ministre l'a énoncé. (*On sourit.*)

Mais ce que vient de dire M. le ministre est fondé sur des principes contraires à ce qu'on a considéré comme bon, comme utile dans cette Chambre, à des principes que vous avez même consacrés naguère par vos résolutions. On a dit, sans rencontrer de contradiction : Le pays doit à tous les citoyens l'éducation primaire, l'éducation nécessaire à tous les hommes. Mais en même temps l'on a dit : On ne doit rien au delà; il serait contraire à l'intérêt public, et peut-être même à l'intérêt des individus, de leur donner une instruction supérieure qui serait très-souvent disproportionnée avec l'état, la profession et surtout la fortune des parents.

Je sais bien qu'on a dit : Mais s'il se trouvait des sujets extraordinaires, doués de facultés très-remarquables, pourquoi voudrait-on s'interdire la faculté de leur accorder des secours extraordinaires?

Messieurs, les sujets extraordinaires ne doivent pas être l'objet de mesures ordinaires; quand il s'en présentera, c'est par des mesures extraordinaires qu'il faudra venir à leur secours.

Ainsi donc, si ce principe est vrai qu'il faut donner à tous les citoyens l'instruction primaire, c'est dans les écoles primaires qu'ils la recevront; si, au contraire, il paraît inutile et peut-être même nuisible de donner *gratis* une instruction plus élevée, il n'y a pas de bourses à créer.

Prenez bien garde, messieurs! vous faites tous les jours de nouvelles lois. Si l'opinion publique, l'opinion des personnes éclairées et instruites s'est prononcée contre cette tendance à créer des bourses pour donner à des jeunes gens une instruction au-dessus de l'état qu'ils doivent occuper dans la société, je dis que vous auriez tort de prendre des mesures semblables à celles qu'on paraît proposer.

Eh bien! ce qu'a dit M. le ministre tend directement à ce but : il veut qu'on fonde des bourses, ou du moins il a dit : Si vous fondez des bourses, il ne faut pas en mettre l'existence, le payement en question tous les ans; il faut qu'elles soient votées pour plusieurs années.

Messieurs, c'est précisément dans cette énonciation-là qu'existe le mal. D'abord, il ne faut pas de bourses, et, en second lieu, si l'on en fonde, il peut encore être fort utile de mettre en question tous les ans si on les continuera, et d'examiner s'il n'y a pas eu abus dans la résolution primitive, et si les sujets qui en ont été dotés méritent la continuation de ces bourses.

Par ces différents motifs, je m'oppose aux conclusions de M. le ministre de l'instruction publique.

M. le ministre de l'instruction publique. — L'honorable préopinant vient de traiter une question que je n'avais en aucune façon soulevée. Je n'ai pas dit qu'il fût bon de fonder des bourses; je n'ai pas fait la moindre allusion à cette question. Mais le fait que des bourses sont fondées ou pourront l'être est incontestable. Eh bien! la seule question que j'aie élevée est celle-ci : Quand une fois un conseil municipal a voté des bourses, et que des boursiers ont été nommés à raison de ce vote et de cette fondation, le boursier a-t-il un droit acquis à cette bourse jusqu'à la fin de son instruction, et cette bourse est-elle une espèce de dette que la commune a contractée envers lui?

Sans doute, la commune est parfaitement maîtresse de ne pas voter de bourses, quand une fois la bourse est vacante par la fin de l'instruction du boursier. Je ne conteste rien à ce sujet; je dis seulement que, lorsque des bourses ont été votées et que des boursiers ont été nommés, il y a là une espèce de droit acquis, et qu'il est impossible de remettre annuellement en question l'éducation qu'on a commencé à donner à des enfants en vertu d'un vote communal.

C'est uniquement sur ce point que j'ai appelé l'attention de la Chambre. Je ne préjuge rien, ni sur la question de la convenance du vote primitif des bourses, ni sur la question de la convenance de leur renouvellement.

Ce que je dis des bourses s'applique également aux secours votés pour les colléges.

Le général Demarçay ayant élevé la question de savoir quelles études devaient faire le fond de l'éducation des boursiers, je répondis :

M. GUIZOT, *ministre de l'instruction publique*. — La Chambre me permettra de ne pas entrer dans la question que vient d'élever l'honorable préopinant, la question de savoir quel est le système meilleur d'instruction publique, et si c'est l'étude des sciences mathématiques ou l'étude des langues anciennes qui doit faire le fond de l'éducation. Je ferai seulement remarquer que, lorsqu'on parle de bourses, il n'est pas exact de dire qu'il s'agit uniquement d'études classiques. Il y a, dans les villes, un grand nombre d'établissements qui n'ont pas les études classiques pour objet : je puis citer, par exemple, les écoles d'arts et métiers de Châlons et d'Angers.

Il ne s'agit pas ici de consacrer un principe nouveau à introduire dans notre législation, mais bien de régler un fait qui existe de tout temps, qui se retrouve dans une multitude d'établissements, et qu'il est impossible de passer sous silence dans la loi. Il est de fait qu'un grand nombre de bourses existent; elles sont anciennes; il faut que la loi statue à leur égard.

J'avoue que je ne comprends guère cette précaution impérative, absolue, qui, dans une loi destinée, comme on le dit tous les jours, à fonder les libertés communales, interdirait aux conseils municipaux le droit de créer des bourses. Quand on parle des franchises, des libertés communales, il faut avoir un peu plus de confiance dans le bon sens et dans les lumières des conseils municipaux. Si les bourses sont un abus, ils n'en voteront pas ; s'ils ne les regardent pas comme un abus, ils en voteront.

LII

— Chambre des députés.—Séance du 20 mai 1833. —

En exécution du traité conclu, le 7 mai 1832, entre la France, l'Angleterre et la Russie pour assurer la fondation du royaume de Grèce, le gouvernement proposa, le 24 janvier 1833, un projet de loi pour être autorisé à garantir, aux termes de ce traité, l'emprunt de 60 millions de francs contracté par le gouvernement grec, et auquel l'Angleterre et la Russie avaient déjà donné leur garantie. Ce projet de loi fut l'objet d'une longue discussion à laquelle je pris part en réponse à M. Mauguin.

M. GUIZOT, *ministre de l'instruction publique.*—L'honorable orateur qui descend de la tribune a commencé par dire qu'il ne pouvait séparer la question de la Grèce de l'état général de l'Orient; et, en effet, c'est sur l'état général de l'Orient qu'il a particulièrement appelé votre attention. Il y a du vrai dans cette observation. Cependant la Chambre comprendra qu'il m'est impossible d'entrer, sur l'Orient, dans toutes les considérations auxquelles l'honorable préopinant s'est livré; je me bornerai à faire remarquer à la Chambre deux faits à ce sujet : le premier, c'est qu'au moment où les affaires d'Orient ont éclaté, quoique la France n'y fût pas seule intéressée, quoique l'Autriche et l'Angleterre, par exemple, le fussent comme nous, la France seule s'est trouvée en mesure d'agir diplomatiquement, comme on pouvait agir alors. Je crois évident pour tout le monde que, dans la question qui s'est posée à cette époque entre l'Orient et l'Occident de l'Europe, entre la Russie et l'Europe occidentale, c'est la France qui s'est trouvée à la tête de la cause occidentale; c'est la France, je le répète, qui s'est trouvée seule en mesure d'agir. (*Oui! oui!*) Il est vrai que son ambassadeur n'était pas encore arrivé à Constantinople; mais nous y avions un chargé d'affaires qui s'est conduit, dans cette grave circonstance, avec beaucoup de prévoyance, de fermeté et d'habileté. La France, je le répète, ne s'est manquée ni à elle-même ni à la cause générale de l'Europe occidentale; et quoiqu'elle ne fût pas seule intéressée, elle a pris presque seule la direction des événements.

A la suite de cette première action purement diplomatique qui, quoi qu'on en dise, est fort loin d'avoir été sans effet, la France a joint le commencement d'une autre action : des vaisseaux sont partis; ils se sont rendus en Orient; et quoique les sentiments de la France soient toujours pleinement pacifiques en Orient comme en Occident, sa diplomatie est aujourd'hui appuyée dans les mers d'Orient par une flotte capable de la faire respecter partout. (*Sensation.*) Il n'est donc pas exact de dire que la France n'ait pas pris ses mesures, et qu'elle n'ait pas pressenti, dans les affaires de l'Orient, tout ce qui pourrait en sortir.

La Chambre me permettra de ne pas en dire davantage. Ces affaires sont aujourd'hui engagées, elles s'avancent vers leur solution; la France n'y a point quitté la position qui lui convenait; elle ne s'est point portée, quoi qu'en ait dit l'honorable préopinant, le défenseur du sultan contre le pacha d'Égypte ; la France a gardé le caractère de puissance médiatrice, consultant avant tout l'intérêt français, en Orient comme ailleurs, le ménageant partout où il existe, et travaillant à faire prévaloir cet intérêt par le maintien de l'ordre européen et de la paix générale. (*Marques d'adhésion.*)

Après ces courtes paroles sur l'état général des affaires en Orient et la situation que la France y occupe, je prie la Chambre de permettre que je me renferme exclusivement dans la question grecque et dans l'affaire de l'emprunt.

Et d'abord, je remercierai les deux honorables préopinants, MM. Mauguin et Bignon, d'avoir rendu à cette question sa grandeur. Il y a là sans doute une question financière, mais la question politique domine, et la question financière n'est que subsidiaire. La révolution de Juillet, messieurs, ne nous a pas grandis, à nos propres yeux et aux yeux de l'Europe, pour que nous méconnaissions la grandeur des situations et des questions; elle ne nous a pas élevés et ennoblis pour que nous traitions les affaires générales de notre pays et de l'Europe par des considérations purement économiques et domestiques, pour ainsi dire. Il faut aborder ces affaires dans toute leur étendue; il faut les voir à leur hauteur, et ne s'en dissimuler ni la gravité, ni la difficulté ; c'est le devoir des peuples libres.

Que vous ont demandé les deux honorables préopinants? Ils ne vous ont pas caché qu'ils vous demandaient d'abandonner la politique qui a été suivie par la France à l'égard des affaires d'Orient, et particulièrement des affaires grecques, depuis 1821. Ils ont formellement rappelé l'un et l'autre l'opposition qu'ils ont formée, dès 1828, à cette politique; ils vous ont répété qu'à cette époque ils s'étaient opposés à l'occupation de la Morée ; l'honorable M. Bignon n'a nullement démenti le discours qu'il prononça alors, et dans lequel il établit que la France n'avait rien à faire, ne devait rien faire à l'égard des affaires d'Orient; qu'elle devait prendre une position purement expectante, et attendre le moment où elle aurait intérêt d'agir.

Il s'agit donc bien positivement, vous le voyez, d'abandonner la politique suivie de 1821 à 1830. Mais, messieurs, cette politique, ce n'est pas le gouvernement d'alors qui l'a adoptée le premier; elle a été adoptée par le pays, par le sentiment français; elle a été conseillée, dictée par l'état général des esprits en France; c'est le pays qui, le premier, a demandé qu'on soutînt la Grèce, qu'on la soutînt avec de l'argent, par la diplomatie, avec des hommes, qu'on l'aidât d'une part à s'affranchir des Turcs, de l'autre à se constituer en État durable et indépendant. De 1821 à 1826, qu'a fait le gouvernement? Il faut lui rendre justice : il a laissé le pays libre d'agir, non-seulement de manifester ses sentiments, mais de faire lui-même pour la cause grecque tous les efforts auxquels il était porté; le pouvoir n'est pas intervenu. De 1826 à 1827, l'intervention du gouvernement a commencé, intervention d'abord purement diplomatique; le pouvoir a conclu le traité du 7 juillet 1827; il s'est engagé, de concert avec l'Angleterre et la Russie, dans les affaires de la Grèce. De 1828 à 1829, il a fait un pas de plus; son intervention, de diplomatique est devenue militaire; il a gagné la bataille de Navarrin, il a occupé la Morée; de 1829 à 1830, il a été encore plus loin; il s'est appliqué à déterminer la délimitation de la Grèce, à régler son existence matérielle; ensuite il s'est appliqué à régler son existence politique, à lui donner un souverain; enfin, il a posé la question qui vous agite aujourd'hui : il a promis un emprunt pour assurer l'établissement du gouvernement nouveau.

Voilà en peu de mots, si je ne me trompe, la politique suivie par la France de 1821 à 1830, politique suivie au nom du pays, politique dans laquelle le gouvernement a été approuvé, applaudi toutes les fois qu'il a fait un pas de plus; politique qu'on vous demande d'abandonner aujourd'hui.

L'abandonner! et pourquoi, je vous le demande? Qu'y

avait-il dans cette politique de contraire à l'intérêt général de la civilisation, de l'humanité? Qu'y avait-il de contraire à l'intérêt national, à l'intérêt français? Je n'hésite pas à l'affirmer : c'était une politique à la fois morale et française, utile à la cause générale de la civilisation et à la cause particulière de l'influence, de la puissance de notre pays.

Il ne faut pas, messieurs, passez-moi cette expression, il ne faut pas faire fi de cette intervention morale que la France a souvent exercée en faveur de la cause générale de la civilisation, de l'humanité, de l'affranchissement des peuples.

Je sais que c'est une situation difficile, hasardeuse, dans laquelle on peut commettre beaucoup de fautes, qui peut entraîner un gouvernement fort loin ; il ne faut pas renoncer cependant à la puissance qu'on peut très-légitimement en tirer. La France l'a quelquefois éprouvé dans son histoire. Le gouvernement français a protégé l'émancipation de la Suisse contre l'Autriche, de la Hollande contre l'Espagne, des États-Unis contre l'Angleterre, de la Grèce contre la Turquie. Et cette politique générale, constamment favorable à la cause de la civilisation et du progrès, a été pour beaucoup dans les destinées de notre pays et dans l'empire qu'il n'a cessé d'exercer en Europe et au delà de l'Europe. Gardons-nous d'y renoncer. (*Mouvement d'adhésion.*)

Mais indépendamment de cette cause générale de la civilisation et du progrès des peuples, à laquelle évidemment la politique qu'on vous conseille d'abandonner en Orient était favorable, est-il vrai qu'elle ne fût pas française, qu'elle ne fût pas conforme à l'intérêt national ?

N'en croyez rien, Messieurs. Je ne rentrerai pas dans les considérations générales que plusieurs de mes honorables amis ont mises sous les yeux de la Chambre; je lui rappellerai seulement un grand fait; c'est que depuis vingt ans, l'Autriche, la Russie et l'Angleterre ont acquis dans la Méditerranée une grande extension de puissance et d'influence. L'Autriche qui, il y a vingt ans, était à peine un état maritime commercial et n'avait qu'un petit nombre de bâtiments, couvre aujourd'hui la Méditerranée de ses vaisseaux et s'est emparée d'une bonne partie du commerce d'Orient. L'Angleterre possède Malte et les îles Ioniennes. La Russie s'est évidemment agrandie et fortifiée en Orient. La France seule n'avait pas fait de semblables progrès. Eh bien! du moment où il s'est présenté pour elle une occasion de s'établir, de s'agrandir à son tour dans la Méditerranée, d'y accroître son influence, sa puissance, le gouvernement français a bien fait de la saisir. Il faut convenir que l'instinct national a merveilleusement servi en cela l'intérêt de notre patrie. C'est cet instinct qui a indiqué à la France qu'il fallait se rapprocher du pacha d'Égypte. C'est cet instinct qui nous a fait mettre la main dans les affaires de la Grèce, qui nous a fait sentir que rien d'important ne devait se passer là sans que la France n'y jouât son rôle et ne grandît, comme les autres puissances.

Il n'est donc pas vrai que, dans l'intérêt français aussi bien que dans l'intérêt général, la politique qu'on vous conseille d'abandonner n'ait pas été bonne; elle a au contraire été naturelle, elle a été conseillée par le sentiment, par le juste instinct du pays; elle a été celle qu'il convient de suivre, et la France, quoi qu'on en dise, en a déjà recueilli quelques fruits. (*Sensation.*)

Qu'est-il survenu, je vous le demande, depuis la révolution de 1830, qui doive faire abandonner cette politique? Au dedans, au dehors, qu'y a-t-il de changé dans notre situation qui doive nous détourner de la route dans laquelle nous avons marché jusqu'à présent?

Tout au contraire, au dedans et au dehors, tout, à mon avis, nous conseille de continuer et nous promet, si nous persévérons, que l'humanité en général, comme la France, s'en trouvera bien. Le gouvernement de Juillet, messieurs, a un immense avantage; c'est qu'il peut servir sans hésitation, sans embarras, cette cause générale de la civilisation, du progrès des peuples, qui, je le répète, est pour nous une grande source d'influence et de force. La Restauration, qu'il ne faut pas calomnier, la Restauration, plusieurs fois, a tenté de servir cette cause ; mais elle y sentait un danger pour elle ; le mouvement de progrès, l'activité des esprits l'inquiétait pour elle-même, en sorte qu'elle était timide et embarrassée quand elle se trouvait engagée dans une bonne entreprise de ce genre. Le gouvernement actuel n'a rien à craindre de semblable ; le progrès de la civilisation, le bien-être des peuples, les bonnes institutions, les vraies lumières, tout cela lui est favorable et le sert ; il est le patron naturel, en Europe, de toutes les bonnes causes, de la cause de l'ordre quand c'est l'ordre qui est menacé, de la cause des institutions libres, quand ce sont elles qui sont en péril. Il n'y a, je le répète, dans la situation de notre gouvernement, tel que 1830 nous l'a donné, aucune cause d'embarras ou de faiblesse ; au contraire, il y a force naturelle au profit de toutes les bonnes causes, et bien loin de reculer dans la voie où la Restauration s'est engagée à l'égard de la Grèce, il se doit à lui-même, à son origine, à sa nature, de s'y engager plus avant. (*Très-bien! très-bien!*)

Une autre considération me frappe, et je demande à la Chambre la permission de la lui soumettre. La Chambre sait, et je pourrais me dispenser de le dire, que je ne suis point favorable à ce qu'on appelle la propagande (*Léger mouvement*); que je n'ai aucun goût pour l'insurrection, pour les mouvements révolutionnaires. Je crois qu'il est non-seulement de l'intérêt, mais du devoir de notre gouvernement de les combattre, de les réprimer partout où il le peut par son influence. Mais, messieurs, lorsque indépendamment de toute propagande, de toute menée révolutionnaire, de tout mauvais esprit antisocial, paraît quelque part un gouvernement nouveau, capable de devenir régulier, durable, qui s'y montre disposé, qui ne demande qu'à entrer dans la confédération générale et régulière de la société européenne, je dis qu'il est dans la situation de notre gouvernement de Juillet de l'aider, de le seconder. C'est là la politique qui nous convient ; c'est là la politique vraiment libérale du gouvernement de 1830 ; qu'il se montre ami de toutes les tentatives faites pour l'amélioration de l'état des peuples et des gouvernements ; qu'il soit favorable aux gouvernements d'origine légitime et raisonnable, bien que récente. Il ne s'agit pas de leur imposer nos idées et nos institutions ; il ne s'agit pas de les jeter dans le moule du gouvernement représentatif tel que nous l'avons pour nous-mêmes ; il s'agit seulement de les aider à se développer, à s'affermir. Ces gouvernements de la Grèce, de l'Égypte, par cela seul qu'ils sont nouveaux, sont obligés de recourir aux mêmes idées, aux mêmes moyens de civilisation et de progrès que nous ; ils sont nos alliés naturels, et nous sommes leurs patrons naturels : nous leur devons appui, protection ; et c'est par là que notre politique extérieure, sans porter le trouble en Europe, en défendant, au contraire, l'ordre partout où il serait compromis, se montrera vraiment libérale et distincte de la politique absolutiste et stationnaire qui ne peut jamais être la nôtre. (*Vive sensation.*)

Il n'y a donc, messieurs, dans ce qui s'est passé en France depuis 1830, rien qui doive nous faire dévier de la ligne dans laquelle nous avons marché par rapport à la Grèce.

Si je regarde au dehors, je n'y trouve également que des motifs de confirmation.

Je demanderai à la Chambre la permission de lui exprimer mon étonnement, tout mon étonnement, sur ce que j'entends dire. Les Russes se sont avancés sur le Bosphore ; leur influence s'est accrue en Orient ; quelque chose de menaçant se déclare contre l'empire ottoman, et on vient nous dire que c'est là une raison pour ne pas nous mêler des affaires d'Orient ! On vient nous dire que c'est là une raison de renoncer aux moyens d'influence que nous avons pu employer jusqu'à ce jour !

Je vous avoue, messieurs, qu'il m'est absolument impossible de comprendre une telle politique. Ce qui se passe en Orient, cet ébranlement de l'empire ottoman, ces progrès des Russes, ce sont là, au contraire, à mes yeux, des raisons décisives pour persévérer, pour avancer dans la politique que nous avons suivie depuis 1821 ; politique déterminée par le désir de contrebalancer toute influence trop prépondérante, d'être présents au moins sur les lieux où elle s'exercerait, pour lui susciter, je ne dirai pas des ennemis (un tel langage ne saurait convenir à des États qui vivent en paix), mais pour contenir ces tentatives d'agrandissement contre lesquelles nous sommes en droit de nous défendre. Pensez-y bien, messieurs, ce qui se passe en Orient confirme la politique que nous avons suivie, et c'est un motif de plus pour y persévérer.

Notre alliance avec l'Angleterre, depuis 1830, en est aussi un autre. Pourquoi ? parce que c'est une nouvelle chance de succès. Je sais très-bien qu'à Londres et à Paris il est des esprits qui voudraient jeter entre les deux peuples des germes de défiance et d'hostilité. Je sais qu'en Angleterre certaines personnes voudraient inquiéter le pays sur le séjour de la France à Alger, sur son influence en Égypte ; que d'un autre côté, on voudrait nous faire peur des desseins de l'Angleterre dans la Méditerranée. Messieurs, ne nous laissons pas entraîner par ces mesquins sentiments, par ces considérations secondaires. Notre alliance avec l'Angleterre est aujourd'hui un fait important dans notre situation. Cette alliance est heureuse, favorable au progrès, au bon ordre, à la prospérité des deux pays. Elle est pour nous, dans l'Orient en particulier, une nouvelle chance de succès. La coopération de l'Angleterre à notre prudente politique nous est assurée. Nous ne sommes donc pas dans cette position isolée dont on voudrait nous effrayer. Aujourd'hui plus que jamais il nous est nécessaire de nous mêler des affaires d'Orient; aujourd'hui plus que jamais il nous est possible de nous en mêler avec des chances de succès.

J'ai donc beau faire, soit que je regarde au dedans, soit que je regarde au dehors, à notre état intérieur ou à nos relations avec les puissances étrangères, je ne trouve que des motifs pour persévérer dans la politique que nous avons suivie de 1821 à 1830 ; politique bonne en elle-même, morale et utile à l'humanité ; politique nationale, éminemment utile aux intérêts de la France.

Que vous propose-t-on à la place? On vous propose ce qu'on vous proposait en 1828, de vous retirer du théâtre des événements, de laisser faire les autres, de les laisser s'emparer de tous les moyens naturels d'influence, de toutes les positions : on vous propose de regarder et d'attendre ; on vous dit qu'il viendra peut-être un moment où vous prendrez tous vos avantages.

Messieurs, si nous pensions comme les honorables membres qui, aujourd'hui comme en 1828, donnent ce conseil à la France, je le comprendrais. Ce conseil suppose que nous regardons l'empire ottoman comme sur le point de périr, et ses voisins comme tout près de partager ses dépouilles. Telle n'est pas notre opinion. Nous ne croyons pas que l'empire ottoman, quelque ébranlé qu'il soit, soit sur le point d'être partagé. Nous pensons qu'aujourd'hui comme jadis il est d'une bonne politique pour la France de le soutenir, de l'aider à durer aussi longtemps qu'il se pourra, et, en travaillant à atteindre ce but, d'étendre ses moyens d'influence en Orient sur tous les points où elle pourra agir, afin de n'être pas prise au dépourvu le jour où éclateraient les symptômes de décadence qui se sont manifestés.

C'est l'intérêt bien entendu de la France de maintenir l'empire ottoman comme une barrière contre tout agrandissement, aussi longtemps que nous le pourrons, et de préparer en même temps les États indépendants, collatéraux, qui pourront se lier à nous, et soutenir notre influence au jour de l'explosion.

Bien loin donc qu'il y ait, dans cet état nouveau des affaires d'Orient, rien, absolument rien qui doive nous détourner de la politique suivie depuis 1821, je pense, au contraire, que tout nous y confirme. Rappelez-vous, messieurs, dans quelle situation nous nous trouvions en 1828, lorsque l'occupation de la Morée fut décidée, et lorsque le gouvernement vint demander aux Chambres un emprunt de 4 millions de rentes. Trouvez-vous que la situation soit différente aujourd'hui? On nous parle de la marche des Russes sur Constantinople comme si c'était un fait nouveau, inouï. Mais en 1828 et 1829, les Russes marchaient sur Constantinople; ils passaient le Balkan; ils entraient à Andrinople. C'était là une situation analogue à celle où l'on se trouve aujourd'hui; l'empire ottoman était même plus directement menacé; et vous abandonneriez aujourd'hui la politique que vous avez suivie alors, que vous avez suivie avec honneur et succès!

Je ne m'étonne pas que les honorables membres qui l'ont combattue alors la combattent aujourd'hui; mais je n'hésite pas à le dire, la France entière comme son gouvernement la trouva bonne en 1828; ce fut en pleine connaissance de cause, après l'avoir soigneusement discutée, que la France et son gouvernement s'y engagèrent. Si je remettais sous les yeux de la Chambre quelques-uns des discours prononcés à cette époque par le rapporteur de la commission, le général Sébastiani, par l'honorable M. Laffitte, par plusieurs autres membres de la Chambre, on y verrait qu'ils comprirent tous que, dans l'état où se trouvait l'Orient, dans le mouvement des Russes sur Constantinople, il était utile, nécessaire pour la France d'intervenir plus activement, plus directement que jamais dans les affaires de l'Orient, que l'occupation de la Morée a été déterminée surtout par cette considération, par l'intérêt français et non pas seulement par l'intérêt grec, quoi qu'on en dise.

En 1828, je le répète, messieurs, la situation était la même qu'aujourd'hui, plus grave même peut-être en apparence; vous avez sagement adopté alors la politique qu'on vous conseille d'abandonner; cette politique a porté ses fruits, elle a arrêté les Russes à Andrinople, elle a ajourné la lutte définitive entre la Russie et l'empire ottoman. Elle a relevé en Orient le nom français.

Adoptez donc aujourd'hui la même politique, la seule

bonne, la seule raisonnable, et elle portera les mêmes fruits : elle maintiendra la paix de l'Europe en accroissant l'influence de notre pays.

Permettez-moi d'ajouter un seul mot. Sans doute, messieurs, je crois que notre intérêt, l'intérêt national, l'intérêt français doit passer avant tout ; mais il est impossible d'oublier tout ce que nous avons pensé, tout ce que nous avons dit, tout ce que nous avons fait en faveur des Grecs ; il est impossible de croire que cette cause pour laquelle des Français, des membres de cette Chambre ont quitté leurs parents, leurs enfants, pour laquelle nous avons permis que nos femmes et nos filles allassent quêter de maison en maison, il est impossible, dis-je, que cette cause nous devienne tout à coup indifférente, et qu'au moment où nous nous occupons d'une question qui s'y rattache si puissamment, nous ne persévérions pas dans ce que nous avons fait.

La question de l'emprunt, messieurs, est d'une immense importance pour la Grèce. Consultez tous les hommes qui connaissent ce pays ; ils vous diront que ce dont le gouvernement nouveau a essentiellement besoin, c'est de l'argent et du crédit qu'il ne peut pas trouver dans son propre pays. Il a besoin de l'appui avoué, officiel des gouvernements européens, et surtout d'un appui désintéressé comme le nôtre. Le lui refuserez-vous ?

Messieurs, il ne faut pas croire que, pour un grand peuple à qui de grandes destinées sont réservées, tout se résolve en résultats du moment, et que les bénéfices matériels, immédiats, soient les seuls qu'on doive rechercher. Non, il y a des avantages lointains que l'on acquiert par une politique sage et constante, des avantages qui se font attendre, mais qui n'en sont pas moins certains. En fait de politique extérieure comme de politique intérieure, pour l'influence au dehors comme pour la liberté au dedans, il faut savoir attendre, il faut savoir compter sur les démarches qu'on a faites. A ce prix seulement, vous établirez en Europe votre gouvernement nouveau. La persévérance et l'esprit de suite sont le nerf de la politique extérieure, aussi bien que de la politique intérieure ; et si on vous voyait, messieurs, abandonner aujourd'hui (permettez-moi de le dire) légèrement, capricieusement, une politique constamment suivie de 1821 à 1830, suivie selon le vœu du pays qui applaudissait au gouvernement toutes les fois qu'il s'y engageait, vous affaibliriez votre gouvernement, votre pays, votre crédit, votre considération, tout ce qui fait la force et la dignité des nations. (*Une sensation prolongée succède à ce discours.*)

LIII

— Chambre des députés. — Séance du 29 mai 1833. —

La commission chargée de l'examen du budget du ministère de l'instruction publique avait proposé une réduction de 10,000 francs sur le 1er chapitre de ce budget (*administration centrale*). J'expliquai les motifs qui m'avaient déterminé à proposer cette somme, et j'en demandai le maintien.

M. GUIZOT, *ministre de l'instruction publique.* — J'avais, dans ce chapitre, proposé de remplir une place vacante depuis la mort de M. Cuvier dans le conseil de l'instruction publique. J'ai eu quelque regret que la commission, qui vous a proposé la suppression de cette place, n'ait pas entendu les raisons qui m'avaient déterminé à la proposer. Je n'ai eu aucune occasion de rien dire à ce sujet devant la commission. Je prie la Chambre de croire que ce n'est pas du tout par un vain et futile plaisir d'avoir une place à remplir que j'avais fait une pareille proposition ; c'est dans l'intérêt du service, et parce que le bien et le progrès des études m'ont paru l'exiger.

La Chambre se rappelle quelle est la nature du conseil de l'instruction publique. Il est destiné à réunir les hommes qui se sont occupés des différentes branches des connaissances humaines ; la surveillance et la direction de chacune de ces branches sont précisément confiées à l'un des hommes qui s'y sont le plus distingués.

Je dois dire à la Chambre que, dans l'état actuel du conseil de l'instruction publique, il y a des portions considérables des connaissances humaines qui n'ont pas de représentant, qui ne sont pas placées sous la surveillance de leur chef naturel, des hommes qui les entendent le mieux, et exercent le plus d'autorité morale sur ceux qui les cultivent.

La Chambre comprendra sans peine que, lorsque les sciences mathématiques sont surveillées par un conseiller illustre dans ces sciences, non-seulement le progrès de ce genre d'études est assuré, mais tous les hommes qui s'y vouent, tous les professeurs de mathématiques en France ont considération et respect pour l'autorité supérieure qui les dirige.

Eh bien ! toutes les sciences qui ont pour objet le droit et la médecine, ces deux portions si importantes de nos études universitaires, n'ont aujourd'hui dans le conseil de l'instruction publique, aucun représentant, aucun homme qui se soit particulièrement voué à ces genres d'études. C'est pour assurer le progrès de ces deux branches et l'autorité morale de ceux qui les surveillent que j'avais eu l'honneur de proposer à la Chambre de compléter le conseil royal de l'instruction publique, en remplissant la place laissée vacante par la mort de M. Cuvier. Qu'il me soit permis de dire que la raison donnée contre cette proposition n'a vraiment pas un fondement bien sérieux.

Le jour où les Chambres seront appelées à examiner l'administration publique, et en particulier l'institution du conseil général, si les trois pouvoirs réunis croient devoir y faire des modifications, il importe fort peu qu'ils trouvent six ou sept conseillers présents dans le conseil. Il y aurait quelque chose de vraiment puéril à croire que la liberté de la Chambre et des autres pouvoirs de l'État serait gênée le moins du monde parce qu'il y aurait sept conseillers au lieu de six dans le conseil ; évidemment ce ne peut pas être là une raison sérieuse. Il s'agit uniquement de savoir si, dans l'intérêt du service, pour le progrès des études, pour la bonne direction de toutes les branches des connaissances humaines, il importe que cette organisation soit au complet. Eh bien ! j'ai eu l'honneur de le dire à la Chambre, et depuis que j'ai été appelé à ce département j'en ai acquis la conviction, des branches très-importantes des connaissances humaines, les études de droit et de médecine, n'ont pas, dans l'état actuel du conseil, leurs représentants, leurs chefs naturels, et elles se trouvent ainsi à l'égard de certaines autres connaissances, des sciences mathématiques, des sciences naturelles et philosophiques, des études littéraires, dans un véritable état d'infériorité. C'est pour faire cesser ce mal, pour compléter ces études et assurer leur développement, que j'avais eu l'honneur de proposer à la Chambre de remplir la place vacante laissée au conseil-général par la mort de M. Cuvier.

Je persiste dans cette proposition.

M. GILLON, *rapporteur*.—C'est pour la troisième fois que je viens déclarer, au nom des commissions successives du budget, que le nombre des membres du conseil royal de l'instruction publique paraît hors de proportion avec les besoins réels ; cette assertion, je l'ai prononcée à la tribune en discutant les budgets de 1832 et 1833 ; je la répète pour le budget de l'an prochain. M. le ministre l'a contestée devant vous, et cependant ses actes, sa conduite, offrent une preuve éclatante de l'assentiment qu'il donne à l'opinion que je soutiens.

En effet, déjà une année entière vient de s'accomplir depuis que la France a perdu Cuvier ; si son remplacement au conseil royal était réclamé par cette urgente nécessité qu'a dépeinte M. le ministre, comment n'a-t-on pas pourvu au choix d'un successeur digne de lui, pendant la dernière moitié de 1832? Les fonds étaient faits au budget de cet exercice pour le traitement ; comment a-t-on rédigé le budget de 1833 sans y porter un traitement pour le successeur? Comment a-t-on pensé que cette année aussi pouvait s'écouler sans que le successeur fût désigné? Qu'on nous fasse comprendre pourquoi seulement en 1834, il sera impossible de se soustraire à une impérieuse nécessité sous le poids de laquelle on sera resté volontairement durant dix-huit mois, au lieu de lui avoir donné la satisfaction facile et complète pour laquelle on avait entre les mains les ressources votées par les Chambres? Non, je ne saurais m'expliquer ces contradictions, quelque désir que j'aie de les voir disparaître.

M. le ministre nous dit que le droit et la médecine manquent de représentants au conseil royal. Mais de telles paroles ont plus de portée que la proposition qu'il soutient ; il en sort une conséquence plus étendue que celle qu'il en tire. En effet, ce n'est plus 10,000 fr. que M. le ministre doit demander, mais 20,000 fr.; car ce n'est plus un seul conseiller qu'il faut introduire, mais deux : apparemment on n'espère pas qu'une seule tête soit capable de diriger l'enseignement des sciences médicales et des diverses parties de la science du droit. Cependant, si un conseiller unique est nommé, sera-ce la médecine, sera-ce le droit qui sera sacrifié momentanément? Est-ce la vie des hommes, sont-ce leurs biens dont le soin sera passagèrement négligé? Il y a là un embarras dont M. le ministre ne sortirait pas. (*Très-bien.*)

Le mieux est de se hâter d'organiser l'administration de l'instruction publique, et alors les crédits nécessaires seront alloués par les Chambres qui n'ont, pour presser l'accomplissement de cette grande tâche imposée par la Charte, d'autre moyen que de refuser les fonds destinés à l'entretien d'une situation qui pourrait beaucoup trop se prolonger.

M. le ministre de l'instruction publique.—Je ne pense pas que, parce que plusieurs rapports de commissions ont successivement exprimé la même idée, l'on puisse dire que la Chambre l'a adoptée. Je n'ai pas porté la discussion sur la question de savoir si le conseil de l'instruction publique était trop nombreux. Je ferai une seule observation à la Chambre. Dans le seul pays où l'organisation de l'instruction publique ait, sous ce rapport, quelque analogie avec la nôtre, dans le pays où les études de tout genre font, depuis trente ans, le plus de progrès, en Prusse, le conseil chargé de l'instruction publique est infiniment plus nombreux que ne le sera notre conseil royal, quand il sera porté au complet, car il est composé de quatorze ou quinze membres. C'est que l'on a compris, dans ce pays, qu'il importait que les différentes études fussent surveillées par des hommes distingués spécialement dans les diverses sciences, et ayant action, autorité sur l'esprit de ceux qui s'y vouent. C'est d'après ce principe qu'a été organisé le conseil de l'instruction publique en Prusse, et les différents genres d'étude y sont placés sous la direction d'hommes spéciaux.

Je suis convaincu que lorsque la Chambre sera appelée à examiner cette question dans toute son étendue, elle reconnaîtra la justesse de cette idée, et y conformera sa résolution. Je ne saurais penser que la Chambre puisse considérer le conseil de l'instruction publique, composé de sept membres, comme trop nombreux. Je répète que, dans l'état actuel, il est incomplet, que le service en souffre, qu'il y a des branches importantes des connaissances humaines qui ne sont pas dirigées, surveillées comme le sont plusieurs autres, et que c'est uniquement dans cet intérêt que j'avais fait cette proposition à la Chambre.

M. Gillon, *rapporteur.*—L'opposition de M. le ministre porte sur deux motifs. D'abord, analogie avec le conseil royal chargé, en Prusse, de la direction de l'enseignement public, conseil qui n'a pas moins de quinze membres. Je réponds que l'argument n'est pas admissible, aussi longtemps du moins que les attributions de ce conseil ne nous auront pas été détaillées; car, si elles sont plus étendues que celles du conseil royal, en France, il est tout naturel que le nombre des conseillers soit plus considérable chez nos voisins que chez nous.

En second lieu, M. le ministre insiste sur l'insuffisance de six membres pour accomplir tous les devoirs que la législation universitaire impose au conseil royal. Veut-on faire cesser cet embarras? Qu'on cesse d'attirer au conseil royal, de centraliser dans son sein une foule de petites affaires qui seraient bien plus promptement, et beaucoup mieux résolues dans nos départements. Par exemple, qu'on laisse les recteurs nommer les régents des colléges communaux, au moins pour les classes inférieures; qu'on laisse les bureaux d'administration des colléges désigner les enfants qui, jusqu'à concurrence du dixième du nombre total des élèves de chaque établissement, doivent jouir de la dispense de la rétribution universitaire; c'est abus, perte de temps, que d'occuper de pareils détails les six hommes jugés les plus capables d'imprimer le mouvement aux études.

Mais, dit le ministre, quelques-unes des parties les plus élevées de ces études sont négligées faute d'un homme qui assure leur bonne direction.

Je lui en demande pardon, mais il faut qu'il souffre ma franchise. Si le mal a la gravité dont il se plaint, nous aurions de vifs reproches à adresser à M. le ministre; nous serions en droit de nous plaindre amèrement qu'il ait souffert un tel désordre quand, dès 1832, il avait des ressources pécuniaires pour fournir un traitement au successeur qu'il aurait pu donner à M. Cuvier; quand, en dressant le budget de 1833, il n'a rien demandé pour pourvoir à ce traitement pendant l'exercice.

Mais M. le ministre s'excuse en disant qu'il n'a pas porté son attention sur le point de savoir si le conseil était assez nombreux. Comment une telle inattention peut-elle se comprendre? Eh quoi! le budget de 1833 a été discuté, arrêté et signé au conseil royal, sous la présidence du ministre. Alors Cuvier n'était déjà plus; depuis six mois, il avait été arraché à la science. Et cependant son souvenir, qui planait au milieu de ses collègues, ses services qui étaient présents à la mémoire de tous, n'ont pas inspiré, pour premier besoin, l'expression du désir de voir remplir par un successeur la grande place laissée vide par un homme sur lequel se sont attachés tant et de si vifs regrets !

J'ai opposé aussi un argument auquel M. le ministre n'a pas fait la moindre réponse; c'est qu'il faudrait, non un seul conseiller, mais deux, non 10,000 mais 20,000 fr.

Au budget de 1833 on demandait 24,000 fr. pour ajouter deux membres au conseil d'État; généralement on reconnaissait l'utilité de cet accroissement, car beaucoup d'affaires sorties des conseils de préfecture sont lentes à obtenir solution devant le conseil d'État : la surcharge de travail ne permet pas plus de rapidité. Que fit la Chambre en janvier dernier? Elle rejeta tout accroissement de crédit pour deux nouveaux conseillers d'État. Elle dit à M. le garde des sceaux : organisez le conseil d'État par une loi, et tout aussitôt une somme suffisante sera allouée pour le traitement convenable de tous ses membres. Je me trouve bien puissant de ce souvenir; l'analogie m'encourage à demander que M. le ministre de l'instruction publique organise l'administration de l'enseignement par une loi, et les sacrifices du Trésor ne manqueront pas à la dette sacrée de l'enseignement. Ce langage, messieurs, j'espère qu'il est au fond de vos esprits comme il est sur mes lèvres, et que vous allez le laisser manifestement éclater en refusant le crédit demandé par M. le ministre. (*Très-bien.*)

M. le ministre de l'instruction publique.— Je rappellerai que, lorsqu'a été présenté le budget de 1833, c'était à peu près au moment où je venais d'avoir l'honneur d'être appelé au département de l'instruction publique : n'ayant pas senti par moi-même l'importance de la lacune qu'avait causée la mort de M. Cuvier, je ne proposai pas son remplacement; mais ayant reconnu depuis cette nécessité, j'en ai fait la proposition dans le budget de 1834, je ne pouvais pas faire plus tôt cette proposition ; ainsi je n'ai encouru aucun reproche à cet égard.

Quant à la seconde objection de l'honorable rapporteur qui a dit que j'avais trop prouvé, et qu'il faudrait, pour la science du droit et pour celle de la médecine, non plus un représentant, mais deux, je lui dirai que je n'ai pu accepter l'obligation de tout faire à la fois : j'ai trouvé une place laissée vacante par la mort de M. Cuvier; c'est cette place que j'ai demandé à remplir.

Si j'avais l'honneur de soumettre à la Chambre une proposition d'organisation, je lui demanderais de porter le nombre des membres du conseil au delà de ce qu'il est, conformément à l'idée que j'ai eu l'honneur de développer. Ce que je propose uniquement aujourd'hui, c'est de remplir une place vacante; j'ai fait cette première proposition aussitôt que sa nécessité m'en a été démontrée.

La Chambre adopta, à une faible majorité, la réduction proposée par la commission.

LIV

— Chambre des députés.— Séance du 11 juin 1833. —

Dans la discussion du budget du ministère de la marine, un débat s'éleva sur les conséquences de l'expédition ordonnée en 1831 par le cabinet de M. Casimir Périer dans les eaux du Tage, sous le commandement de l'amiral Roussin, et qui avait amené la capture d'une partie de la flotte portugaise. Le gouvernement ne considérait pas cette expédition comme ayant constitué, entre la France et le Portugal, un véritable état de guerre et devant en entraîner toutes les conséquences. M. Mauguin s'étonna de cette politique et l'attaqua en soutenant qu'il y avait eu là une véritable guerre. Je lui répondis :

M. GUIZOT, *ministre de l'instruction publique.*—J'ai peine à comprendre l'étonnement de l'honorable préopinant; j'ai peine à le concilier avec le goût très-raisonnable qu'il professe pour le progrès de la civilisation et de la pacification générale entre les peuples; il ne devrait pas s'étonner que le gouvernement travaille à restreindre les questions qui peuvent amener la guerre, à isoler ces questions, et à ne pas entraîner une guerre générale à propos d'une question particulière qui peut se décider sans que le pays tout entier soit engagé dans la guerre. C'est là un fait nouveau qui s'est reproduit plusieurs fois depuis plusieurs années, et qui doit être considéré comme un véritable progrès dans les rapports des peuples. (*Marques nombreuses d'adhésion.*)

De quoi se plaignait-on continuellement autrefois? Des guerres générales, des guerres permanentes engagées pour des motifs particuliers, pour des motifs, disait-on, frivoles, qui n'auraient pas dû avoir de si longues, de si terribles conséquences. On avait raison. Il y a, en effet, des questions incidentes qui peuvent être résolues, même par la force, sans qu'il en résulte une guerre générale et permanente. Vous en avez sous les yeux trois grands exemples : Navarin, Anvers et Lisbonne. Ce sont là des questions particulières qui ont été décidées par la force et qui n'ont pas amené une guerre générale et permanente.

C'est là, je le répète, un véritable progrès dans les rapports des peuples ; c'est une nouvelle face du droit des gens qui aura des conséquences très-heureuses pour la civilisation tout entière.

Je ne puis comprendre non plus que l'honorable préopinant n'ait pas vu que toute question de prises implique nécessairement la question de savoir s'il y a eu guerre. Il ne s'agit pas seulement, en effet, de prises faites par des corsaires ou de violation du droit des neutres; il s'agit aussi souvent de prises faites par les bâtiments de l'État. Or, dans tous ces cas, tout dépend de la solution de cette question : Y a-t-il eu réellement guerre entre les deux États?

M. Mauguin s'est aussi étonné que l'on ait fait mouvoir les forces publiques, la marine royale, et il en conclut qu'il y a eu guerre. Mais, messieurs, on fait mouvoir les forces publiques pour obtenir des réparations. On se présente avec les vaisseaux du roi devant le port de Lisbonne, et on demande une réparation solennelle : cette réparation n'est pas à l'instant même donnée ; les vaisseaux du roi forcent l'entrée du Tage, obtiennent la réparation, et l'honneur du pays est vengé sans qu'il y ait guerre générale, sans que le pays se trouve compromis dans une longue lutte.

Je m'étonne, messieurs, que des amis de leur pays, des amis de la civilisation et de la paix, viennent se plaindre de ces faits nouveaux, de ces nouveaux procédés entre les États, si honorables et si avantageux pour les peuples et pour la civilisation. Il faut, au contraire, s'en applaudir et les encourager. (*Adhésion marquée.*)

LV

—Chambre des députés.—Séance du 3 janvier 1834.—

Dans la discussion de l'adresse, M. Mauguin, en citant des discours que j'avais prononcés dans la session de 1831, attaqua l'ensemble de mes idées et ce qu'il appelait « ma pensée profondément politique » sur le gouvernement représentatif et la monarchie constitutionnelle que nous avions à fonder en France. Je lui répondis :

M. Guizot, *ministre de l'instruction publique.*—Messieurs, je remercie l'honorable orateur qui descend de la tribune d'avoir rappelé les paroles que j'ai prononcées dans une autre occasion. Aujourd'hui, comme en 1831, je pense que le ministère doit être d'accord avec la majorité des Chambres, et que le gouvernement de cette majorité, combiné avec le gouvernement du roi, est notre gouvernement constitutionnel. Que les trois pouvoirs soient réels, que chacun ait son action, son indépendance, que la condition soit imposée à ces trois pouvoirs de se mettre d'accord et de marcher de concert, c'est là le gouvernement constitutionnel ; il n'existe qu'à ce prix. (*Très-bien.*)

Je pense également, aujourd'hui comme en 1831, que la majorité des boules n'est pas l'unique symptôme d'après lequel il faille juger de l'état réel des esprits. Je pense qu'il peut y avoir, dans certaines occasions, des majorités de boules qui sont fausses, qui n'expriment pas l'union véritable des sentiments d'une assemblée avec le ministère. Je pense qu'il peut se faire qu'une majorité tolère, supporte quelque temps un ministère et lui donne la majorité des boules, quoiqu'elle désapprouve au fond ses sentiments et sa tendance. C'est dans ce sens que j'ai parlé, en 1831, du ministère auquel présidait M. Laffitte. Je répète que je pense aujourd'hui ce que je pensais alors.

Mais, messieurs, s'il fallait en croire l'honorable préopinant, notre situation serait embarrassante. Supposez que la majorité soit en toute occasion pleinement d'accord avec le ministère, vote constamment pour lui et avec lui ; on dira qu'elle est servile, qu'elle est dépendante, qu'elle est corrompue : c'est un langage que vous avez souvent entendu. S'il arrive, au contraire, que le ministère n'obtienne pas toujours cet assentiment absolu, universel, dont on faisait tout à l'heure la condition du gouvernement représentatif, on lui dira qu'il n'a pas la majorité, qu'il n'est pas un gouvernement constitutionnel.

Il faut pourtant choisir. Pour moi, je pense que le ministère doit être uni, sincèrement uni de pensée, d'intention, de travail politique avec la majorité de la Chambre, et je pense en même temps qu'il peut arriver que la majorité ne pense pas absolument comme le ministère sur telle ou telle question, et qu'elle s'en trouve momentanément séparée sans que cela ait un caractère de désaccord, de rupture entre les pouvoirs.

Il faut, messieurs, parler ici selon la vérité des choses et ne pas se repaître de fictions. Non, la majorité n'est pas servile, elle n'est pas dépendante, elle juge selon son opinion, et le ministère, de son côté, a aussi son indépendance. Quand habituellement ils sont d'accord, quand le système d'idées, de conduite dans lequel agit le cabinet est en même temps le système de la majorité, on a droit de dire, il faut dire qu'il est l'organe de la majorité, qu'il y a accord entre elle et le cabinet, quand même, dans quelque occasion, il se manifeste une dissidence qui n'a rien de radical et ne va pas au fond des choses. (*Très-bien ! très-bien !*)

Maintenant l'honorable orateur a énuméré un certain nombre de cas dans lesquels, en effet, il y a eu (et je les expliquerai tout à l'heure, j'en apprécierai la mesure selon mon opinion), dans lesquels il y a eu dissidence entre la majorité et le ministère. Je pourrais, à ces citations, en opposer beaucoup d'autres, opposer tous les cas dans lesquels la majorité s'est trouvée d'accord avec le ministère; je n'hésite pas à dire, sans craindre d'être démenti par l'honorable orateur lui-même, que ces derniers cas sont infiniment plus nombreux, qu'ils ont été l'état habituel des choses, que les cas qu'il a cités doivent être considérés comme des exceptions. Mais j'aime mieux lui épargner ces calculs et ne pas opposer mon addition à la sienne. Je vais prendre les cas dont il a parlé et les examiner en peu de mots. Il verra que je n'élude aucune difficulté, que je ne redoute aucune question.

M. Mauguin a parlé du projet de loi présenté, à l'ouverture de l'avant-dernière session, sur l'état de siége. Il doit se rappeler qu'un doute, un grand doute s'était élevé, dans le pays et dans les Chambres, sur l'état de notre législation à ce sujet. La dissidence des tribunaux avait fait éclater ce doute. Le discours de la couronne, à l'ouverture de la session, avait proclamé que notre législation paraissait incomplète, défectueuse sur ce point, qu'il y avait quelque chose à faire. L'adresse de la Chambre, si je ne me trompe, exprima la même idée. Le ministère présenta un projet de loi. Eh bien! il est vrai qu'après examen dans l'une des Chambres, examen dans lequel le ministère n'a pas éludé la discussion, car j'y ai parlé moi-même, et parlé longuement, il est vrai que la majorité de l'autre Chambre n'a pas paru favorable à certaines dispositions du projet de loi. Qu'est-il arrivé? Ce qui est arrivé dans d'autres occasions; le ministère, éclairé par cet avis, n'a pas insisté sur l'adoption du projet de loi; il l'a laissé, comme disait l'honorable membre, tomber dans les cartons où il est resté. S'il y avait eu dissidence véritable, radicale, messieurs, entre la majorité et le ministère à ce sujet, la majorité aurait poursuivi le ministère dans les autres parties de sa politique et se serait retirée de lui. Mais rien de semblable n'est arrivé; cette espèce d'oubli dans lequel le projet a été laissé a eu lieu, pour ainsi dire, de concert avec la majorité et le ministère. Le ministère n'a pas insisté, la majorité n'a pas insisté davantage; elle est restée, du reste, unie au ministère. C'est là un incident dont l'opposition a pu se prévaloir, dont je trouve tout simple qu'elle se prévale aujourd'hui comme elle l'a fait alors; c'est son jeu, c'est tout naturel. Mais on ne peut dire sérieusement que ce soit là une de ces dissidences qui amènent la rupture entre le cabinet et les Chambres. Si la majorité l'eût ainsi compris, elle n'eût pas attendu jusqu'à aujourd'hui que l'on vînt l'en avertir.

Je prends le second point, le point que l'on regarde sans doute, et que l'honorable orateur regarde lui-même comme le plus difficile, le plus chatouilleux, celui qui a excité le plus de susceptibilité dans le pays. Je veux parler des forts détachés. Je dirai à l'honorable orateur que je suis loin d'avoir une opinion sur la question militaire, je ne dis pas seulement sur la question de construction, mais sur la question de savoir s'il convient ou non militairement de construire des fortifications quelconques autour de Paris. Mais je ferai en même temps remarquer à l'honorable orateur que ce qu'on appelle les forts détachés s'exécutaient depuis deux ans, au vu et au su de tout le monde, que la Chambre avait deux fois, en 1831 et 1832, voté des fonds pour ce travail. Les fonds ont été employés sous les yeux de toute la population sans qu'il s'y élevât aucune de ces réclamations, de ces susceptibilités qui sont, j'en conviens, devenues si vives.

Je rappelle également que la seconde ville du royaume, la ville de Lyon, avait vu les mêmes travaux s'exécuter autour de son enceinte, qu'après quelques réclamations la population tout entière de Lyon a reconnu que c'était dans son intérêt qu'ils se faisaient, qu'ils protégeaient, au lieu de la menacer, la sûreté des habitants, et qu'elle a fini par les trouver tout simples.

Je n'ai, dis-je, aucune opinion, aucun parti pris sur la question militaire; mais, je le répète, ce qu'on avait fait au commencement de l'année dernière se faisait depuis deux ans; la Chambre avait voté des fonds pour cela; le ministère était donc parfaitement en droit de croire que ce n'était pas une grande question, et que la facilité, la simplicité avec laquelle cette affaire avait d'abord été traitée dans les Chambres le dispensait de prouver qu'elle ne recélait aucune espèce d'intention tyrannique, intention qui aurait été folle, et à laquelle certainement l'honorable membre ne croit pas...

M. Mauguin.—Je vous demande pardon. (*On rit.*) N'interprétez pas ma pensée.

M. le ministre de l'instruction publique.—J'en demande pardon à l'honorable membre. Il y a eu erreur de ma part, mais comme, à mon avis, ce n'est pas donner une preuve de jugement que de croire aujourd'hui à de pareilles intentions...

M. Mauguin.—Je vous demande encore pardon : je crois que c'est une preuve de jugement.

M. le ministre de l'instruction publique.—Je ne doute pas que vous le croyiez, et je trouve parfaitement simple que vous le disiez; mais je pense, moi, que ce n'est pas donner une preuve de jugement que de supposer au gouvernement actuel de tels projets et de croire fondées de telles craintes.

M. Mauguin.—C'est votre opinion.

M. le ministre de l'instruction publique.—Je prie l'honorable membre d'être bien certain que je n'entends pas exprimer son opinion; c'est la mienne que j'exprime, et j'ai le droit d'émettre mon opinion comme il a émis la sienne.

Je dis que dans ma conviction, non-seulement de ministre, mais de citoyen, ces craintes là sont absurdes, qu'elles sont injurieuses pour le gouvernement que la France elle-même a fondé. Certes, quand ce gouvernement a fortifié Lyon, il n'a pas entendu asservir la population de Lyon; il a entendu garantir Lyon contre l'étranger. C'est dans cette vue, et dans cette vue uniquement, que les fortifications de Lyon ont été élevées, et la population de cette ville en est aujourd'hui convaincue.

Et s'il arrivait qu'un de ces grands désordres qui surviennent quelquefois au milieu des pays les mieux gouvernés, s'il arrivait, dis-je, qu'un grand désordre éclatât dans la ville de Lyon, comme celui qui a éclaté au mois de novembre 1831, et que les forts détachés, aujourd'hui construits autour de Lyon, servissent à réprimer ces désordres... (*Voix à gauche :* Ah! nous y voilà donc!) Vous voyez, messieurs, que je ne redoute aucune supposition, que je vous parle de tout avec une entière sincérité. Je dis donc que, s'il arrivait que les forts détachés construits à Lyon eussent servi à réprimer le désordre déplorable qui avait éclaté dans cette ville, ç'eût été un bien et pour la population de Lyon et pour la France tout entière (*Adhésion aux centres.*)

Il ne faut pas croire, messieurs, que tels ou tels moyens, par cela seul qu'ils pourraient être propres à réprimer des factieux, à rétablir l'ordre dans le pays, soient destinés à asservir la population.

S'il en était ainsi, il ne faudrait pas que la couronne eût une grande armée, car on pourrait aussi employer une grande armée pour opprimer un pays. Il y a des hommes, je le sais, qui proscrivent absolument les armées permanentes comme un moyen d'oppression; mais je ne suis pas de cet avis, et certainement la Chambre n'en est pas non plus.

Je le répète, messieurs, je n'ai personnellement aucune opinion sur les forts détachés. Je n'entends ni les soutenir, ni les combattre. Je dis seulement que vous avez sous les yeux un ensemble de faits qui prouve qu'ils ne sont pas aussi dangereux qu'on le prétend. J'ajoute que la Chambre, ayant voté deux fois des fonds pour ce genre de travail, il était assez naturel que le ministère crût la chose possible. Il s'agissait de savoir s'il convenait de porter cette question au budget ou d'en faire l'objet d'une loi spéciale. C'est sous le point de vue financier que la question s'est élevée ; elle est devenue ensuite politique.

Mais je suis le premier à le proclamer, messieurs, quand une fois de telles susceptibilités se sont élevées, quand de telles terreurs ont pris possession des esprits, d'esprits honnêtes et sincères, étrangers à la faction, il est du devoir du gouvernement d'en tenir grand compte. Il y a des choses qui, même utiles, même bonnes, ne doivent pas être poursuivies quand elles soulèvent, quand elles inquiètent la population. Elles ne peuvent être reprises, si elles sont bonnes, si elles sont dans l'intérêt du pays, que lorsque la population, éclairée, désabusée, est librement revenue de ces préventions qu'il me sera permis d'appeler populaires, et que, pour mon compte, je regarde comme dénuées de tout fondement. (*Marques d'adhésion aux centres.*)

J'aborde la troisième question dont a parlé l'honorable préopinant. Il s'agit d'un amendement introduit par la Chambre dans le dernier budget sur les évêques institués postérieurement au concordat de 1801. L'honorable membre a reproché au cabinet les paroles d'un de ses membres devant la Chambre des pairs en lui présentant le budget.

Je remettrai sous les yeux de la Chambre les paroles de l'auteur même de l'amendement.

En le présentant, M. Eschassériaux disait : « Ma proposition n'est que l'expression d'un vœu rédigé sous une forme inoffensive. Il respecte à la fois les droits constitutionnels de la couronne, confirmés par la Charte, et ce qu'on est convenu d'appeler le pouvoir temporel du pape. C'est une disposition purement financière qui rentre dans la prérogative de la

Chambre. Mon intention est de prêter un point d'appui au gouvernement pour qu'il arrive à la conclusion définitive des négociations entamées avec la cour de Rome. »

Je n'ai pas besoin de le dire à la Chambre ; elle voit que les paroles de M. le ministre des finances devant la Chambre des pairs ont exactement le même sens. M. le ministre des finances a dit qu'il existait un traité conclu avec le pape, en vertu duquel tant d'évêchés étaient érigés en France, qu'il était de la prérogative de la couronne de nommer à ces évêchés, qu'elle en avait le droit et peut-être le devoir tant que le traité existait, attendu que le traité liait également les deux parties. La Chambre a refusé des fonds pour le traitement de quelques-uns de ces siéges ; la Chambre était dans son droit. Mais la prérogative de la couronne de nommer à ces siéges, et le traité en vertu duquel on aurait nommé n'en subsistaient pas moins. Accoutumons-nous, messieurs, à comprendre qu'un droit ne tue pas le droit qui est à côté, que les pouvoirs peuvent et doivent vivre ensemble en se respectant, en conservant toute leur indépendance. Je n'examine pas si au fond l'amendement est bon ou mauvais ; il est dans le droit de la Chambre, et à ce titre il est respectable ; mais ce qu'a dit M. le ministre des finances devant la Chambre des pairs est parfaitement constitutionnel ; M. Eschassériaux lui-même l'avait dit d'avance.

Je demande pardon à la Chambre si je ne mets pas dans mes idées tout l'ordre que je désirerais moi-même y apporter, mais je suis le discours de l'honorable membre. (*Rire général.*)

Après ces trois reproches qui s'adressaient au cabinet, l'honorable membre a pris à partie (je demande pardon de l'expression) un de nos honorables collègues, M. le procureur général près la cour royale de Paris, qui vient de sortir de cette enceinte, et que la Chambre a entendu tout à l'heure avec tant d'estime, pour n'en pas dire davantage. (*Oui ! oui !*) Il lui a reproché d'avoir dit dans un discours prononcé à l'occasion, je crois, d'un procès à M. de Kergorlay : « Guerre à outrance, guerre à mort, etc..... » Est-ce à dire, messieurs, qu'il ait été dans la pensée de M. le procureur général qu'il fallait tuer... (Oh! oh!) Non, certes; il s'est servi d'une expression (il ne me désavouerait pas sans doute) peut-être un peu exagérée, d'une expression de rhétorique plutôt que de langage légal; mais il n'y a personne, dans un plaidoyer, à qui cela n'arrive : connaissez-vous un avocat qui n'exagère pas un peu? (*Hilarité prolongée.*)

Je ne pense donc pas que de pareilles expressions puissent être prises au pied de la lettre, et je suis convaincu que M. le procureur général lui-même ne les prendrait pas ainsi. Je ne regarde donc pas le reproche comme bien grave.

L'orateur a été plus loin, et ce qui s'est passé, il y a quelques jours dans cette Chambre, lorsqu'un certain nombre de membres ont donné leur suffrage à M. le procureur général pour les fonctions de vice-président, a été pour lui une nouvelle occasion d'attaquer le ministère. Il a prétendu que M. le procureur général était, par cela seul, le symbole politique du ministère.

La Chambre me permettra de lui dire que j'ai donné ma voix à M. le procureur général pour la vice-présidence...

Voix à droite.—Nous le croyons sans peine!

M. le ministre de l'instruction publique. — Et je déclare que je n'ai pas cru, le moins du monde, lier mon opinion tout entière aux opinions ou à la politique de M. le procureur général près la cour royale de Paris. Je le regarde, messieurs, comme l'un des hommes qui, depuis trois ans, ont rendu, je ne dis pas seulement au gouvernement de Juillet, mais à la France, mais à l'ordre social, les plus signalés services (*Adhésion aux centres*), comme l'un des hommes les plus étrangers à cette faiblesse des convictions, à cette mollesse des âmes qui est le mal le plus profond dont nous soyons travaillés. Je le regarde comme ayant donné l'exemple si rare d'une conviction profonde et toujours prête à passer dans les actions, d'un courage simple, inébranlable, à l'épreuve de tous les genres de danger, et, ce qui est pire que les dangers, de tous les dégoûts. Il a tout supporté dans l'intérêt, je le répète, et du gouvernement de Juillet et de l'ordre social. Je l'en honore profondément ; et c'est pour lui témoigner le cas que je fais de lui que je lui ai donné mon suffrage pour la vice-présidence. Je n'ai pas entendu le moins du monde me lier à toutes ses opinions ; et que la Chambre me pardonne ce détail d'intérieur, quelques jours après son discours, je lui dis chez moi, à dîner, que je ne partageais pas son opinion sur le jury ; que, sur la majorité exigée pour la condamnation, à mon avis, il ne fallait pas y toucher, que sur le vote secret, mon opinion n'était point arrêtée, et que, quant à l'usage d'insérer, comme menace, les noms des jurés dans les journaux, cela me paraissait mériter répression.

Voilà ma conversation avec M. le procureur général ; mais je vous le demande, parce que je ne partageais pas sur cette question toutes les idées de M. le procureur général, j'aurais hésité à lui donner ma voix à la vice-présidence ? moi, témoin de sa droiture, de son courage, des dégoûts dont il est abreuvé, et qu'il supporte si dignement ? Non, messieurs, j'ai saisi cette occasion de lui témoigner mon estime, et je lui en renouvelle ici l'expression. (*Très-bien !*)

Messieurs, si je ne me trompe, j'ai parcouru les griefs particuliers de l'honorable membre contre le ministère. Il est ensuite revenu à une attaque contre le système du ministère en général. C'est une question qui a été souvent débattue à cette tribune. J'essayerai donc, messieurs, d'être aussi bref que possible. Je demande seulement la permission de saisir cette occasion pour rétablir un petit fait qui, de peu d'importance en soi, ne laisse pas d'en avoir un peu pour moi. Je n'ai jamais prononcé à cette tribune le mot de *quasi-légitimité*. Je prie tous ceux des honorables membres qui auraient quelques doutes à cet égard de vouloir bien consulter mes discours de tout genre dans les journaux du temps, ils n'y trouveront nulle part ce mot sorti de ma bouche. Un petit journal l'a inventé ; et autant qu'il m'en souvient, ce journal est le *Figaro* ; je ne lui en veux pas du tout pour cela. (*On rit.*)

Je ne tiens aujourd'hui qu'à expliquer ma pensée, et je serai aussi parfaitement sincère sur ce point que sur tous les autres.

Messieurs, je regarde le gouvernement de Juillet, non comme *quasi-légitime*, mais comme pleinement légitime, comme le gouvernement le plus légitime dans son origine, car il a été l'œuvre de la raison publique et de la nécessité ; c'est un gouvernement qu'on ne pouvait se dispenser de faire, qui était le seul possible, le seul bon, le seul légitime pour la France ; je n'ai donc pu employer, je n'ai employé aucun mot qui élevât le moindre doute, la moindre restriction quant à sa légitimité ; ce que j'ai pensé et dit, le voici : j'ai dit que, lorsque la portion destructive de la révolution de Juillet fut accomplie, pendant même qu'elle s'accomplissait, pendant que le trône de Charles X tombait, au moment même, par cet instinct, par cette électricité de bon sens qui s'empare des plus grandes masses d'hommes, il fut évident que la France était monarchique, qu'elle ne pouvait chercher son salut hors de cette condition. Mais, messieurs, ne fait pas des rois qui veut. Il n'est au pouvoir de personne, même de 32 millions d'hommes, d'aller prendre au milieu de la foule le premier venu et de le faire roi. Il n'y a que deux manières de faire des rois. Ou bien, comme l'a fait Napoléon, on se fait roi soi-même, par la guerre, par la gloire, en sauvant son pays l'épée à la main : ainsi s'est fait roi Napoléon. Ou bien on arrive à la couronne parce qu'on est né prince, qu'on est sur les marches du trône, qu'on est (je vous demande pardon de l'expression vulgaire) du bois dont se font les rois. (*On rit.*) Eh bien ! messieurs, le prince qui nous gouverne, par une de ces bonnes fortunes que la Providence réserve aux peuples qu'elle favorise, en même temps qu'il était prince, il se trouvait, par ses sentiments et par sa vie entière, d'accord avec les sentiments, avec les intérêts généraux du pays ; il se trouvait incorporé dans la cause nationale depuis bien des années (*Très-bien! très-bien!*) ; il était duc d'Orléans, et il était en même temps profondément Français, Français constitutionnel, Français libéral, Français de notre révolution de 1789. Ce sont ces deux circonstances réunies, sa naissance et sa vie, qui l'ont fait roi, et je le répète, il n'était pas en notre pouvoir d'en faire un autre.

Je sais qu'il est des gens qui ne veulent faire honneur à la révolution de Juillet que de la portion insurrectionnelle, du renversement du gouvernement de Charles X. Pour moi, messieurs, je l'accepte tout entière dans ce qu'elle a eu de monarchique comme dans ce qu'elle a eu de libéral ; j'honore, j'admire la justesse d'esprit avec laquelle la France tout entière a sur-le-champ reconnu et accepté le seul gouvernement qui pût faire son salut. Et la dignité nationale, comme la dignité du roi, est intéressée à ce que ce grand événement conserve, dans l'esprit de tous, son vrai et complet caractère. (*Vive adhésion.*)

Il y a un dernier point sur lequel l'honorable membre a beaucoup insisté, c'est l'aristocratie. L'honorable membre accuse quelques membres du cabinet, et moi particulièrement, de tendance aristocratique. Je ne voudrais pas engager ici une grande discussion philosophique, et m'appesantir sur le sens du mot aristocratie ; je serai très-court. Je pense que, dans un grand et vieux pays comme la France, il y a de profondes diversités entre les différentes classes de citoyens, des diversités naturelles, historiques, des diversités de fortune, d'éducation, de lumières, de situation, des diversités de tout genre.

Je pense que de ces diversités, il résulte qu'il y a des classes beaucoup plus riches, beaucoup plus éclairées, plus influentes que d'autres. Est-ce là ce que l'on appelle l'aristocratie ? Si c'est là ce qu'on appelle de l'aristocratie, comme j'ai eu l'honneur de le dire dans l'autre Chambre, il y en a toujours eu, il y en aura toujours, et l'on ne parviendra point à l'abolir.

Certains partis, certains hommes dans la Révolution française ont eu la prétention d'effacer complétement ce qu'on appelle l'aristocratie, de l'effacer comme la royauté; la royauté est revenue, et dans le sens dont je parle, l'aristocratie aussi est revenue. Les supériorités naturelles et réelles, les supériorités d'éducation, de fortune, les diversités inévitables entre les hommes, ont repris leur place, leur influence dans la société.

Messieurs, si ces aristocraties naturelles, simples, inévitables, avaient des priviléges, si elles étaient exemptes de payer certains impôts, si elles étaient exemptes de la conscription, si elles avaient le monopole des charges publiques, en un mot, si les abus contre lesquels s'est faite la révolution de 1789 existaient encore, je serais aussi ardent que vous à en demander la destruction. Mais, je le demande, y a-t-il parmi nous rien de semblable? Il y a des classes diverses, mais sans aucun privilége; elles sont, comme la population tout entière, soumises à la liberté de la presse, à la concurrence pour les charges publiques; elles sont soumises à l'égalité de l'impôt, à l'élection pour la participation au pouvoir.

Vous avez introduit le principe électif dans les différents degrés de la société pour différentes fonctions. Vous avez l'aristocratie départementale, l'aristocratie municipale, comme l'aristocratie politique; vous avez fait des électeurs, des éligibles différents; ce sont deux, trois, quatre aristocraties que vous avez faites, et ce sont ces aristocraties-là que j'approuve; eh bien! messieurs, je n'en veux pas d'autre. (*Très-bien!*) Je n'en ai jamais voulu d'autre.

Messieurs, je comprends des sociétés faites autrement que la nôtre; je n'ai pas la prétention que le monde entier soit modelé selon mes goûts, et que les formes sociales soient partout les mêmes. Mais je regarde la société française comme celle où il y a le plus de justice, de vérité, où les faits sociaux sont le plus équitablement et le plus convenablement réglés ; ma conviction est si profonde à cet égard que je donnerais mille fois ma vie plutôt que de souffrir que la moindre atteinte fût portée à cette constitution sociale de mon pays. Mais, en revanche, je n'irai jamais abuser des mots, profiter de certains souvenirs qui corrompent encore les esprits, pour dire qu'il ne doit point y avoir d'aristocratie dans la société, et exciter, à propos de ce mot, ces passions que je regarde comme mauvaises, quoiqu'on les appelle démocratiques, ces passions haineuses, jalouses, envieuses, subalternes, qui sont, je le répète, avec la faiblesse et la mollesse de nos mœurs, notre plaie et notre véritable désordre moral. (*Très-bien! très-bien!*)

Messieurs, je crois avoir parcouru tous les reproches, tant particuliers que généraux, que l'honorable membre a adressés au ministère. Je ne veux dire qu'un dernier mot.

L'honorable orateur a parlé d'un mécontentement croissant, de l'éloignement progressif d'une partie de la population. Si cela était vrai, il y aurait là une étrange contradiction avec le projet d'adresse pour lequel l'honorable membre a voté ; car ce projet d'adresse parle beaucoup au contraire de l'amélioration qui s'est manifestée dans l'état des esprits, des rapprochements que de tous côtés l'on est porté à accepter, de l'adoucissement des opinions. Le projet d'adresse croit cette disposition si réelle qu'il encourage le gouvernement, la population, la Chambre à s'y laisser aller. Il demande au gouvernement de rallier autour de lui tous les amis sincères et éclairés de la monarchie constitutionnelle. En effet, dans plusieurs des discours prononcés hier par quelques-uns de nos honorables collègues, j'ai reconnu, et je m'en félicite, les traces de cette même disposition. Je le répète donc : si l'honorable membre pense, comme il disait tout à l'heure, que le mécontentement va croissant, que c'est la conséquence du système du gouvernement, il a eu tort de voter pour l'adresse, car elle dit positivement le contraire. (*Mouvement très-vif d'approbation.*)

— Séance du 6 janvier 1834. —

En prenant part à la discussion de l'adresse, M. Berryer attaqua vivement la révolution de 1830 et la politique du juste milieu. Je lui répondis :

M. GUIZOT, *ministre de l'instruction publique.* —Messieurs, si nous étions des enfants, si nous n'avions aucune connaissance de ce qui s'est passé dans le monde depuis qu'il existe, je comprendrais le débat qui nous occupe en ce moment ; mais en vérité, avec quelque expérience des hommes, avec quelque connaissance de l'histoire, je ne le comprends pas ; et avec quelque talent qu'il ait été soutenu, je ne puis le trouver digne de fixer longtemps l'attention d'hommes sensés. (*Sensation.*)

Il y a eu dans le monde des révolutions, messieurs, des révolutions qui ont changé les sociétés, qui ont renouvelé les gouvernements et la société elle-même. Il y en a eu qui ont réussi, pleinement réussi, qui ont fondé des sociétés nouvelles, des gouvernements nouveaux. Je le répète ; si cela n'était jamais arrivé, si nous étions des enfants, ou si nous étions à l'origine du monde, l'honorable orateur qui descend de la tribune aurait le droit de dire tout ce qu'il a dit ; mais l'expérience est contre lui ; l'expérience a déjà plus d'une fois prononcé que ce qu'il déclare impossible était possible, que ce changement profond des gouvernements et des sociétés pouvait réussir.

Messieurs, c'est qu'il n'y a rien d'infaillible, rien d'immortel dans ce monde ; c'est que les meilleurs principes peuvent s'user ou se corrompre ; c'est que ce principe, par exemple, de l'hérédité monarchique que nous professons tous, qui est dans nos mœurs et dans nos lois, peut tomber en de telles mains, peut être associé à une telle cause que ce qu'il a de bon périsse dans cette alliance, et qu'ainsi l'hérédité monarchique, quelque salutaire qu'elle soit à la société, succombe par la faute de ceux dans les mains de qui le principe est déposé. (*Vive adhésion.*)

Faudra-t-il pour cela abandonner le principe? Faudra-t-il que la société renonce à ce qu'il a de vrai et de salutaire? Non, messieurs, la société, si elle est sensée, si elle est éclairée, si elle est forte, séparera le principe et les hommes qui en sont dépositaires; elle se débarrassera des hommes qui compromettent le principe, et reprendra le principe au milieu de sa propre ruine pour le relever et en refaire le fondement de l'ordre public. (*Nouvelles marques d'adhésion.*)

Je sais, messieurs, que de telles œuvres sont difficiles, périlleuses, qu'elles coûtent très-cher à une société; aussi je ne lui conseillerai jamais de les entreprendre de gaieté de cœur et sans une nécessité absolue. Ce n'est pas pour une vaine satisfaction d'esprit, ce n'est pas pour accomplir une volonté capricieuse et arbitraire, ce n'est pas pour donner raison à tel ou tel système de philosophie, à telle ou telle forme de gouvernement, qu'on doit entreprendre de renouveler ainsi les gouvernements et les sociétés : il faut y être condamné. Mais quand on y est condamné, condamné par la nécessité, il y va du salut et de la dignité d'un peuple d'accepter cette condamnation, cette tâche terrible, cette entreprise redoutable, et de l'accomplir, quels qu'en soient les périls et les souffrances. (*Vive adhésion.*)

Voilà, messieurs, la situation dans laquelle nous nous sommes trouvés; nous sommes tombés dans la nécessité de briser le principe de l'hérédité monarchique, de nous séparer des hommes qui le compromettaient, qui en faisaient un instrument nuisible pour la France, au lieu d'en faire pour elle un instrument de salut. Et cette nécessité, messieurs, nous ne l'avons pas cherchée, on nous l'a faite. Et la France l'a librement acceptée; je dis librement acceptée; quand la France a reconnu cette nécessité-là, elle a pris en main ses propres affaires, et elle a changé son gouvernement, quoi qu'il dût lui en coûter.

Et maintenant, on nous demande, messieurs, ce que nous avons fait là; on nous reproche de parler de la nécessité; on nous dit que nous avons fait un acte de souveraineté du peuple. La Chambre me permettra de n'entrer dans aucune discussion métaphysique, de m'en tenir aux faits et au simple bon sens.

Ce que nous avons fait, le voici.

Nous avons changé une dynastie reconnue incapable de nous gouverner. (*Très-bien, très-bien!*) Nous avons, à cette occasion, dans cette nécessité, apporté d'importantes modifications aux institutions qui nous régissaient; nous avons, non pas aboli la Charte, nous l'avons profondément modifiée; et en faisant ces deux choses, nous avons fait un grand acte de volonté et de puissance nationale, un de ces actes qui, je le répète, coûtent cher aux peuples, qui leur imposent des années de périls et de sacrifices, mais qui les grandissent et les glorifient dans l'histoire. C'est une grande chose, messieurs, que de réussir dans une pareille entreprise; c'est une de ces choses qui donnent à une nation un sentiment de force, d'élévation, de liberté, de grandeur qu'elle ne pourrait puiser à aucune source. C'est ce qui a fait l'orgueil de la nation anglaise. Elle a payé cher l'entreprise de disposer d'elle-même, de disposer de son gouvernement; mais, je le répète, elle a grandi, elle s'est fortifiée, elle s'est glorifiée par un tel résultat.

Mettant donc à part toute métaphysique, à part toute discussion de mots et de systèmes, voilà ce que nous avons fait : nous avons changé une dynastie, et réformé profondément nos institutions, par un grand acte de volonté et de puissance nationale.

Dans quelle situation nous sommes-nous trouvés placés après cet acte? dans la situation à laquelle la Révolution française, la révolution de 1789, devait nécessairement arriver. Entreprise contre l'absolutisme et les priviléges, pour introduire, non pas l'égalité et la liberté absolues qui ne sont pas de ce monde, qui sont des chimères de l'esprit humain, mais pour introduire beaucoup plus d'égalité et beaucoup plus de liberté dans la société française, la révolution de 1789 s'est trouvée très-promptement condamnée à une autre tâche. En luttant contre l'absolutisme, contre les priviléges, elle a déchaîné l'anarchie ; elle a déchaîné des idées et des passions antisociales ; elle a déchaîné ces chimères d'égalité absolue, de liberté illimitée, ces rêves d'honnêtes gens et ces passions de mauvaises gens (*Vive approbation*) contre lesquels nous luttons aujourd'hui. (*Très-bien !*)

Voilà ce qu'a fait la Révolution française ; en sorte qu'elle s'est trouvée bientôt condamnée, à quoi ? à cette politique qu'on nous reproche aujourd'hui, à la politique du juste milieu.

Lutter d'une part, contre l'absolutisme et le privilége, ses anciens ennemis, ses ennemis primitifs, et de l'autre, contre les idées anarchiques qu'elle a déchaînées elle-même, soit par le vice de sa propre nature, soit par les erreurs des hommes, voilà la situation dans laquelle notre révolution s'est trouvée placée, dans laquelle nous nous trouvons placés aujourd'hui, situation naturelle, inévitable.

On nous la reproche, messieurs ; on nous reproche la politique du juste-milieu ; on nous reproche de lutter, d'un côté, contre l'absolutisme et le privilége, et de l'autre, contre l'anarchie ! Mais c'est là précisément ce qui fait notre gloire, ce qui fait l'honneur du pays ; c'est la plus grande preuve de bon sens, de raison, de justice, que le pays ait donnée, particulièrement depuis trois ans. (*Approbation au centre.*)

Je vous le demande, messieurs, car, en vérité, il m'est plus facile, pour répondre au discours de l'honorable préopinant, d'en appeler à des idées simples, à des faits évidents pour tous, que de le suivre dans le dédale ingénieux de ses propres idées et des reproches qu'il a adressés à tous les partis de la société, qu'avons-nous fait depuis trois ans ? Nous avons laissé la liberté à tout le monde, à tous les partis, à toutes les opinions ; et non-seulement nous avons laissé la liberté à tous, mais nous avons voulu que la sécurité de tous fût garantie. Il le fallait; car pensez-y bien, messieurs, pour que la liberté soit réelle dans un pays, il faut la liberté des hommes raisonnables aussi bien que celle des hommes ardents; il faut que les esprits sages puissent manifester leur avis, exercer l'influence à laquelle ils ont droit. Or, une pareille liberté n'existe qu'à la condition de la sécurité. Les esprits ardents, turbulents, appellent les tempêtes, les révolutions; ils ne les craignent pas; ils y sont libres : mais les hommes prudents, raisonnables, qui représentent la masse de la société et ses principaux intérêts légitimes, ont besoin de calme et de sécurité pour être libres.

Et ces intérêts, messieurs, ces intérêts de la famille, de la vie privée, sont bien légitimes, essentiellement légitimes. Chacun a, non-seulement droit, mais raison de penser à ses affaires, à sa famille, à l'éducation, à l'avenir de ses enfants, de souhaiter les circonstances les plus favorables pour accomplir ses devoirs de père de famille. Je ne puis assez me récrier contre cette pente de notre temps à placer les hommes dans une situation extraordinaire, et à ne pas vouloir ménager les situations simples, naturelles, et les intérêts qui s'y rattachent. Ces intérêts ont besoin de repos, de sécurité. Tandis que les orages, les révolutions, les grandes crises n'épouvantent pas les hommes violents, ne leur enlèvent pas leur liberté, elles enlèvent celle des hommes sages, prudents, et c'est à ceux-là surtout que nous avons tenu à la conserver. Voilà pourquoi nous avons fait de l'ordre, de la sécurité, le but principal de notre politique; voilà pourquoi nous nous sommes efforcés de les ramener promptement dans notre société troublée. Mais, pour atteindre ce but, nous avons eu confiance dans nos institutions, dans la liberté; c'est avec nos institutions et la liberté que nous avons triomphé, que la politique du juste-milieu a prévalu contre toutes les autres.

Et on vient dire que nous n'avons pas foi dans les institutions du pays! S'il en était ainsi, messieurs, nous serions bien ingrats; car, je le répète, c'est avec nos institutions, avec la liberté, avec la discussion; et parce que nous avons eu foi dans le pays que nous avons triomphé. Croyez-vous qu'autrement la politique de la modération eût triomphé le lendemain d'une révolution? Non, messieurs; sans le secours de la liberté, de la publicité, de la discussion, sans notre appel continuel à la raison publique, ç'eût été la politique violente, révolutionnaire, qui l'aurait emporté pour un temps, sauf à amener une de ces grandes réactions qui rejettent dans le despotisme les sociétés fatiguées de l'anarchie.

Nous n'avons donc aucune raison de nous défier de nos institutions. Au contraire, elles ont fait notre force. Il n'est peut-être aucun de nous, et certainement aucun des hommes associés à notre politique, à qui l'on n'ait dit bien souvent : « Vous entreprenez une œuvre impossible; vous luttez contre le cours des choses, contre des passions que vous ne viendrez jamais à bout de surmonter. Renoncez donc à une œuvre impossible. Laissez aller les choses. Cherchez votre sûreté personnelle. Ne prétendez pas faire prévaloir cette raison, cette équité universelle dans le gouvernement de votre pays. » Voilà ce que l'on vous a dit cent fois; et c'est précisément ce que vient de vous dire l'honorable M. Berryer. Il vous a dit : « Vous tentez une chose impossible ; vous ne parviendrez jamais à dompter de telles passions, à concilier des principes aussi contradictoires. » Cependant qu'avons-nous fait depuis trois ans? Nous avons rétabli la tranquillité publique, nous avons ramené les esprits à la modération, et la prospérité a reparu. Cela est-il vrai ou faux? Si cela est vrai, c'est le résultat de la politique que vous avez suivie depuis trois ans ; c'est parce que vous avez adopté cette politique de juste-milieu, cette politique qui ne s'inquiète pas des conséquences de tel ou tel principe, qui s'occupe uniquement à rapprocher les intérêts, à calmer les passions, à faire pénétrer dans toutes les relations sociales, dans tous les ressorts du gouvernement un peu de raison, un peu de justice, un peu de toutes ces bonnes choses qui sont le baume des sociétés. (*Très-bien!*)

Voilà la politique que vous avez suivie depuis trois ans. Et c'est au moment où l'on commence, non-seulement à en recueillir, mais à en proclamer les fruits, où la Chambre elle-même, où votre propre adresse, de l'aveu de la plupart, je ne veux pas dire de tous, mais de la plupart de vous ; c'est au moment, dis-je, où l'adresse qui proclame ce résultat a été reçue avec une approbation générale qu'on vient vous dire que ce que vous tentez est impossible, que vous n'y réussirez pas ! Messieurs, on vous trompe : vous y avez réussi ; je ne dis pas réussi infailliblement, réussi sans aucune chance de retour ; je ne dis pas réussi sans que vous soyez condamnés à persévérer longtemps et laborieusement dans le même système, à faire encore beaucoup d'efforts, à essuyer de grandes vicissitudes : vous aurez tout cela à faire ; mais en persévérant dans les mêmes voies vous avancerez comme vous avez déjà avancé, vous recueillerez les mêmes fruits, et ce qu'on vous déclare impossible deviendra chaque jour plus naturel, plus facile. Nous verrons encore, j'en conviens, ce que nous avons vu depuis trois ans, nous verrons ces emportements, ces opinions violentes, ces alliances qu'on appelle carlo-républicaines. Messieurs, cela n'est pas, et ne sera pas nouveau pour nous : il y a trois ans que nous le voyons ; c'est notre condition, c'est la condition du juste-milieu ; nous ne nous en étonnons pas plus aujourd'hui que nous ne nous en sommes étonnés il y a un, deux ou trois ans. Nous lutterons contre ces emportements, contre ces partis extrêmes ; nous travaillerons à leur faire accepter volontairement, de bonne grâce, la justice, la raison, l'équité ; et quand ils ne voudront pas l'accepter de bonne grâce, nous essayerons de la leur imposer par l'autorité des lois, par la force du gouvernement; et nous ne ferons ainsi rien de nouveau, rien de plus que ce que vous avez fait jusqu'à aujourd'hui.

On nous parle des fautes que nous avons faites ; mais quel est le gouvernement qui, dans une situation difficile comme celle où nous nous sommes trouvés, quand nous tentions cette œuvre qu'on vous a dite impossible, ait pu ne pas faire de fautes? Comment ne pas donner un peu plus tantôt dans un sens, tantôt dans un autre? Je suis sûr, parfaitement sûr que nous n'avons jamais été violents, persécuteurs. Cependant, dans ce nombre infini de faits qui se passent sur un territoire comme celui de la France, je ne veux pas dire qu'il n'y ait pas eu des erreurs, des injustices commises. Oui, il y en a eu, mais il y en a eu moins, beaucoup moins, que dans tout autre système de gouvernement (*Marques nombreuses d'adhésion*), car notre politique a constamment lutté contre nos propres fautes.

L'humanité est faible, nous l'avons été quelquefois, nous le serons encore; mais nous luttons sans cesse contre notre propre faiblesse. Les principes que nous professons sont les seuls au nom desquels on puisse la vaincre; ce sont les principes éternels du bon sens, de la justice, de la modération, de la sagesse, du ménagement de tous les intérêts, du respect de toutes les idées respectables. Ce sont là les principes au nom desquels nous avons tenté et nous poursuivrons cette œuvre qu'on vous déclare impossible, mais qui n'en est pas moins, sinon accomplie, du moins fort avancée. (*Adhésion.*)

On vient de vous dire en finissant que nous avions vu tomber les deux plus grands pouvoirs que le monde ait jamais connus, le pouvoir du génie et le pouvoir d'un principe qui avait gouverné la France depuis quatorze siècles. Cela est vrai, nous les avons vus tomber. Eh! messieurs, n'est-ce donc rien que leur chute? N'y a-t-il pas là une grande leçon? Pourquoi sont-ils tombés? Parce qu'ils étaient incapables de nous gouverner. (*Très-bien! très-bien!*) Pourquoi Napoléon, malgré son génie, est-il tombé? Parce que la France ne veut pas être gouvernée par le despotisme et la conquête. Pourquoi la Restauration, malgré la force du principe de la monarchie héréditaire, est-elle tombée? Parce qu'elle a voulu abuser de ce principe, parce qu'elle a voulu en faire un instrument de déception; je ne me servirai pas du mot oppression. La Restauration a commis beaucoup d'actes d'oppression, mais dans son ensemble, et à tout prendre elle n'a pas été une époque d'oppression et de servitude. Je n'hésite pas à le dire devant cette Chambre; la France a été plus libre, en résultat, pendant la plupart des années de la Restauration, qu'elle ne l'avait été dans presque toutes les époques antérieures; et c'est à l'école de cette liberté que nous avons appris les premiers éléments de cette politique modérée, juste, amie du droit, qui, depuis la révolution de Juillet, a fait le salut de notre pays. Elle le fera définitivement.

Oui, messieurs, les deux grands pouvoirs dont je viens de parler sont tombés; ils sont tombés par des fautes auxquelles nous ne sommes point condamnés. Nous avons des écueils dans notre situation, nous avons à lutter contre de grandes difficultés; mais nous sommes en possession des seules armes avec lesquelles on puisse vaincre de tels ennemis; nous sommes en possession des seuls principes de gouvernement avec lesquels on puisse surmonter toutes les difficultés qui nous assiégent.

Nous les surmonterons, messieurs, en dépit de tous les partis extrêmes, en dépit de toutes les alliances, de toutes les associations particulières, quelles qu'elles soient; et le jour, passez-moi l'expression, le jour où l'étrange scandale qui vient de vous être donné à cette tribune, l'étrange scandale de voir discuter, de voir mettre en question l'existence même de votre gouvernement, la validité du serment, du serment prêté sans arrière-pensée, sans restriction, le jour où ce scandale deviendra un danger pour l'ordre social, le jour où ce scandale compromettrait le gouvernement que nous avons fondé, l'ordre que nous avons rétabli et les espérances de notre avenir, ce jour-là je ne sais pas ce que fera la Chambre, mais je suis bien sûr qu'elle réprimera un tel scandale, et qu'elle fera ce qu'il faudra pour le faire cesser. (*Mouvement prononcé d'assentiment aux centres.*)

LVI

— Chambre des députés. — Séance du 5 mars 1834. —

A la fin de la séance du 4 mars et pendant la discussion du projet de loi sur les attributions municipales, M. Eusèbe Salverte demanda à adresser au ministère des interpellations sur les troubles qui avaient éclaté, à Paris, les 21, 22 et 23 février précédents. Un débat s'éleva sur l'étendue, les conditions et les formes du droit d'interpellation. J'y pris part en réponse à MM. Mauguin et Odilon Barrot.

M. GUIZOT, *ministre de l'instruction publique*. — Messieurs, j'entends dire qu'il s'agit ici d'une question de Chambre. Sans doute, et c'est pour cela que je viens prendre part à la discussion. Quand il s'agit des droits de la Chambre, quand il s'agit de l'ordre de ses délibérations, en ma qualité de député, en ma qualité de ministre du roi, j'y suis aussi intéressé que personne.

Je ne conteste en aucune façon, messieurs, le droit d'interpellation. Je n'examine pas non plus quel usage particulier on veut en faire en ce moment. Mais je crois que les principes qu'on essaye de poser sont destructifs des droits de la Chambre et du bon ordre de ses discussions. Sous le nom de droit d'interpellation on essaye de ressusciter ce qui a été proscrit par le règlement de la Chambre, ce qui a été reconnu contraire à toute bonne discussion, les motions d'ordre. Si le droit d'interpellation était reconnu et exercé dans toute l'étendue qu'on essaye de lui attribuer, les motions d'ordre seraient pleinement rétablies; et vos débats livrés à toutes leurs chances. Il n'y a qu'un moyen de l'empêcher, messieurs, c'est de maintenir le principe qu'a posé hier M. le président.

Je prie la Chambre de se rappeler comment le droit d'interpellation a été introduit parmi nous. Il s'est présenté comme une conséquence, comme un démembrement, si je puis ainsi parler, du droit d'initiative. Le droit d'initiative ayant été attribué par la Charte de 1830, d'abord comme droit collectif à la Chambre, ensuite, comme droit individuel, à chaque membre de la Chambre, il a bien fallu régler ce droit-là comme tous les autres; il a bien fallu régler de quelle manière chaque membre de la Chambre exercerait ce droit personnel, comme le disait tout à l'heure l'honorable préopinant, de soumettre à la Chambre une proposition quelconque, et d'en faire l'objet d'une délibération.

C'est ce que vous avez fait par votre règlement quand vous avez exigé le renvoi des propositions dans les bureaux, et l'approbation de deux ou trois bureaux au moins pour que la proposition devînt l'objet des délibérations de la Chambre.

C'est, je le répète, comme conséquence, comme démembrement de ce droit d'initiative et de proposition faite par un membre, que le droit d'interpellation a été introduit dans la Chambre, sur la demande de l'honorable M. Mauguin ; seulement, par tolérance pour la facilité, pour la promptitude des débats, la Chambre a permis que ce genre de propositions, ce droit d'interpellation fût dispensé de quelques-unes des conditions que votre règlement attache au droit d'initiative. La Chambre n'a pas exigé que la proposition d'interpellation fût toujours renvoyée dans les bureaux et soumise à leur examen. Elle n'a pas même exigé que l'interpellation aboutît à un vote formel, qu'elle eût pour objet une proposition expresse, et qui devînt le sujet des délibérations de la Chambre : chose que, pour mon compte, je trouve pleine d'inconvénients. Il est étrange qu'on puisse occuper longtemps la Chambre d'une discussion, sans qu'elle aboutisse à une délibération formelle, sans que la Chambre manifeste son opinion et son vœu d'une manière positive. Sous ce point de vue donc, je crois, pour mon compte, que l'usage qu'on a fait du droit d'interpellation est contraire au bon ordre des discussions, et je souhaiterais que toute interpellation aboutît nécessairement à un vote, à une résolution de la Chambre. Je crois qu'alors la Chambre serait pleinement dans son droit, et chaque député aussi. Quoi qu'il en soit, la différence qui s'est introduite entre le droit d'initiative et le droit d'interpellation est double : par la première, il n'y a pas de renvoi dans les bureaux, la discussion peut avoir lieu sans cet examen préalable; par la deuxième, il n'y a pas de résolution nécessaire. Mais si, après cette double modification apportée au droit d'initiative en faveur du droit d'interpellation, vous allez plus loin; si vous reconnaissez que le droit d'interpellation est étranger, supérieur à toute juridiction de la Chambre, que tout député peut faire entendre à la Chambre, sans la consulter, telles choses qu'il lui conviendra, ouvrir telle discussion qu'il lui plaira, je le demande à tous ceux qui ont quelque expérience des assemblées, n'est-ce pas là le rétablissement pur et simple des motions d'ordre, la destruction de tout ordre dans les délibérations?

On dit que faire le contraire, c'est soumettre le droit d'interpellation à la majorité : mais, messieurs, tout, dans cette Chambre, n'est-il pas soumis au contrôle de la majorité!

Aux extrémités. — Non! non!

M. MAUGUIN. — Je demande la parole.

M. le ministre de l'instruction publique. — Le droit de parler, le droit de discuter est bien, sans aucun doute, le premier droit et le plus individuel du député; cependant il est soumis au contrôle de la majorité; la majorité ferme la discussion quand elle le juge convenable. (*Murmures aux extrémités*.)

M. LAFFITTE.—C'est une tyrannie.

M. le ministre de l'instruction publique.—Ce n'est point une tyrannie; la majorité écoute et ferme la discussion, et la clôture de la discussion n'est autre chose qu'une limite apportée au droit de parler à cette tribune. Le droit de parler, de discuter, quelque sacré qu'il soit dans son principe, quelque étendu qu'il soit dans son exercice, n'est donc pas illimité. Il est placé, je le répète, sous le contrôle de la majorité, et elle exerce ce contrôle tous les jours, soit en refusant la parole, soit en fermant la discussion. Si vous reconnaissiez le principe contraire, si vous admettiez un droit individuel qui fût affranchi du contrôle de la majorité, il lui serait supérieur, et le pouvoir de la Chambre disparaîtrait devant celui d'un seul membre.

Cela est tellement impossible, messieurs, que dans tous les précédents invoqués sur le sujet même qui nous occupe, le droit de la Chambre de permettre ou d'empêcher l'interpellation a été formellement reconnu par les orateurs eux-mêmes qui font des interpellations, et par l'honorable membre qui a introduit lui-même le droit d'interpellation dans cette enceinte. Je demande à la Chambre la permission de lui rappeler purement et simplement les paroles prononcées, dans deux ou trois occasions, par l'honorable M. Mauguin lui-même. La Chambre verra qu'il reconnaissait que la première chose à faire était de demander à la Chambre la *permission* d'interpeller le gouvernement. C'est dans ces termes mêmes, je le répète, dans les termes de *permission* que M. Mauguin a parlé et les voici :

« Je saisirai cette occasion pour prévenir la Chambre que mon intention est de demander jeudi à M. le ministre des affaires étrangères des explications sur la conduite politique du ministre à l'égard de la Belgique et de la Pologne. Les événements de ces deux pays ont trop de gravité, ils occupent trop la Chambre et la nation *pour que la Chambre ne me permette pas* de provoquer ces explications. » (*Exclamations diverses.*)

M. Mauguin.—C'est par politesse que j'employais cette forme.

M. Guizot.—J'ai à citer des paroles encore plus positives. Le 16 septembre 1831, M. Mauguin disait :

« Notre position diplomatique est tout à fait changée. Je demande à la Chambre la permission de lui indiquer ce que les circonstances rendent nécessaire, et d'examiner avec elle la situation nouvelle où nous allons nous trouver.

« Je voulais donc la prévenir que, *si elle n'y mettait point obstacle,* mon intention était de demander aux ministres des renseignements sur ce qui vient de se passer dans la malheureuse Pologne, et de leur adresser des interpellations sur leur conduite dans la question belge. »

M. Odilon Barrot.—Je demanderai s'il y a eu un vote préalable sur cette prétendue permission.

M. Guizot.—Je répondrai tout à l'heure à la question de l'honorable M. Odilon Barrot. En ce moment, je me borne à rappeler les paroles de M. Mauguin qui disait formellement : « Je préviens la Chambre que, si elle n'y met point obstacle, j'adresserai telle interpellation au ministre. »

M. Mauguin reconnaissait donc que la Chambre avait le droit d'y mettre obstacle. (*On rit.*)

Voix à gauche.—De mettre obstacle à l'ordre du jour, mais non aux interpellations.

M. Fiot.—Le droit d'interpellation dérive de la responsabilité ministérielle..., du droit qu'a la Chambre d'accuser les ministres.

M. Guizot.—Il est impossible de croire que les paroles d'un homme tel que l'honorable M. Mauguin n'aient point de sens. (*Murmures aux extrémités.*) A coup sûr, lorsqu'il dit : « si la Chambre n'y met point obstacle, » cela veut dire « que la Chambre peut y mettre obstacle. » La Chambre peut donc y mettre ou ne pas y mettre obstacle, c'est-à-dire que la question dépend d'elle seule, c'est-à-dire que la Chambre peut admettre ou ne pas admettre les interpellations.

Maintenant M. Odilon Barrot m'a demandé si cette question a été alors posée à part : elle ne l'a pas été, parce que le droit de la Chambre n'a pas été contredit, parce que l'honorable M. Mauguin lui-même l'a reconnu, parce que (permettez-moi une expression qui n'a rien d'offensant dans ma pensée), les faiseurs d'interpellations n'avaient jamais imaginé que la Chambre fût obligée, soumise, servilement soumise à entendre leurs interpellations.

M. Odilon Barrot. — Nous n'avons pas prétendu cela non plus.

M. Guizot. — Je prie l'honorable M. Odilon Barrot de vouloir bien remarquer que je ne l'ai pas interrompu quand il a parlé.

M. le Président. — Ce n'est pas ici une interpellation, c'est une discussion.

M. Guizot. — Messieurs, je rappelle à la Chambre ses propres précédents, les précédents des membres mêmes qui ont adressé la plupart des interpellations. Eh bien ! j'affirme, parce que j'ai relu toutes ces discussions, que jamais il n'était entré dans l'esprit de personne que la Chambre fût absolument tenue d'entendre les interpellations qui pourraient être faites.

Je dis que c'est ici un fait nouveau, une prétention toute nouvelle, qui s'est manifestée hier, pour la première fois, une prétention destructive des droits de la majorité. (*Rumeurs aux bancs de l'opposition.*) Oui, messieurs, destructives des droits de la majorité, qui sont les droits de la Chambre et les premiers droits de la Chambre. Sans doute, je professe un grand respect pour les droits de la minorité ; jamais, pour mon compte, je n'ai rien fait pour diminuer en rien sa liberté de discussion ; mais, après tout, quand il faut arriver à un résultat, les premiers droits de la Chambre sont les droits de la majorité. Nous les maintiendrons, messieurs ; nous ne souffrirons pas qu'on vienne détruire le respect dû à la majorité et porter le trouble dans les délibérations de la Chambre. (*Très-bien ! très-bien !*)

Je le répète, messieurs, le droit d'interpellation des membres est dominé par un droit placé au-dessus, par le droit de la majorité d'admettre ou de ne pas admettre les interpellations.

Messieurs, il n'y a point de droit dans ce monde qui ne soit soumis à un contrôle supérieur ; et la majorité elle-même est soumise au contrôle du pays par l'élection ; et les électeurs eux-mêmes sont soumis au contrôle de l'opinion universelle du pays ; de la raison universelle qui se manifeste tôt ou tard, et finit toujours par prévaloir.

Je réduis toute cette discussion à deux points. En principe, le droit d'interpellation est une conséquence du droit d'initiative. La Chambre, par tolérance, pour la plus grande facilité de la discussion, a dispensé les interpellations de quelques-unes des formes, de quelques-unes des nécessités auxquelles l'initiative ordinaire des députés est soumise. Mais dans tous les précédents qu'on peut citer à ce sujet, il a toujours été reconnu que la Chambre conservait le droit d'admettre les interpellations ou de ne pas les admettre. La lecture du *Moniteur* le prouve d'une manière invincible ; les paroles de M. Mauguin que j'ai citées le disent formellement ; et quand on vient vous demander aujourd'hui d'élever le droit individuel d'interpellation au-dessus du droit de la Chambre, on viole tous les précédents comme tous les principes ; on vous propose de détruire les droits de la majorité, et de porter le trouble dans vos délibérations à venir. (*Marques d'adhésion aux centres.*)

LVII.

— Chambre des députés. — Séance du 12 mars 1834. —

A la suite des troubles violents qui avaient éclaté dans Paris et sur plusieurs points du royaume, le gouvernement présenta, le 25 février, un projet de loi sur les associations. Le rapport en fut fait, le 6 mars, par M. Martin du Nord. La discussion s'ouvrit le 11 mars. Je pris la parole le 12, en réponse à M. Pagès, député de l'Ariége.

M. Guizot, *ministre de l'instruction publique*. — Messieurs, je voudrais, avant d'entrer dans la discussion, répondre tout de suite à l'une des assertions de l'honorable préopinant. Il nous a opposé l'exemple de l'Angleterre. Je voudrais simplement mettre sous les yeux de la Chambre la traduction de quelques actes du Parlement rendus, l'un en 1798, sous le ministère de M. Pitt, l'autre, je crois, en 1817, et l'autre en 1821; je ne saurais répondre exactement des dates...

Pardon, messieurs, voici les actes mêmes qu'on me fait parvenir.

Pour rectifier toutes les notions à cet égard, je demande à la Chambre la permission de lui indiquer le contenu de ces actes.

Le premier, comme je le disais, a été rendu en 1798, au moment où les associations jacobines infestaient l'Angleterre, et où M. Pitt fit un appel aux lumières et au patriotisme de la nation anglaise pour les repousser efficacement. En voici le fond :

« Certaines sociétés, se nommant elles-mêmes les *Anglais-Unis*, les *Écossais-Unis*, les *Irlandais-Unis*, les *Bretons-Unis*, et la société connue sous le nom de *Société correspondante de Londres*, et toutes autres *sociétés correspondantes*, sont supprimées et prohibées, ainsi que toute autre société dont les membres prêtent des serments ou prennent des engagements illégaux... »

Je prie la Chambre de remarquer ces expressions. Ce n'est pas, comme vous le voyez, une simple autorisation qu'on exige, c'est une suppression, une prohibition formelle prononcée par acte du Parlement contre les associations qui avaient alors un caractère politique, et que le Parlement et le pays jugeaient dangereuses. L'acte, je le répète, est de 1798...

M. MAUGUIN. — Veuillez continuer la phrase relative aux serments illégaux.

M. GUIZOT. — « Ainsi que toutes les autres sociétés dont les membres prêtent entre eux des serments illégaux ou prennent des engagements illégitimes, et où les noms de quelques-uns des membres ou des personnes formant des comités sont tenus secrets, ou bien toutes sociétés où il y a des *sociétés-branches* ou des sous-divisions, combinaisons ou associations qui sont toutes déclarées illégitimes sous les peines portées dans l'acte. »

L'acte de 1817 est absolument analogue à celui que je viens de lire. J'en traduirai le texte. Voici les premières phrases : « Les sociétés ou clubs institués dans la métropole et dans les diverses parties du royaume, et qui sont d'une tendance dangereuse et incompatible avec la tranquillité publique et l'existence du gouvernement établi, les lois et la constitution du royaume, beaucoup desdites sociétés élisant ou nommant des comités ou des délégués pour conférer ou correspondre avec d'autres sociétés établies dans les autres parties du territoire,... sont réprimées et prohibées.

« Toutes personnes reconnues comme étant membres de ces combinaisons ou associations déclarées illégitimes seront punies conformément aux pénalités suivantes. »

Je ne veux tirer, quant à présent, de ces différents actes, aucune autre conclusion sinon que le droit d'association, malgré la plénitude dans laquelle il existe en Angleterre, n'a jamais été considéré, non plus qu'aucun autre droit, comme au-dessus du pouvoir du Parlement, au-dessus du respect dû à la constitution du pays, et que plusieurs fois, au milieu des dangers publics, le Parlement anglais a porté, contre les associations qui lui paraissaient de nature à troubler la tranquillité publique et à compromettre les lois et le gouvernement établi, des lois et des peines aussi sévères, plus sévères même que celles que nous proposons aujourd'hui.

Voix à gauche.—C'est de la répression.

M. GUIZOT.—On dit que c'est là de la répression ! Cette répression est la prohibition pure et simple. Je ne sache pas que la suppression de toutes ces associations puisse être regardée comme une mesure répressive; c'est la plus préventive de toutes les mesures possibles. (*Mouvements divers.*) On n'attend pas que les associations aient commis des délits, on prévient les délits en supprimant les associations.

M. BERRYER.—Je demande la parole.

M. GUIZOT.—Si ces messieurs trouvent que c'est là de la répression, pour mon compte je n'en connais pas de plus efficace, ni qui mérite plus complétement le nom de prévention.

Cette explication donnée, avant d'aborder le fond de la

question, je prie la Chambre de me permettre quelques mots sur deux faits personnels : l'un regarde la société *Aide-toi, le ciel t'aidera,* et l'autre l'article 291. J'ai été interpellé sur ces deux faits, je m'en expliquerai avec une entière sincérité. (*Ecoutez! écoutez!*)

Messieurs, non-seulement j'ai fait partie de la société *Aide-toi, le ciel t'aidera;* mais cette société fut fondée en 1827 par quelques-uns de mes amis, et je n'hésitai pas un instant à m'associer à leurs efforts ; ces efforts avaient pour but déterminé et unique de lutter en faveur des libertés électorales contre les menées dont, au su de tout le monde, l'administration qui existait alors s'était rendue coupable.

La société se forma; je fus appelé à faire partie de son comité ; j'eus même l'honneur de le présider. Les élections se consommèrent : vous savez quelle Chambre est sortie de ces élections, la Chambre de 1827 ; une Chambre, je n'hésite pas à le dire, monarchique et constitutionnelle, loyale et libérale, venue avec l'intention de résister et de soutenir en même temps ; une Chambre qui nous a donné une loi sur les élections et une loi sur la presse, qui ont été nos meilleurs moyens de résistance légale de 1827 à 1830; une Chambre enfin qui a fait l'adresse des 221, adresse que, pour mon compte, je regarde comme un des plus beaux monuments de notre histoire; adresse dans laquelle, non-seulement avec les formes les plus convenables, mais avec les sentiments les plus sincères, les premiers droits du pays, les droits de cette Chambre à l'indépendance et à la résistance ont été solennellement revendiqués et consacrés. (*Très-bien! très-bien!*)

Qu'aucun de ceux qui ont eu l'honneur de concourir à cette adresse mémorable ne la regrette et ne la renie aujourd'hui; elle sera, permettez-moi de le dire, elle sera leur meilleur titre dans l'histoire. L'adresse des 221 est un grand monument historique ; et quels qu'aient été les résultats qu'elle a amenés, à tout prendre ces résultats sont bons et honorables : nos libertés constitutionnelles, après la Charte, datent de l'adresse des 221. (*Mouvement.*)

Voilà la Chambre de 1827, voilà dans quel esprit elle agit, dans quel esprit elle avait été élue. Elle fut la représentation fidèle des sentiments et des intentions du pays à cette époque.

C'était dans ce sens, et uniquement dans ce sens, que la société *Aide-toi, le ciel t'aidera* et son comité avaient agi. Tant que j'ai eu l'honneur de présider ce comité, aucun autre esprit que celui que je viens d'indiquer n'a prévalu dans son sein.

Les élections une fois consommées, la société *Aide-toi, le ciel t'aidera* ayant perdu par là la plus grande partie de son importance, un autre esprit ne tarda pas à y paraître, un esprit qu'hier l'honorable M. Garnier-Pagès appelait esprit républicain. Je ne saurais en convenir; je n'ai pour mon compte entendu parler ni de république, ni d'esprit républicain dans la société *Aide-toi, le ciel t'aidera*, à cette époque. J'honore la république, j'honore l'esprit républicain, même quand je me crois appelé à le combattre; mais je n'honore pas du tout l'esprit anarchique, l'esprit révolutionnaire. Eh bien! je n'hésite pas à le dire, c'est cet esprit là qui parut dans la société *Aide-toi*, et qui entra en lutte avec l'esprit constitutionnel. Cette lutte amena, dans l'intérieur de la société, divers incidents dont il serait puéril d'entretenir la Chambre. Elle eut enfin pour résultat le changement du comité dont je sortis ainsi que mes amis, et la prépondérance d'un autre esprit dans le sein du comité. Depuis cette époque, je cessai de prendre une part active aux travaux, je pourrais dire à l'existence de la société. Je ne cessai cependant pas d'en faire partie, comme l'a dit M. Garnier-Pagès. Voici pourquoi, messieurs. Les événements marchaient; l'avenir se laissait entrevoir. Le ministère Polignac se formait. Toutes les nuances de l'opposition, quelle que fût leur origine, vives ou modérées, se réunissaient pour résister. Je continuai de faire partie de la société *Aide-toi, le ciel t'aidera*. Je ne crus pas que le moment fût venu d'en sortir, quoique je fusse à peu près étranger à ses travaux.

A cette époque, messieurs, les oppositions violentes se

rangeaient volontiers derrière l'opposition modérée. Mes amis et moi nous étions en première ligne dans la résistance (*Murmures négatifs aux extrémités*). On y marchait avec nous, mais on ne nous contestait pas l'honneur d'être au premier rang. (*A gauche et à droite : oh! oh!*)

Cela était vrai partout, dans la presse comme dans la Chambre; l'opposition qu'on est convenu d'appeler modérée était, je le répète, en première ligne dans la résistance. C'est dans cette situation, dans ce rapport avec la société *Aide-toi, le ciel t'aidera*, que m'a trouvé la révolution de 1830.

Je ne veux pas m'arrêter à rechercher dans ma mémoire des détails qui ont pu m'échapper. Je dis seulement que j'ai continué à faire partie de la société *Aide-toi, le ciel t'aidera* jusqu'à la révolution, et même après la révolution de 1830, pendant un temps que je ne pourrais déterminer, mais sans prendre à ses travaux une part active et prépondérante, comme je l'avais fait dans les premiers temps de la société. (*M. Garnier-Pagès demande la parole.*) La révolution accomplie, je faisais encore partie, étant ministre de l'intérieur, de la société *Aide-toi, le ciel t'aidera* (*Mouvement*); mais je suis sûr que personne ne peut dire, que personne ne dira que cela ait influé en rien, à cette époque, sur la politique que j'ai adoptée et essayé de faire prévaloir. J'entrai très-promptement, l'un des premiers, qu'il me soit permis de le rappeler, dans le système de la résistance. La révolution consommée, je fus un des premiers qui travaillèrent à faire cesser parmi nous l'état révolutionnaire et à rentrer dans l'état légal des sociétés. Je n'ai pas besoin de dire que la société *Aide-toi* désapprouvait hautement ma politique, qu'elle persistait dans la sienne, que notre séparation était complète; et je ne pense pas qu'aucun membre de la société *Aide-toi* puisse dire qu'à cette époque elle ait influé sur mes déterminations et mes actes.

Je n'ai donc rien à désavouer, messieurs, je ne désavoue rien de ce que j'ai fait à l'égard de cette association, ni mon concours, ni ma dissidence. En 1827, j'ai résisté avec la société *Aide-toi* dans l'intérêt de la liberté. Plus tard et depuis 1830, j'ai résisté à la société *Aide-toi* et à ses pareilles, dans l'intérêt de l'ordre. Je n'ai fait en cela que ce qu'ont fait et la Chambre et la France. La Chambre est remplie d'hommes qui, pendant les dernières années de la Restauration, ont résisté dans l'intérêt de la liberté, et qui depuis ont senti que le danger n'étant plus le même, la conduite devait changer, et ont résisté dans l'intérêt de l'ordre. (*Très-bien!*)

Ce qu'a fait la Chambre, la France l'a fait, les électeurs l'ont fait. C'est l'honneur de notre temps, messieurs, que cette double résistance et son double succès. Toutes les petites agitations qui nous travaillent disparaîtront, personne ne s'en souviendra ; il ne restera dans l'histoire que ce grand fait, que Chambres, France, électeurs, gouvernement n'ont voulu accepter ni l'absolutisme ni l'anarchie (*Bravos réitérés*), que dans l'espace de quelques mois, de quelques jours, le bon sens, le courage, le patriotisme et des Chambres, et des électeurs, et de la nation, ont compris que la situation était changée, qu'il fallait changer de conduite, qu'il fallait, je le répète, après avoir résisté, et résisté énergiquement, dans l'intérêt des libertés publiques, résister avec la même énergie dans l'intérêt de l'ordre et du gouvernement. C'est là le grand fait, le fait honorable, le fait historique de notre temps; j'y ai pris une petite part, et je m'en fais gloire. (*Marques nombreuses d'approbation.*)

J'arrive au second fait personnel, à l'article 291 du code pénal.

Messieurs, lorsqu'au mois de septembre 1830, six semaines après la révolution de Juillet, j'ai soutenu à cette tribune que l'article 291 existait dans nos lois, qu'il devait être appliqué, et lorsque je l'ai effectivement appliqué, on a regardé cela, passez-moi l'expression, comme un acte d'une grande témérité ; je l'ai fait cependant, et c'est en vertu de cet article, c'est avec cette arme que les clubs qui se rouvraient de toutes parts dans Paris, et avaient relevé leur tribune, c'est avec cet article, dis-je, que les clubs ont été fermés.

Nous sommes aujourd'hui au second acte de ce grand drame. Les clubs ont péri en 1830; ils se sont reformés depuis, plus secrètement, hors des yeux du public, mais avec une puissance non moins grande; et c'est avec l'article 291, et les modifications qu'il a besoin de recevoir pour devenir efficace, qu'il faut attaquer aujourd'hui les mêmes ennemis qui se reproduisent sous une autre forme. Je l'ai fait, je le répète, en 1830, six semaines après notre révolution de Juillet. Certainement je ne manquerai pas aujourd'hui à la conduite que j'ai tenue ce jour-là.

J'ai dit aussi en 1830 que l'article 291 ne figurerait pas éternellement dans les lois d'un peuple libre. Pourquoi ne le dirais-je pas aujourd'hui? Sans doute il peut venir un jour, et il viendra un jour où cet article sera inutile, un jour où la France pourra recevoir..... je ne sais pas quand (*Murmures*), je prie la Chambre de le remarquer : je dis que je ne sais pas quand et que je n'aurais garde.. (*Interruption*); la Chambre, j'ose le dire, me fait l'honneur de croire assez à ma sincérité pour que je ne craigne jamais de dire devant elle toute ma pensée; la Chambre, à coup sûr, ne verra jamais dans mon langage que ce que j'aurai voulu dire, elle ne me supposera jamais ni arrière-pensée, ni réticence. Je dis donc aujourd'hui, comme en 1830, que je ne pense pas que l'article 291 doive figurer éternellement dans nos lois; je dis qu'il viendra, je l'espère, un jour où la France pourra voir l'abolition, la suppression de cet article, comme un nouveau développement de sa liberté. Mais je dis que jusque-là, il est de la prudence de la Chambre et de tous les grands pouvoirs publics, de maintenir cet article qui a été maintenu en 1830; il faut le modifier selon les besoins du temps pour qu'il soit efficace contre les associations dangereuses aujourd'hui, comme il l'a été en 1830 contre les clubs.

Messieurs, je crains qu'il n'y ait ici une grande méprise. Si nous éprouvons quelque retard dans le développement de nos libertés, si l'article 291 est encore nécessaire, à qui s'en prendre, je vous prie? Est-ce à mes amis et à moi? (*Aux extrémités* : oui!) Est-ce à l'opinion à laquelle nous appartenons? (*Les mêmes voix :* oui! oui!)

M. DE CORCELLES. — Oui, c'est à vous, vous avez violé vos serments.

M. GUIZOT. — Messieurs, je ne veux pas dire que ce soit à vous personnellement qu'il faut s'en prendre; mais c'est à l'opinion et aux hommes que vous défendez. Ça n'est pas à nous, c'est à vous et au parti que vous défendez qu'il faut imputer ce retard dans le développement de la liberté. Ce sont ces hommes qui rendent l'article 291 encore nécessaire. (*Interruption.*)

Messieurs, vous le savez bien; quand je dis vous, ce n'est pas de vous personnellement que je parle, c'est de votre parti. Et ce n'est pas d'aujourd'hui que vous et votre parti vous jouez ce rôle dans l'histoire de nos institutions et des lois de notre pays. Ce n'est pas d'aujourd'hui que vous décriez, que vous compromettez nos libertés à mesure qu'elles paraissent. Je voudrais bien qu'on me citât une seule de nos libertés qui, en passant par vos mains, par les mains des hommes dont je parle, ne soit bientôt devenue un danger, et ne soit devenue suspecte au pays. (*Marques d'adhésion.*)

Entre vos mains, la liberté devient licence, la résistance devient révolution. On parlait hier à cette tribune d'empoisonneurs. Messieurs, il y a un parti qui semble avoir pris le rôle d'empoisonneur public, qui semble avoir pris à tâche de venir souiller les plus beaux sentiments, les plus beaux noms, les meilleures institutions. C'est ce parti qui, pendant plusieurs années, a décrié en France les mots de *liberté*, d'*égalité*, de *patriotisme*; c'est ce parti qui a amené tous les échecs de la liberté, toutes les réactions despotiques que nous avons eus à subir; chaque fois que la liberté est tombée entre ses mains, chaque fois qu'il s'est emparé de nos institutions, de la presse, de la parole, du gouvernement représentatif, du droit d'association, il en a fait un tel usage, il en a tiré un tel danger pour le pays, un tel sujet d'épouvante, et permettez-moi d'ajouter, de dégoût, qu'au bout de très-peu de temps le pays tout entier s'est indigné, alarmé, soulevé, et que la liberté a péri dans les embrassements de ses honteux amants. (*Marques prolongées d'adhésion aux centres.... Murmures aux extrémités.*)

Qu'on ne parle donc plus, comme on le fait depuis quelque temps, qu'on ne parle plus de mécomptes depuis 1830 ! Qu'on ne parle plus d'espérances déçues ! oui, il y a eu des mécomptes, oui, il y a eu des espérances déçues, et les premières ce sont les nôtres. (*Exclamations à gauche.*)

Les premières ce sont les nôtres ! C'était nous, je n'hésite pas à le dire; c'étaient mes amis, c'était mon parti, c'était nous qui avions conçu les plus hautes espérances du développement progressif de nos libertés et de nos institutions. C'est vous qui les avez arrêtées; c'est de vous que sont venus nos mécomptes, qu'est venue la déception de nos espérances. (*Nouveau mouvement à gauche.*) Au lieu de nous livrer, comme nous le pensions, comme nous le voulions, à l'amélioration de nos lois, de nos institutions, au lieu de ne songer qu'à des progrès, nous avons été obligés de faire volte-face, de défendre l'ordre menacé, de nous occuper uniquement du présent et de laisser là l'avenir, qui jusquelà avait été l'objet de nos plus chères pensées.

Voilà le mal que vous nous avez fait; voilà comment vous nous avez forcés à nous arrêter dans la route où nous marchions depuis quelques années. C'est de vous, je le répète, que viennent les mécomptes; c'est de vous que viennent les espérances déçues; c'est à cause de vous que l'article 291 est et demeure nécessaire dans nos lois. (*Vive approbation au centre.*)

Messieurs, j'en ai fini avec les faits personnels. J'aborde le projet de loi en lui-même et le fond de la question.

Et d'abord, permettez-moi d'écarter une accusation qui s'est renouvelée souvent dans cette enceinte, et qu'en vérité je ne puis accepter.

C'est l'accusation du système de la peur qui, dit-on, préside à notre conduite et à toute la politique qui a prévalu depuis 1830. Messieurs, je ne suppose pas que personne dans cette assemblée soit conduit par la peur; je ne le pense de personne. Mais entre ceux qui, depuis 1830, ont constamment résisté, soutenu le principe et prêché la politique de la résistance, et ceux qui ont été disposés à céder, à excuser, à pallier, en vérité, messieurs, de quel côté est la peur? De quel côté est la fermeté d'esprit et de cœur? Je n'accuse personne; je suis convaincu que nous sommes tous ici des hommes de courage, agissant suivant leur conscience et leur opinion; mais certainement ce n'est pas à ceux qui, depuis trois ans et demi, ont résisté constamment et au désordre matériel et au désordre moral, ce n'est pas à ceux qui ont entrepris d'arrêter, de contenir une révolution le lendemain de son explosion, ce n'est pas à ceux-là qu'on peut imputer le système de la peur. (*Chuchotements.*)

Ce que nous avons fait, messieurs, le voici : nous avons, avec quelque courage, j'ose le dire, soutenu le système d'une politique prudente et réservée. Eh bien! messieurs, c'est là le premier devoir, c'est là la mission naturelle du gouvernement : la politique prudente est le devoir du gouvernement, car la sécurité est le premier but de la société.

Je dis la sécurité, et par-dessus tout la sécurité des honnêtes gens, de cette masse d'hommes sages, modérés, sans prétention, qui ne font point de la politique leur carrière ni leur préoccupation habituelle, qui veulent mener honnêtement, tranquillement, leur existence et leurs affaires de famille : voilà ce que j'appelle les honnêtes gens.

Eh bien! c'est pour la satisfaction de ces intérêts-là, c'est pour la sécurité de ces hommes-là que sont faites surtout les lois et les constitutions : c'est là la vie civile, et la vie politique a pour objet de garantir la sécurité de la vie civile. (*Très-bien!*)

Voilà ce que nous avons dit et répété constamment depuis trois ans et demi.

Eh bien! savez-vous ce qu'on nous a dit? On a dit que

nous prêchions l'indifférence politique. Messieurs, l'indifférence politique serait le plus grand de tous les dangers pour notre système; nous avons besoin, depuis trois ans et demi, de toute la sollicitude, de toute la prévoyance, de tout le courage des hommes dont je vous parle, de cette masse d'honnêtes gens qui ne font pas de la politique leur affaire; nous avons eu sans cesse à recourir à leur intervention comme électeurs, comme gardes nationaux; c'est avec leur aide, c'est avec leur concours de tous les moments que notre système a prévalu; certes, s'ils eussent été indifférents en matière politique, s'ils n'avaient pas pris à cœur les affaires du pays, ils nous auraient laissés là, et nous n'aurions rien pu faire de ce que nous avons fait; nous n'avons aucun intérêt à l'indifférence en matière politique; au contraire, nous avons besoin, je le répète, de tout le courage, de toute la sollicitude des bons citoyens.

Mais nous savons qu'un tel état de choses ne peut être l'état permanent, régulier de la société. Nous savons qu'il ne faut pas avoir recours aussi souvent aux citoyens pour maintenir l'ordre public; nous savons que ce dérangement si fréquent dans les existences privées ne peut être, je le répète, l'état régulier de la société. Quoique la sécurité ait fait, depuis trois ans et demi, de très-grands progrès, nous n'en sommes pas contents, nous ne la trouvons pas suffisante : nous ne trouvons pas que les honnêtes gens soient dans la situation dans laquelle ils ont le droit d'être. Nous voulons que la sécurité fasse de nouveaux progrès, qu'elle s'affermisse et que les honnêtes gens dont je parle ne soient pas si fréquemment obligés de venir la défendre, et comme gardes nationaux et comme électeurs.

La sécurité des honnêtes gens, voilà, messieurs, la règle de notre politique. Voilà pourquoi les associations nous paraissent un si grand danger, et pourquoi nous n'hésitons pas à les attaquer ouvertement.

Permettez-moi d'aborder ici la question avec une entière sincérité; j'ai toujours vu que la sincérité est comme l'épée d'Alexandre, elle tranche les nœuds qu'aucune habileté ne saurait délier. (*Très-bien! très-bien!*)

Oublions un moment les associations.

J'ai souvent regretté, dans le cours de ce débat, que notre situation n'eût pas été considérée au fond et dans son ensemble, et qu'indépendamment des associations, on ne se fût pas rendu compte de l'état actuel du pays, de son gouvernement, et des dangers qu'il peut avoir à courir.

Je vous demande la permission de vous exposer en peu de mots ce que je pense de cet état; vous verrez ensuite quel rôle les associations politiques peuvent y jouer, quelle place elles y peuvent prendre, et s'il n'est pas indispensable d'arrêter ce ferment qui menacerait toute notre société.

Personne ne contestera qu'il y a deux partis ennemis du gouvernement actuel, et travaillant à son renversement : les carlistes et les républicains. Ce sont des minorités, de très-petites minorités; et toutes les fois qu'elles ont été mises à l'épreuve de leur puissance, toutes les fois qu'elles ont été appelées à agir et à agir pour leur propre compte, elles n'ont rien pu. Mais elles peuvent nuire beaucoup, elles nuisent beaucoup.

Je ne leur fais pas le procès indistinctement; je sais que dans ces partis mêmes il y a de bons et de mauvais éléments. Dans les carlistes il y a des propriétaires éclairés, d'honnêtes gens auxquels leur intérêt, leur devoir prescrivent de se rallier au gouvernement et de soutenir l'ordre avec lui. Mais ils sont timides; il sont incertains; dans ce parti-là comme partout, aujourd'hui les convictions sont chancelantes, les caractères faibles. Les honnêtes gens, les hommes éclairés du parti carliste sont sous le joug de la faction violente, hostile, conspiratrice du parti. Ils n'osent s'en séparer, il n'osent la désavouer, et par cela seul ils se condamnent à la nullité.

Et cette faction, messieurs, cette portion hostile, violente, conspiratrice, du parti carliste, croyez-vous qu'elle soit prête à se retirer du champ de bataille, à ne plus agir? Non, messieurs, vous en avez pour longtemps avec elle. Je vous engage à vous en méfier et à la surveiller longtemps. (Très-bien! très-bien!)

Conduisez-vous de manière à donner à tous les propriétaires tranquilles, à tous les gens désintéressés, même du parti carliste, à leur donner, dis-je, le courage et l'occasion de se séparer de la faction, de la renier, de se rallier à l'ordre public. Que votre politique les y invite; mais ne croyez pas pour cela que vous aurez détruit le carlisme. La faction subsistera longtemps, je le répète; elle sera longtemps dans l'attitude qu'elle a prise sous vos yeux, dans ce mélange bizarre d'insolence aristocratique et de cynisme révolutionnaire. (Vifs applaudissements au centre.)

Je ne crois pas, pour mon compte, que jamais cette faction ait offert, dans son langage, dans son attitude, un aspect plus immoral, plus répugnant; et j'éprouve tous les matins un sentiment de dégoût, je dirais volontiers d'humiliation, en voyant à quelles paroles peuvent s'abaisser des hommes qui se vantent d'appartenir à la classe la plus élevée de la société. (Nouvelles marques d'adhésion au centre.)

J'arrive au parti républicain... (Ah! ah!) Le parti républicain, comme celui que je viens de parler, a de bons et de mauvais éléments; il en a de corrompus et de sincères. Il y a les républicains du passé, les héritiers de la Convention et des clubs, et puis il y a les républicains de l'avenir, les élèves de l'école américaine.

Des premiers, je n'ai rien à dire; ils sont et seront ce qu'ils ont été; je ne saurais les qualifier autrement que je ne l'ai déjà fait à cette tribune, le *caput mortuum, la mauvaise queue de notre révolution.* (On rit.)

Quant à l'école américaine, aux républicains de l'avenir, c'est autre chose. Il y a parmi eux des jeunes gens, des hommes sincères, dont les doctrines des États-Unis préoccupent l'esprit; je n'entrerai dans aucune discussion à cet égard. Je me bornerai à dire que ceux qui regardent le gouvernement des États-Unis comme l'état normal des sociétés, comme le dernier terme auquel elles doivent toutes arriver, me paraissent être dans une puérile ignorance et des lois de la nature humaine, et des conditions de la société. Je ne veux pas qualifier ce parti-là autrement; il a de la sincérité, il a de bons et honorables sentiments; mais, je le répète, c'est un parti puéril. Le gouvernement des États-Unis est un beau et bon gouvernement pour les États-Unis, dans les circonstances où cette société s'est trouvée placée à sa naissance, car c'est une société naissante, c'est une société enfant. (*Sensation.*) Il ne faut pas conclure de cette société-là à d'autres.

Cependant, en regardant ce parti comme un parti puéril et qui méconnaît complétement l'histoire et l'avenir des sociétés, il a cela de dangereux qu'il s'adresse aux jeunes têtes : au lieu de les corrompre, il les séduit. Vous aurez longtemps affaire à lui, messieurs; ne le perdez jamais de vue, pas plus que la faction carliste, et comptez-le au nombre des obstacles contre lesquels votre gouvernement aura longtemps à lutter.

Voilà où en est notre ordre politique. Vous voyez que nous y avons des ennemis, des ennemis actifs. Eh bien! messieurs, ce n'est pas tout, nous sommes travaillés d'un mal grave. La Révolution française a été, comme on vous l'a dit tant de fois, bien moins une révolution politique qu'une révolution sociale. Elle a changé, déplacé, bouleversé la propriété, l'influence, le pouvoir. Elle a élevé la classe moyenne sur les débris de l'ancienne aristocratie. Si la classe moyenne, arrivée à ce poste, s'y était barricadée, enfermée derrière une triple haie de priviléges, de monopoles, de droits exclusifs, comme cela existait il y a trois cents, il y a quatre cents ans, je comprendrais la révolte, le soulèvement qu'on essaye d'exciter contre elle dans quelques parties de notre société. Mais il n'en est rien, absolument rien. La classe moyenne est restée sans priviléges, sans monopoles, n'ayant pas même (permettez-moi de le dire) le sentiment complet et suffisamment énergique de ses droits et de sa force. Ce qui manque parmi nous à la classe moyenne, c'est une confiance suffisante en elle-même, dans son droit et dans sa force. Elle est encore timide, incertaine; elle ne sait pas exercer, avec une résolution suffisante, tout le pouvoir politique qui lui appartient, et qui ne peut appartenir qu'à elle. Aussi, y a-t-il quelque chose d'étrange à venir la taxer de privilége et de tyrannie, à venir dire que c'est elle qui arrête le mouvement ascendant de la société. Messieurs, je ne comprends pas comment de telles paroles peuvent être dites sérieusement dans une assemblée d'hommes éclairés. La liberté existe parmi nous dans toutes les voies; le mouvement ascendant n'est arrêté nulle part; avec du travail, du bon sens, de la bonne conduite, on monte, on monte aussi haut qu'il se peut dans notre échelle sociale. La classe moyenne n'a donc point succédé à la situation et aux priviléges de l'ancienne aristocratie.

Cependant, messieurs, on lui déclare la même guerre ; sous vos yeux, on veut une nouvelle révolution sociale, on veut un nouveau déplacement de la propriété, de l'influence, du pouvoir. On a plusieurs fois attaqué directement la propriété, la famille. Quand l'attaque directe a soulevé la réprobation générale, alors sont venues les attaques indirectes; on a dit que la richesse était mal répartie, que les relations entre les prolétaires et les propriétaires étaient mal réglées. On a inventé je ne sais quelle théorie de travailleurs et d'oisifs, pour faire la guerre à la classe moyenne.

Savez-vous, messieurs, ce que c'est qu'un oisif dans cette théorie? Voilà un père de famille qui administre sa fortune, qui fait valoir ses biens, qui élève bien ses enfants. Eh bien ! messieurs, c'est un oisif. (*Rire général.*) C'est un oisif. Pourquoi? Parce qu'il ne travaille pas de ses mains, ou bien parce qu'il ne fait pas, je ne sais quoi... des livres, des articles de journal. (*Nouveaux rires.*)

Quiconque ne travaille pas de ses mains ou n'écrit pas est un oisif. Vous, messieurs, qui venez ici donner votre temps, votre fortune, votre repos pour le service public, vous êtes des oisifs (*Rires au centre*); vous êtes des oisifs qui dévorez la substance des travailleurs. (*Nouveaux rires au centre.*)

Voilà, messieurs, la nouvelle théorie d'économie politique qu'on nous a faite pour attaquer la classe moyenne; voilà avec quels absurdes, quels barbares arguments on travaille à jeter le trouble dans notre société, on nous menace d'une nouvelle révolution sociale.

Ce sont là, messieurs, les faits généraux qui, dans notre situation, méritent toute l'attention des hommes de sens; ce sont là les maladies, les maladies réelles dont nous sommes travaillés. Et remarquez, je vous prie, que je n'ai pas encore dit un mot des associations, pas un seul mot.

Eh bien! dans un tel état de notre ordre politique, de notre ordre social, au milieu de ces factions carlistes et républicaines qui attaquent notre gouvernement, au milieu de ces absurdes idées, de ces révoltantes manœuvres qui menacent la société même en attaquant la classe moyenne, venez, messieurs, venez jeter, au milieu de ces faits, des associations organisées dans l'unique but d'exploiter les maladies de notre situation, de les fomenter, d'en faire sortir le renversement du gouvernement établi; placez ces associations organisées, je le répète, ouvertement, placez-les sur tous les points du territoire, agissant dans l'ordre politique sur les jeunes gens par les séductions de la république, dans l'ordre social sur les prolétaires par les séductions du mouvement ascendant et de la fortune. Supposez ces associations fortes de ces traditions d'association et de conspiration contre la Restauration qu'on a appelées la comédie de quinze ans; supposez-les fortes de cette habitude d'opposition encore obstinée dans un grand nombre d'hommes qui souhaitent cependant le maintien du gouvernement actuel, fortes enfin de tout le développement, de toute l'extension que notre liberté a prise depuis 1830, de l'affaiblissement naturel, inévitable, et que je ne déplore pas indistinctement, de l'affaiblissement des moyens de pouvoir; placez, dis-je, ces associations ainsi armées, ainsi organisées, placez-les au milieu de tous les faits que je viens de décrire, et dites-moi ce que deviendra la société, ce que deviendra immédiatement et dès aujourd'hui la sécurité des honnêtes gens?

Je vais vous le dire, messieurs. Si cela pouvait continuer, si on laissait ainsi les associations en plein champ de bataille, agissant fortement et constamment sur tous les points du territoire, ce qui arriverait, c'est que les honnêtes gens perdraient toute confiance dans le pouvoir et prendraient en dégoût une telle situation. Ils resteraient chez eux, ils fermeraient leurs portes et leurs fenêtres, et ils vous diraient: « Tirez-vous-en comme vous pourrez. » (*Rumeurs aux extrémités.*) Et le pouvoir resterait seul, seul aux prises avec les brouillons, les fanatiques, les intrigants, les fous. (*Rires approbatifs au centre.*) Voilà quelle serait la situation du pays et ce que deviendrait la société : je vous le demande, est-ce là un état supportable?

Messieurs, permettez-moi de vous le dire; il n'y a point de gouvernement possible dans aucun pays, et encore plus dans le nôtre, sans le concours, sans l'appui, sans l'adhésion active des honnêtes gens, des hommes qui ne demandent, pour la vie civile, que sécurité et honneur. C'est avec ceux-là qu'il est possible de gouverner : le jour où ils se retireront de vous, ce jour-là vous ne gouvernerez plus. (*Assentiment au centre.*)

Voilà la loi qui vous est présentée, messieurs; voilà sa nécessité, voilà les faits qui l'ont amenée; elle est destinée à réprimer, à supprimer ces associations qui, jetées au milieu de nos dangers, les exaltent, les accroissent outre mesure, et nous tiennent sans cesse sur le bord du précipice. Il faut que les associations soient réprimées; il faut du moins qu'elles soient réduites à l'impuissance, à la nullité politique; alors, mais alors seulement, nous aurons le temps et les moyens de soigner, de guérir nos autres plaies, nos autres maladies, maladies qu'il ne faut jamais méconnaître, et sur lesquelles il faut toujours avoir les yeux ouverts, quoique je ne veuille pas en exagérer la gravité. Personne, messieurs, n'a plus de confiance que moi dans notre avenir ; oui, la société française est jeune et forte. Elle a su se défendre, et avec grand succès, dans plus d'une occasion difficile ; mais elle a besoin de disposer librement de toutes ses forces ; et le résultat des associations est de les lui enlever, d'inspirer crainte et dégoût à cette masse de citoyens paisibles dont le gouvernement a besoin pour lutter avec efficacité contre les périls généraux de la situation.

Je ne dirai que quelques mots sur deux objections qui sont adressées à la loi, et qui me paraissent les deux objections fondamentales, objections purement politiques et prises dans le fond de la situation.

On dit que la loi est attentatoire d'une part à la liberté, et de l'autre au progrès, au progrès social.

Messieurs, en fait de liberté, et toutes les fois qu'on en parle, il faut commencer par se méfier grandement de tous ces mensonges, de tous ces emportements de langage que le gouvernement représentatif et la liberté de la presse amènent presque nécessairement. Il faut bien savoir que ce qu'on appelle trop souvent la liberté de la presse, c'est le dévergondage de la pensée, de la parole ; il n'y a pas d'excès, de fureur de langage auxquels on ne se livre quand on peut tout dire.

On parle de la ruine de nos libertés, on accuse depuis quatre ans le pouvoir de tyrannie. Messieurs, Washington a été aussi accusé de tyrannie ; et, à l'heure qu'il est, le président Jackson est accusé de tyrannie tous les matins dans les journaux américains et dans l'intérieur même de la Chambre des représentants et presque du Sénat, qui n'est composé que de quarante et quelques membres.

Il ne faut pas s'étonner de ces emportements de langage ; ils ne prouvent rien, absolument rien. Malgré tout ce qu'on dit, depuis 1830, de la tyrannie du gouvernement et de la disparition de nos libertés, la liberté est immense parmi nous ; elle est plus grande qu'à aucune autre époque, et que dans aucun autre pays.

Je dis plus : non-seulement la liberté est immense, mais elle ne court aucun danger, pas plus de la loi nouvelle qu'elle n'en courait auparavant. Il n'est pas dans la nature de ce gouvernement-ci, il n'est pas (permettez-moi de le dire, et ce n'est pas un reproche que je lui fais), il n'est pas dans sa possibilité d'être tyrannique; il ne porte pas la tyrannie dans ses flancs. Il n'est venu ni du droit divin, ni de la conquête, ni d'aucune des causes qui enfantent la tyrannie; il est venu de la liberté constitutionnelle, de la nécessité de la défendre; il l'a fondée à son origine, et il ne pourrait, sans se perdre, trahir son origine. C'est en s'appuyant sur la liberté constitutionnelle, sur la classe moyenne qui, depuis 1789, a voulu et réclamé sans cesse cette liberté, que notre gouvernement prendra de la force. La liberté, je le répète, ne court, ne peut courir aucun danger.

Quant au progrès, j'ai autant de goût, messieurs, que qui que ce soit pour le progrès, pour celui de la liberté, de la civilisation, de l'esprit humain, et même de la démocratie dans son sens légitime; mais veuillez remarquer que le progrès a deux conditions, deux conditions impérieuses, et les voici :

L'une, que l'ordre règne. Il n'y a de progrès qu'au sein de l'ordre. Pour avancer, il faut marcher sur un terrain ferme; ce que vous appelez progrès n'est qu'un ébranlement continuel, la dissolution de la société; il ne saurait y avoir de progrès sans cela. Les révolutions d'un seul bond peuvent faire faire à la société un pas immense; mais le progrès régulier, permanent, tel qu'une société constituée doit le vouloir, il ne peut s'accomplir qu'au sein de l'ordre.

Voici la seconde condition. Pour qu'il y ait progrès, il faut qu'il y ait quelque chose de nouveau, quelque chose de vraiment utile, quelque chose de fécond dans les idées du parti qui le demande. Eh bien! je n'hésite pas à le dire, le parti qui se proclame parmi nous le parti du progrès par excellence se vante en tenant ce langage. C'est, au contraire, un parti usé, un vieux parti, un parti stérile, qui se traîne dans l'ornière révolutionnaire, qui est attaché, cloué, oui, cloué aux idées de 1791, idées qui ont rendu à la France un grand service, celui de détruire l'ancien régime, mais qui ne peuvent lui en rendre aucun autre, qui ne sont bonnes à rien aujourd'hui, idées incapables de fonder un gouvernement. Le parti qui s'y rattache, sans le savoir, n'est autre chose que l'héritier impuissant, la pâle copie de 1791, et n'a aucun progrès à faire faire à la société. Il n'a rien à lui donner, rien de fécond à lui offrir. Vous êtes un vieux parti, il nous faut du nouveau et vous n'en avez pas. (*Explosion d'applaudissements.*)

Le progrès, messieurs, est avec nous. (*Exclamations à gauche... Au centre* : Oui! oui!) Le progrès est attaché au triomphe de notre cause. Par une bonne fortune rare, mais qui pourtant s'est déjà rencontrée plus d'une fois dans l'histoire des peuples, toutes les bonnes causes sont aujourd'hui ensemble, la cause de la liberté et la cause de l'ordre, la cause de la sécurité et la cause du progrès ; elles sont toutes réunies, confondues dans les mêmes principes, dans la même politique.

C'est avec nous, je le répète, c'est par le triomphe de notre cause qu'aura lieu le progrès auquel cette société a droit, et, qu'à Dieu ne plaise, nous ne voudrions jamais interrompre.

Croyez-moi, messieurs, réprimez les associations qui sont l'objet de la loi; ôtez-leur toute action sur votre société, toute puissance sur votre avenir ; elles n'ont que du mal à vous faire. Quand vous les aurez retranchées, il vous restera encore assez d'ennemis à combattre, assez d'obstacles à surmonter. Vous n'en aurez pas fini avec les fatigues et les dangers, ne vous y trompez pas. Mais supprimez dès aujourd'hui le danger actuel, excitant, qui aggrave tous les autres, qui vous empêche d'appliquer le seul remède qui puisse les guérir, c'est-à-dire la bonne politique et le temps.

Permettez-moi, messieurs, de rappeler une parole de Bossuet : « L'homme s'agite, dit Bossuet, mais Dieu le mène. » Oui, messieurs, l'homme s'agite, mais Dieu le mène. Que les partis s'agitent, qu'ils usent de la liberté que leur assurent nos institutions; mais ayez confiance dans votre cause, dans la cause que, depuis quatre ans, vous soutenez avec tant de bon sens et de courage; c'est dans ce sens que Dieu mène la France. (Très-bien! très-bien!)

Oui, c'est dans ce sens que Dieu mène la France. Dieu veut cette impartialité, cette équité, cette modération, cette moralité, cette prudence qui sont, je n'hésite pas à le dire, le fond de notre politique, depuis la révolution de Juillet.

Oui, messieurs, et ma conviction est la plus profonde qui puisse exister dans un cœur d'homme; c'est dans ce sens que Dieu mène la France. Ne vous en écartez jamais. (*Marques d'approbation prolongées.*)

Une longue agitation succède à ce discours. C'est à grand'peine que les huissiers obtiennent le silence, après un quart d'heure de suspension de séance.

— Séance du 21 mars 1834. —

Dans la discussion du projet de loi sur les associations, M. Arago m'ayant reproché de n'avoir témoigné aucun intérêt pour les associations littéraires et scientifiques, je lui répondis:

M. GUIZOT, *ministre de l'instruction publique.*—Messieurs, la Chambre me permettra, je pense, de ne pas suivre l'honorable préopinant dans la discussion qu'il a élevée sur l'utilité des sociétés scientifiques et littéraires; je ne la conteste en aucune façon; je n'établis aucune comparaison entre les découvertes des individus isolés et les découvertes des académies ; je reconnais pleinement, autant qu'on voudra, l'utilité des académies : ce n'est point là ce qui est en question.

Je dirai seulement que, sinon toutes, du moins presque toutes les sociétés littéraires ou scientifiques qui s'établissent demandent à être autorisées ; que le ministère de l'instruction publique reçoit sans cesse des demandes pareilles ; que plusieurs des sociétés dont l'honorable M. Arago a parlé l'ont formellement demandé ; que le congrès scientifique de Caen, qu'il rappelait tout à l'heure, m'a fait l'honneur de me nommer son président honoraire ; que je pourrais citer beaucoup d'autres exemples semblables. Je n'affirme pas qu'il n'y ait point de sociétés scientifiques ou littéraires qui se passent d'autorisation ; je dis que le plus grand nombre, en demandant l'autorisation de la puissance publique, ne croit pas du tout se *ravaler*, pour me servir d'une expression que je n'aurais pas employée si elle ne l'avait pas été déjà, car je la crois indigne de cette tribune. (*Adhésion aux centres.*)

M. ARAGO.—Je demande la parole.

M. GUIZOT.—La plupart des associations scientifiques ou littéraires regardent l'autorisation comme une garantie de plus de leur existence et de l'efficacité de leurs travaux.

Il est d'ailleurs évident pour tout homme de sens qu'aucune de ces associations, si elle est en effet purement scientifique, ne manquera d'obtenir l'autorisation quand elle la demandera ; et quant à celles qui ne croiraient pas devoir la demander, ou bien on la leur donnera d'office, ou bien on les laissera se livrer à leurs travaux sans s'en inquiéter nullement. Cela est évident, je le répète, pour tout homme de sens, tellement évident que je ne croyais pas que cela valût la peine d'être dit à la tribune.

La question se réduit donc à savoir, pour les sociétés littéraires comme pour les autres, s'il faut les excepter nominativement de l'article 1er de la loi ; or, la Chambre a déjà répondu à cette question ; elle a vu, par tous les amendements qui lui ont été proposés, qu'il n'y avait rien de si facile que de rétablir, sous le manteau d'une société littéraire, les sociétés politiques que la loi veut détruire. C'est là l'unique motif de la généralité de l'article; il ne s'adresse évidemment ni aux associations pour le culte, ni aux associations littéraires ou scientifiques; mais il ne veut pas que ces noms servent de masque pour éluder la loi et pour redonner aux associations politiques une existence que la Chambre veut éteindre.

L'article a grande raison, messieurs, et je n'en voudrais pas d'autre preuve, si la Chambre en avait besoin, que le fait par lequel l'honorable préopinant a terminé son discours. Il a parlé de la *Société pour l'instruction libre du peuple*, dont il faisait partie, et qui, vous a-t-il dit, n'avait d'autre objet que cette instruction. Cette société a déjà occupé la Chambre plusieurs fois; mais, puisque son nom revient à cette tribune, je demande à la Chambre la permission de donner à ce sujet quelques détails.

Il y a déjà assez longtemps qu'une association s'est formée sous le nom d'*Association polytechnique*, composée en entier d'anciens élèves de l'Ecole polytechnique, pour ouvrir des cours gratuits à la classe ouvrière dans Paris. Quand le roi m'a fait l'honneur de me confier le département de l'instruction publique, j'ai trouvé l'Association polytechnique existante; elle est venue à moi; je lui ai donné, non-seulement toutes les facilités dont elle a pu avoir besoin, mais encore des secours d'argent, afin que les cours pussent être faits avec efficacité dans tous les quartiers de Paris. Pourquoi l'ai-je fait? Parce que j'avais la certitude, et je puis dire la preuve, que cette association était parfaitement sincère dans ses œuvres et dans ses paroles, qu'elle n'avait effectivement d'autre objet que d'enseigner aux ouvriers la lecture, l'écriture, l'arithmétique, les éléments de géométrie, en un mot ce qu'elle disait leur enseigner.

Je l'ai donc, non-seulement approuvée, mais soutenue, parce que j'ai été convaincu de son utilité, de sa sincérité.

Un démembrement de l'Association polytechnique se

forma sous le nom de *Société pour l'instruction libre du peuple ;* c'était, je le répète, un démembrement de l'Association polytechnique.

Je ne voudrais pas entrer dans des détails dont je n'ai pas la certitude personnelle, mais enfin il m'a été dit, et puisqu'on raconte tant de choses à cette tribune, je raconterai celle-là ; il m'a été dit que la séparation s'était faite parce qu'un certain nombre des membres de l'Association polytechnique n'avaient pas voulu prendre l'engagement de ne point mêler de politique à leurs cours ; il m'a été dit que le démembrement était provenu de cette cause, et que les personnes qui s'étaient détachées, à ce titre, de l'Association polytechnique avaient formé le noyau de la Société pour l'instruction libre du peuple.

Cette société, démembrée, par cette raison, de la première, me fut par cette raison même un peu suspecte ; la Chambre ne s'en étonnera pas. Cependant la société s'adressa à moi, par l'intermédiaire de plusieurs commissaires, pour me demander l'autorisation de faire ses cours.

Je dis à ceux de ces commissaires qui vinrent me voir : « Vous reconnaîtrez le droit que j'ai d'autoriser ou de ne pas autoriser les cours ; vous me direz quels sont ceux que vous voulez faire, par quels professeurs, dans quels quartiers de Paris. Vous vous engagerez envers moi, en honnêtes gens, loyalement, à ce qu'aucune politique ne soit mêlée à ces cours. » Cela fut fait. Cet engagement-là fut pris, non-seulement dans mon cabinet, mais par écrit. Les cours furent autorisés ; non-seulement, je le répète, les cours de l'Asociation polytechnique qui n'étaient nullement suspects et qui n'avaient fait que du bien, mais les cours de cette Société *pour l'instruction libre du peuple* dont, je l'avoue, plusieurs actes et même l'origine m'inspiraient quelque inquiétude. Cependant, par respect pour des travaux qui pouvaient avoir quelque chose d'utile, pour éviter toute apparence de mauvais vouloir pour l'instruction populaire, apparence dont, en honneur, je ne peux pas être accusé, pour éviter, dis-je, toute apparence semblable, j'autorisai formellement un certain nombre de cours de cette société.

Depuis ce moment, je ne m'occupai plus de la société. Cependant, au bout d'un certain temps, je fus obligé de reporter sur elle mon attention, et M. le ministre de l'intérieur, chargé de la police du royaume, fut bien obligé d'y reporter aussi la sienne; car il devint évident que, sous le nom de *Société pour l'instruction libre du peuple*, c'était là une société politique, essentiellement politique, dont les cours n'étaient qu'un prétexte, et qui travaillait à organiser dans la classe inférieure une grande association politique, absolument analogue, par les principes, par les efforts et même par les personnes, à la *Société des droits de l'homme et des amis du peuple* (Sensation).

Je répète que cela devint évident; qu'il me fut, entre autres, évident, à moi, sincèrement et activement occupé, j'ose le dire, de l'éducation du peuple, que la société qui prenait ce nom n'y donnait au fond que bien peu de soin, bien peu d'importance, et que la politique était sa grande affaire.

Les réunions de cette Société pour l'instruction libre du peuple devenant ainsi, non-seulement suspectes, mais, je suis obligé de le dire, évidemment hostiles, évidemment analogues aux sociétés politiques, je ne crus pas devoir lui prêter appui en ce qui dépendait de moi; je ne crus pas devoir faciliter à cette société les moyens d'étendre son influence et de se produire plus publiquement. Je ne lui retirai point l'autorisation qui lui avait été donnée pour certains cours particuliers, d'un objet limité, déterminé, et dont je connaissais les professeurs; mais, je résolus très-positivement de ne point me prêter à l'extension de cette association et aux progrès de son influence.

Ce fut là, messieurs, la raison qui me détermina à refuser et l'amphithéâtre de l'École de médecine et la salle de l'Observatoire pour le cours même que l'honorable préopinant voulait y faire au nom et sous les auspices de cette association.

Vous pensez bien qu'il n'était pas du tout question, à mes yeux, d'interdire un cours d'astronomie, ni toutes leçons sur telle ou telle autre science que l'honorable préopinant eût voulu donner: il serait inutile d'insister sur ce point. Il s'agissait de l'influence même et de l'extension de la Société pour l'instruction libre du peuple, et le nom de l'honorable préopinant ne suffisait point pour me rassurer. M. Arago, messieurs, est un savant très-illustre; mais il est arrivé plus d'une fois que des savants du premier ordre ont servi d'instruments à de mauvaises passions politiques, à des partis politiques qui ont fait beaucoup de mal à la société.

L'honorable M. Arago pourrait se souvenir de beaucoup d'hommes dont je ne veux pas rappeler les noms, de savants aussi illustres que lui, et qui ont prêté l'éclat de leur nom, leur gloire scientifique à de très-mauvais desseins, à de très-funestes actes politiques. L'histoire de notre révolution en particulier, de la Révolution française, offre plusieurs exemples pareils, exemples qui ne font aucun tort aux sciences, à Dieu ne plaise! exemples qui n'enlèvent même rien à la gloire scientifique des hommes dont je parle, mais qui prouvent que les savants aussi peuvent être trompés, qu'ils peuvent être dupes, qu'ils peuvent servir d'instruments à de très-mauvais desseins, à de très-mauvaises passions.

Or, dans la circonstance particulière dont il s'agit, il m'a paru que l'honorable préopinant n'était que cela; que la Société pour l'instruction libre du peuple, société essentiellement politique, société essentiellement mauvaise à mon avis, se servait et du nom et du talent scientifique de M. Arago pour couvrir une influence que, pour mon compte, non-seulement je ne voulais pas seconder, mais que j'étais déterminé à combattre.

C'est là le fait, messieurs, dans sa simplicité; je n'ai à rétracter rien de ce que j'ai fait; j'ai favorisé l'instruction populaire, non-seulement quand elle ne m'inspirait aucune inquiétude, mais même quand elle venait d'une association qui m'inspirait quelques inquiétudes. Mais quand le caractère de cette association m'a été évident, quand il m'a été démontré que la politique en était la principale affaire, et que les cours de la Société d'instruction libre n'étaient qu'un prétexte misérable, quand cela m'a été évident, je l'ai dit aux membres mêmes de cette société et je lui ai refusé tous les moyens d'influence et d'extension qui dépendaient de moi. Plus tard, M. le ministre de l'intérieur a été obligé d'arriver à la dissolution même de la société.

Voilà, messieurs, pour le fond des choses; quant aux paroles que M. Arago m'a attribuées à l'égard de l'honorable général Lafayette, je déclare que non-seulement je ne me les rappelle en aucune façon, mais je crois pouvoir affirmer que je n'ai rien dit de semblable, car la Chambre me permettra de dire que la gaucherie aurait été énorme (*Voix nombreuses :* c'est vrai!), et il n'y avait rien d'aussi aisé pour moi que de m'en dispenser. Je n'ai donc point prononcé les paroles que l'honorable préopinant m'attribue.

Un mot sur Lyon....

M. DEMARÇAY. — Il faudrait dire les noms de ces savants.

M. GUIZOT. — Les noms, monsieur? S'il me convenait de les dire ici, je les dirais, mais il ne me convient pas de les dire. Puisque l'honorable général Demarçay me demande les noms des savants auxquels j'ai fait allusion, je dirai que je n'aime pas à me rappeler les fautes, les erreurs dans lesquelles sont tombés des hommes illustres dont je respecte le talent et la mémoire. (*Très-bien!*)

M. DEMARÇAY. — La plupart de ces noms sont historiques; les citer ne serait pas un acte calomnieux.

M. GUIZOT. — Je respecte l'honneur même des morts, et je n'ai pas la moindre envie de rappeler ici par leurs noms des hommes qui ont honoré la France par leurs travaux, mais qui se sont laissé induire à des erreurs, à des actes que, pour mon compte, je regarderais comme honteux. (*Vive approbation.*)

Un seul mot sur Lyon. Messieurs, il est vrai que depuis

longtemps on a parlé d'une faculté de médecine à Lyon; il est vrai qu'il y a des raisons scientifiques de penser qu'une faculté de médecine serait bien placée à Lyon. Je n'ai, quant à moi, exprimé à ce sujet aucune opinion arrêtée, aucune résolution définitive. Quand plusieurs membres de la Chambre m'en ont parlé, je n'ai dit ni oui ni non; j'ai dit que c'était une question à examiner.

Il est vrai en même temps, et je suis fort loin de retirer mes paroles, il est vrai que j'ai dit qu'il y avait là une considération dont il fallait tenir compte, celle de savoir si, au milieu d'une ville chargée d'ouvriers comme celle de Lyon, exposée continuellement à des désordres d'ouvriers, si ce serait, dis-je, une chose prudente, dans ce moment-ci, que d'établir là une grande école de plus, d'y concentrer un grand nombre de jeunes gens, de mettre par conséquent une nouvelle cause, une nouvelle chance, si l'on veut, de désordre au milieu des chances de désordre déjà accumulées. J'ai dit, si l'on veut, que ce serait peut-être donner des officiers à l'émeute; je ne m'en défends pas, messieurs. (*Bruits divers.*)

Il n'y a personne qui ne sache que les grandes écoles, non-seulement en France, non-seulement aujourd'hui, mais dans tous les pays, mais de tout temps, que les grandes réunions de jeunes gens, dis-je, sont une chance de désordre, et que, quand cette chance se combine avec d'autres éléments de fermentation populaire, une administration prudente doit y regarder et tenir compte de ce fait-là comme de beaucoup d'autres. J'en demande pardon à la Chambre; c'est là le bon sens le plus vulgaire, c'est là ce que dit tout le monde, et je serais honteux de ne l'avoir pas dit. (*Adhésion.*)

Voilà, messieurs, et sur les associations scientifiques et littéraires, et sur celles dont l'honorable membre vous a entretenus en particulier, et sur la ville de Lyon, voilà les explications que je puis donner à la Chambre. Il est évident que, de tous les amendements, celui qu'on vous propose serait peut-être le plus dangereux; car les sociétés scientifiques et littéraires étant extrêmement larges de leur nature, et embrassant tout ce dont l'esprit humain peut s'occuper, il n'y aurait rien de si aisé que de reconstituer, sous le manteau scientifique et littéraire, les associations politiques que la Chambre veut atteindre.

Comme le disait tout à l'heure l'honorable M. Arago, on se servirait sans scrupule, sans le moindre embarras, des noms les plus étranges, des noms qui seraient peut-être du chinois non-seulement pour moi, mais pour des hommes plus savants que moi (*On rit*), on s'en servirait, dis-je et les associations politiques se constitueraient librement. Je ne crois pas que ce soit là l'intention de la Chambre; ce n'est pas assurément celle du gouvernement qui a présenté le projet de loi.

Ce projet, messieurs, est sérieux et sincère; il veut extirper les associations politiques qui nous menacent. Voilà le but : qui veut le but veut les moyens. La Chambre a prouvé jusqu'ici qu'elle s'associait à l'intention de l'administration ; je ne pense pas qu'elle fasse autrement à l'occasion de cet amendement. (*Marques d'adhésion au centre.*)

LVIII

— Chambre des députés. — Séance du 8 mai 1834. —

Dans la discussion du budget du ministère de l'instruction publique, M. de Lamartine ayant reproché au cabinet de ne pas tenir, quant à l'instruction publique, les promesses de la révolution de 1830, je lui répondis :

M. GUIZOT, *ministre de l'instruction publique.* — Messieurs, je remercie l'honorable préopinant, non de ce qu'il a bien voulu dire de moi, il me permettra de ne pas le remercier à cet égard, mais des nobles sentiments qu'il a exprimés à l'égard de notre civilisation, de l'instruction publique et des devoirs du gouvernement envers le pays. En même temps je repousse, je repousse hautement les reproches qu'il adresse à la révolution de Juillet, coupable, dit-il, de ne pas tenir ses promesses, de négliger nos grands intérêts moraux.

Notre imagination, messieurs, troublée et rendue malade par tout ce qui s'est passé en France depuis quarante ans, notre imagination veut des résultats soudains, gigantesques ; elle veut que les gouvernements procèdent comme les dieux d'Homère, qu'ils fassent un pas et qu'ils aient parcouru la terre. Cela ne se peut, messieurs ; ce sont les révolutions qui procèdent de la sorte ; ce sont les révolutions qui font et défont en un jour, qui entreprennent des miracles, qui prétendent les accomplir et n'accomplissent souvent que des destructions. Les gouvernements, au contraire, quand ils s'acquittent de leurs devoirs, quand ils comprennent leur mission, les gouvernements procèdent lentement, sensément, en mesurant chaque jour le possible, et en n'entreprenant que ce qui se peut chaque jour.

Il est libre aux philosophes, aux poëtes, de se jeter dans le champ illimité de la pensée. Cela est interdit aux gouvernements.

Messieurs, si on mesurait les œuvres de la révolution de Juillet en matière d'instruction publique, pour me renfermer dans ce point seul, on trouverait qu'elle a beaucoup entrepris, qu'elle a déjà beaucoup fait, et qu'elle est encore loin d'avoir fait tout ce qu'elle a entrepris.

La régénération de l'instruction primaire, messieurs, la fondation d'un enseignement populaire, universel et réel, non pas d'un enseignement promis, écrit dans les articles d'une loi, mais d'un enseignement réel, effectif, donné partout au peuple tout entier, donné dans un esprit vraiment national, est-ce que ce n'est pas là une œuvre immense, une œuvre dont les imaginations les plus poétiques, les plus hardies devraient s'étonner, au lieu d'être surprises que nous n'ayons pas entrepris davantage ?

La Chambre a pu prendre connaissance des faits que j'ai eu l'honneur de lui soumettre dans mon *Rapport au roi* sur l'exécution de la loi de l'instruction primaire ; et si elle a bien voulu y prêter quelque attention, elle a dû voir que l'œuvre était grande, si grande qu'il faudra bien du temps encore pour l'accomplir.

La loi est faite, elle est en exécution dans tout le royaume. Eh bien ! messieurs, les difficultés sont encore telles, les résultats à obtenir sont si vastes, que ce n'est pas trop de toute l'activité, de toute la bonne volonté de l'homme le plus dévoué, de toutes les forces du gouvernement de Juillet, du gouvernement national, pour atteindre, peut-être dans dix, vingt ou trente ans, le but que l'on s'est proposé.

Il n'est donc pas exact de dire, messieurs, que la révolution de Juillet n'a encore rien fait ni rien entrepris pour l'instruction nationale. Elle a fait beaucoup, je le répète, et entrepris plus qu'elle n'a fait. Elle a entrepris de quoi occuper pendant des années et l'administration la plus active et les Chambres les plus dévouées à cette grande œuvre.

Il semble d'ailleurs, messieurs, à entendre certaines personnes, et même à en juger par le rapport de votre honorable commission, il semble qu'en matière d'instruction publique rien n'existe en France, que tout soit à faire; nous nous croyons toujours à la veille de la création (*On sourit*), et appelés à exercer le pouvoir créateur : il n'en est rien, messieurs, il ne faut pas être à ce point ingrat et calomniateur envers nos propres institutions; il ne faut pas méconnaître à ce point et le bien qu'elles ont déjà fait et celui qu'elles sont en train de faire.

La Charte, la Charte elle-même, dans son article 69, la Charte ne vous a pas promis, ne vous a pas annoncé une réorganisation générale de l'instruction publique, elle ne dit rien de semblable.

La Charte a promis des lois sur l'instruction publique et sur la liberté de l'enseignement; c'est-à-dire qu'elle a proclamé qu'il y avait, en matière d'instruction publique, d'importantes améliorations, de grandes réformes à opérer, et que le principe de la liberté d'enseignement devait être introduit dans notre législation à cet égard.

Voilà, messieurs, les deux promesses de la Charte : des réformes, des améliorations dans l'instruction publique, et l'introduction du principe de la liberté d'enseignement.

Eh bien! messieurs, oui, c'est là ce qu'il y a à faire. Il y a des réformes, des améliorations à accomplir, et la liberté de l'enseignement à introduire dans toutes les parties de l'instruction publique. J'accepte pleinement cette perspective; mais je proteste contre cette idée de réorganisation générale, de refonte universelle et systématique, comme si rien n'existait parmi nous, comme si rien n'avait encore été fait, comme si nous n'avions pas, en matière d'instruction publique, des institutions qui ont rendu d'immenses services et qui en rendront encore.

Quant à moi, je prends, dans l'administration qui m'est confiée, ce qui existe, c'est-à-dire l'Université et toutes nos institutions en matière d'instruction publique, comme de bonnes bases, comme des institutions bonnes dans leur ensemble, qui ont déjà assuré d'excellents résultats, qui doivent être réformées, améliorées, étendues, accommodées au principe de la liberté de l'enseignement, mais non détruites et refondues.

Avec ce point de départ, messieurs, et ayant dessein d'exécuter sincèrement l'article de la Charte et de tenir toutes ses promesses en matière d'instruction publique, je me suis demandé comment il convenait d'y procéder.

J'ai été frappé, au premier moment, d'une distinction toute naturelle : j'ai vu d'une part l'enseignement, l'instruction publique proprement dite, et de l'autre, le gouvernement, l'administration de tous les établissements d'instruction publique.

Or, il m'a paru que ce qu'il y avait de plus pressé, ce qui intéressait le plus directement le public, ce qui devait avoir pour lui le résultat le plus immédiat, le plus prompt, c'était la réforme de l'enseignement, de l'instruction publique; il faut se hâter d'introduire, dans les divers degrés de l'instruction publique, et ces réformes et ce principe de la liberté d'enseignement qui sont les véritables promesses de la Charte.

J'ai donc pris pour règle de laisser, quant à présent, l'administration, le gouvernement de l'instruction publique comme il est, et de m'attacher à l'instruction publique elle-même, aux travaux d'enseignement, de commencer par là la réforme, et cela afin d'arriver, je le répète, aux résultats les plus pressants et les plus directs dans l'intérêt public.

Partant de ce principe, il y a, vous le savez, trois degrés d'instruction, l'instruction primaire, l'instruction secondaire et l'instruction supérieure.

L'instruction primaire se présentait évidemment comme celle dont l'intérêt est le plus général, et en même temps comme la moins avancée en France, comme celle qui appelait les plus promptes réformes. C'est donc l'instruction primaire qui a été soumise la première, au nom du gouvernement et de la Charte de 1830, aux méditations de la Chambre.

La Chambre sait que trois années n'ont pas été trop pour mûrir toutes les idées à ce sujet, que plusieurs discussions ont été nécessaires, et que ce n'est qu'au bout de ce temps qu'elle est arrivée à un résultat qui la satisfit elle-même. C'est ce résultat qui commence à s'exécuter aujourd'hui, et je répète à la Chambre que des difficultés immenses subsistent encore, que le gouvernement a encore énormément à faire pour surmonter l'ignorance l'insouciance du pays. Permettez-moi, messieurs, d'insister sur ce point.

Il n'en est pas des besoins moraux et intellectuels comme des besoins matériels. Plus ceux-ci sont grands, plus ils sont impérieux ; quand on a faim, quand on a soif, on veut absolument apaiser sa faim et sa soif ; une vive souffrance, un désir ardent accompagnent ici la privation. Il en est tout autrement des besoins moraux ; moins ils sont satisfaits et moins ils aspirent à se satisfaire ; moins on est éclairé et moins on sent le besoin des lumières ; moins la nature morale de l'homme est développée, moins elle sent le besoin de se développer. Il faut alors que le gouvernement, que la portion supérieure de la société aillent provoquer dans le sein des masses ce besoin de lumières, ce besoin d'élévation morale qu'elles ne sentent pas.

On donne du pain à ceux qui ont faim, parce qu'ils le demandent; ne craignez pas que les masses viennent vous demander violemment de les instruire, de les élever à un état moral et intellectuel supérieur à celui où elles sont. Elles ignorent ce besoin, et il faut leur apprendre qu'il existe en elles, et qu'elles gagneront à ce qu'il soit satisfait.

C'est là une première difficulté, une difficulté énorme que nous avons à surmonter aujourd'hui sur bien des points de notre territoire. Vous avez appelé les communes à voter des centimes pour l'instruction primaire; eh bien! il y en a 21,000 qui n'en ont pas voté, et qu'il a fallu imposer d'office; il y a 21,000 communes en France qui ne sentent pas le besoin de l'instruction primaire, ou qui n'osent pas faire ce qu'il faut pour le satisfaire, dont les conseils municipaux n'osent prendre sur eux d'imposer leurs concitoyens.

Rendez-vous compte de cette difficulté; rendez-vous compte de la tâche du pouvoir obligé de soulever ce poids énorme d'une population qui ne sent pas le besoin de s'élever et à qui il faut l'inspirer. C'est là une œuvre, messieurs, qui veut de la force, de la puissance, de l'habileté, du temps, et il ne faut pas se plaindre de ce que, au bout de quatre ans, elle n'est pas encore accomplie. (*Très-bien, très-bien.*)

Cependant, messieurs, tout en travaillant à exécuter la loi sur l'instruction primaire, et dans mon empressement à accomplir les promesses de la Charte, j'avais préparé un projet de loi sur l'instruction secondaire. Mais je dois dire qu'en le préparant, j'ai rencontré une multitude de questions auxquelles je n'avais pas songé, et sur lesquelles mon opinion n'était pas faite. Je ne sais pas me faire une opinion tout à coup, et par cela seul que j'ai envie d'en avoir une. J'ai rencontré aussi une multitude de faits qu'il était indispensable de bien connaître pour résoudre ces questions, pour faire des articles de loi qui eussent le sens commun, et une véritable efficacité. Ces faits étaient très-inexactement, très-incomplétement connus de l'administration en général;

il a fallu entrer dans une série d'études, de recherches. Ces jours derniers encore, en chargeant MM. les inspecteurs généraux de l'instruction publique d'aller inspecter nos écoles, je leur ai indiqué un certain nombre de faits à étudier, de questions à résoudre sur l'instruction secondaire, afin qu'à l'aide de ces renseignements nous puissions arriver à faire autre chose qu'une loi vague et vaine, comme nous sommes accoutumés à en faire depuis quarante ans.

M. GAUGUIER. — C'est bien vrai!

M. GUIZOT. — Les lois qui ne sont pas fondées sur la connaissance exacte et sérieuse des faits ont beau être écrites et délibérées; elles restent stériles, impuissantes; elles n'ont pas de vie, elles n'ont pas ce qu'il faut pour prendre possession de la société. Jamais je ne consentirai à prêter mon nom et mon concours à des lois pareilles. (*Très-bien! très-bien!*)

De plus, quand nous avons voté la loi sur l'instruction primaire, nous y avons introduit, vous vous le rappelez, l'instruction primaire supérieure, sorte d'instruction intermédiaire entre l'éducation populaire proprement dite et l'éducation secondaire qui convient aux classes plus aisées. Cette instruction primaire supérieure et les établissements où elle est donnée sont, jusqu'à un certain point, une innovation dans notre société. Avant de faire la loi sur l'instruction secondaire, j'ai senti le besoin de savoir ce que deviendraient cette instruction primaire supérieure, ces écoles primaires supérieures qui devaient être fondées dans tous les chefs-lieux de département et dans les villes au-dessus de 6,000 âmes. Sur ces écoles qui, si je ne me trompe, s'élèveront à deux cent quatre-vingts à peu près, quarante-cinq seulement sont déjà fondées. Il y en a cinquante-quatre qui s'ouvriront, je l'espère, bientôt; mais enfin les écoles primaires supérieures qui font le lien, la transition entre les écoles populaires proprement dites et nos colléges, ces écoles, dis-je, n'existent pas encore, elles commencent à peine. Je suis hors d'état d'apprécier la place qu'elles tiendront dans notre système général d'éducation. Je suis hors d'état de vous dire quelle influence elles doivent exercer sur nos colléges, et comment nos colléges, c'est-à-dire notre instruction secondaire, devront être modifiés en raison de l'état et des progrès de l'instruction primaire supérieure.

Voilà donc encore un fait considérable, un fait décisif pour la loi sur l'instruction secondaire, fait que je ne connais pas bien, dont il m'est impossible de me rendre compte, et qui m'a rendu la loi dont je parle impossible à arrêter.

Enfin, je me suis convaincu, et je le savais déjà, qu'à tout prendre, l'instruction secondaire existe en France, qu'elle a été le grand, l'honorable résultat de l'Empire et de ses efforts en matière d'instruction publique. L'instruction secondaire existe dans nos colléges, dans les colléges communaux, dans un grand nombre d'établissements privés. Elle est sans doute susceptible de beaucoup d'améliorations, de beaucoup de réformes; il faut y introduire le principe de la liberté d'enseignement que la Charte a consacré; mais à tout prendre, je le répète, elle existe, elle est plutôt bonne que mauvaise : elle est en progrès et non en décadence. Il n'y a donc pas, pour la loi qui la concerne, cette urgence qui existait pour l'instruction primaire. L'impatience qui se manifeste, impatience parfaitement sincère et dont je suis loin de me plaindre, me paraît donc plutôt une routine, une habitude d'impatience qu'une impatience réelle et fondée sur la connaissance du mal et sur la nécessité d'y porter remède. Je ne reconnais pas, dis-je, à l'impatience qui se manifeste pour la loi sur l'instruction secondaire, les mêmes caractères, les mêmes fondements, les mêmes droits qu'à celle qui éclatait naguère pour l'instruction primaire.

On peut attendre, je ne dis pas indéfiniment, car il est probable que j'aurai l'honneur de présenter la loi à la Chambre dans la session prochaine : j'en avais préparé une, ainsi que je l'ai dit, et je recueille en ce moment tous les faits qui peuvent servir à la rendre bonne, mais je n'y vois pas, je le répète encore, de nécessité immédiate, et j'ai encore besoin de temps pour présenter une loi dont les bons esprits, les hommes vraiment éclairés puissent être satisfaits.

Voilà mes raisons pour n'avoir pas présenté dans cette session une loi sur l'instruction secondaire. J'espère que je serai en mesure de la présenter à la prochaine session.

Ce sera après la loi sur l'instruction secondaire que je m'occuperai de l'instruction supérieure proprement dite, des facultés de droit, de médecine ou autres.

Et ce sera après que nous aurons ainsi parcouru l'enseignement tout entier, primaire, secondaire et supérieur, que nous pourrons toucher à l'administration proprement dite, au gouvernement de l'instruction publique. Alors nous pourrons voir quelles réformes il y a à faire dans cette partie qui n'est que le couronnement, le faîte du système général de l'instruction publique. Les établissements d'enseignement en sont la base, et c'est par ceux-là que la réforme doit commencer. (*Marques d'adhésion.*)

Je demande pardon à la Chambre de la longueur de ces explications. (*Non! non! Parlez! parlez!*) Il était de mon devoir de lui faire connaître comment j'ai conçu, non pas des plans illimités, non pas ce qu'on appelle de beaux plans pour l'instruction publique, des plans avec lesquels on se satisfait soi-même, facilement et à bon marché, mais des plans réels, des plans efficaces et qui puissent tourner au bien positif et sûr du pays.

Que la Chambre me permette, puisque je suis à la tribune, de lui présenter maintenant quelques observations générales sur le budget qui lui est soumis.

Si les observations auxquelles ce budget a donné lieu, soit dans le rapport de votre commission, soit ailleurs, si ces observations, dis-je, n'avaient porté que sur les crédits alloués ou refusés pour telle ou telle partie du service, j'attendrais que la discussion s'ouvrît sur chacun de ces articles; mais il y a quelques points généraux qui me paraissent exiger sur-le-champ quelques explications.

Le premier et le plus important, c'est la réforme que j'ai

cru, et que je crois encore possible et utile de faire dans le régime financier de l'Université et dans la forme du budget de l'instruction publique.

La Chambre a vu que ce budget lui avait été présenté cette année sous une forme toute différente. L'innovation que j'ai tentée n'est pas inventée d'hier; l'idée en roule depuis longtemps dans les esprits, il y a longtemps que le régime financier de l'Université et la forme de son budget ont excité beaucoup de réclamations.

J'ai sous les yeux d'abord le rapport d'une commission nommée avant la révolution de Juillet, sous la Restauration, pour procéder à la vérification des comptes des ministres, en 1828, commission dont le travail est remarquable par les lumières qu'il a répandues sur toutes les questions. Un des vœux qu'elle a émis a été la réforme du régime financier de l'Université, tout en respectant le principe constitutif de ce grand établissement.

Je demande à la Chambre la permission de lui faire connaître les vœux qui, à différentes époques, ont été exprimés à ce sujet. Il importe de voir comment les idées ont mûri peu à peu, et m'ont conduit, moi, ministre de l'instruction publique et grand-maître de l'Université, aux réformes demandées depuis longtemps.

« Sans entrer dans les détails des divers services, dit le rapport de la commission de 1828, nous devons reconnaître que, dans beaucoup de cas, il est nécessaire de laisser aux administrations dirigeantes tout ce qui se rapporte à la constatation des droits, et même à l'époque et au mode de libération des redevables ; mais cela n'exclut pas la possibilité de l'intervention d'un agent du Trésor pour opérer les recouvrements ; et, s'il était possible de pénétrer dans tous les détails, on reconnaîtrait qu'il n'existe pas un seul de ces produits qu'il ne fût facile, en prenant quelques mesures d'exécution, de faire recouvrer par des agents soumis à l'autorité et à la surveillance du ministre des finances. »

La cour des comptes, dans son rapport sur les comptes

de 1830, exprime des idées analogues. Je vais mettre les termes sous vos yeux :

« Ces diverses observations nous conduisent à exprimer une seconde fois le désir, que nous avions déjà manifesté par notre rapport précédent, de voir rétablir l'ordre et l'uniformité dans cette branche de service, en la faisant rentrer entièrement dans la comptabilité de l'Etat, et en chargeant directement tous les préposés du Trésor des opérations financières de l'Université, qui leur sont déjà indirectement confiées. Cette mesure ne changerait pas les formes actuellement suivies envers les redevables de cette institution spéciale, puisqu'elle n'attribuerait que le recouvrement des produits aux receveurs des finances, et qu'elle conserverait, aux administrateurs qui en sont aujourd'hui chargés, le soin de liquider les taxes, de former les rôles, de prononcer les remises, modérations et non-valeurs, et enfin de prononcer, de suspendre ou d'arrêter des poursuites contre les débiteurs, conformément à l'usage établi pour tous les autres impôts. »

La cour des comptes, dans son rapport sur les comptes de 1831, a répété les mêmes idées.

La Chambre se souvient que, dans sa session de l'année dernière, la commission des comptes demanda cette réforme; son rapporteur, M. Passy, demanda même, et, à mon avis, il avait tort, une réforme beaucoup plus étendue que celle que la cour des comptes avait provoquée. Je discutai l'amendement de la commission, je le repoussai comme trop étendu, en disant :

« Je demande le rejet de l'amendement, non qu'il ne puisse y avoir des changements utiles à faire dans la comptabilité de l'Université; non qu'il ne soit possible, comme je le disais, de remettre la perception de ses revenus dans les mains du Trésor et de faire cesser le système spécial de cette perception, mais l'amendement fait beaucoup plus que votre commission n'a voulu faire; il abolit le régime général de l'instruction publique, il en change le caractère. »

Provoqué ainsi, messieurs, par toutes les opinions, par les

observations et les vœux des grands corps chargés de la comptabilité de l'État, j'ai travaillé; j'ai essayé, dans l'intervalle des sessions, de me rendre compte des réformes utiles et possibles à cet égard ; j'ai formé une commission des hommes les plus éclairés, soit de l'Université elle-même, soit de la cour des comptes, soit de l'administration générale des finances. Nous avons été conduits à reconnaître qu'on pouvait séparer le régime financier de l'Université de ses priviléges moraux et politiques, qu'on pouvait fort bien la laisser subsister comme établissement général d'éducation publique, et remettre en même temps la perception des impôts affectés à son service aux agents ordinaires du Trésor.

C'est là l'idée qui a servi de base au travail dont la Chambre a connaissance.

J'ai cherché à bien séparer, dans ce travail, ce qui constituait l'Université proprement dite et la distinguait de son régime financier ; j'ai essayé de porter la réforme dans le régime financier, sans qu'elle s'étendît au delà, sans que l'existence politique de l'Université en fût le moins du monde compromise. C'est là le but que je crois avoir atteint dans le travail qui a été soumis à la Chambre et qui a servi de base à la rédaction du budget.

Il résulte de ce travail trois grands avantages : le premier, c'est la parfaite unité, la simplicité, la régularité de la perception des impôts dits universitaires. Ils rentrent dans la classe générale des impôts publics et sont perçus de la même manière et avec les mêmes garanties.

Le second avantage est pour l'Université elle-même : elle est dégagée de tout caractère fiscal; elle n'a plus de contribuables avec lesquels elle soit obligée d'entrer en lutte; elle est rendue à son caractère pur et élevé d'établissement d'instruction publique.

Le troisième avantage, s'il m'est permis de le dire, est pour la Chambre elle-même. Elle a sous les yeux un budget infiniment plus simple, dégagé de cette complication du budget du ministère de l'instruction publique et du budget de l'Université, complication qui morcelait les questions, et rendait la discussion et la vérification des faits souvent difficiles. Le budget, rédigé d'après le nouveau mode, est simple, parfaitement analogue aux autres budgets; il se présente avec beaucoup plus de clarté et de facilité à la discussion de la Chambre.

Voilà, messieurs, les motifs qui m'ont déterminé à proposer cette réforme; votre commission a pensé, soit qu'elle élevât quelques doutes sur la bonté de la mesure, soit qu'elle entrevît quelques difficultés d'exécution que, à mon avis, elle s'est exagérées, car, après m'être concerté avec l'administration des finances, je crois que ces difficultés peuvent être aisément levées, votre commission, dis-je, a pensé que cette réforme devait être ajournée, que la question n'était pas encore suffisamment éclairée. Cela est possible; je ne m'oppose point à l'ajournement; mais, je crois la réforme bonne; je crois que plus on examinera la question, plus on verra que ma solution repose sur les véritables principes constitutifs de l'Université d'une part et de l'administration générale des finances de l'autre. J'avais besoin de vous faire sentir comment j'avais été provoqué, conduit à cette réforme par tous les hommes qui s'occupent des améliorations de notre système financier; et comment, en la proposant, je croyais avoir atteint le but, c'est-à-dire respecté tous les droits fondamentaux de l'Université considérée comme corps politique, tout en réformant les abus qui peuvent exister dans son régime financier.

Voilà, messieurs, sur la forme nouvelle de mon budget, les observations générales que j'avais l'intention de soumettre à la Chambre.

Maintenant, quant au fond, si la Chambre le jugeait convenable, je pourrais dès à présent entrer dans la discussion des diverses parties du budget et des amendements que votre commission y a proposés.

Voix nombreuses. — Oui! oui!

M. GUIZOT. — Je suis, à cet égard, à la disposition de la

Chambre. Je puis, si la Chambre le juge convenable, discuter dès à présent les diverses modifications et les retranchements que la commission a proposés à mon budget, ou bien remettre cette discussion sur chacun des chapitres, à mesure qu'ils se présenteront.

M. Viennet. — Attendez les chapitres.

M. Guizot. — Je ferai ce qui conviendra à la Chambre. Je dois cependant lui soumettre une observation générale sur l'esprit dans lequel toutes les propositions de mon budget avaient été conçues.

En l'étudiant avec soin, j'ai cherché quelles étaient les améliorations évidentes, importantes, qui pouvaient être introduites dans les différents services, et je suis arrivé à ce résultat qu'avec une augmentation de 7 à 800,000 francs, j'introduirais dans le service de l'instruction primaire, de l'instruction secondaire, de l'instruction supérieure, de tous les établissements scientifiques et littéraires qui honorent la France, j'introduirais, dis-je, dans toutes les parties du budget de l'instruction publique, des améliorations importantes, et par leur résultat, et par leur utilité pratique, et par leur effet moral sur les esprits. J'ai reconnu qu'avec une somme de 7 à 800,000 fr., on pourrait faire dire à la France, j'irai plus loin à l'Europe, que le gouvernement de Juillet a réellement à cœur le progrès des lumières, le développement des intelligences, l'honneur de toutes les sciences. (*Très-bien !*)

Voilà, messieurs, l'idée qui m'a dirigé dans mon travail sur mon budget, idée fort simple, et qui cependant ne manque, j'ose le dire, ni d'utilité, ni de grandeur.

C'est à la Chambre à juger ce qu'elle veut faire. Je le répète, il s'agit de 7 à 800,000 fr.; et il s'agit de faire dire partout, pour cette somme, que nous savons ce que vaut la science, ce que vaut l'étude, ce que vaut le développement de l'intelligence à tous les degrés, que nous sommes disposés à le seconder à tous les degrés, que nous entrons sans hésiter dans cette carrière de perfectionnement et de développement intellectuel et moral qui est aujourd'hui l'objet de toutes les ambitions légitimes.

Voilà l'idée qui m'a dirigé, la Chambre en sera juge. (*Très-bien! Très-bien!*).

— Séance du 9 mai 1834. —

La commission du budget avait proposé quelques réductions sur le chapitre 1er (*Administration centrale*) du budget du ministère de l'instruction publique. Je les combattis et la Chambre les rejeta.

M. GUIZOT, *ministre de l'instruction publique.*—Dans cette situation, je prie la Chambre de me permettre de mettre exactement sous ses yeux l'état de la question.

Le chapitre intitulé *Administration centrale*, formé de deux subdivisions, l'une pour le personnel, l'autre pour le matériel, contenait quatre augmentations; l'une de 10,000 francs pour le traitement d'un septième conseiller de l'instruction publique, une de 10,000 francs pour les frais de bureau, une de 12,500 francs pour des frais d'impression et une de 2,000 fr. pour dépenses diverses.

Sur ces quatre augmentations, la commission en a rejeté trois et n'a accordé que la quatrième. Je prie la Chambre de me permettre quelques observations.

Je n'insisterai pas sur la proposition que j'avais faite d'une augmentation de 10,000 francs pour remplir la place vacante dans le conseil de l'instruction publique, quoiqu'il fût important de remplir cette vacance, quoique le conssil soit privé d'un membre qui pourrait lui rendre les plus grands services. Une vacance est survenue depuis que j'avais fait la proposition du budget ; elle a permis d'appeler dans le conseil un membre nouveau. Je n'insiste donc pas sur la proposition que j'avais faite.

J'insisterai davantage sur ce qui regarde les 10,000 francs demandés pour les frais de bureau, et j'ai besoin de donner à ce sujet quelques détails.

M. le rapporteur s'est plaint de la centralisation excessive qui avait été apportée dans l'exécution de la loi sur l'instruction primaire. Je prie la Chambre de remarquer qu'il ne pouvait guère en être autrement. Au moment où la loi nouvelle devait s'exécuter, elle ne pouvait s'exécuter que par l'autorité centrale. Toutes les diverses autorités locales que cette loi institue n'existaient pas; il fallait les créer. Il fallait créer ces comités locaux, ces comités d'arrondissement qui seront appelés plus tard à exercer une partie des pouvoirs établis par la loi. La centralisation était le résultat inévitable de la loi et de son exécution. Il n'est donc pas possible de s'en plaindre, car on ne pouvait pas procéder autrement.

Je ferai remarquer que la prodigieuse augmentation de travail, qui est le résultat de l'exécution de la loi, ne sera pas complétement temporaire; il en restera toujours quelque chose.

Ainsi que j'ai eu l'honneur de le dire hier à la Chambre, il y a une forte impulsion à imprimer au centre, afin de hâter l'exécution de la loi. Si cette impulsion n'existait pas, si l'exécution de la loi était confiée à la bonne volonté des conseils locaux ou aux recteurs de l'Université, ne croyez pas que cette autorité pût suffire; une impulsion forte, constante, est nécessaire, et ne soyez pas étonnés qu'il en résulte de nouveaux frais de bureau.

La Chambre voudra bien remarquer que le nombre des employés de l'instruction publique a été très-peu augmenté. Je ne fais pas cas du grand nombre des employés, et je ne crois pas que ce soit là ce qu'il convient de faire; mais on a exigé des employés actuels un grand surcroît de travail; ce surcroît de travail doit être payé, afin de récompenser leur zèle.

Il a fallu inspirer à ces employés un zèle véritable pour la tâche qu'ils entreprenaient; il a fallu qu'ils prissent à cœur l'exécution de la loi du 28 juin 1833. Ce zèle doit être récompensé.

Il ne s'agit pas seulement de payer un travail de plus, il s'agit de récompenser un zèle sans lequel ce surcroît de travail n'aurait pas suffi.

J'ai donné, dans le rapport qui précède mon budget, des détails sur le surcroît de travail qui résulte de l'exécution de la loi du 28 juin. Mais je ne puis rendre compte du zèle que les employés ont mis, et qui mérite, je le répète, une récompense.

Une seconde dépense est celle qui se rapporte aux impressions. La commission n'a pas alloué les 12,500 francs que j'avais demandés de plus pour cette dépense ; si la Chambre refusait cette allocation, je serais bien embarrassé ; ce sont des faits palpables que je ne puis rétracter, et l'exécution de la loi du 28 juin entraîne des frais d'impression considérables. La Chambre ordonne à chaque instant des impressions nouvelles, il faut bien qu'elle alloue des crédits pour les payer. Ainsi, elle a voulu qu'on rendît compte tous les ans des boursiers introduits dans les colléges et des motifs de leur admission. Eh bien ! c'est une affaire de 100 louis à ajouter aux frais d'impression du ministère de l'instruction publique. On ne peut ainsi continuellement ordonner l'impression de documents nouveaux sans que les frais d'impression augmentent.

L'exécution de la loi du 28 juin a entraîné, je le répète, et entraînera d'une manière permanente un grand travail. De plus, elle exige, de la part des employés, un grand zèle. Et quant aux frais d'impression, je viendrai plus tard produire à la Chambre les comptes de l'imprimerie royale, et il faudra bien que la Chambre accorde cette dépense.

J'insiste donc sur ces deux augmentations. Il est impossible, je le répète, de faire des innovations considérables par les lois, de créer des institutions nouvelles et de se refuser ensuite aux dépenses que ces institutions entraînent.

Il faut que la Chambre sache qu'en votant la loi du

28 juin elle a créé une nouvelle institution qui entraîne une dépense nouvelle, à laquelle nous sommes tenus de satisfaire.

M. le rapporteur de la commission.—Messieurs, vous avez entendu de la bouche de M. le ministre sa pensée relativement aux quatre réductions proposées par la commission : une première de 10,000 francs, en ce qui touche le traitement d'un septième membre du conseil royal; M. le ministre a renoncé à cette allocation. En second lieu, 10,000 francs sur le personnel des bureaux; 12,500 francs sur les frais d'impression. Voilà, les réductions. La commission persiste, quoique je n'aie pas pu la consulter, parce que les motifs qui l'ont déterminée n'ont pas été détruits par M. le ministre. En effet, quelle est la cause de l'augmentation? M. le ministre vous l'a dit, c'est l'exécution de la loi du 28 juin sur l'instruction primaire. Plus on s'éloigne de l'époque où cette loi a été rendue, moins il doit y avoir de dépenses à faire; deux ans après l'exécution de la loi vous aurez nécessairement moins de frais que dans les deux premières années qui ont suivi son exécution.

M. le ministre a dit ensuite qu'il y avait beaucoup d'impressions à faire pour satisfaire aux vœux de la Chambre, et qu'ainsi le crédit ne pouvait être refusé. La commission répète que plus on s'éloigne de l'époque de la promulgation de la loi, moins on a besoin d'impressions.

Mais indépendamment de cela, il y a une observation générale sur laquelle je dois insister. La commission a remarqué qu'il y a, dans le ministère de l'instruction publique, trop d'impressions, parce qu'il y a beaucoup trop de centralisation, et que le plus grave inconvénient n'est pas celui de la dépense, mais celui de s'éloigner de l'esprit de la loi du 28 juin. La loi du 28 juin, à tort ou à raison, a voulu que l'instruction publique fût sous l'influence de l'esprit municipal.

Voix aux centres.—Administratif.

M. le rapporteur.—Administratif, si vous voulez; mais

c'est l'autorité municipale, et l'instruction primaire en reçoit une direction plus paternelle ; cela est si vrai que les comités d'instruction primaire se composent du maire et de membres du conseil d'arrondissement. Cette autorité est tellement puissante que c'est elle qui donne les brevets de capacité : M. le ministre n'a plus qu'à signer ces brevets.

M. Guizot.—Non, pas du tout ; ce sont les comités d'examen qui donnent le brevet de capacité.

M. le rapporteur.—J'entends très-bien. Je dis que, quand l'examen a été subi devant le comité, et que ce comité a donné son approbation, le ministre n'a plus qu'à signer le brevet.

M. Guizot.—S'il l'approuve !

M. le rapporteur.—D'un autre côté, à qui appartient la surveillance ? au comité d'arrondissement qui l'exerce par lui-même et par ses délégués ; j'insiste sur ce point, parce qu'il se reproduira plus tard. Eh bien ! si toute l'autorité appartient au comité d'arrondissement, n'est-il pas vrai qu'en centralisant, en attirant tout à Paris, on enlève aux comités d'arrondissement une partie de leurs attributions ? Dans ce cas, l'augmentation de dépenses n'est pas le plus grand inconvénient ; le plus grave, c'est d'appeler à Paris des affaires qui ne devraient pas y être traitées. Ainsi, par exemple, l'on a exigé des instituteurs primaires l'accusé de réception d'une circulaire. La commission a pensé que cette correspondance à propos d'accusés de réception de circulaire était de la centralisation sans véritable intérêt ; elle a pensé que, si cet examen était fait dans les bureaux du recteur, il y aurait d'abord économie de frais, et que le recteur pourrait par là connaître mieux le personnel des instituteurs classés dans son académie. Voici les diverses raisons qui ont déterminé la commission à refuser l'augmentation de crédit. (*Très-bien, très-bien !*)

M. Guizot, *ministre de l'instruction publique.* — Je serai fort court.

Si l'honorable rapporteur indiquait une des attributions des autorités locales qui leur aurait été enlevée par l'autorité centrale pour être exercées à Paris, il aurait raison ; mais il n'en est rien.

Aucune attribution n'a été enlevée à l'autorité locale pour être concentrée à Paris. L'autorité centrale n'a exercé que les attributions que la loi lui a conférées.

Quant à la question de fait relative à la circulaire adressée aux instituteurs et pour laquelle des réponses ont été demandées par l'autorité centrale, j'ai besoin de donner quelques explications.

Je ne crois pas que tout puisse se traiter par des tiers. Il importe, quand on veut véritablement connaître les hommes, de traiter directement avec eux, de les voir quelquefois face à face, de savoir ce qu'ils font, ce qu'ils ont dans l'âme.

Lorsque j'ai écrit à tous les instituteurs de France, je n'ai pas eu pour but de leur envoyer une vaine circulaire, mais d'exercer sur eux quelque influence morale, de leur imprimer une certaine direction dans l'exécution de la loi du 28 juin. J'ai voulu voir si les instructions qui leur étaient ainsi données étaient bien comprises. Il m'importait de savoir dans quel esprit ils allaient agir. Dans ce dessein, je leur ai demandé de m'adresser personnellement réponse à la circulaire qui leur était envoyée. J'ai lu moi-même (que la Chambre me permette d'entrer dans ces détails), j'ai lu quatre ou cinq mille de ces réponses. J'ai vu ainsi, et la Chambre a pu en juger par le rapport que je lui ai présenté, quel était l'esprit général des instituteurs primaires en France, comment il variait de province à province, quel était leur degré d'instruction, d'intelligence, comment ils entraient plus ou moins dans l'esprit de la loi que vous avez rendue.

Ce n'était pas pour me procurer le vain plaisir de faire arriver vingt mille lettres à Paris que j'ai écrit ces circulaires, mais bien pour exercer sur ces hommes une véritable influence. Eh bien ! je n'hésite pas à dire que ce résultat a été obtenu, que ce n'est pas un résultat insignifiant, qu'il est dans l'esprit de la loi du 28 juin, et que la misérable dépense qui a pu en résulter est infiniment inférieure à l'importance du but qui a été atteint.

M. Havin.—Je conçois que, pour la mise à exécution de la loi, M. le ministre ait pu faire ce qu'il vient de dire; mais je ne conçois pas qu'il veuille conserver pour 1835 une augmentation qui a pu être nécessaire seulement dans les premiers moments.

M. Guizot.—Dans les dépenses que la loi du 28 juin entraîne, il y en a de deux natures : les unes sont relatives à l'exécution immédiate de la loi, à l'innovation introduite dans le régime de l'instruction primaire; les autres, comme j'ai déjà eu l'honneur de le dire à la Chambre, sont permanentes; indépendamment de la dépense faite dans les premiers moments de la loi du 28 juin, cette loi a créé une véritable institution; elle a donné à l'instruction primaire en général une étendue et une importance qu'elle n'avait pas auparavant. Donc, indépendamment des dépenses de première mise, si je puis ainsi parler, des dépenses passagères, il y a un surcroît de travail et un surcroît de dépense permanente. C'est sur ce motif qu'est fondé l'accroissement de l'allocation que j'ai demandée. (*Aux voix! aux voix!*)

M. de Rancé.—Tous ceux qui dans les départements ont vu de près tous les travaux qu'a nécessités la nouvelle loi sont, comme moi, intimement convaincus qu'à présent, et même pour longtemps, de grandes dépenses seront nécessitées par le grand travail auquel cette loi donne lieu ; quand on veut la fin, il faut vouloir les moyens. Je ne pense pas qu'on puisse apporter de réduction sur cet article.

M. le rapporteur.—Ce n'est pas une réduction que demande la commission, elle s'oppose seulement à une augmentation. (*Interruption.*)

La commission ne vous propose pas de réduire le crédit sur ce qu'il était en 1834; elle vous propose au contraire de le laisser tel qu'il était fixé dans le budget de cette année.

M. Guizot. — Ce que vient de dire M. le rapporteur est une erreur; il n'ignore pas, puisqu'il l'a dit lui-même dans son rapport, que les fonds qui ont été nécessaires en 1833 et 1834 pour l'exécution de la loi ont été pris sur les fonds consacrés au service général de l'instruction primaire. Il a bien fallu faire cette dépense pour 1833 et pour 1834 ; et si j'ai porté 10,000 francs de plus aux frais de bureau, c'est pour n'être pas obligé de faire ce prélèvement sur les fonds généraux de l'instruction primaire.

Les réductions proposées par la commission sont rejetées.

— Séance du 9 mai 1834. —

La commission du budget avait proposé le rejet de l'allocation de 25,000 francs que j'avais demandée pour la création de quelques chaires nouvelles, notamment de chaires de droit constitutionnel, dans les facultés de droit. Je combattis cet amendement, et la Chambre vota l'allocation proposée. Je combattis également, dans le cours de ce débat, diverses réductions proposées par la commission et elles furent presque toutes rejetées.

M. Guizot, *ministre de l'instruction publique.*—Je n'ai pas le dessein de prolonger cette discussion. Je n'aurais pas pris la parole si je n'avais une observation de quelque importance à présenter sur le crédit de 25,000 francs demandé pour la création de chaires nouvelles dans les facultés de droit.

La Chambre comprendra sans peine qu'il ne s'agit pas de la réforme générale qui pourrait être apportée dans cette branche de l'enseignement supérieur ; il s'agit seulement de combler quelques lacunes, de faire quelques essais pour améliorer et développer l'enseignement du droit, en attendant qu'on puisse le remanier dans son ensemble.

Comme on l'a dit à la Chambre, le droit criminel n'est pas spécialement enseigné dans nos facultés, il ne l'est qu'incidemment, et comme une portion de l'enseignement de la procédure.

Il est évident que le droit criminel est d'une trop grande importance, et doit tenir trop de place dans notre vie politique pour ne pas être l'objet d'un enseignement spécial.

Quant au droit constitutionnel, j'ai besoin à cet égard d'expliquer clairement ma pensée.

M. le rapporteur de la commission a paru croire qu'il s'agissait de créer, dans les facultés de droit, un enseignement de philosophie politique. Ce n'est pas là mon objet. On ne fait dans les facultés que trop de philosophie politique, et de mauvaise philosophie politique! C'est un enseignement positif, c'est l'enseignement du droit constitutionnel positif, l'enseignement de la Charte comme droit écrit, comme on apprend le Code civil (*Très-bien !*); c'est cet enseignement que je voudrais introduire dans nos facultés.

La philosophie politique, comme l'a dit M. Prunelle, n'appartient pas aux facultés de droit; c'est un enseignement purement philosophique, qui n'appartient qu'aux facultés des lettres. Ce que je voudrais, dis-je, introduire dans nos facultés de droit, c'est l'enseignement du droit constitutionnel positif français. Je voudrais qu'il y eût, dans toutes nos facultés, une explication détaillée de la Charte, comme étant notre code constitutionnel. (*Assentiment.*) Je désire que personne ne se méprenne sur ma pensée : mon intention n'est pas de créer, dans les facultés de droit, des chaires de philosophie politique; c'est plutôt de substituer l'enseignement du droit écrit à l'enseignement de la philosophie politique.

Si j'avais sous la main un assez grand nombre d'hommes éclairés, et qui eussent fait leurs preuves en fait de jugement et de sciences, un nombre suffisant pour introduire tout à coup cet enseignement dans toutes nos facultés, c'est plus de 25,000 francs que je demanderais. Mais la Chambre me permettra de le lui dire, ces hommes-là manquent; c'est dans l'espérance d'en trouver quelques-uns et pour faire des essais partiels dans nos principales facultés que je demande 25,000 francs.

La commission avait proposé le rejet d'une augmentation de crédit de 9,000 francs, dans laquelle étaient compris les frais d'impression du recueil des historiens des Croisades, entrepris par l'Académie des inscriptions. Je la combattis.

M. Guizot, *ministre de l'instruction publique.* — Je demande à faire une seule observation. Je ne parle pas de ce qui concerne le recueil des historiens des croisades; mais dans cette somme de 9,000 francs se trouvent 5,000 francs destinés aux dépenses communes des cinq académies. L'augmentation résulte de l'introduction d'une sixième académie, qui non-seulement a exigé des fonds spéciaux, mais encore a augmenté la masse des frais de chauffage, de correspondance et de bureau, en un mot les dépenses communes de l'Institut. Les 5,000 francs dont il s'agit ont pour but de pourvoir à cette augmentation de charges.

M. Taillandier. — Une seule observation sur ce que vient de dire M. le ministre de l'instruction publique. J'ai examiné cette question, et je crois qu'il suffirait de rejeter la proposition de la commission en ce qui concerne les historiens des croisades. Quant à l'accroissement de dépenses résultant de la création d'une nouvelle classe de l'Institut, je ferai observer qu'il y a des membres de l'Institut qui font partie de plusieurs académies et qui ne touchent pas un double traitement. M. le ministre pourrait donc disposer du double traitement qui n'est pas touché pour augmenter les frais du matériel.

M. Guizot. — Il ne faut pas faire de confusion en ce qui regarde le personnel et ce qui regarde le matériel. L'augmentation des frais matériels tient à ce que, par exemple, il y a eu deux séances de plus par semaine, et qu'il a fallu chauffer les salles pour ces séances-là.

Voilà les frais matériels qui sont augmentés ; il est impossible de n'y pas pourvoir.

La réduction est mise aux voix ; elle n'est pas adoptée.

— Séance du 10 mai 1834. —

M. Guizot, ministre de l'instruction publique. — En proposant à la Chambre l'augmentation de crédit dont il est question pour la Bibliothèque, j'ai mis sous ses yeux tous les renseignements propres à l'éclairer ; j'avais demandé à l'administration de la Bibliothèque un état détaillé de ses besoins, avec les motifs sur lesquels les dépenses devaient être fondées. Ce rapport a été distribué à la Chambre. Il en résulte qu'un arriéré considérable, soit pour achat de livres, soit pour ouvrages dépareillés, soit pour reliures, existe à la Bibliothèque.

Un des préopinants s'étonnait de ce qu'il fallait relier bien des livres de la Bibliothèque. Le principe fondamental de la Bibliothèque du roi, c'est d'être une collection complète de tout ce qui est imprimé en France. Eh bien ! pour qu'une collection soit complète et se conserve, la reliure est indispensable. Il n'est personne qui ne sache qu'au bout de quatre-vingts ou de cent ans un livre broché disparaît.

Il y aurait donc une véritable déperdition de livres, une véritable perte du capital, si on ne prenait pas soin de la reliure. Il résulte des renseignements que j'ai mis sous les yeux de la Chambre qu'indépendamment des services généraux, il existe 150,000 volumes brochés qu'il est urgent de relier; je dis urgent, si on veut que la plupart de ces livres ne périssent pas.

Il ne faut pas croire que le crédit que j'ai demandé soit suffisant pour pourvoir à ces dépenses. C'est simplement un à-compte qui permettrait de relier les livres les plus importants et d'attendre pour les autres.

J'ajoute un fait qui m'échappait; c'est que lorsque j'ai apporté une modification dans le régime de la Bibliothèque, et que j'ai fait cesser quelques abus qui s'y étaient introduits, un grand nombre d'ouvrages importants se sont trouvés dépareillés; il faut les remplacer. Une partie du crédit dont il s'agit est destinée à cet emploi.

Quant aux 60,000 doubles dont on vient de parler, il est vrai qu'ils existent à la Bibliothèque du roi; on est occupé à organiser un système d'échange qui permettra de remplacer ces doubles par de bons ouvrages. Mais les opérations d'échanges sont lentes et l'on n'a pas encore pu les faire.

La réduction proposée par la commission est rejetée.

M. Guizot, *ministre de l'instruction publique.*—Messieurs, sur ces deux crédits, sur celui qui est relatif au professeur d'arabe à Marseille et celui qui est destiné à secourir les jeunes élèves sortant de l'École des chartes, je serai d'une opinion différente de celle de M. le rapporteur.

Je crois que, si la Chambre allouait un crédit qui va se présenter tout à l'heure au chapitre suivant et qui est destiné à un travail sur l'histoire de France, les 4,000 fr. que je demande ici pour les jeunes élèves de l'École des chartes pourraient être supprimés, si toutefois, comme je le dis, la Chambre accordait les fonds destinés au travail sur les documents de l'histoire de France.

Quant au crédit de 4,000 fr. destiné au professeur d'arabe à Marseille, il est vrai que jusqu'ici ce professeur avait été payé sur des économies faites sur l'ensemble des chapitres. Ces économies devaient être employées à autre chose; mais il s'est trouvé une chaire vacante, et la portion de traitement vacante fut portée à la chaire d'arabe à Marseille. Cette chaire est d'une véritable nécessité à cause de nos relations avec le Levant. Il m'a paru utile de ne pas la laisser au hasard d'une économie et de la porter positivement au budget. Elle a existé jusqu'ici en quelque sorte en cachette, et livrée aux chances d'économie qui pourraient avoir lieu sur ce chapitre. C'est pour la tirer de cet état précaire, pour lui donner une existence avouée, que je l'ai portée au budget.

Je serais disposé à abandonner le crédit de 4,000 fr. relatif aux élèves de l'École des chartes, dans l'espérance de le trouver dans le chapitre suivant, relatif à la publication de documents inédits sur l'histoire de France, qui me fournira l'occasion d'employer ces jeunes gens ; mais quant à la chaire d'arabe de Marseille, je crois qu'il est utile de l'écrire positivement au budget, et d'en faire les fonds.

M. GUIZOT, *ministre de l'instruction publique*. — Je ne veux que donner à la Chambre quelques explications de fait pour qu'elle sache bien précisément de quoi il s'agit.

Il ne s'agit ici d'aucun travail analogue aux travaux dont les commissions de l'Institut sont chargées ; les travaux dont on a parlé sont spéciaux et déterminés : c'est la continuation des recueils des historiens, c'est le recueil des ordonnances des rois de France; les commissions auxquelles ces travaux sont confiés ne peuvent pas s'occuper d'autre chose.

Personne n'ignore que dans les bibliothèques et dans les archives du royaume, ainsi que dans les archives des différents ministères, et spécialement dans celles du ministère des affaires étrangères, il existe un nombre immense de correspondances et de documents d'une extrême importance pour notre histoire. Ce sont ces documents-là qu'il s'agit de recueillir et de publier ; cette publication n'aurait pu être faite par aucune des commissions de l'Institut dont on a parlé. Elle a besoin d'être l'objet d'un travail, d'un crédit spécial.

Il ne faut pas que la Chambre se figure que ceci est un moyen de créer des traitements au profit de certaines personnes. Et ici je crois donner une explication satisfaisante à M. de Sade. Aucun traitement ne sera créé, aucune fonction, aucune place ne sera établie. Un certain nombre de travaux spécialement désignés seront confiés momentanément, passagèrement, à certaines personnes. Lorsque ces travaux seront terminés, des indemnités leur seront allouées spécialement pour ce travail. Il n'y aura pas de traitements fixes, de places permanentes. Il y aura purement et simplement une indemnité donnée à chaque travailleur pour le travail particulier qui lui aura été confié.

Je prie la Chambre de me permettre de mettre sous ses yeux une considération qui a une valeur plus que littéraire, une valeur morale et en quelque sorte politique.

Hier, M. Bellaigue se plaignait avec raison de la vie que mènent dans nos grandes villes, et particulièrement à Paris, un grand nombre de jeunes gens qui ont de l'esprit, de grandes facultés, et qui viennent les perdre ici ou en faire un détestable emploi, soit dans une mauvaise littérature, soit dans une mauvaise politique. Cela est très-vrai ; c'est un grand mal, un des maux qui nous travaillent le plus dangereusement et que nous n'aurions pas à redouter si ces jeunes gens avaient un emploi utile, légitime et sérieux de leurs facultés, si au lieu de faire des articles de journaux ou de mauvaises pièces de théâtre, il y avait pour eux un moyen d'étudier sérieusement, laborieusement, et d'employer leur temps et leurs facultés d'une manière utile pour eux-mêmes et pour le pays.

Eh bien ! la proposition que j'ai l'honneur de faire à la Chambre est un moyen d'offrir, à un certain nombre de jeunes gens distingués, des travaux de ce genre. Ce n'est là qu'une vue accessoire, mais qui n'est pas sans importance.

On se fait une très-fausse idée des richesses dont je parle quand on croit qu'elles sont déjà connues. J'ai étudié avec autant de soin que l'honorable M. Auguis les manuscrits déposés aux archives des affaires étrangères à l'époque dont il a parlé, et qui est l'époque de la révolution d'Angleterre. Eh bien! je puis affirmer à la Chambre que les cinq sixièmes des documents qui existent dans les archives des affaires étrangères, et les plus importants peut-être, non-seulement ne sont pas publiés, mais n'ont pas même été consultés, quelques-uns parce qu'ils sont d'une lecture très-difficile. Je dirai en particulier à la Chambre qu'il y a une correspondance tout entière annotée en marge de la main du cardinal Mazarin. La lecture de l'écriture du cardinal Mazarin est une véritable étude; il faut avoir passé un certain temps à s'en rendre compte pour en venir à bout. Ce travail n'a pas été entrepris. On m'accordera cependant que cela peut compter au nombre des documents historiques les plus importants. Je pourrais indiquer beaucoup de faits de ce genre; un de nos honorables collègues, M. le général Pelet, pourrait vous dire qu'aux archives de la guerre, il y a, sur l'histoire militaire de la France, un grand nombre de documents originaux extrêmement importants, écrits par les contemporains, et qu'il serait utile de publier.

Je voudrais donner à la Chambre une idée un peu exacte de l'étendue de ce travail, et elle verrait qu'on a tort de nous renvoyer aux commissions de l'Institut et aux travaux spéciaux dont on a parlé. C'est vouloir que rien ne soit fait. Aucune de ces commissions ne peut se charger du travail que j'ai l'honneur de proposer à la Chambre.

Je conçois toutes les objections tirées des économies; elles sont graves, et si la Chambre jugeait que, pour la première année, l'allocation tout entière serait trop considérable, je reconnaîtrais avec M. le rapporteur et avec la sous-commission du budget, dans le sein de laquelle j'ai traité la question, je reconnaîtrais qu'effectivement, la première année, il n'y aura pas de publication à faire, que les travaux préparatoires, les extraits, les copies, rempliront cette première année, que, par conséquent, la dépense sera moins forte que celle des années suivantes, et qu'il serait possible, comme la sous-commission en avait eu l'idée, et comme M. Vatout l'a proposé, de réduire l'allocation pour cette première année. Mais que la Chambre soit bien assurée qu'il s'agit de mettre le public en possession de richesses historiques dont il ne pourrait être mis en possession d'aucune autre manière.

J'ajouterai une autre observation. La Révolution française est considérée avec raison comme un véritable mur de séparation entre le passé et le présent. Notre histoire, avant 1789, est en quelque sorte pour nous de l'histoire ancienne. Déjà les souvenirs s'effacent, les hommes qui les comprenaient meurent. Il importe de se presser si l'on veut profiter de ces manuscrits. L'intelligence en sera perdue bientôt, de même que les monuments matériels disparaîtront.

Je vois devant moi M. le procureur général de la cour des comptes. Les archives de la cour des comptes sont pleines de documents de ce genre. Combien de personnes sont en état d'aller s'enfermer dans ces archives, de les lire, d'en tirer les faits qu'il nous importerait de connaître?

Messieurs, il y a urgence, le temps presse, les manuscrits périssent matériellement; ils périssent aussi moralement; on sera bientôt hors d'état de les comprendre, et il importe d'en entreprendre promptement la publication.

M. Taillandier. Je prends la liberté de demander à M. le ministre à qui sera confiée la direction de ces travaux.

M. Auguis. Je demande la parole pour un fait personnel; je n'ai qu'un mot à dire. M. le ministre de l'instruction publique vient de déclarer à la Chambre que plus des quatre cinquièmes de la correspondance de la France avec l'Angleterre, de 1647 à 1688, étaient inédits. Eh bien! quant à cette correspondance annotée par le cardinal Mazarin, il n'y a qu'un inconvénient, c'est que la correspondance de Barillon a été publiée, partie en France, partie en Angleterre, dans la correspondance de Lemaire. L'autre partie, qui est la correspondance de Bourdeau, avec des notes, a été également publiée.

M. Guizot.—L'honorable M. Auguis est dans l'erreur.

M. de Barillon n'était pas ambassadeur en Angleterre du temps du cardinal Mazarin. Il n'a été ambassadeur à Londres qu'après la restauration de Charles II, et le cardinal Mazarin était mort. (*Rire général.*)

M. Auguis.—C'est une erreur.

M. Guizot.—J'ajoute que, dans les portions de correspondances qui ont été publiées, et notamment dans la correspondance de M. de Bordeaux, effectivement ambassadeur à Londres, les documents dont j'ai parlé, les annotations de la main du cardinal Mazarin en marge des lettres écrites à l'ambassadeur à Londres, n'ont point été déchiffrés ni imprimés dans les fragments de publication qui ont eu lieu. Ils n'y sont pas.

M. Odillon Barrot.—Seront-ce des jeunes gens qui feront ce travail?

M. Guizot.—Je suis obligé de répondre à l'interpellation de M. Odilon Barrot qui ignore sans doute qu'à présent même, à l'École des chartes, il y a six ou huit jeunes gens qui ne font guère autre chose qu'étudier la lecture des manuscrits et les écritures de tous les temps, que c'est là leur travail, qu'ils s'y exercent, et qu'ils sont fort versés dans la paléographie. C'est à tel point que, dans certain nombre de départements, on s'adresse à moi pour me demander des archivistes pris parmi ces jeunes gens, qui soient en état d'aller déchiffrer les vieux titres entassés dans les archives départementales. Plusieurs de ces jeunes gens sont déjà partis, et il y a quelques jours que j'en ai envoyé un à Poitiers.

M. Odilon Barrot.—Je vous prie de nous dire si ce sont ces jeunes gens qui vous fatiguent par leurs publications républicaines, et dont vous voulez vous débarrasser. (*Murmures.*)

M. Guizot.—Si ces jeunes gens, qui ne me fatiguent point mais qui nuisent à la France par leurs publications et le mauvais état de leur esprit, si ces jeunes gens trouvaient un solide et sérieux emploi de leurs facultés, s'ils trouvaient de véritables études à faire au lieu de perdre leur temps dans de mauvais travaux; je ne doute pas qu'un grand nombre d'entre eux, et surtout les plus distingués, ne préférassent un bon et solide travail qui leur serait offert.

A une proposition de M. Garnier-Pagès, je répondis :

M. GUIZOT, *ministre de l'instruction publique.* — Je dirai à la Chambre que la pensée de l'honorable préopinant (M. Garnier-Pagès) a été prévenue; depuis plusieurs mois, sur les fonds d'encouragement alloués à mon budget, j'ai prélevé une très-petite somme pour envoyer à Londres un élève de l'École des chartes, qui s'est déjà enfermé dans la Tour de Londres, et qui, avec l'autorisation du gouvernement anglais, en compulse les archives. Il a déjà recueilli, sur notre plus ancienne histoire, des documents importants dont il m'a transmis des copies. Il continue son travail; et, sans aucun doute, si la Chambre alloue les fonds qui lui sont demandés, ce travail prendra beaucoup de développement, et plusieurs autres personnes pourront aussi y être employées. (*Très-bien! très-bien!*)

LIX

— Chambre des députés. — Séance du 14 mai 1834. —

Dans la discussion du projet de loi relatif aux détenteurs d'armes et munitions de guerre, M. Pagès, de l'Ariége, ayant fait allusion, pour le maintenir, à ce qu'il avait dit dans la discussion de la loi sur les associations, je pris la parole :

M. Guizot, *ministre de l'instruction publique.* — Messieurs, voici ce qu'a fait, ce qu'a dit, dans la discussion de la loi sur les associations, l'honorable préopinant :

Il a dit : « Parmi les dispositions de votre loi, je choisis, et voici celles auxquelles je n'obéirai pas, celles auxquelles j'obéirai. »

Vous faisiez une loi, une loi générale, que vous croyiez devoir faire générale pour atteindre votre but. Fallait-il qu'elle le fût en effet? C'était là une des questions soumises à la Chambre, qu'on pouvait débattre, sur lesquelles on pouvait avoir des opinions diverses. Celle de l'honorable préopinant, à cet égard, était parfaitement permise. On pouvait très-bien dire qu'il ne fallait faire qu'une loi spéciale sur les associations politiques ; on pouvait très-bien dire qu'il fallait, par amendement, exclure de la loi telle ou telle espèce d'association. Mais ce n'est pas à cela que s'est borné l'honorable préopinant ; il vous a dit d'avance : « Quelle que soit votre loi, de quelque manière que vous la fassiez, qu'elle soit générale ou qu'elle ne statue que sur quelques associations particulières, peu m'importe ; je choisirai les articles auxquels il me plaira d'obéir, et je déclare d'avance qu'il y aura dans votre loi telles ou telles dispositions auxquelles je jure de désobéir. »

De toutes parts. — C'est très-vrai !

M. Guizot.—Voilà, messieurs, ce que vous a dit l'honorable préopinant. (*Oui ! oui !*) Il s'est constitué d'avance le juge de votre loi, même après qu'elle serait rendue, et après qu'elle serait rendue d'une manière générale.

Eh bien ! messieurs, c'est là ce que nous appelons prêcher la désobéissance aux lois. Qu'a fait ici l'honorable préopinant? Il vous a annoncé qu'il désobéirait à certaines dispositions quand votre loi serait rendue. Chaque citoyen peut user du même droit. Chaque citoyen peut dire à son tour : « Vous dites que vous désobéirez à la loi en ce qui concerne les associations religieuses ou les associations de bienfaisance, eh bien ! moi, je lui désobéirai en ce qui regarde les associations politiques. »

Voix nombreuses. — Ce serait illégal.

M. Guizot.—Ce serait pourtant, messieurs, la conséquence inévitable ; chacun pourrait dire à M. Pagès : J'ai ma pensée et ma volonté comme vous ; je peux, comme vous, choisir les articles auxquels il me plaira d'obéir et ceux auxquels il me plaira de désobéir.

Messieurs, les lois ne sont pas faites pour être ainsi traitées, ni par ceux qui les font, ni par les citoyens auxquels elles sont destinées. Les lois sont ici librement débattues ; on peut venir leur adresser toutes les objections qu'on croit bonnes ; on peut venir proposer tous les amendements qu'on juge raisonnables; mais quand elles sont faites, elles doivent être obéies, obéies par tout le monde, et dans toutes leurs dispositions, sans quoi elles ne seraient pas lois.

Permettez-moi, messieurs, de vous dire que c'est ici un symptôme et un reste de ce déplorable esprit révolutionnaire contre lequel nous nous élevons sans cesse. Nous savons très-bien qu'il y a, dans la longue destinée des peuples, certains jours où certaines lois détestables tombent, où l'on peut légitimement désobéir à la tyrannie; nous savons qu'il y a des accidents terribles qui amènent une juste résistance. Messieurs, nous sommes ici pour nous dire la vérité tout entière, et quant à moi, je n'entends sacrifier aucun principe vrai et cher à l'humanité. Ne craignez rien, messieurs; avec la vérité seule, avec la vérité tout entière, nous avons de quoi combattre nos adversaires et, j'ajoute sans hésiter, de quoi les confondre. (*Murmures à gauche.*)

Voix au centre. — Oui! oui! très-bien! très-bien!

M. Guizot. — Oui, il y a dans la vie des peuples des crises redoutables dans lesquelles la désobéissance peut se rencontrer, même chez les honnêtes gens; mais ce n'est pas là l'état permanent, l'état habituel de la société; ce n'est pas là ce qui arrive dans une société libre, dans laquelle les lois sont librement discutées. Je dis une société libre, messieurs, et je me plais à le répéter; à aucune autre époque de notre histoire et de l'histoire d'aucune société, la liberté n'a été aussi grande, aussi complète qu'elle l'est de nos jours en France : liberté de discuter les lois dans cette enceinte et au dehors par la presse, liberté de mettre en question ce qu'aucun peuple, ce qu'aucun État n'a jamais souffert qu'on mît en question, le principe même de la société, le principe même de votre gouvernement.

Consultez les hommes éclairés des pays les plus libres; ils vous diront que ce qui se passe au milieu de vous leur paraît un phénomène étrange et qui les confond d'étonnement; les hommes les plus sages des États-Unis de l'Amérique ont peine à concevoir qu'une société subsiste à de telles conditions. (*Interruption à gauche.*) Oui, messieurs, à de telles conditions. Une société dans laquelle le gouvernement, non pas ses actes, non pas sa conduite, mais sa base fondamentale, son principe, tous les principes essentiels de l'ordre social et de l'ordre politique, la propriété, la royauté, la Charte, sont chaque jour mis en question par la presse, et presque à cette tribune,... dans le sanctuaire des lois... Cela n'est pas tolérable.

M. Havin. — C'est vous qui n'êtes pas tolérable. (*Murmures.*)

M. Guizot. — Cela n'est pas tolérable, je le répète; et cependant nous l'avons toléré; nous avons patienté, et déjà nous commençons à surmonter, nous surmonterons ce mal; nous le surmonterons avec votre assentiment, avec votre appui, avec l'appui de la véritable opinion publique qui, chaque jour, s'irrite et s'indigne contre une pareille déviation, contre un pareil attentat à l'ordre social lui-même.

Je reviens à la question particulière. Il n'est pas possible que chaque député, que chaque citoyen se réserve le droit de choisir dans les lois les dispositions qui lui conviennent, de dire : j'obéirai à celles-ci, je désobéirai à celles-là; qu'il se fasse ainsi sa propre loi en lui-même, tandis que nous sommes ici pour faire des lois pour tous : ce serait là un désordre immense, et auquel la Chambre devrait promptement pourvoir. (*Très-bien ! très-bien !*)

LX

— Chambre des pairs. — Séance du 9 août 1834. —

Après la session de 1834, la Chambre des députés, dont le terme légal était arrivé, fut dissoute ; des élections générales eurent lieu le 21 juin, et les Chambres se réunirent, le 31 juillet, pour l'ouverture de la session de 1835. Dans la discussion de l'adresse à la Chambre des pairs, M. le marquis de Brézé attaqua vivement la politique du gouvernement de Juillet, et revint en particulier sur les émeutes qui avaient eu lieu dans le cours de l'année et sur l'incident de la rue Transnonain. Je lui répondis :

M. Guizot, *ministre de l'instruction publique.* — Je ne voudrais pas prolonger la discussion sur ce sujet. Cependant, je ne puis m'empêcher de faire remarquer à la Chambre que le fait sur lequel on a si longtemps arrêté et si souvent rappelé son attention, le fait de la rue Transnonain est un fait de guerre civile (il faut le qualifier par son véritable nom). Or, messieurs, ce n'est pas le gouvernement, ce ne sont pas les amis du gouvernement, ce ne sont pas les troupes de la France qui ont engagé la guerre civile. Des séditieux, des factieux, des assassins ont commencé la guerre civile, l'ont commencée par l'assassinat. Il a été impossible de ne pas répondre à l'assassinat par la force ; et quand une fois la force s'est déployée dans les rues d'une ville, elle ne peut être conduite aussi régulièrement, aussi pacifiquement qu'une promenade ; elle a ses accidents, ses malheurs que le gouvernement déplore, comme d'autres, qu'il aurait voulu éviter, qu'il a fait tout ce qui était en son pouvoir pour éviter. Les ordres de l'autorité ont été des ordres doux, modérés, prudents. Au milieu même de la guerre civile, les troupes, les gardes nationaux ont toujours eu ordre d'attendre les attaques, de subir le feu, d'essuyer des pertes, des pertes douloureuses, avant de se défendre. Ils l'ont fait partout, ils ont partout obéi à ces ordres ; et, j'en demande pardon à la Chambre, il est étrange en vérité qu'après tant d'assassinats (car il m'est impossible, quelque mot que je cherche, d'en employer un autre), il est, dis-je, étrange qu'après tant d'assassinats qui ont porté sur de braves et honorables citoyens, soit dans l'armée, soit dans la garde nationale, sur des citoyens qui n'avaient rien fait pour provoquer de pareils malheurs, qui n'avaient jamais dit un mot, jamais fait une démarche qui pût les exposer à de pareils dangers, il est étrange, dis-je, que lorsqu'ils n'ont fait que repousser l'assassinat par la force, lorsqu'ils ont payé cette défense de leur sang, ce soit sur leur tête qu'on veuille faire retomber le sang de ceux qui avaient débuté par l'assassinat.

Non ! ce n'est pas sur la garde nationale et l'armée, sur leurs honorables commandants, sur le gouvernement du roi que de tels reproches doivent tomber ; c'est sur ceux qui ont engagé la sédition, la guerre civile, qui même après qu'elles ont éclaté, même après les malheurs qu'elles ont attirés sur le pays, ne veulent pas en accepter la responsabilité ; c'est sur eux qu'elle doit peser. Les hommes qui assassinaient nos braves soldats sont ceux sur qui doit retomber le sang répandu.

J'arrive à l'ensemble du discours de l'honorable préopinant.

Je demande pardon à la Chambre si je suis obligé de rentrer dans des questions bien souvent débattues devant elle, de redire peut-être des choses que j'ai eu moi-même déjà l'honneur de lui dire ; il est impossible de ne pas opposer aux mêmes reproches les mêmes réponses ; et quand l'histoire de notre pays et de notre gouvernement, depuis quatre ans, est sans cesse recommencée pour en tirer contre nous les mêmes accusations, je suis bien forcé de défendre le gouvernement du roi comme je l'ai déjà défendu.

Et d'abord, messieurs, la révolution de Juillet, j'ai déjà eu l'honneur de le dire devant cette Chambre, nous ne l'avons pas provoquée. Ce que je disais tout à l'heure de la rue Transnonain, de la guerre civile et de ceux sur la tête desquels ces malheurs doivent retomber, je le dirai aussi de la révolution de Juillet. Nous l'avons acceptée quand il a fallu l'accepter pour la sûreté et l'honneur du pays ; nous ne l'avons pas provoquée. La révolution de Juillet, c'est le parjure qui est allé la chercher. Je n'ai pas le moindre goût pour rappeler des souvenirs douloureux et pour mal parler des vaincus ; mais enfin la révolution de Juillet n'a été ni une révolte, ni une insurrection, ni une fantaisie arbitraire et violente de la nation française ; le parjure est allé la chercher ; la France s'est trouvée placée dans cette alternative douloureuse ou d'accepter la ruine de ses institutions, c'est-à-dire son propre déshonneur (un pays qui accepte la ruine de ses institutions est un pays déshonoré), ou d'accepter une révolution. Dans cette nécessité, la France a accepté, accepté franchement une révolution.

C'est un grand mal, dans tous les cas, qu'une révolution. Une révolution coûte fort cher financièrement, politiquement, moralement, de mille manières ; mais quand une révolution est faite de la sorte, sans provocation, sans aucun tort, s'il m'est permis de parler ainsi, sans aucun tort de la part du pays, quand elle est faite à la fois comme une justice et comme une nécessité, ce n'est pas au pays qui l'a acceptée pour sa sécurité, pour son honneur, qu'il faut en imputer les douloureuses conséquences; ce n'est pas à lui qu'il faut s'en prendre de ce qu'elle coûte : c'est aux premiers et véritables auteurs de cette violation de la foi jurée, de cette ruine tentée des institutions et de l'honneur du pays. Ce que la révolution de Juillet a coûté, c'est sur la tête de ses véritables auteurs, je le répète, qu'il faut le reporter.

Je passe ici du petit au grand. Le tort qu'ont les factieux dans la guerre civile, quand ce sont eux qui la provoquent, ce même tort, les gouvernements qui se conduisent avec assez peu de sagesse et de moralité pour appeler sur le pays des révolutions, s'en rendent coupables; ils sont responsables des conséquences; ce n'est pas au pays qu'il faut s'en prendre.

Depuis la révolution de Juillet, on accuse le gouvernement du roi d'avoir été également contraire à la liberté et à l'ordre; on l'accuse d'avoir promis beaucoup de progrès pour les libertés publiques et de n'en avoir amené aucun; on l'accuse d'avoir promis le rétablissement de l'ordre et de n'avoir pas su le rétablir.

Quant à la liberté, j'en appelle aux faits, à l'évidence. Ouvrez la Charte de 1830, ouvrez toute la législation rendue depuis cette époque; il est impossible de nier qu'il y a eu, je ne veux pas me servir du mot concession, mais une immense extension des libertés publiques. Prenez tout le droit politique, toute l'administration, vous trouverez partout l'introduction des principes qu'on est accoutumé d'appeler libéraux. Le principe populaire de notre gouvernement a été étendu dans la Charte par les modifications que la Charte de 1814 a subies. Il a pénétré successivement dans toutes les parties de notre organisation sociale.

Je ne veux pas insister sur un fait si évident, si simple;

je rappelle seulement qu'il a été fait de 1830 à 1834, dans les institutions, dans les lois, et au profit des libertés publiques, des réformes, des changements qui, dans tout autre temps, auraient suffi pour absorber un siècle, pour satisfaire pendant un siècle les esprits les plus ambitieux et les plus ardents en matière de liberté. Il n'y a aucun de vous, il n'y a aucun homme raisonnable qui ne convienne que, si l'on a eu un tort, c'est d'aller trop vite, et que, bien loin qu'on puisse se plaindre que l'extension de la liberté n'ait été ni assez grande, ni assez rapide, à parler franchement, s'il y a eu excès, c'est dans l'autre sens.

Si donc il s'agit des libertés légales, constitutionnelles, des libertés écrites, il est impossible de nier que, depuis 1830, il y a eu, à cet égard, un immense développement.

Si maintenant nous passons aux libertés de fait, j'en appelle également à vos souvenirs : est-il possible de nier que, dans ces quatre dernières années, en même temps que la liberté légale recevait une extension prodigieuse, la liberté de fait s'est manifestée avec une réalité, une énergie, un abus, passez-moi l'expression, qui ne s'était jamais vu à aucune autre époque de notre histoire ?

Consultez les étrangers qui viennent vivre au milieu de vous, qui arrivent des pays les plus libres : il n'y en a pas un qui ne soit étonné du degré de liberté de fait qui existe en France ; il n'y en a pas un qui ne se demande si cette liberté immense, si cette attaque si continuelle, si vive, si peu réprimée, contre les principes constitutifs du gouvernement et de la société, sont régulièrement possibles, si c'est là un état de choses de nature à durer. C'est là ce qui les trouble et les inquiète.

Et c'est en présence de tels faits, en présence de toutes ces lois que nous avons rendues depuis quatre ans, au profit de ces libertés de tout genre qui agissent tous les jours au milieu de nous, qu'on vient dire que la révolution de Juillet n'a rien fait pour l'extension des libertés publiques, qu'elle a manqué à toutes ses promesses !

En vérité, pour répondre à de telles accusations, je ne puis faire autre chose qu'en appeler aux faits, à l'évidence ; il est impossible de se répandre en longs raisonnements.

Oui, la révolution de Juillet a fait, pour l'extension des libertés publiques, plus qu'elle n'avait promis, plus que bien des hommes prudents et sensés n'auraient voulu demander ; mais il est naturel qu'un pays se laisse aller à l'entraînement d'une révolution, qu'il soit avide d'en recueillir tous les fruits, d'en multiplier les conquêtes ; il ne faut pas s'effrayer outre mesure de cet emportement de la victoire. Lorsque le pouvoir, lorsque les hommes éclairés savent ne pas s'en laisser dominer, lorsqu'ils savent résister à ce mouvement désordonné d'ambition et de liberté qui se manifeste, le mal passe et le bien reste. Ces libertés que nous avons conquises et celles que nous avons écrites dans nos lois, et ces libertés de fait dont nous jouissons, elles subsisteront quand l'ordre sera complétement rétabli, quand les esprits se seront calmés, quand le fait de la révolution, au lieu d'être un fait actuel et encore brûlant, ne sera plus qu'un événement historique, un grand et glorieux événement dans la vie de la France. (*Marques nombreuses d'adhésion.*) Ce progrès si rapide de toutes les libertés, ce mouvement prodigieux et redoutable sera la gloire de la France, la gloire de notre époque ; sachons devancer un peu cet avenir et ne cédons pas trop aux alarmes des premiers moments.

Ce qui a fait la force du gouvernement depuis quatre ans, c'est qu'il a eu foi dans la bonté de sa cause, dans la vertu de nos institutions, dans le bon sens du pays ; soutenu par cette foi, il n'a pas craint cet immense développement des libertés publiques ; et cependant, remarquez que nous avons dès le premier moment lutté en faveur de l'ordre. Pendant que toutes les libertés se développaient, que nous proposions nous-mêmes ces lois favorables à la liberté, le principe qui a fait la règle de notre conduite depuis quatre ans, c'est le principe de la résistance au désordre, le principe du rétablissement de l'ordre immédiatement après une révolution.

C'est une œuvre difficile ; je conviens qu'on n'y a pas toujours réussi. S'il ne s'agit que de reconnaître que, dans le cours de ces années, après de tels événements, il y a eu des désordres que le pouvoir n'a pas toujours su prévenir, des désordres qu'il n'a pas toujours suffisamment réprimés, je suis tout prêt à le reconnaître; il n'y a aucun ministre, depuis quatre ans, qui ait la prétention de n'avoir commis aucune faute. Mais je dis qu'en fait et en général, le caractère de la politique, de la conduite du gouvernement depuis quatre ans, a été de lutter en faveur de l'ordre, de travailler sincèrement, énergiquement, patiemment, à le ramener dans la société, dans les esprits comme dans les rues. Je dis, et j'en demande pardon à la Chambre, car j'ai involontairement l'air de louer la politique du gouvernement, mais il faut bien que je le loue pour le défendre, je dis que, depuis quatre ans, c'est là ce qu'on a fait constamment. Depuis le jour où les clubs ont été fermés dans Paris, trois semaines environ après la révolution, jusqu'aux derniers désordres qui ont éclaté il y a trois mois, la politique du gouvernement a été constante. Qu'on repasse tous les grands événements, on verra que le rétablissement de l'ordre a toujours été le mobile fondamental de notre politique.

Jusqu'à un certain point, en faisant la part de l'infirmité humaine, de l'insuffisance des efforts, de l'empire des accidents du temps, nous avons réussi, qu'il me soit permis de le dire, au delà de l'attente de la plupart des hommes sensés. La plupart des hommes sensés et éclairés qui avaient traversé toutes nos vicissitudes politiques avaient, de l'avenir de la révolution de Juillet, bien plus mauvaise opinion; ils s'attendaient à de bien plus graves désordres, ils croyaient la société bien autrement compromise; et ce doute, cette inquiétude des hommes de sens et d'expérience a été l'un des principaux obstacles contre lesquels nous avons eu à lutter. Le gouvernement avait, je le répète, foi dans nos institutions, foi dans le bon sens du pays; mais une foule d'hommes éclairés n'avaient pas la même confiance ; ils étaient dominés par l'expérience de tout ce qui s'était passé en France depuis quarante ans; ils n'avaient jamais vu un mouvement violent s'arrêter trois semaines après son origine; ils avaient toujours vu les événements se précipiter sur la même pente, une révolution amener une révolution nouvelle, un désordre suivi d'un autre désordre. Le contraire est arrivé après la révolution de Juillet. On a marché lentement, il est vrai, mais on a toujours marché vers le rétablissement de l'ordre; on a toujours remonté la pente au lieu de la descendre. (*Très-bien! très-bien!*) C'est là un fait qu'il est impossible de ne pas reconnaître, quelque amère critique qu'on veuille faire des fautes de détail qui ont pu être commises par le gouvernement.

Messieurs, c'est là la politique de la Charte, c'est là la politique constitutionnelle, la politique libérale et modérée. Je crois que, sans vanité, il lui est permis de se qualifier elle-même ainsi.

Je répondrai peu aux objections de détail de l'honorable préopinant. Cependant il y a quelques faits qu'il m'est impossible de ne pas relever.

Il a parlé de l'état de nos finances tel que l'avait fait la révolution de Juillet, de l'état intérieur de l'administration, de l'arbitraire qui régnait dans les rapports du gouvernement avec les citoyens, et puis de nos relations extérieures.

Quant à nos finances, il a oublié deux faits : l'un, que la révolution de Juillet, à tort selon moi et avec peu de prudence, je ne crains pas de le dire, a réduit de 40 millions les droits réunis; on ne peut donc pas dire qu'elle n'a pas du tout réduit l'impôt.

Quant à l'armée, l'honorable préopinant est également dans l'erreur. Il a parlé d'une armée de 400,000 hommes; cela n'est pas, et à ce sujet permettez-moi d'entrer dans quelques détails.

L'armée était, à la fin de 1832, de 412,000 hommes; par le budget de 1834, elle a été tout à coup réduite à 286,000 hommes. La réduction avait été commencée et opérée en très-grande partie. C'est là une réduction sans exemple par sa rapidité et son étendue.

Dans le cours de cette année survinrent des événements qui prouvèrent la nécessité du maintien d'une partie de la force armée qu'on voulait réduire, et l'armée fut ramenée seulement au taux de 350,000 hommes. Il y a donc eu une réduction effective de plus de 60,000 hommes. Dans la session dernière, il avait été convenu entre le gouvernement et les Chambres que l'armée serait réduite à 310,000 hommes. Les événements de Lyon et de Paris en firent juger autrement, non pas au pouvoir tout seul, car on parle toujours de l'administration, comme si elle disposait seule des deniers de l'État; tout cela a été discuté devant vous, devant le public; la presse, les Chambres, tous les pouvoirs légaux de l'État ont débattu cette question. C'est après avoir passé par l'épreuve de la discussion publique, de la discussion de la presse, de tous les pouvoirs constitutionnels enfin; c'est après avoir subi ce travail si difficile et si long, imposé au pouvoir par notre Charte, que la mesure a été adoptée, et il est permis de trouver étranges les critiques de l'honorable préopinant, car s'il reste toujours le droit de discuter, de blâmer, même après la loi rendue, cependant il me semble qu'on doit quelques égards, je dirai même quelque respect, à ce qui a été décidé par les grands pouvoirs de l'État, sous les yeux du public, et après la plus libre, la plus complète discussion.

Je dis donc que l'armée devait être ramenée au taux de 310,000 hommes, quand les événements de Paris firent juger nécessaire de la maintenir, pendant un certain temps, sur le pied de 360,000 hommes. C'est là, dans ce moment, l'effectif de l'armée; tout ce qu'a dit l'honorable préopinant sur cette immobilité d'une armée de 400,000 hommes, la même depuis quatre ans, et destinée à être éternellement la même, tout cela est démenti, non-seulement pour l'avenir, mais pour le passé; l'administration s'est déjà efforcée de réduire l'armée dans les limites des besoins de l'État.

Je laisserai à M. le ministre des finances, qui serait ici s'il n'était retenu dans son bureau à la Chambre des députés, le soin de montrer avec détail qu'il n'est pas exact de dire que les finances de la France sont tombées dans une situation déplorable, et que nous sommes menacés de la banqueroute.

Oui, messieurs, une révolution coûte cher; mais de même qu'il est aisé d'établir qu'aucune révolution n'a amené aussi peu de désordres, aussi peu de violences, aussi peu d'injustices que la révolution de Juillet, de même je n'hésite pas à affirmer qu'il n'y en a aucune qui ait aussi promptement replacé les finances dans un ordre raisonnable. On peut faire cette comparaison non-seulement sur les gouvernements qui ont été établis par des révolutions, on peut la faire sur d'autres gouvernements d'une origine plus calme et plus facile. Je n'ai pas de goût pour ces comparaisons qui sont toujours amères pour un parti ; cependant je ne puis m'empêcher de rappeler que le gouvernement de la Restauration a coûté plus cher à rétablir que le gouvernement de Juillet.

M. LE MARQUIS DE BRÉZÉ. — Comment?

M. GUIZOT, *ministre de l'instruction publique.* — Ce n'est pas moi qui ai provoqué cette discussion, et je n'ai aucun plaisir à y entrer. Il y a des faits sur lesquels je crois que personne n'a un véritable intérêt à insister ; mais quand on nous y force, nous avons de quoi répondre. Je répondrai à l'honorable pair qui vient de m'interrompre, que la Restauration a coûté beaucoup plus cher à la France que la révolution de Juillet, le milliard de l'indemnité et les 7 ou 800 millions payés aux étrangers.

M. LE MARQUIS DE BRÉZÉ. — Je demande à répondre sur ces deux faits-là.

M. *le ministre de l'instruction publique.* — La réponse que peut faire l'honorable préopinant, c'est que ces dépenses étaient nécessaires et inévitables, et qu'on a bien fait de les faire. Quand je le lui accorderais, je pourrais dire et je dirais que les dépenses amenées par la révolution de Juillet ont été aussi nécessaires, inévitables, et qu'elles ont été moindres.

Je ne poursuivrai pas, messieurs, ces récriminations ni ces objections de détail. Mon honorable ami, M. de Lascours, a déjà répondu au fait particulier qui concerne la rue Transnonain. M. le ministre des affaires étrangères; et mon ami M. le duc de Broglie, ont le projet d'entretenir la Chambre de ce qui concerne nos relations étrangères; je laisserai donc ce sujet de côté. Je demande seulement à la Chambre la permission de répéter que cette politique qui a étendu nos libertés, qui est parvenue à rétablir l'ordre, nous avons bien le droit de dire que c'est la politique de la Charte. Que nous offre-t-on en échange? On nous propose ce qu'on appelle la réforme parlementaire. Voilà la politique, voilà l'avenir qu'on oppose à la politique de la Charte. Eh bien ! je n'hésite pas à le dire, ce qu'on appelle aujourd'hui la réforme parlementaire, et les principes en vertu desquels elle se produit, et la tactique qui la met en avant, tout cela constitue ce que j'appelle, moi, la politique révolutionnaire. (*Très-bien ! très-bien !*) C'est la politique de l'anarchie opposée à la politique de la Charte. (*Bravo ! bravo !*)

Je dis la politique de l'anarchie, et je le dis hautement. Voyons, en effet, quels sont les principes au nom desquels on met en avant ce qu'on appelle la réforme parlementaire : c'est le suffrage universel. Eh bien ! pour mon compte, je n'hésite pas à le dire, le suffrage universel, c'est un pur instrument de destruction; c'est une de ces idées politiques dont on se sert quand on veut remuer profondément les peuples, avec laquelle on fait les révolutions ; mais ce ne sont pas de véritables doctrines de gouvernement; on ne fonde rien avec cela. Le suffrage universel et toutes les idées qui s'y rattachent, et qu'on met en avant aujourd'hui, c'est de la politique de destruction, de démolition, de la politique révolutionnaire.

Il peut y avoir dans l'histoire des nations tel moment auquel cette politique convient, où elle rend d'importants services. Ainsi, c'est avec ces principes, avec cette tactique que la Révolution française a détruit l'ancien régime ; mais c'est précisément parce que ces idées sont propres à démolir, à détruire, qu'il faudrait savoir aujourd'hui que leur temps est passé. C'est d'un gouvernement régulier, de lois constitutives et durables, que nous avons besoin aujourd'hui. On ne fonde pas à coups de canon ; eh bien ! le suffrage universel, ce sont des coups de canon contre la société qui existe, ce sont de purs instruments de démolition. En vérité, il y a là une théorie aussi absurde pour le philosophe qu'impraticable pour l'homme d'État.

Encore un mot. Le suffrage universel, les théories que, moi, j'appelle destructives, et rien de plus, qui les met en avant aujourd'hui ? Par qui sont-elles prônées, adoptées pour drapeau ? J'éprouve, et cela est sincère, une véritable peine de le dire ; c'est par un parti qui, jusqu'à présent, avait professé des maximes toutes contraires. Je voudrais ne rien dire d'offensant pour personne, mais quel a été, dans le cours de nos vicissitudes, le véritable principe de force du parti qu'il faut bien que j'appelle de l'ancien régime, car je ne sais quel autre nom lui donner ? C'est qu'après toutes les épreuves par lesquelles nous avions passé, qui avaient trompé tant d'espérances et amené tant de mécomptes, le parti de l'ancien régime se présentait comme ayant conservé l'instinct des idées d'ordre, le respect des principes de l'ordre, l'intelligence des maximes fondamentales du pouvoir, comme ayant conservé surtout ce respect du pouvoir qui est la première base des gouvernements et des sociétés.

Un homme qui a siégé dans cette enceinte et dont les opinions politiques étaient aussi éloignées que possible des miennes et de celles de mes amis, mais qui, dans toutes les assemblées où il s'est trouvé, a figuré honorablement par l'élévation et l'étendue de son esprit, M. de Bonald, en 1814, en lisant une adresse à Louis XVIII la terminait, autant qu'il m'en souvient, par cette phrase : « J'ai toujours respecté le pouvoir, mais j'ai perdu l'habitude de le louer. »

C'était là un beau mot, messieurs ; il est honorable pour un parti vaincu de respecter le pouvoir, de comprendre que la société et sa moralité repose sur le respect qu'elle porte au pouvoir, comme sur le respect que le pouvoir lui porte à elle-même. Eh bien ! messieurs, n'en doutez pas ; c'est cette idée que le parti de l'ancien régime voulait l'ordre, savait respecter le pouvoir, avait quelques-unes des maximes essentielles de gouvernement, c'est cette idée, dis-je, qui faisait sa force et qui, dans les occasions difficiles, lui a quelquefois rallié, à travers bien des méfiances et des souvenirs fâcheux, une portion de la France, de la classe moyenne, de la bourgeoisie, qui croyaient trouver dans ce parti un appui utile à ces maximes d'ordre, de pouvoir, de gouvernement régulier dont on éprouvait le besoin. Malgré toutes ses fautes, malgré le vice radical de sa position et de ses doctrines, le parti de l'ancien régime a puisé plus d'une fois de la force dans ce sentiment. Cette force, aujourd'hui il l'abdique complétement, il abandonne tous ses principes d'ordre, de respect pour l'autorité; il se fait insultant, violent, révolutionnaire, cynique ; il adopte toutes les maximes, tout le langage désorganisateur et violent de ses adversaires ; et c'est par là que ce parti prétend nous combattre, c'est en inscrivant ces nouvelles maximes sur son drapeau qu'il veut l'opposer à la politique de la Charte !

Il y a là, permettez moi de le dire, messieurs....., je cherche un mot moins dur......; mais dans ma pensée il y a honte pour ceux qui emploient cette politique, il y aurait honte pour nous à en être les dupes : ce ne peut-être là qu'une manœuvre de parti.

M. LE MARQUIS DE BRÉZÉ. — Est-ce là votre seul argument ? Il est mauvais.

M. le ministre de l'instruction publique. — Je crois avoir employé quelques arguments puisés dans le fond de la question avant d'en venir à celui-ci. Il est naturel que l'honorable orateur ne les ait pas trouvés bons; mais il me permettra de croire qu'ils ne sont pas mauvais. (*Rires d'approbation.*)

Je dis donc que de même qu'à mon avis il y a honte pour un parti à abjurer ce qui a fait non-seulement son honneur, mais sa force, de même il y aurait honte pour nous à le suivre dans cette voie. Ni vous, ni nous, messieurs, n'en serons réduits là; vous penserez comme nous, et quoi qu'on en dise, que ce n'est là que de la politique révolutionnaire, anarchique, politique de destruction, de démolition.

Eh bien! les temps de démolition sont passés; les moyens de démolition ne sont plus de saison. Ce que nous voulons aujourd'hui, c'est affermir, consolider, construire définitivement la monarchie constitutionnelle que la France voulait en 1789, qu'elle a définitivement conquise en 1830. Depuis 1830 jusqu'à aujourd'hui, nous avons surmonté tous les obstacles que nous ont opposés les violences des partis. Si le temps des violences est passé, comme on le dit généralement aujourd'hui, si à sa place est venu le temps des mensonges, nous triompherons, je l'espère, des mensonges comme nous avons triomphé des violences; et nous resterons dans cette politique libérale et modérée qui est la politique de la Charte, et cette politique ira se développant, et portera de jour en jour des fruits nouveaux. (*Marques prolongées d'approbation.*)

LXI

— Chambre des députés.—Séance du 5 décembre 1834. —

J'ai raconté dans mes *Mémoires*[1] les incidents des diverses crises ministérielles survenues dans le dernier semestre de 1834, à la suite des élections générales et des premiers débats de la Chambre nouvelle. Quand sa session se rouvrit, en décembre 1834, ces crises donnèrent lieu à de longues explications auxquelles je pris part dans les séances des 5 et 6 décembre, en répondant à MM. Teste et Dupin aîné.

M. Guizot, *ministre de l'instruction publique.* — Certainement, messieurs, s'il y a jamais eu une question de bonne foi, c'est celle qui occupe en ce moment la Chambre. Je l'aborderai donc avec une entière bonne foi, avec une entière liberté, et sans crainte d'offenser la Chambre, ni même aucun de ses membres.

Quand l'adresse fut proposée et discutée dans cette Cham-

---

[1] *Mémoires,* t. III, p. 265-272.

bre, au mois d'août dernier, vous vous rappelez, messieurs, l'incident qui s'éleva sur le sens, ou plutôt sur la portée d'un des paragraphes de cette adresse, du paragraphe auquel on paraissait attacher le plus d'importance. Je ne le relirai pas à la Chambre, mais je demande la permission de remettre sous ses yeux la petite discussion qui s'éleva en ce moment.

A propos de la phrase suivante :

« C'est surtout par le choix d'agents fidèles et éclairés qu'il rendra au pouvoir cet ascendant moral qui est sa première force, et qu'a malheureusement altéré dans l'esprit des populations tant d'instabilité dans les hommes et dans les choses. »

L'un des membres de la Chambre demanda que cette phrase fût modifiée, et proposa de substituer le mot *conservera* à celui de *rendra*.

Sur cet amendement, le rapporteur de la commission s'exprima en ces termes :

« L'honorable membre n'a pas suffisamment compris la pensée de la commission au nom de laquelle je ne m'exprime pas, car je n'en ai pas le droit; mais il y a un fait reconnu par tout le monde, c'est que, non pas le gouvernement, mais le pouvoir en général a perdu, par suite des événements, des émeutes, de toutes les agitations dont nous avons été les témoins, a perdu un peu de cet ascendant moral, je dirai plus, de cette considération dont il a besoin pour opérer le bien. J'en appelle à tous les fonctionnaires publics. Ne se plaignent-ils pas de ne point jouir, dans leurs départements, dans les postes qu'ils occupent, de cette confiance à laquelle ils ont droit? Ainsi, en déclarant que les mesures proposées par la Chambre rendront au pouvoir l'ascendant dont il a besoin, je pense que votre commission de l'adresse a exprimé une idée toute gouvernementale. »

A ces paroles, messieurs, je répondis pour appuyer l'observation de l'honorable rapporteur de la commission :

« Il est évident que la phrase dont il s'agit ne s'applique qu'à cet ascendant moral qui, par suite de tant d'instabilité dans les hommes et dans les lois depuis quarante ans, a souvent manqué au pouvoir en général. C'est là le sens que M. le rapporteur vient, avec raison, d'attribuer à la phrase, et, dans ce sens, non-seulement nous n'avons aucune raison de la contester, mais nous y adhérons pleinement. Le fait qu'elle signale est réel et il est bon que la Chambre elle-même le caractérise ; c'est le désir du gouvernement aussi bien que celui de la commission et de la Chambre, de voir le pouvoir retrouver cet ascendant moral que souvent il a perdu. »

Sur cette explication du rapporteur de la commission, à laquelle j'avais adhéré, s'éleva immédiatement la réclamation suivante. L'honorable M. Laffitte dit : « Pour ma part, je n'admets pas l'explication, car le sens de la phrase est direct, » et M. Odilon Barrot ajouta : « Nous ne votons pas le commentaire, bien entendu. »

Déjà donc ce jour-là l'adresse était commentée, et il y avait des commentaires différents, le commentaire de M. le rapporteur, auquel pour mon compte j'avais adhéré, et un autre commentaire des honorables MM. Laffitte et Odilon Barrot, qui ne voulaient pas accepter celui de M. le rapporteur.

Voilà le fait dans sa simplicité, tel qu'il s'est passé dans cette courte discussion de l'adresse au mois d'août. Eh bien ! messieurs, ce fait s'est développé depuis ; l'incertitude, le doute qui avaient paru au premier moment sur quelques phrases de l'adresse, cette incertitude a grandi ; les commentaires se sont multipliés; les commentaires extérieurs sont venus se joindre aux commentaires intérieurs, et ils ont répandu sur le sens de l'adresse, sur son intention, sur ce qu'on avait voulu en faire, ils ont répandu, dis-je, une véritable obscurité. Ce n'est pas nous, messieurs, qui avons fait naître cette obscurité; nous avons reçu l'adresse dans le sens naturel et raisonnable à nos yeux que M. le rapporteur lui avait donné. Nous sommes, permettez-moi de le dire, et je n'en aurais pas besoin, nous sommes des hommes sérieux et sincères qui ne faisons nul cas des réticences, des arrière-pensées, des artifices de langage. Nous prenons les mots, comme les idées, dans leur sens naturel et simple; nous l'avons fait au mois d'août dernier. Cependant il est très-vrai, messieurs, que déjà ce jour-là, comme vous le voyez, des doutes s'élevaient, et que nous aurions pu, nous aurions dû, peut-être, provoquer à l'instant même une grande et vive discussion, demander à la Chambre d'éclaircir ces doutes qui n'étaient pas venus de nous, de déterminer le véritable sens de l'adresse, de dire, en un mot, quel en était le vrai commentaire, ce commentaire sur lequel on différait déjà dans le sein de la Chambre à cette époque.

Nous ne l'avons pas fait, nous nous sommes abstenus alors de cette discussion. La Chambre me permettra de lui dire pourquoi. Il nous a été dit alors par bien des membres de cette Chambre, attachés au même système politique que nous, qui l'avaient défendu avec nous, il nous a été dit que la Chambre, à cette époque, était peu disposée à une grande discussion politique ; que cette discussion réveillerait des animosités, des passions qui ne demandaient pas mieux que de s'amortir. Il nous a été dit qu'il fallait se montrer doux et conciliants, qu'il fallait éviter tout ce qui pourrait avoir pour résultat de porter quelque scission dans le sein de la majorité, de séparer des hommes qui, depuis quatre ans, dans toutes les grandes questions, avaient voté ensemble. C'est dans cet intérêt de conciliation, c'est pour ne pas demander à la Chambre ce qu'elle ne paraissait pas croire nécessaire que nous nous sommes abstenus d'élever cette grande discussion ; nous avons sacrifié alors ce que, dans un langage que je n'admets pas, on a coutume d'appeler l'intérêt ministériel ; nous l'avons sacrifié à cet esprit de conciliation et de modération qui paraissait animer la Chambre. Nous nous en sommes remis à la force des choses, au bon sens de la Chambre, de cette interprétation de l'adresse qui paraissait déjà nécessaire et que nous n'aurions pu demander sans amener la grande discussion dont on avait peur.

Voilà, je le répète, l'unique motif de notre silence à cette époque, silence qui nous a coûté, mais que nous avons bien fait de garder, je persiste à le croire, pour ne pas faire violence à cet esprit de paix et de conciliation qui se manifestait alors.

Depuis, messieurs, comme j'ai eu l'honneur de le dire à la Chambre, d'autres faits sont survenus. Cette adresse qui avait besoin de commentaires est devenue, entre les mains des partis au dehors (et, je le répète, je ne parle ni de la Chambre, ni de personne dans cette Chambre), cette adresse est devenue, entre les mains des partis au dehors, une arme dont on s'est servi, je ne dis pas pour renverser le ministère, mais pour changer, pour modifier profondément la politique qui avait été suivie jusque-là. On s'est servi de l'incertitude qui avait paru régner sur le sens, la portée, l'intention de l'adresse, pour attribuer à la Chambre des intentions, des opinions qu'elle n'avait certainement pas voulu exprimer. On a dit que la Chambre avait clairement montré par là qu'elle ne donnait pas son concours au système de politique que les Chambres précédentes avaient suivi, qu'elle avait manifesté l'intention que cette politique fût changée, que d'autres principes fussent adoptés, que d'autres hommes fussent appelés aux affaires.

Je ne demande point qui a dit cela, je ne demande point de qui ces commentaires extérieurs sont venus, je dis qu'ils ont eu lieu, que c'est là un fait évident, un fait palpable qu'il est impossible de méconnaître, et que c'est ce fait qui a répandu, sur la marche du gouvernement depuis cette époque, cette incertitude dont vous avez été témoins et que vous avez déplorée.

C'est cette incertitude sur le sens de l'adresse, sur l'intention de la Chambre, c'est cette incertitude profondément et constamment commentée au dehors par les partis, qui a affaibli le pouvoir, qui a soulevé des questions qui, peut-être, ne seraient pas nées sans cela, et leur a imprimé un caractère qu'elles n'auraient pas eu. C'est cette incertitude qui a fait de la question d'amnistie ce qu'elle est devenue, et qui a amené la crise ministérielle que vous avez vue. C'est ce doute, en un mot, sur l'adhésion de la Chambre au système de politique suivi jusque-là, qui a fait naître tous ces incidents que vous avez déplorés et cette faiblesse du pouvoir qui nous a déterminés à le quitter.

Je ne veux ajouter qu'un mot à ce que vous a dit tout à l'heure mon honorable ami le ministre de l'intérieur, sur les causes qui nous ont déterminés à sortir du pouvoir; c'est qu'après tout ce qui est survenu depuis le mois d'août, après le sens qu'on s'est efforcé de donner à l'adresse, après les conséquences qu'on a voulu en tirer, après les incidents que tout ce travail des partis avait amenés, après la retraite successive de quelques-uns des membres du cabinet, nous avons trouvé le pouvoir faible entre nos mains; nous ne nous sommes pas reconnu la force dont nous avions besoin pour remplir notre tâche.

C'est parce que nous ne voulions pas entreprendre une tâche sans avoir les moyens de l'accomplir, parce que nous n'avons pas voulu nous charger d'une responsabilité à laquelle nous ne pouvions suffire, que nous avons quitté le pouvoir; et la force nous manquait parce que l'adresse était douteuse, à cause de l'interprétation qu'on avait voulu lui donner. Je répète que j'adopte tout ce qu'a dit l'honorable rapporteur sur le sens de l'adresse, je ne la combats pas au fond, je ne conteste aucun des principes qui y sont énoncés; je dis uniquement qu'il y a eu incertitude sur le sens de l'adresse, et que c'est cette incertitude qui a énervé le pouvoir entre nos mains, et nous a mis dans la nécessité de ne pas manquer à notre devoir en le gardant. Nous aurions manqué à notre devoir envers le roi et envers le pays, si nous nous étions chargés d'une responsabilité à laquelle nous ne pouvions suffire, si nous avions conservé le pouvoir lorsque nous ne possédions pas la force sans laquelle on ne peut le bien exercer. Nous nous sommes dit alors : il arrivera de deux choses l'une, ou bien le sens de l'adresse sera déterminé comme on le prétend, et alors il sera reconnu que la Chambre a marqué de sa désapprobation le système que nous avons suivi depuis quatre ans ; d'autres hommes viendront alors ; ils auront le concours de la Chambre ; ils essayeront un autre système. S'ils réussissent, tant mieux ! L'intérêt du pays avant tout. Si, au contraire, ils ne réussissent pas, l'expérience sera faite. La Chambre elle-même, éclairée, désintéressée, reconnaîtra la vérité. Si elle s'est trompée, car une Chambre peut aussi se tromper comme des ministres, elle reconnaîtra son erreur, et alors elle prêtera force au système adopté par le pouvoir, à qui elle avait cru auparavant devoir la refuser.

C'est là, messieurs, le raisonnement que nous avons fait : dans l'une et dans l'autre hypothèse, soit qu'il fût entre nos mains, soit qu'il fût dans les mains d'autrui, le pouvoir devait retrouver la force dont il a besoin, et sans laquelle ne demandez à aucun homme qui se respecte de s'en charger, car il ne l'exercerait pas avec le repos de sa conscience, et c'est la première condition dans l'exercice du pouvoir.

Messieurs, c'est cette incertitude, source de tout ce qui est arrivé depuis six mois, que nous sommes venus, dès les premiers jours de votre réunion, vous demander de faire cesser. Nous n'avons fait le procès ni à l'adresse, ni à la Chambre, ni au rapporteur de l'adresse en particulier ; nous ne l'avons fait à personne. Nous sommes venus simplement, loyalement, poser la question devant vous ; nous n'avons pas parlé de l'adresse ; nous sommes venus vous demander : « Prêtez-vous ou ne prêtez-vous pas votre approbation et votre concours à notre système de politique ? Indiquez-le d'une manière claire, irréfragable. Nous en avons besoin ou pour rester ou pour nous retirer. »

C'est la question que nous avons posée devant la Chambre.

On doit nous rendre la justice qu'aujourd'hui comme au mois d'août nous avons évité tout ce qui pouvait avoir quelque apparence d'aigreur, de personnalité, de rancune, tout ce qui pouvait amener quelque irritation ; nous avons simplement posé la question devant la Chambre. Je le demande, qu'y a-t-il là de reprochable? Qu'y a-t-il là dont la Chambre puisse s'offenser, qui soit contraire au respect que nous lui portons? L'incertitude est un fait incontestable dont vous avez tous été frappés, qui a eu des conséquences que tous vous avez déplorées. Nous sommes venus et nous venons vous demander de faire cesser et la cause et l'effet.

Permettez-moi donc d'écarter l'adresse et de ne pas entrer dans cette misérable discussion de phrases, de mots, de petits incidents; discussion misérable, je le répète, que je n'ai point élevée, et dans laquelle je ne consentirai pas à descendre.

Une question beaucoup plus haute et plus simple en même temps, est celle qui s'agite devant vous : Prêtez-vous ou ne prêtez-vous pas votre concours au système politique que nous avons suivi et que nous croyons devoir suivre encore?

Nous avons posé la question ainsi. M. le ministre de l'intérieur vous a exposé ce système avec une entière franchise; il n'en a point dissimulé les difficultés. On ne peut l'accuser d'avoir caressé aucune opinion ni au dehors, ni ici même; il vous a dit la vérité pure et simple, telle que nous la concevons et telle que nous voulons la pratiquer. A cette question ainsi posée, il vous a demandé une réponse; vous en avez une à faire, permettez-moi de le dire, vous nous en devez une, vous en devez une au pays, à vous-mêmes, car ce sont vos intentions, vos pensées, votre politique, comme les nôtres, qui sont mises en doute.

Il est vrai, messieurs, comme on vous le répète souvent, que la Chambre est nouvelle et qu'elle ne s'est encore manifestée dans le pays par aucun grand acte, qu'elle n'a pas encore de politique. Quant à nous, permettez-moi de le dire, nous sommes connus, éprouvés; voilà quatre ans que nous agissons, que nous parlons devant le pays; nous n'avons rien de nouveau à lui apprendre; ce que nous avons fait, nous le ferons encore au besoin dans les mêmes circonstances.

Si les mêmes circonstances ne se reproduisent pas, nous ferons autre chose, c'est évident. (*On rit.*) Nous ne déploierons pas de forces, s'il n'y a pas d'émeutes; nous ne mettrons personne en prison, quand il n'y aura pas rébellion; quand il ne sera pas nécessaire de réprimer, nous ne réprimerons pas. S'il est possible d'être conciliants et doux, nous le serons: il n'y a aucun profit pour nous à ne pas l'être. Eh! messieurs, c'est parce que nous avons résisté, c'est parce que nous avons cru devoir déployer quelque énergie dans l'intérêt du pays, c'est à cause de cela que nous avons suscité contre nous les animosités que nous avons à combattre, les difficultés que nous rencontrons. Ces difficultés, ces animosités sont notre propre ouvrage. C'est parce que nous avons accepté franchement les maux de la situation, c'est parce que nous nous sommes présentés la tête haute et le cœur ferme à tous les périls, c'est à cause de cela que nous sommes vivement attaqués et obligés de nous défendre! La Chambre n'a subi encore aucune de ces épreuves; elle est nouvelle; elle n'a pu rien faire encore dans l'intérêt du pays. Il s'agit donc pour elle d'un moment critique, d'une grande épreuve; il s'agit de savoir si elle est dévouée, comme les Chambres précédentes, à la révolution de Juillet. (*Interruption et réclamations.*)

Messieurs, j'ai dit à la Chambre que j'exprimerais ma pensée avec une entière liberté, je lui demande de vouloir bien m'autoriser à ne pas l'atténuer ou la masquer.

Voix au centre.—Oui! oui! parlez!

M. le ministre de l'instruction publique.—Il s'agit de savoir, je le répète, si la Chambre est énergiquement dévouée à la révolution de Juillet, à la dynastie qu'elle a fondée, à la monarchie constitutionnelle, à la Charte, à l'ordre public, à la sécurité publique, à tous les intérêts nationaux, enfin à cette cause que nous défendons depuis quatre ans, et que nous croyons avoir fait triompher jusqu'ici.

Je n'en doute pas, messieurs; j'ai la profonde conviction que la Chambre est tout aussi dévouée que nous, tout aussi dévouée que les Chambres précédentes, à la bonne cause; mais il s'agit de savoir si elle entend la situation comme nous. Nous nous sommes expliqués, nous avons donné nos commentaires, notre politique est connue; la Chambre n'a pas encore fait connaître la sienne.

C'est donc pour elle surtout, permettez-moi de le dire, qu'est l'épreuve, c'est pour elle surtout que la situation est critique.

S'il arrivait que la Chambre pensât autrement que nous, elle peut faire prévaloir sa pensée, mais c'est à elle qu'appartiendra la responsabilité du changement. Nous, nous n'avons pas à changer, nous ne changeons pas de politique; ce que nous avons été, nous le serons. Nous n'altérerons pas notre système; s'il doit être changé, s'il doit être altéré, si la Chambre le pense, qu'elle le dise et qu'elle prenne sur elle la responsabilité du changement.

Si elle pense, au contraire, qu'en tenant compte des circonstances, des situations, de cette mobilité de la société et des hommes dont parlait l'honorable rapporteur, si elle pense, dis-je, qu'au fond, et non pas d'une manière absolue, comme on affectait de le dire tout à l'heure, nous avons eu raison, que nous avons suivi une politique utile au pays, si elle trouve que nous avons marché dans les vraies voies de la révolution de Juillet et de la monarchie constitutionnelle, qu'elle le dise encore. Elle nous le doit, elle le doit au pays, elle doit faire cesser les incertitudes à cet égard. Ce serait agir sans énergie pour le pays et sans loyauté envers nous que de ne pas nous dire sincèrement : « Voilà cet appui dont vous avez besoin. Vous pouvez y compter, bien entendu, dans les limites constitutionnelles, et en gardant la liberté de notre pensée et de notre conduite. » La Chambre peut changer d'avis tous les jours, varier sur telle ou telle question. Nous ne sommes pas assez insensés, assez puérils pour croire que la Chambre, quand elle prête son concours au gouvernement, s'enchaîne à lui, que quand elle adhère à son système général, elle s'engage, sur toutes les questions, soit d'administration, soit de finances, à voter toujours comme le demande le gouvernement. Nous ne l'avons jamais demandé, ce serait une demande d'enfant; il ne peut s'agir de telle chose. Il s'agit de savoir si, pour le fond de la politique, pour les principes généraux du gouvernement, pour la direction que nous suivons, la Chambre veut marcher, non pas à côté de nous, ni avant nous, ni derrière nous, mais avec nous, en nous prêtant sa force, la force dont nous avons besoin.

Si la Chambre nous accorde son appui, nous en serons fiers et honorés, nous continuerons à marcher dans les voies où nous sommes; mais j'ai besoin de le dire une fois pour toutes, pour mes collègues et moi, il y a deux choses qu'il faut qu'on sache également: il n'y a point de luttes, point de dégoûts, point d'embarras qui puissent nous décourager; nous sommes au-dessus du découragement. Jamais vous ne nous verrez faibles ni découragés. Mais en même temps, sachez-le bien, jamais nous ne nous obstinerons à garder un jour le pouvoir contre la pensée bien constatée, bien éprouvée des Chambres.

On a parlé de questions de portefeuilles, d'ambitions exagérées, opiniâtres; il me serait facile de renvoyer ces accusations à ceux de qui elles viennent, et de leur dire : Si nous, nous voulons garder nos portefeuilles, vous, vous voulez les prendre. (*Hilarité.*) Mais Dieu me garde de tenir un pareil langage! je le trouve avilissant pour moi et pour ceux à qui il s'adresserait. Honorons-nous nous-mêmes en honorant nos adversaires. Oui, il y a dans cette Chambre des opinions différentes sur la politique qui convient au pays. Pourquoi voulons-nous le pouvoir? Pour faire triompher par les voies constitutionnelles, dans les limites des pouvoirs constitutionnels, la politique que nous croyons bonne et utile au pays. Les uns comme les autres, opposition et gouvernement, nous n'avons pas d'autre pensée; il ne faut pas tenir les uns sur les autres un autre langage.

Je le répète, honorons-nous nous-mêmes dans nos adversaires; mais demandons-leur à notre tour la même justice;

ne souffrons pas qu'on parle de nous autrement que nous ne parlons d'eux.

Pour mon compte, je n'ai jamais tenu un pareil langage, je ne le tiendrai jamais; mais je ne l'accepterai pas davantage.

Ce n'est pas de moi, de mes collègues, messieurs, c'est du système qu'il s'agit; c'est le système qui est en question devant vous, c'est le système que nous soutenons, que nous soutiendrons, et sur lequel la Chambre, pour la première fois, est appelée à se prononcer. (*Très-bien! très-bien!*)

Je repris la parole après M. Dupin aîné.

M. Guizot, *ministre de l'instruction publique.*—Messieurs, je suis aux ordres de la Chambre. Si elle désire remettre à demain la discussion...

Quelques voix.—A demain, à demain!

De toutes parts.—Non, non!

M. le ministre.—Je demande alors à parler à l'instant même.

Voix nombreuses.—Oui, oui! parlez! parlez!

M. le ministre de l'instruction publique.—Messieurs, avant de reprendre la discussion sur le terrain où votre honorable président vient de la placer, et où l'avait antérieurement placée l'honorable rapporteur de la commission de l'adresse, je demande à la Chambre la permission de relever quelques erreurs de fait; c'est simplement pour l'exactitude du récit. Votre honorable président, en vous disant qu'il avait contribué plus que tout autre à déterminer l'honorable maréchal Gérard à accepter la présidence du conseil, vous a dit que le maréchal Gérard avait accepté parce qu'il ne trouvait pas d'équivoque dans l'adresse; c'est l'expression dont s'est servi votre honorable président. Je lui rappellerai que la nomination et l'acceptation du maréchal Gérard comme président du conseil sont du 17 ou 18 juillet.

M. Dupin *aîné, de sa place.*—J'ai dit que le maréchal

Gérard avait accepté sur la déclaration que je lui fis que j'adhérerais à tout ministère de la guerre qui se renfermerait dans les crédits votés ; et j'ai dit ensuite que le maréchal Gérard, devenu ministre, n'avait pas vu d'équivoque dans l'adresse et ne s'en était jamais plaint.

M. le ministre de l'instruction publique.—C'est un simple fait que je voulais rétablir. Le maréchal Gérard était président du conseil depuis trois semaines ou un mois lorsque l'adresse a été votée. Ainsi ce vote n'influa en rien sur sa détermination.

Messieurs, votre honorable président s'est étonné aussi qu'une portion de la majorité eût été attaquée ; et, si je ne me trompe, il a dit insultée, sous le nom de *tiers-parti*, par une autre portion de la majorité.

M. Dupin aîné.—J'ai dit par des amis d'une portion de la majorité. (*On rit.*)

M. le ministre de l'instruction publique.—Je vous demande pardon si je m'arrête sur ces détails, mais j'ai besoin de dire qu'il n'est personne qui ne puisse élever des réclamations pareilles ; il y a d'autres portions de la majorité qui, sous d'autres noms, ont été attaquées ou insultées par des amis de quelques parties de la majorité, et, pour mon compte, il ne m'est jamais venu en pensée de me fâcher qu'une portion de la majorité ait été attaquée sous le nom de *doctrinaires*, par des amis d'une portion de la majorité. (*On rit.*) Je répète que pour mon compte je ne m'en plains pas, je trouve cela tout simple, quoique sans doute, dans le fond de ma conscience, je puisse le blâmer ; c'est le fait de la liberté de la presse que les différentes portions de la majorité soient attaquées et souvent calomniées. Je ne conçois pas que de pareilles attaques vaillent la peine d'être portées à la tribune.

Je ne sais pas non plus pourquoi votre honorable président vient de parler d'une portion de la majorité, désignée sous le nom de *tiers-parti*. Personne, que je sache, n'en a parlé dans cette Chambre ; je n'en ai pas dit un mot, mon honorable ami le ministre de l'intérieur non plus ; ce n'est donc à aucune voix dans cette Chambre que votre honorable président a répondu ; je n'ai point fait de distinction, je n'ai accusé personne de cette Chambre de former un parti. Je n'ai accusé personne de vouloir se faire chef de parti. Je n'ai fait aucune distinction pareille ; j'ai parlé de la majorité en général, de l'inconvénient que nous aurions trouvé, au mois d'août, à voir se former une scission dans la majorité, et à passer pour les provocateurs de cette scission ; je demande à la Chambre si j'ai dit un seul mot qui puisse être regardé comme une attaque, comme une allusion à cette portion de la majorité ; ce n'est pas moi qui ai introduit cet élément fâcheux de distinguer les diverses parties de la majorité, de leur donner un nom, de les mettre en présence les unes des autres pour établir une lutte entre elles. Je demande à la Chambre de reconnaître que ce n'est pas moi qui ai donné ce tour à la discussion.

Je ne rentrerai pas non plus dans le récit des faits qui sont personnels à votre honorable président, et dont il a entretenu la Chambre ; je n'ai rien à en dire, je n'ai point à les contester, ni à les approuver, ni à les blâmer ; ils me sont complétement étrangers ; ce n'est pas moi non plus qui ai amené cette discussion.

Je reviens au fond même du débat, à la question de l'adresse et du système ; car c'est sur cela que la Chambre est véritablement appelée à se prononcer.

Je prie votre honorable président, comme je l'ai fait tout à l'heure avec M. le rapporteur de l'adresse, de reconnaître que je n'en ai même pas parlé ; je n'ai pas demandé à la Chambre de rétracter ou de confirmer l'adresse. J'ai rappelé un fait qu'il est impossible de méconnaître, et j'en appelle à la conscience, non-seulement de la Chambre en général, mais à celle de chacun de ses membres en particulier, et de son honorable président lui-même. J'ai rappelé qu'il s'était élevé, depuis trois mois, des doutes sur le sens de l'adresse, sur sa portée, sur l'intention de la Chambre ; que ces doutes avaient été le texte de presque tout ce qui s'est dit en politique, comme de ce qui s'est passé depuis trois mois; que c'était l'incertitude sur les véritables intentions de la Chambre qu'il s'agissait aujourd'hui de faire cesser.

Je le répète, je n'ai jamais demandé à la Chambre de se démentir, je ne lui ferais pas une pareille injure. Je sais très-bien que la Chambre sera fidèle à sa pensée; mais je lui demande de faire cesser l'incertitude qui existe sur cette pensée et de mettre un terme à ses fâcheuses conséquences. Il s'agit en cela d'un fait positif, d'un fait qui s'est produit au dehors par toutes les voies, par les journaux, par les événements, dans la question de l'amnistie, dans la crise ministérielle; partout a éclaté, partout a été proclamée et commentée cette incertitude sur les dispositions de la Chambre, sur son intention, sur sa disposition à concourir ou à ne pas concourir à la politique qui gouverne la France depuis quatre ans. Je prie la Chambre de remarquer que je me sers à dessein du mot *la politique* pour éviter le mot *système*. Si j'avais su que le mot système déplût à ce point à votre honorable président, je me serais abstenu de l'employer (*On rit*); je n'y ai aucune espèce d'intérêt; je ne viens pas discuter ici ce que c'est qu'un système, si nous en avons, ou si nous n'en avons pas un; je dirai simplement qu'il y a une certaine politique qui prévaut et dans les conseils du roi et dans les Chambres depuis quatre ans, qu'elle a été différente de certaine autre politique, qu'il s'agit de savoir si l'on soutiendra celle-ci ou celle-là, que c'est là une question parfaitement simple, qu'il est très-aisé de la dégager du mot *système* et de toutes les discussions de ce genre, et je vais en donner la preuve.

Voulez-vous que je parle du passé comme l'a fait votre honorable président? Eh bien! il y a des gens qui disent qu'en effet, il a bien fallu résister, que, depuis quatre ans, il s'est produit des occasions qui appelaient la résistance du pouvoir; mais qu'on a trop résisté, qu'on a réprimé trop durement, trop violemment; que, d'un autre côté, il y avait des concessions à faire et qu'on n'a pas faites; en un mot, qu'il fallait réprimer moins et autrement qu'on ne l'a fait ; qu'il fallait accorder plus et autrement qu'on n'a fait. C'est là une opinion qui existe. Eh bien ! nous ne sommes pas de cette opinion. Nous croyons que depuis quatre ans on n'a pas réprimé trop violemment, qu'on n'a fait que suffire à la nécessité, et qu'on n'a pas toujours suffi. Nous croyons qu'on n'a pas manqué à faire les concessions dont le pays avait besoin, qu'on a présenté aux Chambres et que les Chambres ont adopté toutes les lois de liberté dont le pays avait besoin, et qu'il était raisonnable de lui accorder dans ce temps ; nous croyons qu'on n'a pas trop refusé, ni trop réprimé.

Voilà pour le passé ; j'arrive au présent. Il y a des gens qui disent que, tout en supposant que la politique de la résistance ait été nécessaire dans le passé, elle ne l'est plus aujourd'hui, que l'anarchie est définitivement vaincue, qu'on peut changer de politique, gouverner d'une tout autre façon ; qu'aujourd'hui il n'y a plus d'inconvénient, qu'au contraire il y aurait avantage à accorder l'amnistie, à faire sortir de prison les deux cent-vingt et un condamnés politiques, comme on l'a dit, qui y sont renfermés. Un des membres du ministère du 10 novembre a dit tout à l'heure que c'était là sa disposition, son opinion. Pour nous, messieurs, nous n'avons pas été de cet avis. Et nous ne souffrirons pas qu'on nous parle de dureté, de cruauté, parce que nous avons une opinion différente depuis quatre ans. Nous prétendons que nous avons fait nos preuves en fait de modération et de douceur ; nous prétendons que lorsque des désordres pareils à ceux d'avril dernier n'ont pas eu d'autre conséquence que les lois que vous avez votées, lorsqu'on n'a demandé aucune mesure extraordinaire, lorsqu'il n'y a pas eu une condamnation à mort exécutée, nous prétendons que nous avons le droit de parler d'amnistie, de clémence, de modération et de douceur, que notre opinion est parfaitement libre quand nous examinons si la mesure est ou non opportune.

Nous nous décidons par des raisons politiques, par des raisons de sûreté, par des raisons d'État, et nous sommes parfaitement libres d'adopter tel ou tel parti sans être accusés de cruauté ou de dureté.

Je dis donc qu'il y a des personnes qui croient qu'aujourd'hui, aujourd'hui même, l'amnistie est bonne, opportune, d'autres ne la regardent pas comme telle. Certes, ce sont là deux politiques différentes.

Passons à l'avenir : il y a des personnes qui pensent que la réforme électorale est un but vers lequel il faut tendre immédiatement. Le langage diffère à la vérité; les uns disent qu'il ne faut pas parler en ce moment d'une telle réforme, parce que cela compromettrait la question. D'autres disent que la réforme électorale doit se borner à rendre tous les jurés électeurs et tous les électeurs éligibles; d'autres la veulent plus profonde. Mais tous se réunissent à demander une réforme électorale, légère ou profonde, prompte ou lente. Nous, nous pensons que, d'ici à un temps assez long, il n'y a point lieu à une réforme électorale, que l'intérêt du pays la repousse au lieu de la commander.

On qualifiera cela de système, ou de tout autre nom; il est clair, et c'est la seule chose que je dise, qu'il y a des politiques toutes différentes. Eh bien! c'est là ce qui caractérise la conduite d'un cabinet, ce qu'on appelle la politique du cabinet. Et quand nous venons demander à la Chambre de se prononcer pour tel ou tel système, nous ne lui demandons pas de nous donner un diplôme, d'adopter d'avance telles ou telles formules dont on déduira telles ou telles conséquences; ce serait là, permettez-moi de vous le dire, de la scolastique et non de la politique. La politique part de certaines idées générales et se meut dans la sphère de ces idées avec largeur et liberté : elle sait qu'on ne déduit pas rigoureusement toutes les conséquences; elle sait s'adapter aux circonstances, aux événements; elle sait attendre : c'est là la politique; c'est de celle-là qu'il s'agit, et non de système d'écoliers!

Messieurs, c'est à la Chambre à savoir si elle veut s'associer à la politique qui a été suivie depuis quatre ans, si elle la regarde comme bonne et utile au pays, si elle croit que c'est dans cette direction qu'il faut marcher, sans doute en la modifiant selon les circonstances, les progrès du temps et les états divers de la société, mais en partant de ce point, la résistance à l'esprit révolutionnaire, le dessein de le vaincre, et de rasseoir sur ses véritables bases la société ébranlée. Ce dessein est la pensée fondamentale, le but constant du gouvernement; nous croyons que c'est là la condition *sine qua non* de la liberté tout aussi bien que de la sécurité sociale, du progrès de notre société dans l'avenir tout aussi bien que de sa sécurité dans le présent.

On parle beaucoup de liberté, de progrès. Messieurs, la première de toutes les libertés, celle qu'un gouvernement doit assurer avant tout, c'est la liberté des hommes modérés, des hommes prudents, des hommes sages, des pères de famille. Cette liberté leur échappe au milieu des orages; quand le désordre est au sein de la société, savez-vous qui est libre? Ce sont les esprits ardents, les brouillons, les hommes qui veulent changer leur situation; les hommes tranquilles, modérés, les pères de famille, ne sont pas libres alors, ils perdent leur liberté au contraire; ils ne sont pas propres à de tels orages; ils en ont horreur et dégoût. Eh bien! le premier devoir d'un gouvernement est d'assurer la liberté de ces hommes; c'est la vraie liberté; quand la société est ébranlée, celle-là disparaît; ils se retirent de la scène du monde, et nous voulons qu'ils y restent, qu'ils exercent dans les affaires du pays l'influence qui leur appartient; nous voulons qu'ils remplissent leurs devoirs d'électeurs municipaux, leurs devoirs de gardes nationaux, leurs devoirs politiques, qu'ils prennent aux affaires de la France toute la part qu'ils peuvent y prendre, et qui peut seule faire le bonheur du pays. (*Marques d'adhésion.*)

Ce que je dis de la liberté, je le dis également du progrès. La première condition du progrès, c'est la sécurité, c'est l'ordre; sans l'ordre, il n'y a point de progrès véritable.

Parlez-vous du progrès politique, de l'extension des droits politiques, des institutions politiques? Faut-il que je remette sous vos yeux le simple catalogue des lois politiques que vous avez votées depuis quatre ans, la simple énumération des droits politiques que vous avez distribués? Je ne veux pas dire que vous en seriez effrayés, car je ne le suis point moi-même. Non, messieurs, je n'en suis point effrayé; j'accepte avec confiance cette extension des droits et des libertés politiques que nous avons donnée au pays depuis quatre ans; mais je dis qu'elle a été donnée libéralement, qu'il n'y a pas eu d'avarice, de parcimonie. Je dis qu'il n'est pas vrai, comme on le répète tous les jours, qu'il faille se précipiter et précipiter la société tout entière avec nous vers des droits politiques plus étendus, plus considérables. Je dis qu'en faisant ce que nous avons fait depuis quatre ans, nous avons, sinon dépassé, du moins atteint la mesure de ce qui est sage et possible. Je dis qu'il faut nous y renfermer, qu'il faut que la société, si longtemps fatiguée, se repose un peu de ses fatigues au sein de ses droits politiques, et dans la situation politique que nous lui avons faite depuis quatre ans. Elle en a besoin, messieurs, c'est seulement en s'y reposant qu'elle apprendra à en jouir, qu'elle deviendra capable d'acquérir des droits nouveaux. Occupons-nous, messieurs, de préparer les éléments de cette capacité; occupons-nous du progrès intellectuel et du progrès industriel, du progrès des lumières et du progrès des richesses. Voilà les deux points sur lesquels j'appelle aujourd'hui toute votre attention : répandez les lumières dans toutes les classes de la société; augmentez le bien-être général; c'est là surtout ce dont aujourd'hui la société a besoin.

La situation étant telle, messieurs, les politiques entre lesquelles vous avez à choisir étant ainsi bien déterminées, il s'agit uniquement de savoir si la Chambre veut, non pas s'enchaîner, mais prendre un parti. Comme votre honorable président, je respecte l'indépendance de la Chambre. Je n'ai pas la moindre intention d'y porter la moindre atteinte, ni dans le présent, ni dans l'avenir, et sur ce point je m'en rapporte parfaitement à la Chambre elle-même. Je suis bien sûr que, quel que soit son vote dans cette circonstance, elle ne se regardera pas comme enchaînée à la politique du ministère, et que, si jamais nous pouvions nous écarter des véritables intérêts du pays, la Chambre nous désavouerait à l'instant même. Son indépendance ne peut donc être compromise; la Chambre s'appartiendra toujours à elle-même. Soyez tranquilles d'ailleurs, messieurs; nous ne viendrons jamais vous demander d'abdiquer votre dignité, votre considération, votre autorité sur le pays. Et de quoi vivons-nous, de quoi vit le gouvernement de Juillet? N'est-ce pas en grande partie de l'autorité, de la considération et de la force des Chambres? Sans doute, il a la sienne propre, mais il sait aussi quels avantages il doit tirer de son alliance étroite avec les Chambres, et de l'appui qu'elles lui prêtent. Et c'est parce que nous le savons, que nous venons vous demander votre adhésion; c'est parce que nous savons que le gouvernement que la France a adopté en 1830 ne peut se passer de la confiance et du concours des Chambres, de votre autorité, de votre influence, de votre considération, que nous venons vous demander de les lui prêter; nous ne vous demandons pas de les abdiquer, mais de les mettre au service du trône. Ce que nous vous demandons, c'est une alliance sincère, conforme à vos opinions d'aujourd'hui, avec la faculté d'en changer demain si vous aviez des motifs pour cela, mais une alliance sincère, profonde, avec un gouvernement que vous avez fondé et que vous voulez comme nous.

Si vous ne nous prêtiez pas votre force, c'est que vous croiriez que notre politique est mauvaise, qu'il y a une meilleure politique à suivre; je pourrais m'en affliger, mais je ne m'en étonnerais pas. Vous en avez le droit; c'est à vous d'en user dans toute sa plénitude; et une Chambre qui use de tout son droit, qui fait ce que nous vous demandons de faire aujourd'hui, ne perd à coup sûr rien de sa considération, de son influence, de son autorité.

Soyez-en sûrs, messieurs, ce qui se passe maintenant devant vous sera un jour, dans votre histoire, un des actes qui auront le plus étendu, consolidé l'autorité et la considération de la Chambre. C'est dans votre propre intérêt, comme dans celui du pouvoir, que nous vous demandons d'être tout ce que vous avez le droit d'être d'après la Charte de 1830 et de le dire hautement. (*Marques nombreuses d'adhésion.*)

— Chambre des députés.—Séance du 6 décembre 1834. —

M. GUIZOT, *ministre de l'instruction publique.* — Messieurs, je ne retiendrai pas longtemps la Chambre ; elle nous rendra cette justice que nous nous sommes constamment appliqués dans cette discussion à concilier les égards dus à l'adresse qu'elle a faite au mois d'août avec ce que nous regardons comme une nécessité politique de la situation du pays et de la nôtre en particulier.

Je ne veux pas rengager la question dans son ensemble.

Plusieurs voix. — La discussion est fermée. (*Bruit, agitation.*)

M. le ministre de l'instruction publique. — J'attendrai le silence, messieurs ; j'ai besoin et droit de dire à la Chambre ce que je crois utile dans l'intérêt de mon pays, et pour l'acquit de mon propre honneur.

Nous nous sommes, comme j'avais l'honneur de le dire à la Chambre, nous nous sommes constamment appliqués à concilier les égards dus à un acte de la Chambre, à son adresse, avec ce que nous regardons comme le besoin le plus pressant de la situation du pays.

Ce besoin, c'est de sortir de l'incertitude dans laquelle, n'importe par quelle cause, le pays se trouve plongé. (*Bruit aux extrémités.*)

En vérité, messieurs, cette impatience de votre part ferait croire que vous n'êtes pas pressés de sortir de cette incertitude, que vous tenez à la prolonger, que vous en avez besoin.

Voix à gauche. — C'est vous qui en avez besoin.

M. le ministre de l'instruction publique. — Non, messieurs, nous n'avons pas besoin d'incertitude, nous ne voulons pas d'obscurité. Chargés du pouvoir et de la responsabilité qu'il entraîne, c'est de clarté, de force que nous avons besoin, et nous ne les trouvons pas dans la situation actuelle.

Il faut que la Chambre exprime clairement ce qu'elle désire, et nous trouvons, nous, cette expression dans l'ordre du jour motivé qui vous est proposé.

L'ordre du jour motivé nous paraît concilier la clarté et la force dont nous avons besoin avec les égards que nous avons toujours observés, que pour mon compte j'ai soigneusement observés pour l'adresse de la Chambre.

Cet ordre du jour motivé rend hommage à l'adresse ; il en maintient les principes, et en même temps il manifeste la ferme intention de la Chambre de soutenir le gouvernement dans la marche qu'il a suivie jusqu'à présent, de l'exhorter à y persévérer, de lui prêter son concours ; c'est là le double but que nous avons poursuivi. Nous n'avons pas, je le répète, mis l'adresse en question ; nous nous sommes simplement appliqués à signaler les inconvénients, les périls, et l'affaiblissement, pour le pouvoir et le pays, qui résultaient de l'incertitude répandue sur son vrai sens. (*Rumeur d'impatience à gauche.*)

L'ordre du jour motivé, dans les termes dans lesquels il est proposé, rend hommage à l'adresse et dissipe les doutes. (*Nouvelle interruption.*)

Voix du centre. — Attendez le silence.

M. LE GÉNÉRAL DEMARÇAY, — Il ne doit point y avoir de discussion après la clôture.

M. le ministre de l'instruction publique. — Je ferai observer à M. le général Demarçay que la clôture n'a été prononcée que sur la discussion générale, et non pas sur l'ordre du jour motivé, qui n'était pas même encore proposé au moment de la clôture ; ainsi l'ordre du jour motivé est en discussion.

L'ordre du jour motivé est en discussion, et je viens exprimer l'adhésion du gouvernement à cet ordre du jour, parce qu'il nous paraît répondre aux besoins les plus pressants du pays et du pouvoir, parce qu'il nous paraît prêter au gouvernement la force dont il a besoin en le maintenant dans la direction politique qu'il a suivie et qui est la seule que nous voulions suivre, en même temps qu'il ne porte aucune atteinte aux plus scrupuleuses, aux plus susceptibles exigences de la Chambre elle-même.

Nous adhérons donc expressément à l'ordre du jour proposé ; nous le regardons comme le seul qui satisfasse aux nécessités politiques que, pour le compte du pays, nous avons besoin de voir satisfaites en ce moment. (*Agitation.*)

Je repris la parole après M. Odilon Barrot.

M. GUIZOT, *ministre de l'instruction publique.*—Messieurs, je ne rentrerai pas dans le fond de la discussion ; je ne mêlerai pas surtout des discussions anciennes aux discussions actuelles ; je veux seulement relever quelques faits qui me sont personnels et que je ne puis passer sous silence.

Si l'honorable préopinant m'avait fait l'honneur de faire quelque attention aux paroles que je venais de prononcer à cette tribune, il aurait vu que ce que j'avais dit, c'est précisément que notre politique..... Quand je dis notre politique, je parle de celle de la Chambre et du roi. (*Explosion de murmures à gauche. Plusieurs voix.* Nous prenons acte !)

M. CHARAMAULE.—Ce n'est pas constitutionnel. Le roi est inviolable, et doit être respecté ici par ses ministres.

M. le ministre de l'instruction publique.—Je retire le mot qui excite vos réclamations ; le mot que je voulais dire, c'est le gouvernement du roi : la Chambre sait mon opinion à ce sujet. Je l'ai non-seulement professée, mais pratiquée constamment ; vous ne pouvez me faire procès pour une expression, je voulais parler du gouvernement du roi.

Je dis donc que, depuis quatre ans, la politique des Chambres et du gouvernement du roi a été, je ne dirai pas de résister, de céder, ce sont des mots dont je n'aime pas à me servir, mais de rétablir l'ordre, et en même temps de maintenir et d'étendre les libertés publiques. Si l'orateur m'avait écouté, il aurait vu que c'était là précisément ce que je venais d'essayer de montrer à la tribune, non par des arguments, mais par des faits. Je venais de rappeler à la Chambre toutes les extensions que les libertés publiques ont reçues depuis quatre ans; extensions, je le répète, qui n'ont pas été arrachées au gouvernement du roi, mais qui ont été proposées par lui; j'ai eu moi-même l'honneur de présenter plusieurs de ces propositions.

L'honorable préopinant a parlé ici d'abandon de principes, de démentis donnés à une conduite passée. Messieurs, voici ce qui s'est fait depuis quatre ans : nous avons attentivement examiné quels avaient été les vœux de la France avant la révolution de Juillet, de 1789 à 1830. Nous avons examiné, avec la pleine liberté de notre raison, quels étaient les vœux réels, vraiment nationaux, les vœux légitimes, quelles étaient les extensions de liberté que la France, la France éclairée et raisonnable, réclamait. Eh bien! messieurs, je n'hésite pas à le dire, dans les quinze années dont a parlé l'orateur, on n'a pas demandé ce qui s'est accompli depuis quatre ans; je dis que, depuis quatre ans, on a donné plus d'extension aux libertés publiques que dans les quinze années précédentes on n'avait songé à en demander. (*Plusieurs voix.* C'est vrai!) Rappelez-vous, messieurs, tous les débats des quinze années dont a parlé l'orateur, ouvrez les discours de cette époque, vous verrez si en matière d'élections municipales, d'élections de conseils généraux, de la garde nationale, et dans une multitude d'autres questions....

A gauche.—C'est la Charte!

M. le ministre de l'instruction publique.—Je prie les personnes qui m'interrompent de se rappeler que nous avons concouru tout aussi bien qu'elles à la confection de la Charte de 1830 et aux promesses qu'elle contient, que nous avons fait insérer ces promesses dans le texte, et qu'après avoir contribué à les faire insérer, nous les avons fait accomplir. Nous sommes venus vous proposer les lois exigées par ces promesses, et nous les avons loyalement exécutées quand elles ont été rendues.

Nous n'avons reculé devant aucune des conséquences vraiment libérales et légitimes de la révolution de Juillet, comme de la Charte de 1830.

Et je répète que l'accomplissement des promesses a été plus large, plus étendu que ne l'avait été la pensée de l'honorable préopinant lui-même pendant les quinze années de la Restauration. Je dis que les discours tenus à cette époque dans les Chambres demandaient des libertés moins larges que celles qui ont été instituées depuis la Charte, depuis 1830.

On a donc en vérité, permettez-moi de le dire, on a mauvaise grâce à venir prétendre que nous avons abandonné nos principes, que nous avons démenti notre passé. Non-seulement nous n'avons pas abandonné nos principes, mais nous les avons réalisés, nous les avons traduits en faits. Il est vrai que ce but une fois atteint, et pendant que nous l'atteignions, notre ambition s'est contenue, que nous avons reconnu qu'à côté de la nécessité d'accomplir ces promesses, de réaliser le gouvernement parlementaire, de réaliser l'intervention du pays dans les affaires municipales, dans toutes les parties du gouvernement, nous avons reconnu, dis-je, qu'il y avait de grands désordres à réprimer, qu'il y avait de mauvaises pensées, de mauvais instincts, de mauvaises passions à contenir, que nous avions, comme j'ai eu l'honneur de vous le dire tout à l'heure, l'ordre à rétablir en même temps que la liberté à maintenir, les promesses légitimes d'une révolution à accomplir et les tentatives illégitimes de la même révolution à dompter. Voilà, messieurs, ce que nous avons fait. Nous avons accepté dans toute son étendue la double mission que l'état du pays nous imposait. Nous n'avons reculé devant aucune de ses difficultés. Nous n'avons pas craint la liberté, car nous l'avons en toute occasion protégée. L'honorable préopinant parle de je ne sais quelle clameur générale qui s'élève, dit-il, contre notre système. Comment? Voilà quatre années que ce système se discute dans cette Chambre, dans l'autre, et au dehors par la presse, qu'il est soumis à l'épreuve des élections, de la publicité, à toutes les épreuves constitutionnelles à travers lesquelles un système peut passer; il a triomphé de toutes ces épreuves, il en est sorti avec la majorité dans les élections, avec la majorité dans les Chambres, et vous venez nous dire qu'il s'élève une clameur générale contre ce système !

Permettez-moi de vous demander où est cette clameur? Quelle est donc votre nation? Qui consultez-vous, qui interrogez-vous? (*Très-bien ! très-bien !*)

Nous, nous sommes dans la Charte, la Charte est notre forteresse, c'est de la Charte que nous interrogeons le pays, selon les voies constitutionnelles, et le pays nous répond, et nous croyons à ses réponses, et nous ne nous méfions pas des réponses du pays, et c'est uniquement en vertu de ces réponses que nous venons ici soutenir ses véritables intérêts et maintenir notre politique.

Vous avez parlé d'abandon de principes. Mais qu'avez-vous fait quand nous sommes venus ici, non pas abandonner les droits de la couronne, comme vous l'avez dit, non pas faire descendre le pouvoir d'une manière illégitime dans cette Chambre, mais maintenir les principes pour lesquels nous avons combattu, nous et vous, depuis quinze ans, réclamer le concours des Chambres, qui est indispensable au pouvoir royal, soutenir que c'était dans ce concours même que résidait le gouvernement représentatif, qu'il devait se présenter toujours à cette épreuve, la subir, en sortir victorieux, ou laisser l'administration à d'autres, qui, sans doute auraient eu raison aux yeux du pays? Qu'avez-vous fait? Qu'avez-vous dit?

Voilà un principe que nous n'avons pas abandonné, un principe que nous avons pratiqué, et qui, permettez-moi de vous le dire, a été singulièrement abandonné dans la dernière discussion de cette Chambre par une partie des membres de l'opposition : si bien que l'un d'entre eux, qui hier combattait à cette tribune le projet du gouvernement, l'honorable M. de Sade, a cru devoir rendre justice à ce que le gouvernement du roi avait fait, et a réclamé pour lui l'intelligence vraie et la pratique sincère du gouvernement représentatif; c'est de vos propres bancs que cette réclamation s'est élevée, et j'en prends acte comme d'un hommage rendu à la pure vérité. (*Très-bien! très-bien!*)

Je ne reviendrai pas sur ce que l'honorable préopinant a rappelé du passé ; cependant, je ne puis me dispenser de dire un mot d'une question bien souvent débattue dans cette Chambre, celle de l'état de siége. C'est le point sur lequel il a le plus insisté, sur lequel ses honorables amis sont le plus souvent revenus; j'ai eu l'honneur d'y répondre moi-même plusieurs fois à cette tribune et d'une manière que je croyais péremptoire ; je suis donc obligé de répéter ma réponse, car je ne puis rien faire de plus.

J'ai dit à cette tribune qu'au moment où, en 1832, l'état de siége fut déclaré, on n'avait pas encore résolu la question de savoir quelle était la portée d'une pareille juridiction ; elle avait été pratiquée souvent dans le sens dans lequel le gouvernement l'avait entendue. Le gouvernement était donc autorisé à l'entendre en ce sens, à la pratiquer ainsi.

La question a été portée devant la cour de cassation, le gouvernement a accepté à l'instant même sa décision.

Plusieurs voix.—Il le fallait bien.

M. le ministre de l'instruction publique.—Permettez-moi donc..... Le gouvernement a accepté sur-le-champ la décision judiciaire ; il n'a pas même épuisé tous les moyens qui étaient en son pouvoir ; il n'a pas fait renvoyer l'affaire à une autre cour, ce qui aurait amené la réunion de toutes les sections de la Cour de cassation; le gouvernement n'a pas porté la question jusqu'au bout de l'ordre judiciaire comme il l'aurait pu ; il s'est hâté de témoigner son respect pour la justice, pour l'interprétation des lois par la voie judiciaire.

Et quand des événements analogues sont survenus, quand la même situation a reparu en 1834, le gouvernement n'a point pensé à revenir sur de pareilles mesures ; il a suivi la ligne de conduite tracée par l'arrêt même dont a parlé le préopinant. Il s'est conformé à tous les principes du régime constitutionnel.

Je répète que je ne reviens sur cette réponse que parce qu'on est revenu sur le reproche, car j'avais déjà répondu à la Chambre. Maintenant je ne dirai plus qu'un mot.

C'est, dit-on, le sentiment de la peur qui a été depuis quatre ans le mobile du gouvernement, la base générale du système. Je demande la permission à la Chambre d'exprimer ici un sentiment personnel. Je ne puis m'accoutumer à un pareil reproche. S'il y a quelque chose dont les membres du gouvernement et les membres de la Chambre qui les ont appuyés aient fait preuve, depuis quatre ans, c'est de courage ; je ne dis pas seulement de ce courage corporel qui résiste au danger...

Voix nombreuses à gauche. —On vous reproche d'exploiter le sentiment de la peur.

M. le ministre de l'instruction publique. —Ceci est la seconde partie de la question, je la traiterai plus tard. Il me convient aussi à moi de parler de la première. Je dis que s'il y a quelque chose dont les membres du gouvernement et les membres de cette Chambre qui ont appuyé son système politique depuis quatre ans aient fait preuve, c'est de courage. Ils ont eu le double courage de résister à l'entraînement révolutionnaire, aux passions de la multitude, j'irai plus loin si vous voulez, à des passions nationales, respectables et nobles en elles-mêmes, et dont je suis fort loin de médire à cette tribune, mais qui auraient entraîné le pays dans d'immenses dangers et sans avantage pour lui.

Ils ont eu ce courage. Voilà leur résistance ; et, en même

temps, ils ont eu le courage de ne pas avoir peur des libertés du pays; ils ont eu le courage de n'en appeler jamais qu'à la liberté, à la discussion, à la publicité; ils ont eu le courage de mettre en mouvement, en quatre ans, plus d'institutions nouvelles, plus de libertés nouvelles que jamais pays, à aucune époque, n'en a conquis en un pareil espace de temps.

Croyez-vous, messieurs, que parmi nos propres amis, parmi les hommes qui, consciencieusement et courageusement, appuient notre politique, il n'y en ait pas eu, et beaucoup, qui aient trouvé quelque imprudence dans cette confiance aux libertés publiques, dans cette facilité avec laquelle nous y faisions appel?

Croyez-vous que beaucoup d'hommes très-sensés, très-éclairés, ne pensassent pas qu'il eût été plus sage, plus prudent, de procéder avec plus de lenteur? Nous ne l'avons pas cru; nous nous sommes confiés à la vertu de nos institutions et au bon sens du pays; nous avons eu du courage avec nos propres amis, comme contre nos adversaires, et nos propres amis ont eu aussi le courage de se confier avec nous aux libertés publiques, au bon esprit de cette révolution de Juillet que nous n'avons voulu ni arrêter, ni dénaturer, mais que nous avons voulu conduire sûrement, loyalement, moralement, dans les seules voies qui pussent l'honorer et la sauver en même temps.

Voilà ce que nous avons fait, messieurs; certes ce n'est pas là le système de la peur.

Aux centres.—Très-bien! très-bien!

M. le ministre de l'instruction publique.—On a dit après cela que, si nous n'avions pas peur, nous faisions appel au sentiment de la peur dans les autres. On a dit que c'était là le ressort que nous avions adopté comme principal mobile de notre gouvernement.

Je suis encore obligé de répéter ici une réponse déjà faite plusieurs fois : il y a des peurs viles et honteuses, et il y a des peurs sages, raisonnables, sans lesquelles on n'est pas digne, je ne dis pas de gouverner les affaires du pays, mais même de s'en mêler. Comment! dans vos affaires privées, dans vos intérêts domestiques, il n'y a personne qui ne sache que la prudence, la réserve, est un des premiers devoirs de l'homme de sens, du père de famille, qu'il faut avoir peur dans le sens que j'indique quand on est chargé d'aussi chers intérêts. Et vous voudriez que, chargés des affaires d'un grand pays, responsables de ses destinées, nous n'eussions pas les yeux ouverts sur les dangers qui le menacent, que nous ne missions pas nos soins continuels à ouvrir les yeux de nos concitoyens, et particulièrement de ceux qui sont appelés à influer sur les affaires du pays! Vous voudriez que nous adoptassions cette politique pusillanime qui croit qu'en fermant les yeux sur les dangers on les éloigne! Savez-vous pourquoi on ferme les yeux sur les dangers! C'est parce qu'on en a peur. (*Aux centres.—Très-bien!*)

On en a peur, lorsqu'on n'ose pas les déclarer tout haut, marcher droit à eux, faire ce qu'il faut pour les prévenir, pour leur résister. Savez-vous ce qu'on fait quand on a peur des passions populaires? On dit qu'elles n'existent pas, que cela passera. Et les passions populaires passent en effet, mais comme un torrent qui dévaste tout devant lui. (*Au centre :* Très-bien! très-bien!)

Eh bien! messieurs, il faut en avoir peur; mais c'est là la peur prudente, la peur politique sans laquelle on n'est pas digne d'intervenir dans les affaires de son pays.

Voilà celle que nous avons, je ne dis pas excitée, mais que nous avons soigneusement éclairée, avertie, toutes les fois que nous avons cru voir quelque péril. Nous sommes les sentinelles de l'État : c'est notre devoir de crier très-fort quand un danger se laisse entrevoir, sans nous inquiéter des conséquences qui peuvent en advenir pour nous-mêmes, ni des luttes dans lesquelles une pareille prévoyance et de tels avertissements donnés au pays pouvaient nous engager.

Voilà le système de la peur que nous avons pratiqué et que nous pratiquerons toujours.

Ce que vous appelez la peur, nous l'appelons la prudence;

ce que vous appelez la peur, nous l'appelons la prévoyance : ce sont les premières lois de la sagesse politique, nous n'y manquerons jamais.

M. le ministre descend de la tribune au milieu des applaudissements des sections intérieures.

LXII

—Chambre des députés.—Séance du 30 décembre 1834.—

Le gouvernement demanda, le 1ᵉʳ décembre 1834, un crédit extraordinaire de 360,000 francs pour la construction d'une salle des séances judiciaires de la cour des pairs. Pour le procès que cette cour avait à juger, par suite des insurrections de Lyon et de Paris, en avril 1834, la salle ordinaire de ses séances était insuffisante. Ce projet de loi devint l'objet d'une vive discussion dans laquelle il fut attaqué, entre autres, par MM. de Lamartine et Odilon Barrot. Je leur répondis :

M. GUIZOT, *ministre de l'instruction publique.*—Messieurs, lorsque dans la séance d'hier on a parlé à cette tribune de proscrits politiques, je me suis récrié contre ce langage, et je remercie l'honorable M. Janvier de la loyauté avec laquelle il s'est rendu à mon observation. Il n'y a point, messieurs, il n'y a point eu, depuis 1830, de proscrits politiques en France ; il n'y a point de vendéens, il n'y a point de républicains en prison à ce titre. Personne, ni aucune opinion, ni aucune classe de citoyens, n'a été persécuté. Nous avons vu commettre ce que les lois de tous les pays ont qualifié de crime ou de délit politique, des attentats contre la sûreté de l'État, contre l'ordre établi, des assassinats qui se sont joints à ces attentats. Voilà ce qui a été poursuivi, non pas en vertu de lois nouvelles, de lois spéciales, mais en vertu de lois anciennes, qui ont existé dans tous les pays, dans tous les temps, sans lesquelles la société ne serait pas, en vertu de lois que nous avons nous-mêmes réformées et adoucies, au milieu des tempêtes politiques dans lesquelles nous avons vécu depuis quatre ans. (*Très-bien ! très-bien !*)

On nous parle de douceur, on nous parle d'équité; messieurs, les lois pénales qui régissent chez nous les cas dont il s'agit sont des lois plus équitables, plus douces, que celles d'aucun pays, d'aucun siècle; et c'est nous, c'est cette Chambre, c'est ce gouvernement, c'est la révolution de Juillet qui les ont faites ainsi équitables et douces.

Qu'on ne nous parle donc pas de proscription, de persécution d'aucune opinion, d'aucune classe de citoyens ; rien n'a été fait que selon la légalité universelle, selon une légalité plus clémente, plus douce et plus équitable qu'il n'en a jamais existé à aucune époque et dans aucun pays. (*Très-bien ! très-bien !*)

De ce seul fait, qui est évident pour tous, il résulte que l'amnistie dont on parle n'est pas aujourd'hui une nécessité sociale. Ce n'est pas, comme on le prétend, un besoin de rétablir l'ordre moral méconnu, l'ordre social troublé, car il n'est pas vrai que l'ordre moral ait été méconnu parmi nous; il n'est pas vrai que l'amnistie fût aujourd'hui, comme à toutes les autres époques que l'on a citées, le rétablissement des lois naturelles de la morale et de la justice, la réintégration de classes nombreuses de citoyens dans des droits méconnus; rien de semblable ne s'est passé parmi nous. On ne peut nous appliquer aucun des exemples qu'on vous a cités, et les amnisties dont on vous a parlé ne conviennent pas à notre temps, à notre histoire; nous n'avons rien fait qui rendît nécessaire une pareille amnistie. L'amnistie, je le répète, ne serait, parmi nous, le rétablissement ni de l'ordre moral ni de l'ordre social ; elle n'est pas moralement nécessaire, elle n'est pas réclamée par la violation de lois immuables et naturelles.

Je vais plus loin, messieurs, et je dis qu'elle ne l'est pas non plus par le grand nombre des condamnations politiques et des malheurs qu'elles ont amenés. Je ne suis pas de ceux qui se refuseraient à la clémence; je ne suis pas de ceux qui croient qu'il faut laisser, comme on dit, encombrer les prisons, et ne tenir aucun compte de la multitude des malheurs individuels ; oui, messieurs, il faut en tenir compte, et par générosité, et par humanité, et par politique. Mais, messieurs, il n'est pas vrai que les prisons soient encombrées ; il n'est pas vrai qu'il y ait un si grand nombre de condamnations et de malheurs individuels, et que l'amnistie soit une conséquence naturelle, ou au moins nécessaire d'une pareille situation.

M. le ministre de l'intérieur vous a donné le chiffre lui-même à cette tribune ; il n'y avait en France, il y a huit jours, que 211 condamnés politiques dans les prisons.

J'insiste sur ce fait parce qu'il est caractéristique. Malgré tout ce qui s'est passé parmi nous, le nombre des condamnations n'a rien eu d'extraordinaire; le nombre des prisonniers n'a rien d'extraordinaire. L'amnistie n'est donc pas non plus nécessairement provoquée par cette circonstance.

Mais on nous dit, même en nous accordant ce que je viens de dire tout à l'heure, on nous dit que ce serait une mesure utile, une mesure d'une bonne politique, une bonne et généreuse modification du système du gouvernement; on nous dit que ce serait la substitution d'un système de confiance à un système de frayeur, d'un système de conciliation à un système de rigueur, d'un système nouveau et qui convient à l'état actuel des esprits à un système usé, qui a pu être bon dans son temps, mais qui aujourd'hui ne convient plus à la disposition de la France. Vous voyez, messieurs, que je n'affaiblis pas les objections. Voilà le point de vue sous lequel tout à l'heure encore on cherchait à vous faire envisager la question d'amnistie.

Eh, bien ! encore une fois, je suis obligé, comme je l'ai déjà fait, de nier les faits. Je nie que le système de politique qui prévaut en France depuis quatre ans ait été un système de frayeur ; je dis que jamais politique peut-être n'a été plus confiante, plus hardie.

Qu'avons-nous entrepris ? Nous avons entrepris de rétablir l'ordre sans porter atteinte aux libertés du pays : nous avons entrepris de fonder un gouvernement nouveau sans troubler la paix générale de l'Europe. Nous avons eu confiance, une confiance immense, dans la bonté de notre cause, dans la vertu de nos institutions, dans la sagesse de notre pays. A quoi nous sommes-nous adressés ? à la liberté, à la publicité, à la discussion, aux élections, à toutes les forces naturelles et légales de nos institutions. (*Marques d'assentiment.*) Nous avons eu cette confiance, je le répète, une confiance telle que pendant longtemps on l'a trouvée démesurée, qu'on a taxé notre entreprise de chimérique, qu'on nous a dit que nous rêvions l'impossible ; les uns nous disaient que nous ne rétablirions pas l'ordre en laissant toutes les libertés se déployer avec une telle hardiesse, et les autres que nous ne maintiendrions pas la paix au milieu des craintes qui s'élevaient de toutes parts en Europe.

Eh bien ! malgré ces objections, nous nous sommes confiés hardiment à nos institutions, à notre pays, à notre cause ; nous n'avons pas fait appel à d'autres moyens, et c'est avec cela que nous avons triomphé.

Il est vrai que nous nous sommes méfiés des entraînements du jour, des passions populaires ; nous nous sommes méfiés des esprits chimériques et des factions. Nous avons eu, j'en conviens, nos réserves, nos méfiances; mais que diriez-vous, vous qui nous accusez, si je vous reprochais de vous méfier de nos institutions, de la Charte, des Chambres, des électeurs ? C'est cependant ce qu'on fait tous les jours quand on en appelle à d'autres formes sociales, quand on réclame perpétuellement des innovations, quand on dit que les institutions, les Chambres, tous nos pouvoirs légaux ne suffisent pas aux besoins du pays; on se méfie apparemment de ces forces, de ces institutions, de ces pouvoirs. Tout ce que cela prouve, c'est que nous plaçons notre confiance autrement que vous la vôtre, que vous avez vos méfiances, vos réserves, et nous les nôtres; il n'en est pas moins vrai que la politique que nous avons suivie depuis quatre ans a été une politique confiante et hardie, une politique qui ne s'est adressée qu'aux forces légales, à la discussion, à la publicité, à toutes les libertés, et c'est par la liberté qu'elle a triomphé.

Qu'on ne vienne donc pas dire que c'est une politique de frayeurs que nous avons suivie. Nous nous sommes livrés au pays, à lui seul; c'est dans le pays que nous avons cherché notre force; seulement nous nous sommes adressés au pays selon la Charte et les lois, à la portion du pays (*Très-bien! très-bien!*) investie par nos institutions du droit de parler en son nom. Nous nous sommes adressés au pays légal; et notre prétention à nous, c'est que le pays réel tout entier, la masse immense des cultivateurs, des pères de famille, des hommes honnêtes et laborieux est en parfaite harmonie avec le pays légal et officiel, comme on dit, qui représente la France.

On a voulu établir une distinction entre la nation officielle et la nation réelle. Notre prétention, à nous qui croyons nos institutions bonnes, c'est que la nation officielle et la nation réelle ont les mêmes intérêts, les mêmes sentiments, les mêmes désirs, que l'une représente véritablement l'autre, que l'une a l'immense majorité dans l'autre, que les électeurs, la Chambre ont l'immense majorité dans le pays tout entier; voilà à qui nous nous sommes confiés, c'est au pays, je le répète et à lui seul. (*Très-bien! très-bien!*)

Voulez-vous que du système de confiance je passe au système de conciliation, comme on dit? On prétend qu'il faut substituer un système de conciliation à un système de rigueur. Messieurs, je nie la rigueur comme j'ai nié la méfiance. Il n'est pas vrai qu'on se soit hâté de réprimer en France depuis quatre ans; il n'est pas vrai qu'on n'ait pas patienté longtemps, immensément patienté, quelquefois faibli devant le désordre, au lieu de le réprimer (*Très-bien!*

Un membre.—C'est vrai, témoin en février.

M. le ministre.—Il n'est pas vrai non plus que la répression, quand elle est venue, ait été violente, barbare. Je nie tous ces faits. La répression a eu ses accidents, ses malheurs, malheurs que nous déplorons; mais elle a été essentiellement juste, modérée. Je nie, je le répète, l'accusation de rigueur, et je dis qu'il n'y a pas de système de conciliation à mettre à la place de celui-là. Qu'appelez-vous conciliation? Si je ne me trompe, si j'en juge par le langage qui vient d'être tenu à cette tribune, ce qu'on appelle la conciliation, le voici : c'est qu'en politique il n'y a point de vrai, point de faux, point de juste, point d'injuste, point de bien, point de mal, point de droit, point de lois. (*Très-bien! très-bien!*)

Savez-vous ce qu'il y a, selon vous, en politique? des batailles et du hasard. (*Très-bien!*) Et c'est là ce que vous appelez la société! C'est là ce que vous appelez un système de conciliation! En vérité, je n'ai jamais vu un tel matérialisme et un tel scepticisme politique se produire devant une assemblée (*Marques très-vives d'assentiment*). Quoi! dans les questions politiques, au milieu d'une société constituée, dès qu'il s'agit d'un acte contre cette société en masse, il n'y a plus rien! Il n'y a plus que de la force! Il faut en venir aux mains! La victoire en décidera! C'est là, je le répète, ce que vous appelez de la conciliation! C'est avec de telles doctrines, c'est avec un tel langage que vous prétendez porter remède à l'état actuel des esprits! Mais ne voyez-vous pas que l'incertitude, précisément le scepticisme que vous venez vous-même établir, est le mal qui nous travaille? Ne voyez-vous pas que vous êtes vous-même, en ce moment, l'image de ce déplorable état des esprits, contre lequel nous nous élevons depuis si longtemps? Oui, sans doute, il est déplorable que les idées que vous venez produire ici soient répandues en France. Il est vrai qu'il y a beaucoup de gens qui croient aujourd'hui qu'il n'y a ni vrai, ni faux, ni justice, ni injustice, ni bien, ni mal en politique...

M. BERRYER. — Je demande la parole.

M. le ministre de l'instruction publique. — ...Qu'on peut faire ce qu'on veut pour faire prévaloir son opinion; qu'on peut attaquer son pays, risquer le bonheur, le repos, le sort de la société tout entière par cela seul qu'on croit qu'elle sera mieux organisée dans un sens que dans un autre, parce qu'il y a un nom, celui de république, qui convient davantage que celui de monarchie constitutionnelle. C'est là, messieurs, je le répète, le mal qui travaille et perd tant d'esprits, mal contre lequel nous nous sommes si souvent élevés dans cette Chambre; de tous les côtés, permettez-moi de le rappeler, on s'en est plaint; on y a cherché un remède. M. Odilon Barrot particulièrement (et cela lui fait honneur) a plus d'une fois déploré l'incertitude des esprits en fait de bien et de mal politique; il a insisté sur les inconvénients d'un semblable état des esprits.

M. ODILON BARROT. — Je demande la parole.

M. le ministre de l'instruction publique. — Et vous croyez que c'est en professant ce que vous venez d'exposer à la tribune, que c'est avec un scepticisme et un matérialisme semblable que vous ferez cesser un tel mal? Non! Vous l'aggravez, vous y plongez de plus en plus les esprits, vous perpétuez ce chaos moral que nous déplorons depuis si longtemps. Eh bien! Sachez que la concorde ne peut pas sortir du chaos; sachez que la conciliation n'est pas possible avec le scepticisme et l'incertitude morale des esprits; sachez que la première condition de la conciliation, c'est quelque chose de fixe et d'arrêté; c'est que le gouvernement, les pouvoirs publics, la société entière se présentent comme ayant une croyance, une foi en elle-même, dans la justice de sa cause, et réclamant l'obéissance, non au nom de la force, au nom de la victoire, mais au nom de la justice.

Pour nous, messieurs, ce n'est pas au nom de la force, ce n'est pas au nom de la victoire que nous venons réclamer soumission à la loi. Nous protestons contre ces noms de vainqueurs et de vaincus qu'on applique à la société. (*Très-bien! très-bien!*) Nous avons protesté autrefois pour défendre les vaincus, nous protestons aujourd'hui pour protéger la société elle-même. Il y a des hommes qui ont commis, ou qui sont accusés d'avoir commis des actes que nos lois réputent coupables ; ces hommes sont traduits devant la justice du pays, ils sont jugés avec toutes les garanties que nos lois assurent à la justice, garanties supérieures à celles qui existent partout ailleurs. Voilà le spectacle que nous offrons, et non pas celui de la force et de la victoire. Il ne s'agit donc pas de substituer un système de conciliation à un système de rigueur; il s'agit de maintenir la justice pour tous, et d'amener la conciliation à la suite du triomphe de la justice. La justice, messieurs, ne réussit pas en un jour, elle a des chances à surmonter, elle a des difficultés qui lui sont propres; mais qu'elle dure, et la conciliation est infaillible. Quand la justice a régné longtemps, elle l'emporte enfin ; et pardon si je m'arrête à ce mot *longtemps* ; nous parlons toujours comme si l'œuvre que nous avons accomplie en quatre années pouvait s'accomplir en un jour. Une telle impatience est aujourd'hui dans les esprits qu'on s'étonne que tout ne soit pas fait, parce qu'il y a quatre ans qu'une révolution a été consommée. Ce qui est étonnant, j'ose le dire, c'est qu'il y ait tant de choses faites; le bien ne triomphe pas ainsi en un jour; la raison a besoin de patience; la justice veut du temps pour triompher des sentiments haineux. Mais c'est seulement avec la justice et le temps que la conciliation est possible. La faiblesse, le scepticisme augmentent le trouble, l'incertitude, la confusion, et retardent la conciliation parce qu'elles amènent sans cesse des scènes nouvelles, des désordres nouveaux qui obligent la société à se défendre, et qui rendent la conciliation impossible.

C'est vous, avec votre langage et les sentiments que vous professez, ce n'est pas nous qui sommes les ennemis d'un système de conciliation. En affermissant l'empire des lois et de la justice, en protégeant l'ordre social contre des agressions particulières, nous faisons des pas plus sûrs vers la conciliation, que par toutes les incertitudes dont vous voudriez faire notre politique. (*Très-bien ! très-bien !*)

On parle aussi, messieurs, on parlait tout à l'heure d'un système nouveau à la place d'un système usé.

Messieurs, je ne chicanerai pas sur l'expression ; je ne dirai pas qu'il y a quelque danger, et peut-être une véritable maladie sociale dans ce besoin insatiable de nouveauté qui fait qu'on veut changer de système, uniquement parce que celui qui règne est usé, dit-on, et qu'il en faut un nouveau. Je ne m'arrêterai pas à cette objection ; je conviendrai que la société se développe, et qu'à chaque époque, il faut une politique qui lui convienne.

Mais j'ai un peu regardé, et sans doute beaucoup d'autres l'auront fait comme moi, j'ai un peu regardé au fond des idées qui forment le système nouveau qu'on nous laisse entrevoir plutôt qu'on ne nous le montre clairement.

Eh bien ! j'en demande pardon aux honorables membres qui les ont exprimées, mais je suis obligé de dire que, dans ma conviction la plus sincère, je n'ai trouvé, au fond de ce prétendu système, que les vieilles théories politiques de 1791. Je n'ai trouvé, je le dis à dessein, au fond de toute cette politique nouvelle, que les vieilles théories révolutionnaires ; théories qui ont convenu à l'époque pour laquelle elles étaient faites, et qui était nécessairement une époque de révolution et de destruction, mais qui ne conviennent plus aujourd'hui ; je n'ai trouvé, dis-je, dans cette tendance vers le suffrage universel, vers la complaisance pour les passions ou la volonté présumée de la multitude qui prévalaient en 1791, je n'ai vu là, passez-moi l'expression, que des vieilleries qu'on essaye de rajeunir en en faisant des chimères. (*Très-bien!*) Cela est impossible et, pour mon compte, toutes les fois que j'ai entendu de pareilles idées se produire, j'ai cru entendre répéter ce mot si vrai et si piquant qui a été dit, si je ne me trompe, au milieu de nous : *il y a quarante ans que je vous connais, vous vous appeliez alors Pétion* (*Hilarité générale*).

Messieurs, savez-vous ce qu'il y a de véritablement nouveau pour nous ? C'est la politique suivie depuis quatre ans, c'est l'acceptation franche et complète de l'esprit constitutionnel, et la lutte franche contre l'esprit révolutionnaire ; c'est la dénégation sincère des théories révolutionnaires, des idées de gouvernement révolutionnaire, et l'acceptation franche et complète des principes du gouvernement représentatif. Voilà ce qu'il y a de nouveau parmi nous. Vous qui parlez de système usé, voulez-vous savoir ce que le pays en pense ? Adressez-vous à lui et écoutez sa réponse. Les mots de confiance, de conciliation, de nouveauté, dans le sens dans lequel vous les employez, ont retenti souvent depuis quelque temps aux oreilles du pays ; ils lui sont agréables par eux-mêmes, ils sonnent bien, par leur propre vertu, aux oreilles humaines. Mais quand on vient au fait, lorsque le système politique suivi depuis quatre années, ce système qu'on dit usé, paraît en péril, que fait le pays ? Il s'inquiète, il s'agite. Les affaires se ralentissent, les esprits se troublent ; écoutez les conversations dans l'intérieur des familles ; observez le mouvement des transactions civiles ; vous voyez éclater de toutes parts les symptômes évidents de l'inquiétude publique. Pourquoi ? Parce que le pays, malgré ses préjugés, malgré les mauvaises habitudes qui lui restent depuis quarante ans de révolution et de discordes civiles, malgré ses passions même, a un instinct profond et vrai de sa situation, de son intérêt véritable, et lorsqu'il est en présence d'un danger réel et imminent, cet instinct l'emporte sur toutes les habitudes, les préjugés, les passions. Et savez-vous quel est cet instinct du pays ? Savez-vous ce dont il a le sentiment profond ? C'est qu'il est à peine sorti de l'état révolutionnaire, c'est qu'il remonte laborieusement la pente révolutionnaire pour arriver à l'état vraiment social et libre. Le pays sent, sent profondément que l'esprit révolutionnaire plane encore au-dessus de lui, et est là sans cesse l'épiant pour l'agiter et l'envahir de nouveau.

Le pays est dans la même situation, dans la même disposition dans laquelle nous étions tous lorsqu'une effroyable maladie, le choléra, a dévasté la cité. Tout le monde observait, et au moindre symptôme tout le monde était inquiet, tant on redoutait la réapparition du fléau. Le pays est, à l'égard de l'esprit révolutionnaire, dans la même disposition d'esprit ; il le redoute, il l'observe; il sait que le péril est encore à la porte ; et voilà ce qui l'alarme profondément quand le système de politique qui prévaut depuis quatre ans paraît compromis. Le pays a peur de retomber dans l'abîme. Les apparitions de l'esprit révolutionnaire ont leurs heures de nécessité ; mais ce sont celles de l'ange exterminateur, ce n'est pas là le génie social. Voilà ce qui fait l'inquiétude du pays ; voilà ce qui prouve que le système dont vous parlez est bien loin d'être usé ; il est au fond le système du plus simple bon sens, de l'intérêt dominant, du véritable intérêt du pays.

Vous auriez raison si, comme tout à l'heure vous l'entendiez dire, notre politique était en effet vouée à une seule cause, si nous n'avions entrepris que de rétablir l'ordre, par une réaction violente et sans maintenir les libertés du pays. Mais c'est le caractère particulier de notre temps que nous ayons entrepris à la fois et de rétablir l'ordre, et je ne dis pas seulement de maintenir, mais d'étendre les libertés publiques. Ordinairement, l'une ou l'autre de ces tâches suffit à l'activité d'une époque. Il y a des époques qui sont vouées aux réformes sociales, au développement des libertés publiques, d'autres au rétablissement de l'ordre, et à recouvrer les moyens de gouvernement, les principes de sécurité sociale. Mais, messieurs, nous avons été appelés à faire les deux choses à la fois. (*Très-bien, très-bien !*) Rappelez-vous notre histoire depuis quatre ans, ouvrez vos procès-verbaux, vous y verrez que vous avez d'une main travaillé constamment à rétablir l'ordre, et de l'autre à étendre les libertés du pays. Ouvrez notre Charte telle que vous l'avez modifiée en 1830, notre *Bulletin des lois*, vous y trouverez vingt-deux lois d'extension des libertés politiques depuis quatre ans; des lois qui auraient suffi à la passion des réformes pendant un demi-siècle, qui auraient alimenté pendant un demi-siècle l'ambition et l'activité des esprits les plus ardents en matière de liberté : tout cela s'est fait en quatre ans. Et en même temps que tout cela se faisait, par les mêmes institutions, par les mêmes Chambres, vous avez rétabli l'ordre, vous avez cherché à ressaisir le principe conservateur de la société. En sorte que vous avez fait (permettez-moi cette comparaison historique) ce que faisaient les Macchabées au siége de Jérusalem, ils reconstruisaient d'une main leur cité pendant qu'ils la défendaient de l'autre contre l'ennemi extérieur. (*Très-bien !*) Ils avaient l'épée d'une main et la truelle de l'autre : c'est ce que vous avez fait depuis quatre ans.

Métier glorieux, métier qui honore et grandit une nation, mais métier difficile, et dont il ne faut pas méconnaître la difficulté et les périls. Eh bien! messieurs, quand on entreprend une tâche pareille, quand on y est voué par l'état du pays, il n'y a qu'un seul moyen de réussir ; c'est que pendant que les libertés publiques se déploient hardiment, les pouvoirs publics s'exercent, se raffermissent, s'agrandissent aussi. Ce que vous réclamez pour la liberté publique, nous le réclamons aussi pour la puissance publique. Nous demandons l'empire des lois, non pas dans leur rigueur, je ne me permettrai pas de me servir de ce mot quand je parle des lois de mon pays; elles ne sont que justes ; nous demandons l'empire des lois dans leur justice; nous demandons le libre et énergique exercice des prérogatives du gouvernement, des

Chambres, de tous les pouvoirs. Nous ne demandons la restriction d'aucune des libertés nationales; nous ne voulons point de ce système bâtard et misérable qui travaille à affaiblir le pouvoir et la liberté; nous les voulons tous les deux réels et forts; mais si pendant que les libertés se déploient avec intensité et se multiplient, vous venez à affaiblir le gouvernement; si vous dites tantôt que la couronne est trop forte, tantôt que les Chambres ont trop de puissance, vous mettrez la société dans un péril imminent, car d'un côté vous déchaînez toutes les passions individuelles, et de l'autre vous enchaînez la force sociale ; car, sachez-le bien, messieurs, le pouvoir public, c'est la force sociale, c'est la force sociale organisée; dans un pays libre comme le nôtre c'est la société elle-même se défendant, agissant dans son propre intérêt, intérêt légitime quand elle se défend et se gouverne, comme quand elle se prête au déploiement des libertés individuelles. (*Approbation.*)

Ce que nous voulons donc, messieurs, c'est l'action complète de la force publique, de la force sociale, aussi bien que des libertés individuelles.

A cette condition, à cette seule condition, avec cette hardiesse dans la politique nationale, on peut prétendre à rétablir l'ordre, à l'affermir, en même temps que se développe la liberté; à cette condition, on peut offrir au monde le spectacle d'un pays libre, se gouvernant régulièrement lui-même.

C'est sous ce point de vue, messieurs, que je vous prie de considérer la question de l'amnistie, sur laquelle je ne veux ajouter qu'un mot. Si l'amnistie, qui n'est pas actuellement une nécessité sociale, qui n'est pas commandée par la justice, si l'amnistie, qui ne peut être aujourd'hui qu'un acte de politique et de gouvernement, opportune tel jour et inopportune tel autre jour, si l'amnistie, dis-je, peut avoir lieu un jour sans affaiblir la puissance publique, sans donner courage aux factions, sans troubler la tranquillité des esprits, car la première condition de la force du gouvernement, c'est la sécurité des esprits, si l'amnistie peut avoir lieu à ces conditions, il n'est aucun homme sensé qui ne l'accepte avec empressement; mais tant que ces conditions ne sont pas remplies, tant qu'il reste de vives inquiétudes pour l'ordre public, pour le repos des honnêtes gens et de la société, l'amnistie ne serait qu'un acte de faiblesse; elle n'atteindrait pas le but de conciliation dont vous parlez, elle produirait des effets tout contraires; elle ne serait pas opportune, elle serait nuisible. C'est dans ce sens et seulement dans ce sens, que nous l'avons repoussée. (*Mouvements prolongés d'assentiment.*)

LXIII

— Chambre des députés,—Séance du 2 janvier 1835.—

La discussion du projet de loi relatif au crédit extraordinaire de 360,000 francs, demandé par le gouvernement, pour la construction d'une salle des séances judiciaires de la cour des pairs, se prolongea du 29 décembre 1834 au 4 janvier 1835, et fut aussi ardente que longue. Toutes les grandes questions politiques du temps, le caractère de la révolution de 1830, la politique qui prévalait depuis le cabinet de M. Casimir Périer, l'amnistie réclamée pour les insurgés d'avril 1834, y furent reproduites et vivement débattues. Dans la séance du 2 janvier 1835, je repris trois fois la parole en réponse à MM. Mauguin, Berryer, Charamaule et Odilon Barrot.

M. GUIZOT, *ministre de l'instruction publique.*—Je demande pardon à la Chambre de prolonger encore un moment cette discussion. Peut-être aurais-je hésité à prendre la parole si l'honorable préopinant qui descend de cette tribune n'y avait renouvelé contre la politique du ministère un reproche qu'il a déjà plusieurs fois fait retentir ici, et dont avant-hier on a entretenu la Chambre. Ce reproche, que la Chambre me permette de le dire, il m'appartient d'y répondre. On accuse la politique du ministère d'être la reproduction de la Restauration, de tendre vers l'esprit de la Restauration, et ce qu'on appelle l'organisation aristocratique de la France. Messieurs, depuis quelque temps on a beaucoup parlé ici de conciliation, d'une politique étrangère au passé, et qui s'occuperait exclusivement de l'avenir. Ce que vous venez d'entendre me paraît une singulière contradiction avec les dispositions qu'on annonce. (*Très-bien! très-bien!*)

Je ne m'en plains pas, je ne le regrette pas, j'accepte le débat sur le passé comme sur le présent.

M. CHARAMAULE.—Je demande la parole.

M. le ministre de l'instruction publique.—Que la Chambre ne s'en alarme pas; je ne la retiendrai pas longtemps, et je n'y porterai ni passion ni amertume. Il est vrai, messieurs, plusieurs d'entre nous, et moi en particulier, puisqu'on me fait l'honneur de me désigner, nous avons pris quelque temps part à la politique, nous avons rempli des fonctions publiques sous la Restauration. Je ne pense pas que ce soit à ce simple fait que le reproche s'adresse; je ne pense pas qu'on veuille renouveler ici ce principe de l'émigration, qui condamnait à la nullité des citoyens durant de longues années pendant lesquelles cependant le pays avait un gouvernement régulier qu'il reconnaissait et auquel il obéissait. C'est sans doute au caractère de notre conduite, de notre politique, de notre influence sous la Restauration que le reproche s'adresse.

Eh bien! messieurs, vous avez entendu avant-hier un honorable et très-éloquent orateur, dont je regrette en ce moment l'absence, vous l'avez entendu dire que, pendant les quinze années de la Restauration, c'était son parti, ses amis, qui avaient constamment pris en main la cause des libertés publiques, qui avaient défendu la France contre les violences, contre l'esprit de réaction et de persécution, qui avaient sans cesse réclamé, pour elle, les institutions que lui promettait la Charte.

En vérité, messieurs, je regrette, je le répète, que l'honorable orateur ne soit pas ici présent; mais ses paroles n'étaient-elles pas, je vous le demande, un démenti à tous vos souvenirs, à tout ce que vous avez entendu pendant ces quinze années dont on vous entretient? Qu'avons-nous fait, messieurs, à cette époque? Nous avons, mes amis et moi, puisqu'on m'oblige à me mettre en cause, nous avons sincèrement et constamment travaillé, pendant que nous prenions part de près ou de loin au gouvernement, sincèrement travaillé à fonder en France la monarchie constitutionnelle, à réaliser la Charte, à introduire dans le gouvernement la vérité et la sincérité.

Il m'est aisé de rappeler ici quelques faits qui ne laisseraient pas, s'il en était besoin, le moindre doute à la Chambre.

A quelle époque appartiennent les lois qui nous sont restées de ces quinze ans, et qui ont, non pas accompli, mais commencé en France le système du gouvernement représentatif et de la monarchie constitutionnelle? A quelle époque appartient cette loi des élections qui a fondé l'élection directe et qu'on se crut obligé d'attaquer et d'abolir quand on voulut attaquer la France nouvelle? A quelle époque appartient cette loi du recrutement qui a établi le principe de l'égalité dans l'acte le plus général de la vie civile? A quelle époque appartiennent ces lois qui ont réalisé la liberté de la presse, attribué les délits de la presse au jury, et fait sortir cette législation de l'ornière dans laquelle elle s'était jusque-là traînée, réclamant toujours la liberté et toujours incapable de la fonder effectivement? Je pourrais citer d'autres lois; je cite celles-là, parce qu'elles sont restées, parce qu'elles sont devenues le fondement de notre droit constitutionnel. A quelle époque, je le demande, appartiennent ces lois? A l'époque où mes amis et moi nous exercions quelque influence, bien incomplète et bien souvent contestée, dans les conseils du gouvernement. Certes, messieurs, je puis le dire, cette influence n'a pas été vaine, stérile; elle a produit les lois dont je vous ai parlé.

Elle avait aussi d'autres conséquences. Quoi? On prétend nous faire oublier, quand on parle de persécutions, de réactions, de violences, que c'étaient mes amis et moi qui nous élevions incessamment contre l'esprit violent, réacteur, persécuteur de la majorité de la Chambre de 1815! On prétend faire oublier que c'est pour échapper à cet esprit que mes amis et moi nous avons provoqué, amené l'ordonnance du 5 septembre qui a arraché la France à la tyrannie et aux périls dont cette majorité la menaçait!... (*Très-bien! très-bien!*) En vérité, je suis honteux de rappeler ces faits, d'être obligé de les rappeler; ils sont si simples et si notoires que c'est une sorte de honte, je le répète, d'être obligé de les rappeler. A cette époque, notre éloge, à raison de ces faits, de cette conduite, retentissait dans la bouche des partis qui aujourd'hui nous attaquent. Je dis des partis, je devrais dire du parti : un seul, un seul parti était alors contre nous. C'est celui qui hier s'attribuait le mérite de la douceur, de la clémence, de la libéralité; ce parti seul nous attaquait alors... (*Très-bien! très-bien!*)

Et qu'a-t-il fait, je vous le demande, ce parti, quand il est arrivé au pouvoir, quand nos efforts constants pour prévenir le retour de l'ancien régime, pour maintenir les classes nouvellement élevées à la vie politique dans les droits que la Révolution avait conquis, pour réaliser nos institutions constitutionnelles, quand ces efforts, au bout de quelques années, ont été forcés de céder aux intrigues qui s'agitaient, qu'a-t-il fait, ce parti, quand il a eu le pouvoir dans les mains à son tour?

Je ne veux point suivre des exemples que je désapprouve ; je ne veux envenimer aucune passion, mais permettez-moi de citer quelques lois, quelques mesures qui appartiennent à l'époque et au parti que l'on a vantés.

Savez-vous quelles sont les lois qu'il a proposées, qu'il a fait voter en partie? C'est la loi sur le sacrilége, c'est la loi sur le droit d'aînesse, la loi sur l'indemnité des émigrés; c'est la loi qu'on appelait la loi de clémence et d'amour, la loi sur la presse.

Je pourrais en citer une foule d'autres. Et si des lois, je passe aux mesures politiques, que dirai-je de la guerre d'Espagne, de cette guerre qui a relevé la tyrannie dans un pays où, avec une protection bienveillante, sincère, active, pour les premiers essais du gouvernement constitutionnel, peut-être il eût été possible de prévenir les maux qui ont pesé sur lui depuis ce jour? (*Très-bien!*) On vous demandait hier si nous, nous interviendrions en Espagne pour y protéger nos principes, comme la Restauration y était allée pour protéger les principes de l'absolutisme. Messieurs, je ne sais pas ce que nous ferions, ni quel parti prendrait le gouvernement du Roi si la nécessité devenait impérieuse; mais je sais que jusqu'ici nous n'avons pas eu besoin d'intervenir matériellement en Espagne pour y faire triompher nos principes; je sais qu'il a suffi, à la mort du roi d'Espagne, de dire que nous reconnaissions l'héritière de son trône, et que la France lui prêterait son appui moral. Je sais, dis-je, qu'il a suffi de cette déclaration pour faire commencer en Espagne le régime constitutionnel et prêter force au gouvernement d'une femme et d'un enfant, et que sans intervenir matériellement pour aller faire triompher un principe au delà des Pyrénées, nous avons fait jusqu'ici triompher nos principes sans qu'il en ait coûté à la France ni un homme, ni un écu. (*Voix nombreuses*: très-bien! bravo!)

Je ne pousserai pas plus loin cette comparaison, messieurs; il me serait aisé de la rendre amère, sanglante; il me serait aisé de jeter à la tête de l'orateur des noms, des souvenirs qui feraient rentrer bien avant ces mots de clémence et de générosité qui sont sortis de sa bouche. Il me serait aisé de lui dire que pas un caporal n'a pu trouver grâce à cette triste époque. (*Vive sensation.*)

Je ne veux pas m'arrêter à ces souvenirs; je me hâte de dire que, même à cette époque, parmi les hommes qui soutenaient le gouvernement auquel nous étions, mes amis et moi, complétement étrangers et adversaires, soit dans les Chambres, soit au dehors, même parmi les hommes qui le soutenaient il y en avait qui adoptaient sincèrement la monarchie constitutionnelle, qui voulaient son maintien, qui croyaient qu'il fallait passer de telles fautes au gouvernement et le soutenir, même à ce prix.

Je dis cela, messieurs, parce que je ne veux blesser aucun bon esprit et aucune conscience, parce que je veux que, même parmi les hommes avec lesquels nous n'avions alors aucun rapport et que nous combattions, on sache que cet esprit de haine et d'hostilité dont on leur parle n'a jamais existé de notre part. Je veux qu'ils sachent que nous, les défenseurs obstinés de la monarchie constitutionnelle, nous voulons lui rallier tous les hommes qui, à quelque époque que ce soit, à travers des fautes que nous avons combattues, ont cependant accepté cette forme de gouvernement, convaincus, par expérience, que c'est la seule qui convienne à la France.

Et la conciliation dans notre bouche, messieurs, n'est pas un vain mot, une figure de rhétorique, une arme de circonstance; nous avons véritablement l'esprit de la monarchie constitutionnelle; nous voulons rallier, autour du trône que la révolution de Juillet a fondé, tous les hommes qui, à quelque époque que ce soit, de quelque manière que ce soit, ont fait acte d'adhésion à la monarchie constitutionnelle, la regardent comme le seul gouvernement qui convienne à la France, et lui rendront les armes quand elle leur montrera qu'elle ne porte point d'armes contre eux. (*Très-bien! très-bien!*)

Messieurs, en 1789, ce que voulait la France, tout le monde en convient, c'est la monarchie constitutionnelle. C'était là tout ce que les partis proclamaient, c'était le vœu universel de six millions d'électeurs.

Eh bien! quels sont les ennemis, les dangers qu'a rencontrés la monarchie constitutionnelle depuis qu'elle a essayé de s'élever en France? D'abord des hommes de l'ancien régime, des partisans de l'absolutisme sous une forme quelconque, ensuite ceux qui voulaient autre chose, les partisans de la république et de l'anarchie, et puis permettez-moi d'ajouter, une troisième classe d'ennemis qui n'était pas la moindre, celle des hommes qui, en voulant sincèrement la monarchie constitutionnelle, n'en savaient pas les conditions, ne savaient pas comment on fonde les gouvernements réguliers, à quel prix il faut acheter l'ordre social, quelles limites il faut apporter aux libertés individuelles, comment les pouvoirs peuvent se constituer et s'exercer, en un mot quelles sont les conditions régulières et durables du système représentatif. Beaucoup d'hommes généreux, sincères, qui voulaient ce système, étaient pleins d'illusions, d'erreurs, de chimères; ils ont beaucoup nui à la cause qu'ils voulaient servir; ils se sont bien souvent laissé entraîner par des idées anarchiques, par les partisans de la république. Et c'est là ce que je disais l'autre jour quand je parlais des erreurs de 1791. Ne croyez pas, messieurs, que j'ai voulu, que je veuille ici accuser les personnes; non, messieurs, je sais que parmi les amis, parmi les admirateurs de la constitution de 91, il y avait une foule d'amis sincères de la monarchie constitutionnelle; mais je le répète, ils n'en savaient pas les conditions; il n'y avait dans cette constitution, dans les idées qui l'avaient enfantée, que désordre et anarchie; c'est dans ce sens que je les ai accusés. Je n'ai entendu imputer à personne ni mauvaises passions, ni mauvaises intentions; j'ai parlé d'erreurs, d'erreurs fatales qui avaient beaucoup nui à cette grande et belle cause de la monarchie constitutionnelle qui, depuis 1789, a été la pensée nationale. Voilà ce que j'ai voulu dire, je le maintiens aujourd'hui. Je maintiens que si, sous la Restauration, nous avons rendu quelques services à la liberté et au régime constitutionnel, c'est parce que nous avons constamment travaillé à substituer, à ces doctrines anarchiques et subversives de tout gouvernement régulier, les véritables doctrines de la liberté, les véritables idées pratiques des gouvernements réguliers. Voilà le principal service, permettez-moi de le dire, que nous ayons rendu à la monarchie constitutionnelle. Peut-être avons-nous eu ainsi l'honneur de lui faire faire un pas ; peut-être avons-nous contribué à ce que, au moment où la monarchie qui s'appelait seule légitime est tombée, le pays ait compris les conditions d'un gouvernement régulier et ne soit pas rentré dans les voies déplorables dans lesquelles il s'était perdu en 1791 : messieurs, c'est l'expérience, l'expérience acquise par de longues révolutions, et éclairée, fécondée par les quinze années paisibles de la Restauration, par les discussions de cette époque, c'est cette expérience qui a mis la France en état de soutenir, en 1830, ces grandes épreuves. La différence qu'il y a aujourd'hui entre la France de 1830 et la France de 1789, c'est que la France de 1830 est expérimentée et prudente ; c'est qu'elle veut ce que voulait la France de 1789, la monarchie constitutionnelle, rien de plus, rien de moins; mais qu'elle le veut avec lumière, avec sagesse, avec expérience, et qu'elle en sait les conditions. Voilà la différence qui caractérise les deux époques ; et cette différence, permettez-moi de le dire, peut-être mes amis et moi n'y sommes-nous pas complétement étrangers. (*Marques d'assentiment.*)

Je ne prolongerai pas cette discussion, messieurs ; j'ai voulu uniquement caractériser ce que nous avons constamment entendu et fait, mes amis et moi, sous la Restauration. Soit que nous prissions une part plus ou moins active au gouvernement, soit que nous fussions dans l'opposition, nous avons constamment professé les mêmes principes, nous avons marché dans les mêmes voies. Nous le faisons encore aujourd'hui, messieurs ; nous nous trouvons dans une situation analogue : nous avons également à lutter contre les hommes qui voudraient le retour de l'ancien régime et de l'absolutisme, contre ceux qui veulent la république et les hasards de nouvelles expériences, et contre ceux, aujourd'hui en moindre nombre qu'en 1791, et dont le crédit est bien plus faible, mais encore influents, qui méconnaissent les conditions de l'ordre social, d'un gouvernement régulier, de la monarchie constitutionnelle.

Oui, messieurs, nous luttons encore contre ces mêmes dangers, contre ces mêmes adversaires, et nous recherchons, nous poursuivons ce que nous avons cherché et poursuivi sous la Restauration, ce que la France, ce que le parti national, le parti que nous appelons aujourd'hui le juste-milieu et qui n'est autre que la majorité nationale, a voulu constamment, ce qu'elle voulait en 1789, ce qu'elle veut aujourd'hui, ce qu'elle obtiendra, comme elle a déjà commencé à l'obtenir, si elle persévère fermement dans le même but, dans la même unité, si elle sait se conduire comme elle l'a déjà fait, si elle ne s'inquiète d'aucune clameur, et s'occupe uniquement de rallier à elle tous les hommes qui veulent la monarchie constitutionnelle et comprennent ce qu'il faut faire pour la conserver. (*Marques prolongées d'assentiment.*)

M. Charamaule (député de l'Hérault) vint lire à la tribune, en les attaquant comme hostiles aux principes de 1789 et de la monarchie de 1830, quelques passages de l'ouvrage que j'avais publié en 1821, sous ce titre : *Des moyens de gouvernement et d'opposition dans l'état actuel de la France ;* je lui répondis en rétablissant, dans leur intégrité, les passages cités et en maintenant que les idées qu'ils exprimaient étaient pleinement vraies, et en parfaite harmonie avec le vrai et légitime but des événements de 1789 et de 1830.

M. Guizot, *ministre de l'instruction publique.* — Je prie

l'honorable orateur de me permettre lui-même de dire un mot.

Je n'ai aucune objection à faire à ce qu'il continue la lecture et les réflexions dont il veut bien l'accompagner.

Je dois seulement dire à la Chambre qu'elle n'entend pas sans doute que je convertisse cette enceinte en une arène philosophique. Je persiste dans toutes les opinions écrites dans le livre qui est en ce moment sur la tribune, et je les regarde comme parfaitement en accord, en harmonie avec les principes qui président aujourd'hui à notre gouvernement, et avec les sentiments que mon honorable ami, M. le ministre de l'intérieur, a exprimés hier à la tribune.

Aux centres.—Très-bien! très-bien! (*Vive rumeur aux extrémités.*)

M. GUIZOT, *ministre de l'instruction publique.* — Je prie l'honorable membre de vouloir bien laisser sur la tribune le livre qu'il vient de citer ; j'ai encore quelques mots à en dire à la Chambre.

J'éprouve quelque embarras à prolonger cette discussion. Voilà bien des années que je n'ai relu le livre dont on vient d'entretenir la Chambre ; mais je répète encore ce que je disais tout à l'heure, je ne désavoue aucune des opinions qui y sont contenues, parce que je sais que ce que je pensais alors, je le pense encore aujourd'hui. (*Murmures à gauche.*)

Voix au centre. — Laissez répondre !

M. COMTE. — Je demande la parole.

M. le ministre de l'instruction publique. — J'ouvre le livre à l'endroit même où me l'a remis l'honorable orateur. Je ne cherche pas un autre passage, et je prie la Chambre de me permettre de lui lire, avec un peu de suite et dans son développement, ce dont on ne lui a lu que quelques phrases. Je suis, je le répète, embarrassé, car c'est une discussion purement philosophique et non politique..... (*Interruption à gauche.*) A mon tour, je demanderai le silence. Je demande la permission de dire dans quel sens j'entendais et j'expliquais alors l'opinion contenue dans ce livre.

Je disais que je croyais reconnaître trois axiomes : la souveraineté du peuple, point d'aristocratie, point de priviléges, etc.

Maintenant je lis :

« Mon dessein n'est point de discuter philosophiquement ces axiomes ; ils contiennent, dans leur vaste sein, toutes les questions qui n'ont cessé d'agiter l'homme et le monde; questions qui ne se laissent pas toucher en passant. Je veux seulement savoir quel est le vrai sens qu'attache à ces maximes générales le public qui les professe, ou même y croit sans les professer. Je veux, en effet, rechercher si elles ne recèlent que l'anarchie, n'offrent aucune prise à l'autorité, ne renferment pas enfin le germe méconnu de quelque profession de foi, de quelque symbole politique, propre à devenir le drapeau d'une société qui veut être régulière, et la doctrine avouée d'un pouvoir qui veut être fort. »

La Chambre voit que l'intention de ce passage était précisément de rechercher ce qu'il y avait de vrai dans ces maximes, et comment elles pouvaient être le drapeau d'une société qui veut être régulière, et la doctrine avouée d'un pouvoir qui veut être fort. Voici comment, messieurs, et dans quel sens je les ai entendues, et je crois qu'elles doivent être entendues.

« Et d'abord, qu'entendent aujourd'hui par la souveraineté du peuple ceux qui s'en portent les défenseurs? Est-ce l'exercice constant et direct du pouvoir par la totalité des citoyens? Les plus chauds partisans du principe n'y ont jamais songé ; ils ont déclaré le peuple incapable d'exercer par lui-même le pouvoir, et lui ont réservé seulement le droit de le déléguer, c'est-à-dire d'y renoncer, sauf à le reprendre pour le déléguer à d'autres. J'entre dans cette hypothèse. Qu'entend-on par cette délégation du pouvoir? Est-ce l'élection universelle de tous les pouvoirs, et, dans chaque élection, le suffrage universel? En fait, à coup sûr, personne n'y pense ; en droit, cette transformation de la souveraineté du peuple ne fait que la rendre plus absurde encore. Elle la fonde sur ce principe que nul n'est tenu d'obéir au pouvoir qu'il n'a pas choisi, aux lois qu'il n'a pas consenties. Que devient alors la minorité ? Non-seulement elle n'a pas choisi le pouvoir qui a été élu, elle n'a pas consenti les lois qui ont été faites, mais elle a élu un autre pouvoir, elle a voulu d'autres lois. De quel droit la majorité lui imposera-t-elle l'obéissance ? Du droit de la force ? Mais la force n'est jamais un droit. Dira-t-on que la minorité peut se retirer ? Mais alors il n'y a plus de peuples; car les majorités et les minorités variant sans cesse, si à chaque occasion la minorité se retire, bientôt la société ne sera plus. Il faut donc que la minorité reste et se soumette. Voilà donc la souveraineté du peuple encore une fois transformée; elle n'est plus que la souveraineté de la majorité. Que devient-elle sous cette nouvelle forme ? La minorité est-elle, en effet, dévouée en esclave à la majorité ? Ou bien serait-ce que la majorité a toujours raison, sait parfaitement et ne veut jamais que le bien ? Il faut choisir, il faut affirmer ou que la majorité a droit sur la minorité, ou qu'elle est infaillible. L'iniquité est d'une part, l'absurdité de l'autre. Évidemment ce n'est point là ce que pensent, ce que veulent les hommes mêmes qui attachent au dogme de la souveraineté du peuple le principe et le salut de la liberté.

« Que pensent-ils donc et que veulent-ils ? Quel sens a pour eux ce dogme prétendu qui ne passe de transformation en transformation que pour apparaître toujours plus faux et plus impraticable ? Ils le professent cependant, ou, s'ils n'osent, ils l'invoquent au fond du cœur, et en déduisent toute leur politique.

« Voici le fait. Pendant bien des siècles, le gouvernement des nations modernes n'a eu pour principe et pour règle que des intérêts privés. Le grand nombre était non-seulement gouverné, mais possédé par le plus petit nombre qui, seul maître de la force, s'attribuait aussi tout le droit. Par degrés, la force s'est répandue hors de l'étroite enceinte où elle résidait; la sphère des richesses, des lumières, de toutes les supériorités réelles s'est élargie. Le droit du petit nombre a été dès lors mis en question, et comme un droit ne peut-être attaqué que par un droit, c'est dans le grand nombre qu'on en a cherché un pour battre en ruine celui du petit nombre. Ainsi est née la théorie de la souveraineté du peuple ; elle a été le prétexte rationnel d'une nécessité pratique, un point de ralliement offert aux forces matérielles par suite du déplacement des forces morales, et pour terminer, au nom d'une idée, une question de pouvoir déjà résolue dans le fait. C'est une expression simple, active, provoquante, un cri de guerre, le signal de quelque grande métamorphose sociale, une théorie de circonstance et de transition. »

Au centre.—Très-bien ! très-bien !

M. le ministre de l'instruction publique.—Je continuerai la lecture si la Chambre le désire.

Au centre.—Oui, oui, lisez !

M. le ministre de l'instruction publique.—Je demande à la Chambre la permission de lui lire une seule phrase dans laquelle je résume mon opinion sur le sens raisonnable que j'attache à la souveraineté du peuple.

Voix nombreuses.—Oui ! continuez !

M. le ministre de l'instruction publique, lisant.—« Que la révolution soit finie, et sa victoire assurée, on parlera encore de la souveraineté du peuple ; mais par là on désignera et on réclamera simplement le gouvernement des intérêts généraux, par opposition au gouvernement de tels ou tels intérêts privés. C'est, en effet, tout ce qu'entendent par ces mots les hommes mêmes qui se croient le plus fermement attachés à la théorie. Pressez-les de la ramener à des termes précis, de l'adopter dans sa rigueur ; ils céderont de poste en poste, ils se perdront en explications, en palliatifs, en détours ; et cette prétendue souveraineté du peuple, si terrible par les souvenirs de guerre qui s'attachent à son nom, se réduira, dans leurs propres mains, à n'être plus que la domination sûre et régulière des intérêts dominants en effet dans le nouvel ordre social. »

Aux centres.—Très-bien ! très-bien ! nous n'avons pas d'autres doctrines, nous n'avons pas d'autres principes.

M. le ministre de l'instruction publique.—La Chambre me permettra de n'ajouter aucune conclusion à ce que je viens de dire ; ce que je pensais alors, je le pense aujourd'hui, et je crois que c'est sur la souveraineté nationale ainsi entendue que repose notre gouvernement.

De nombreux applaudissements succèdent à ce discours.

LXIV

— Chambre des députés.—Séance du 11 mars 1835. —

J'ai raconté dans mes *Mémoires*[1] la crise ministérielle qui éclata à la fin de février 1835, par la retraite du maréchal Mortier, et qui se termina, le 12 mars, par la reconstitution du cabinet sous la présidence du duc de Broglie, ministre des affaires étrangères. Pendant cette crise, le comte de Sade adressa au ministère en dissolution des interpellations sur les causes de cet incident et la situation qui en résultait. Je lui répondis :

M. Guizot, *ministre de l'instruction publique.*—Messieurs, lorsque samedi dernier la même discussion s'est élevée dans la Chambre, lorsque j'ai annoncé que des combinaisons se préparaient qui probablement atteindraient bientôt leur terme, j'étais loin de croire que ces combinaisons demeure-

[1] Tome III, p. 287-294.

raient sans résultat. Depuis, il en a été tenté d'autres qui sont restées également infructueuses. Aujourd'hui, nous sommes, mes collègues et moi, nous sommes assis sur ces bancs uniquement pour nous acquitter d'un double devoir, pour ne pas laisser les affaires en souffrance, et pour donner à la couronne le temps de chercher en liberté la solution de la question qui nous occupe tous.

Nous sommes en ce moment, je le répète, étrangers à toute nouvelle tentative pour cette solution. L'honorable préopinant vient de le dire lui-même : « Les ministres qui quittent le pouvoir ne sauraient être rendus responsables. »

M. MAUGUIN. — Je demande la parole.

M. GUIZOT. — Les ministres qui quittent le pouvoir ne sauraient être rendus responsables du choix de leurs successeurs. Nous avons donné à la couronne les conseils qui nous ont paru dictés par l'intérêt du pays et par celui de la couronne elle-même ; c'était le dernier acte dont nous pussions être responsables, un dernier devoir que nous avions à remplir envers elle.

Lorsque nous sommes venus, à l'ouverture de cette session, demander à la Chambre soit de nous donner, soit de nous refuser positivement son concours, nous avons reconnu, nous avons proclamé plus hautement que personne l'influence légitime de la Chambre sur la composition du cabinet et sur la direction des affaires publiques. L'honorable M. de Sade vous le rappelait lui-même tout à l'heure ; ce que nous avons fait alors était plus précis, plus positif que tous les discours. Nous sommes convaincus aujourd'hui, comme alors, que c'est du sein des Chambres, du sein des majorités parlementaires que doit sortir l'administration. Mais M. de Sade vous disait aussi tout à l'heure que l'incertitude, les fluctuations de ces majorités, exerçaient sur la composition ou la décomposition des cabinets une influence décisive ; il avait raison. Cette influence indirecte de la Chambre sur l'administration est la loi de notre gouvernement ; c'est notre gouvernement lui-même. Quant à une intervention directe de la Chambre dans le choix des ministres, dans la composition du cabinet, ce serait une atteinte grave (*Mouvement.*) à la prérogative de la couronne (*Adhésion*). Ce serait une grande perturbation dans les relations des pouvoirs publics. (*Voix nombreuses* : Très-bien ! très-bien !)

C'est indirectement, je le répète, c'est par son opinion générale, par ses votes généraux que la Chambre influe sur le choix et sur les destinées du cabinet. Tout mode d'intervention direct, immédiat, positif, est un désordre constitutionnel.

Étrangers comme nous le sommes aujourd'hui, messieurs, à toutes les combinaisons qui peuvent être formées ou tentées, ne voulant apporter à aucune de ces combinaisons, ni obstacle, ni embarras, désirant aussi vivement que personne, dans cette Chambre et au dehors, que la crise actuelle ait une prompte fin, et que les destinées du pays soient enfin remises en des mains qui les dirigent avec l'appui de la majorité des Chambres, et dans le sens indiqué par l'esprit de cette majorité, nous ne pouvons concourir à presser ce résultat qu'en remplissant jusqu'à la fin les devoirs que notre situation nous impose, en veillant à l'ordre public, à la continuité des affaires. Nous avions à donner à la couronne de derniers conseils : ils ont été donnés ; nous ne prenons part, en ce moment, à aucune combinaison nouvelle ; celles qui ont pu être récemment tentées, je le répète, l'ont été infructueusement. Dans cet état des affaires, je suis porté à croire que les explications de détail que l'honorable M. de Sade a provoquées, les questions qu'il a adressées au ministère sur les faits survenus depuis trois semaines, seraient plus propres à ajouter aux difficultés que rencontre la couronne et qui affligent le pays, qu'à les résoudre. (*Plusieurs voix :* C'est vrai !)

Je ne pourrais, pour mon compte, donner aujourd'hui, ni aucun de mes collègues avec moi, les explications que demande l'honorable M. de Sade ; non que nous refusions ces explications, non qu'il ne soit dans le droit de la Chambre de les demander et de les entendre, mais je crois qu'elles ne peuvent venir opportunément que lorsqu'il y aura un cabinet tout à fait hors des affaires et un nouveau cabinet formé, en un mot, lorsque les affaires seront définitivement assises.

Jusque-là, les explications, les détails de faits, seraient, je le crains, des entraves, des embarras, au lieu de contribuer à la solution de la question. Pour nous, nous n'avons qu'une pensée, c'est de ne susciter aucun obstacle, de ne causer aucun embarras à ce désirable résultat, et de maintenir jusqu'au bout, comme nous les avons constamment maintenus, les véritables principes de notre gouvernement, les droits de la Chambre et les prérogatives de la couronne.

Que la Chambre donc exerce tous ses droits, qu'elle les exerce comme elle le jugera convenable dans l'intérêt du pays; mais que la couronne reste également intacte et libre dans les siens. (*Très bien! très-bien!*)

M. MAUGUIN.—Messieurs, la Chambre se trouve engagée dans une position dont il est inutile de faire ressortir toute la gravité. On se demande quelle peut en être la cause, et, quant à moi, je crois la voir dans une position officielle toute contraire à la réalité des faits.

Si nous nous en rapportons, en effet, aux actes de l'autorité, il existe dans ce moment même un ministère, et tous les jours, dans les feuilles publiques, nous apercevons quelques-uns de ses actes; si nous consultons la réalité, nous n'avons pas de ministère, et tout à l'heure un des conseillers de la couronne vient de déclarer lui-même que des combinaisons nouvelles ont lieu, que la recomposition du cabinet s'organise, et que ses collègues et lui sont complétement étrangers à toute espèce de combinaison.

Il résulte de là, messieurs...

M. GUIZOT, *ministre de l'instruction publique.*—Je demande pardon à l'honorable orateur si je l'interromps; je lui demande la permission de l'interrompre pour rectifier un fait.

J'ai dit que des combinaisons avaient été récemment tentées qui étaient demeurées infructueuses. Je n'ai pas dit qu'il s'en formât d'autres dans ce moment-ci, actuellement. (*Mouvement en sens divers*).

M. Odilon Barrot ayant insisté sur les interpellations de M. de Sade, je repris la parole :

M. Guizot, *ministre de l'instruction publique.*—Messieurs, je tiens à justifier l'une des assertions de l'honorable préopinant.

Le ministère n'a point refusé les explications qui lui ont été demandées; il a reconnu le droit de la Chambre à les demander, il a annoncé qu'il désirait lui-même les donner, qu'il les donnerait dès qu'un cabinet serait formé. (*Exclamations à gauche.*)

Mais il est du devoir du ministère de ne répondre aux interpellations qui lui seront adressées, qu'on a le droit de lui adresser, il est, dis-je, de son devoir et de son droit de n'y répondre que lorsqu'il croit que cela ne peut nuire en rien aux intérêts du pays et de la couronne. Eh bien ! c'est notre opinion que, dans l'état actuel des affaires, aujourd'hui, en ce moment, une réponse directe, détaillée, aux explications qu'a provoquées M. de Sade, nuirait aux intérêts du pays et de la couronne, et ajouterait aux difficultés de la situation actuelle au lieu de les résoudre.

Il est donc de notre devoir de ne pas entrer, quant à présent, dans ces explications. (*Murmures à gauche.*)

M. de Bricqueville.—Je demande la parole.

M. *le ministre de l'instruction publique.*—Oui, il est de notre devoir de ne pas entrer, quant à présent, dans ces explications; mais, je le répète, bien loin de nous y refuser, nous désirons plus que personne que le moment arrive où nous pourrons les donner franches et complètes, car il faut qu'elles soient franches et complètes.

M. Odilon Barrot.—Nous l'entendons bien ainsi.

M. *le ministre de l'instruction publique.* — L'honorable préopinant en parle bien à son aise; il peut adresser à tout moment toutes les interpellations qui lui conviennent; mais nous, nous ne pouvons pas, à tout moment, y répondre d'une manière complète et satisfaisante pour tout le monde. Tel jour, nous pouvons tout dire; à tel autre jour nous ne pouvons vous donner que des indications vagues et insuffisantes. Or, nous ne nous contentons pas plus que vous de ce qui est vague et insuffisant. Le jour où nous pénétrerons dans le fond de cette situation, le jour où nous donnerons des explications sur ce qui s'est passé et sur notre conduite, nous voulons pouvoir tout dire; nous voulons que nos explications répondent à toutes les pensées et à toutes les difficultés. Nous ne le pourrions pas aujourd'hui.

Voilà pourquoi nous n'acceptons pas la situation fausse et embarrassante qu'on nous fait en ce moment; nous n'aurions pas en ce moment tous nos avantages : c'est la vérité qui est notre force; nous avons besoin de la vérité tout entière. Ce n'est qu'en disant toute la vérité que nous pouvons donner satisfaction au pays, à la Chambre, et dès que le moment sera venu, nous dirons toute la vérité.

M. .....—Je demande la parole.

M. le ministre de l'instruction publique.— La vérité ainsi rétablie sur les faits, je ne dirai qu'un mot sur les paroles d'accusation qui ont retenti à cette tribune. Je suis tout prêt à les prendre au sérieux, et autant au sérieux qu'il plaira à qui que ce soit dans cette Chambre. Nous sommes prêts, mes collègues et moi, à répondre de toute la politique suivie depuis quatre ans; nous sommes prêts à la prendre à notre compte tout entière, quoiqu'elle n'ait pas été notre ouvrage à nous seuls. (*Voix du centre :* C'est vrai!) Quoiqu'elle ait été la politique du pays représenté par les électeurs et par les Chambres, nous sommes prêts, dis-je, à nous en charger complétement. Nous nous en tenons pour honorés, et nous croyons avoir rendu au pays quelques services, je ne dirai pas par ce qui a été fait depuis quatre ans, car nous ne l'avons pas fait à nous seuls, mais par notre concours à cette politique, en nous y associant tous les jours, tantôt sur les bancs de cette Chambre, tantôt à ce banc des ministres où nous sommes encore aujourd'hui.

Nous avons, messieurs, traversé ces quatre années dans des situations bien différentes : ministres ou non ministres, nous avons soutenu la même politique, professé les mêmes principes, défendu les mêmes intérêts. Nous sommes convaincus que ces principes, ces intérêts sont ceux de la majorité des Chambres, qu'ils sont ceux de la majorité des électeurs, qu'ils sont ceux de la France. Si donc on veut en rendre quelqu'un responsable, si on veut faire peser ce qu'on appelle une accusation sur la tête de quelqu'un, la nôtre est ici, nous sommes prêts, nous prenons tout à notre compte. (Sensation. Très-bien ! très-bien !)

Après ces mots d'accusation, on a parlé d'adresse. Messieurs, il ne m'appartient pas d'exprimer à ce sujet aucune opinion, aucune intention ; la Chambre en comprendra, je n'en doute pas, les motifs. Mais toute occasion que saisira cette Chambre, dans les formes constitutionnelles, dans les limites constitutionnelles, pour manifester son opinion, pour exercer son influence légitime sur les affaires du pays, je me hâte de dire que nous nous en féliciterons, quel qu'en soit le résultat. (Très-bien !)

M. MAUGUIN. — J'avais demandé à MM. les ministres de nous dire s'ils sont encore ministres, et s'ils ne le sont plus, de nous dire pour quel motif le cabinet est dissous.

Voilà les questions que j'ai adressées ; M. le ministre de l'instruction publique vient de dire à cette tribune, que maintenant il ne pourrait point développer la vérité tout entière, que leurs explications seraient gênées, qu'elles ne pourront être franches et libres que lorsque les positions seront nettes et fixes.

J'accepte cette réponse des ministres, parce que, si l'attaque est libre, il faut que la défense le soit également. Il en résulte donc pour nous la nécessité de reporter la discussion à un autre jour. Je proposerai donc un nouvel ajournement à la Chambre.

M. VIENNET. — Je demande la parole.

M. MAUGUIN. — La délibération ne peut finir, la discussion ne peut finir que de trois manières : ou par un ordre du jour, ou par une proposition de vote, ou par un ajournement. Un ordre du jour, je crois que ce n'est pas le cas. Une proposition de vote, je ne sais pas si la Chambre y est préparée ; dès lors vient nécessairement le troisième parti, un ajournement. Je crois que cet ajournement ne peut nuire à la Chambre en aucun cas. Il prouve sa sollicitude, il indique qu'elle n'abandonne pas les intérêts du pays, qu'elle les voit, et qu'elle supplie la couronne d'y pourvoir promptement. Voilà, je crois, le sens secret d'un ajournement, et c'est pour cela que je le propose.

M. le ministre de l'instruction publique. — Je n'ai, quant à ce qui me concerne, aucune objection à faire contre l'ajournement. (*Rires à gauche.*)

Je demande pardon aux honorables membres qui rient, mais ils n'ont pas compris ce que j'ai voulu dire, c'est que je n'ai aucune objection à ce que la discussion soit remise, soit à jour fixe, soit après la formation du cabinet ; je serai prêt à reprendre les interpellations et les explications au moment où je croirai pouvoir dire tout ce qui est nécessaire.

M. ODILON BARROT. — Messieurs, lorsqu'à la suite de ces interpellations et du débat qu'elles ont amené, MM. les ministres ont déclaré qu'ils n'avaient pas de réponse à faire, quant à présent, sur les causes de la situation actuelle du ministère, assurément j'ai bien pressenti d'avance que la discussion ne pourrait pas aller plus loin, et que peut-être même elle se terminerait sans conclusion. C'est un résultat, je le déclare, qui est déplorable ; chacun a sa responsabilité ou directe ou morale vis-à-vis du pays, et je crains que le silence même de la Chambre dans des circonstances aussi graves n'engage plus qu'on ne le pense cette responsabilité même devant nos commettants. C'est pour cela que, faisant abnégation de tout intérêt d'opposition, j'avais déclaré à cette tribune que j'appuyerais toute manifestation de la Chambre, de quelque côté qu'elle vînt, qui aurait pour objet de porter remède à cette situation et de la faire cesser. M. le ministre est monté à cette tribune, et je lui en demande bien pardon, mais, par une équivoque qui n'est guère dans les habitudes de son esprit et de sa discussion, il a transporté la question sur un terrain tout à fait étranger ; il nous a parlé des cinq années qui se sont écoulées depuis la révolution de Juillet ; il nous a parlé du système du ministère, système auquel se serait associée la majorité parlementaire. C'est une bien vieille tactique et qui a trop souvent réussi au ministère, de déplacer la question et de substituer une discussion générale à une question spéciale. Il ne faut cependant pas que ce débat se termine sans que nous rappelions en définitive quels sont les termes de la question, de la question unique qui vous est aujourd'hui posée. A trois mois de distance, sous votre ministère, il s'est manifesté une interruption subite dans les pouvoirs ministériels ; il a été proclamé que le ministère était en dissolution avant même qu'on eût quelque certitude, quelque probabilité même, de la reconstitution d'un autre ministère. Il a été porté par là un grave dommage au pays, à la constitution, à la sécurité publique, à la confiance dans nos institutions, à la dignité des pouvoirs parlementaires et de cette Chambre.

Eh bien ! je ne demande pas mieux que d'ajourner l'instruction sur ce grand débat, puisque les ministres ne croient pas pouvoir, dans ce moment-ci, concilier leur devoir envers la couronne avec leur devoir vis-à-vis du pays et de la Chambre. Il faut donc se résigner. Nous n'aurons eu que la douloureuse consolation de faire, autant qu'il était en nous, notre devoir. Pour le reste, à qui de droit la responsabilité.

M. le ministre de l'instruction publique.—Messieurs, l'honorable préopinant n'a pas seul ici le privilége de faire son devoir. Nous croyons le faire tous, lui, en parlant, nous, en nous taisant, et en ajournant, au moment où nous pourrons tout dire, les explications qu'on nous demande.

Je ne monte donc à cette tribune que pour relever encore

une assertion inexacte. On pourrait inférer de ce que vient de dire l'honorable préopinant, que c'est nous qui empêchons que ce débat n'ait une conclusion positive. Je croyais avoir indiqué moi-même que je n'avais pour mon compte aucune objection à voir la Chambre manifester sa pensée et exercer sa légitime influence. (*Très-bien! très-bien!*)

Je ne mets donc aucun obstacle à une conclusion légitime, constitutionnelle, de ce débat. Quant à l'ajournement, ce n'est pas non plus, comme l'honorable préopinant le sait bien, ce n'est pas pour éluder la discussion, c'est, au contraire, pour la rendre plus complète, plus satisfaisante, que je demande qu'elle soit remise jusqu'au jour où elle sera vraiment possible. Je ne m'oppose en aucune façon à un ajournement ainsi entendu.

LXV

— Chambre des députés. — Séance du 14 mars 1835. —

Après la reconstitution du cabinet sous la présidence du duc de Broglie, M. Mauguin lui adressa de nouvelles interpellations sur les causes qui l'avaient tenu, pendant trois semaines, en état de dissolution, et sur les maximes qui avaient présidé à sa réorganisation.

M. Guizot, *ministre de l'instruction publique.*—M. le président, je demande la parole.

Messieurs, je remercie l'honorable préopinant de la gravité et de la précision qu'il a apportées dans ce débat ; mais je ne puis accepter la forme insolite qu'il a voulu lui donner.

M. Mauguin, *de sa place.*—Je remarque qu'il n'y a ici rien d'insolite : on pose ordinairement des questions verbales ; elles s'effacent des esprits ; c'est pour qu'elles ne s'effacent pas que je les ai portées par écrit.

M. le Président.—Ce n'est pas pour faire la question que l'orateur me l'a transmise.

M. Mauguin.—Nullement.

M. le ministre de l'instruction publique. — Je répète que cette forme est insolite, et que je ne puis l'accepter. Je ne puis prendre et je ne prends point l'engagement... (*Interruption à gauche.*)

Ces messieurs savent sans doute ce que je veux dire, et quel est l'engagement que je ne veux pas prendre. (*Rire approbatif au centre.*)

Je répète que je ne puis prendre et que je ne prends pas l'engagement de répondre expressément aux questions que l'honorable préopinant nous adresse. Il pose la question comme il l'entend; il en a le droit. A son tour, le cabinet donnera les explications qui lui paraîtront convenables et utiles; mais il ne s'engage point à donner docilement des réponses à des demandes déterminées, et ces demandes ne peuvent passer par l'organe de M. le président. Un membre de la Chambre adresse des interpellations aux ministres; il demande des explications; il en a parfaitement le droit. Il peut rédiger ces questions, ces interpellations dans la forme qui lui convient; mais c'est lui seul qui les adresse, c'est lui seul qui parle; M. le président ne saurait intervenir dans ce débat, et le ministre s'explique sur les demandes qui lui paraissent convenables, sans être limité, enfermé dans les interpellations qui lui sont adressées et tenu de les subir telles qu'on les lui adresse.

Voilà les observations que j'ai à soumettre à la Chambre quant à la forme même du débat; j'entre immédiatement dans le fond.

Je ne puis m'empêcher de remercier de nouveau l'orateur de la gravité de ses interpellations, et des limites qu'il leur a lui-même assignées. Il en a écarté tout ce qui pouvait devenir une occasion de scandale; il leur a donné un caractère vraiment politique. Ce sont les causes politiques de la dissolution momentanée et de la recomposition du ministère qu'il nous demande. C'est sur ce point que je m'expliquerai.

Il n'est aucun de vous, messieurs, qui ignore que, depuis

la formation de cette Chambre, et très-peu de temps après son élection, un effort tant intérieur qu'extérieur a été tenté pour amener un changement dans la politique suivie depuis quatre ans. C'est là le fait dominant de notre situation depuis six mois, je dirai même depuis l'été dernier. Rappelez-vous tous les incidents qui sont survenus depuis cette époque; vous verrez que c'est là le fait caractéristique de notre situation. Je n'en fais un reproche à personne. Ceux qui ont demandé et recherché par tous les moyens possibles, par la discussion au dedans et au dehors de cette Chambre, un changement de système, croient, sans aucun doute, qu'une politique toute nouvelle et différente serait meilleure que celle qui a été suivie jusqu'à présent. Ils en ont le droit; je ne m'en étonne pas, je caractérise seulement le fait, et je dis que c'est, depuis l'été dernier, le fait dominant de notre situation.

Eh bien! quelles étaient, dans cette situation, les règles de notre conduite? Qu'avions-nous à faire, nous qui soutenions depuis quatre ans la politique adoptée, nous qui la soutenions et dans les choses et dans les personnes?

Voici les deux règles de conduite qui nous ont constamment gouvernés.

D'abord, la fidélité, une fidélité scrupuleuse à cette même politique qu'on voulait changer, le ferme maintien de ce système qu'on voulait altérer. Il était de notre devoir comme de notre honneur d'y persévérer.

Nous l'avons fait, d'abord parce que nous sommes convaincus que ce système a été le meilleur jusqu'à présent, et qu'il est encore le meilleur, malgré les changements survenus dans l'état de la société, malgré la nouvelle face des affaires, et les modifications qu'elle peut amener dans la conduite du pouvoir. Il est bien clair que là où il n'y a plus d'émeute, on ne tire plus de coups de fusil, que là où il n'y a pas de crimes, on ne demande pas de répression. Il est bien clair qu'à mesure que l'état de la société s'adoucit, à mesure que les esprits se calment, la politique, sans abandonner les principes qui lui ont servi de règle dans des temps difficiles, doit devenir plus facile, plus douce, et qu'en restant toujours la même, elle ne doit pas faire exactement les mêmes choses.

En nous refusant donc à ce changement de système que l'opposition n'a cessé de réclamer, je ne nie pas qu'il n'y ait des modifications à apporter dans la conduite du gouvernement; mais ces modifications laisseront subsister au fond les principes, le système, la politique suivis depuis 1830, parce que, aujourd'hui comme alors, cette politique est la seule qui, à nos yeux, convienne aux besoins du pays.

Vous savez tous, messieurs, quelle est la question dont on a fait, depuis l'été dernier, le pivot de ces efforts continuels pour amener un changement de système; c'est la question de l'amnistie. (*Écoutez! écoutez!*)

Il n'est personne qui, en regardant à ce qui s'est passé, ne voie que c'est à l'aide de cette question qu'on s'est efforcé d'amener le changement de système qu'on désirait. Eh bien! à ce sujet, je serai, comme j'ai eu l'honneur de le dire à la dernière séance, de la plus complète sincérité.

Nos premières dispositions n'étaient point défavorables à l'amnistie; on a pu en recueillir çà et là, plus d'une fois, le témoignage; non pas que nous crussions l'amnistie une vraie nécessité politique, non pas que nous la regardassions comme impérieusement commandée par l'état de la société, par le besoin de raffermir l'ordre social, momentanément et profondément troublé; non certainement. Non, nous ne pensions pas, nous n'avons jamais pensé que, depuis la révolution de 1830, il se soit produit en France aucune cause impérieuse d'une grande amnistie; mais nous pensions qu'il pouvait y avoir tel moment où une mesure de douceur, de clémence, de réconciliation était bonne, désirable, et devait être provoquée par le gouvernement lui-même.

Nous n'avons pas tardé, messieurs, à nous apercevoir que cette insistance avec laquelle on demandait l'amnistie n'avait effectivement d'autre objet que de changer la politique du gouvernement, d'amener un autre système, une autre majorité; qu'il s'agissait, en un mot, d'atteindre, par ce moyen, le but des efforts auxquels on s'était livré depuis le renouvellement de la Chambre. Dès lors, la question nous a apparu sous une tout autre face ; l'amnistie est devenue, pour nous, la dénégation, l'abandon de la politique que nous avions suivie jusque-là; elle est devenue une injure à cette politique. On a demandé la clémence après l'oppression, on a demandé la réparation de la violence, de l'iniquité; on a voulu nous faire reconnaître ce que nous ne pouvions pas, ce que nous ne devions pas reconnaître, ce qui n'a jamais existé sous notre administration.

Nous nous sommes en même temps aperçus que l'amnistie, en prenant ce caractère, devenait aussi une déclaration de l'impuissance de faire rendre la justice, la justice du pays, suivant les formes légales, suivant les coutumes du pays. C'était, dis-je, pour les pouvoirs appelés à vider ce grand procès, une déclaration d'impuissance. Nous n'avons pu encore accepter l'amnistie sous ce rapport. Nous ne conviendrons jamais de l'impuissance des pouvoirs appelés à rendre la justice, nous ne conviendrons jamais que satisfaction ne puisse être donnée au pays par les pouvoirs constitutionnels qui sont appelés à la lui donner.

Sous ce point de vue donc, comme sous le premier, nous avons été naturellement amenés à repousser l'amnistie comme ayant des conséquences bien autres que celles qui s'y étaient attachées d'abord dans notre pensée.

Enfin, nous avons été frappés de l'effet que la perspective de l'amnistie, ainsi présentée, produirait sur le pays et du découragement qu'elle jetterait dans les forces, dans les hommes avec lesquels nous avons triomphé, ici de l'émeute, là des tentatives d'insurrection. Nous avons reconnu que l'amnistie, faite comme on l'a réclamée, comme elle apparaissait de jour en jour, comme elle se serait nécessairement produite, que l'amnistie, dis-je, était la destruction ou du moins la désorganisation momentanée de ce parti modéré, de ce parti du *juste-milieu*, pour l'appeler par son nom, que nous tenons à honneur d'avoir constamment soutenu, d'avoir constitué dans le pays.

Messieurs, ce n'est pas d'aujourd'hui que le juste-milieu existe en France; il a toujours existé depuis le commencement de notre Révolution, toujours avec les mêmes sentiments, les mêmes désirs, les mêmes opinions, les mêmes intentions. Mais ce n'est que depuis 1830 que le parti du juste-milieu a été reconstitué parmi nous en parti politique actif; jusque-là, presque toujours spectateur, spectateur désolé, attendant pour se produire le moment de la réaction, il n'exerçait pas sur les affaires du pays l'influence qui lui appartient. Nous lui avons donné cette influence. Si nous avons fait quelque chose qui nous mérite quelque estime dans notre pays, c'est d'avoir, je le répète, fortement constitué, élevé sur la scène le parti du juste-milieu; c'est de lui avoir assuré la prépondérance politique que jusque-là il avait toujours méritée et jamais obtenue.

Voix nombreuses au centre. — Très-bien! très-bien!

(*Un éclat de rire part de la droite.*)

M. le ministre de l'Instruction publique. — J'ignore ce qui peut exciter le rire dans mes observations.

M. de Fitz-James — Ce n'est pas de vous qu'on rit; ce sont vos amis.... (*Interruption.*)

M. le ministre de l'Instruction publique. — Je ne puis engager une conversation particulière avec aucun membre de cette Chambre.

M. de Fitz-James. — Pourquoi les interpellez-vous?

Voix au centre. — A l'ordre! à l'ordre!

M. le ministre de l'Instruction publique. — Je n'interpelle personne; j'ai trop de respect pour l'ordre de cette Chambre et pour les droits de chacun de ses membres pour me permettre d'adresser à personne des interpellations; je ne sais pourquoi l'honorable membre a pris pour lui ce que j'adressais à tout un côté de la Chambre.

J'ignore donc ce qui peut exciter le rire dans les observations que j'adresse à la Chambre. Le parti dont je parle, le juste-milieu, n'est pas accoutumé à rire, depuis quarante ans, de ce qui se passe en France ; il en a beaucoup souffert ; c'est ce parti qui a détesté, qui a maudit la domination des factions de tous genres, sous quelque drapeau qu'elles se soient produites (*Très-bien! très-bien!*) ; c'est ce parti qui a toujours été, en France, le parti de la justice, de la modération, de l'impartialité ; c'est ce parti qui a toujours voulu protéger tout le monde, et qui n'a pas toujours su se protéger lui-même contre les factions qui dévoraient notre pays. Or, depuis quatre ans, messieurs, le juste-milieu a appris à se protéger lui-même, à protéger tout le monde, même les factions les unes contre les autres, à leur assurer à toutes la liberté dont elles n'avaient jamais joui jusque-là et qu'elles n'avaient jamais donnée ; car, dans tout le cours de la Révolution, les factions n'ont jamais su que s'opprimer réciproquement et opprimer la nation en même temps ; c'est au parti seul du juste-milieu qu'il appartient de défendre tout le monde, et les factions contre elles-mêmes, et la France contre les factions. (*Vif mouvement d'adhésion.*)

Eh bien ! messieurs, il nous a paru que, de toutes les choses qui nous étaient confiées, la plus importante aujourd'hui, c'était le maintien, le ferme maintien, l'organisation de plus en plus forte et efficace de cet honorable et salutaire parti, seul capable de sauver le pays.

Voilà pourquoi nous avons repoussé l'amnistie : il nous a paru qu'elle portait la désorganisation dans cette opinion ; il nous a paru que les hommes modérés, les hommes sages et courageux en même temps, avec lesquels nous agissions depuis longtemps, ne nous seconderaient plus, et se retireraient peut-être, du moins en grand nombre, de la scène politique, si une pareille mesure venait jeter dans leur âme l'inquiétude et le découragement.

C'est par ces motifs, c'est pour rester fidèle à toute notre politique que nous avons repoussé une mesure qui, d'abord, nous avait rencontrés dans des dispositions plus favorables. C'est à ce prix que nous avons cru que nous pouvions rester fidèles à nos principes, à notre cause, à notre pays.

Nous avons voulu aussi nous rallier à un autre ordre d'idées, à la fidélité envers les personnes, à la fidélité dans les relations politiques.

Ne vous y trompez pas, messieurs ; nous sommes bien neufs dans cette forme de gouvernement, si nous ne savons pas que la fidélité dans les relations politiques en est une des premières conditions.

Le gouvernement représentatif, qui ne peut subsister que par des alliances entre des hommes dont les opinions se touchent, dont les intentions sont près de se confondre, puise dans cette alliance son principe d'unité et de durée. Sans la solidité, sans la fidélité dans les relations et les alliances politiques, le gouvernement représentatif n'est pas possible.

Quand des hommes ont adopté les mêmes principes, quand ils ont tenu la même conduite, quand ils ont marché longtemps sous les mêmes drapeaux, ils se sont engagés les uns avec les autres, ils sont tenus par des devoirs qui, je le répète, sont la sanction et la force du gouvernement représentatif, ils sortent des affaires ensemble, ils y rentrent ensemble.

Nous offrons en vérité, messieurs, permettez-moi de le dire, et l'opposition surtout, qui sait que je ne suis pas accoutumé à abuser de ce mot, me permettra de l'employer, nous offrons un singulier spectacle. Vous voyez devant vous, sur ces bancs, des hommes qui n'ont pas tous la même origine, qui n'ont pas eu toujours absolument les mêmes idées, les mêmes habitudes; vous les voyez travailler à rester constamment unis, à défendre ensemble la même cause, les mêmes principes, à repousser soigneusement de leur sein tout principe de dissentiment, toute cause de division ; et voilà qu'autour d'eux se dresse et s'agite un effort continuel pour porter entre eux la cognée, pour désunir cette alliance qui a fait une des forces, oui, messieurs, une des forces de notre cause et de notre système.

Je ne m'étonne pas que nos adversaires se conduisent ainsi; je le trouve tout simple, c'est le cours commun des choses. Mais, en vérité, il n'y a pas là de quoi se vanter; il n'y a rien là qui soit si éminemment moral; il n'y a rien là qui donne le droit de venir nous dire que nous voulons abaisser la politique. Non, messieurs; ceux qui abaissent la politique, ce sont ceux qui travaillent à diviser les hommes qui marchent unis; ceux qui abaissent la politique, ce sont ceux qui combattent, au lieu de le seconder, cet effort visible, parmi nous et dans toutes les opinions modérées, pour se rallier, pour former un ensemble, pour agir en commun, au profit des intérêts publics.

Et, permettez-moi de vous le dire, ce qui s'est passé dans l'intérieur du cabinet se passe également dans la Chambre, dans le pays; là aussi, il y a des opinions différentes, une foule d'hommes qui ont vécu dans des situations différentes, et qui, depuis quatre ans, ne travaillent qu'à se rapprocher, à mettre tous leurs efforts en commun pour faire triompher la même politique; c'est le salut du pays que ce rapprochement là; c'est ainsi que s'est formé ce parti du juste-milieu dont j'ai parlé tout à l'heure.

Sans doute, messieurs, si la France était depuis longtemps accoutumée au gouvernement représentatif, il y aurait des majorités politiques plus compactes, plus fortes; il y aurait partout une plus grande identité d'opinions et de sentiments : mais le temps seul peut amener un pareil résultat, le temps et, de la part de tous les bons citoyens, la bonne volonté d'y travailler constamment. Eh bien ! c'est une justice à nous rendre, à mes collègues et à moi, de dire que c'est dans ce sens que nous avons constamment agi et travaillé.

Non, il n'est pas vrai que nous ayons fomenté, ni seulement accepté, ni autour de nous, ni en dehors de nous, des divisions, des dissentiments, des desseins différents. Eh!

mon Dieu! des vanités personnelles, des rivalités politiques, rien de plus vulgaire! Vous ne nous apprenez rien en nous en parlant : tout le monde sait cela, tout le monde sait que la nature humaine n'en est jamais complétement affranchie. Mais si vous scrutez nos démarches, notre conduite, nos paroles, vous n'y trouverez rien de pareil. Si jamais il eût pu entrer dans mon âme une idée, un sentiment qui m'eût paru de nature à devenir, dans le parti que je sers et auquel je me fais honneur d'appartenir, une cause de dissentiment, de désordre, à l'instant j'aurais travaillé à l'étouffer, car cette idée, ce sentiment, je les aurais regardés comme coupables, et je suis sûr que tous mes collègues en auraient fait autant. (*Aux centres.*—Très-bien!)

Nous avons tous travaillé dans la même pensée et pour la même cause. Ces rivalités personnelles, ces misères de la nature humaine dont on nous entretient sans cesse, nous les avons sacrifiées, pour parler le langage du temps, nous les avons sacrifiées sur l'autel de la patrie, à qui nous sommes aussi dévoués que qui que ce soit dans cette enceinte et au dehors. (*Vif mouvement d'adhésion.*)

Ainsi, déterminés comme nous l'avons toujours été à garder scrupuleusement, d'une part, cette fidélité à nos principes, de l'autre cette fidélité aux personnes et aux relations politiques qui sont à nos yeux les premières lois de notre gouvernement, déterminés, dis-je, à tenir constamment cette conduite, nous avons été frappés d'une nécessité impérieuse qui est la loi de notre situation, c'est de ne rien faire qui divise, qui désunisse la majorité parlementaire avec laquelle nous marchons depuis quatre ans.

Je le disais tout à l'heure, cette majorité n'est pas parfaitement homogène; elle travaille à se former et à s'unir de plus en plus; mais il faut y prendre des soins, il faut ménager les situations, les susceptibilités; il faut écarter toutes les causes de trouble, de division qui pourraient s'introduire dans le sein de cette force nationale. Il faut surtout prendre garde de donner, à telle ou telle portion de la majorité, une prépondérance qui blesse une autre portion. Nous y avons constamment travaillé, nous avons fait de ce but la loi de notre conduite. C'est de là, je n'hésite pas à le dire, qu'ont pu naître les embarras momentanés dont le pays a été témoin; toutes les fois qu'il nous a paru que les conséquences de tel ou tel acte, de telle ou telle conduite, de tel ou tel choix serait une rupture, une scission, un dissentiment, un affaiblissement dans le sein de la majorité, à l'instant même nous y avons renoncé, et nous avons préféré nous retirer des affaires et les livrer à ceux qui promettaient une autre majorité au profit d'une autre politique.

Voilà quelle a été la véritable règle de notre conduite, la cause vraiment politique, vraiment nationale de ce que vous avez vu. En voulez-vous la preuve évidente? Dès que nous avons eu lieu de penser que telle combinaison, d'abord écartée, ne deviendrait pas un principe de désunion dans la majorité, qu'elle serait adoptée, appuyée par les mêmes hommes, avec les mêmes idées, dans les mêmes sentiments, pour le même but pour lequel nous avons agi depuis quatre ans, à l'instant tous les embarras pour la recomposition du cabinet ont cessé; ces prétendues vanités personnelles, ces prétendues rivalités dont on a parlé ont à l'instant disparu; et tous les arrangements qui ont pu se concilier avec le maintien du système, la fidélité aux personnes, la fidélité à l'ancienne majorité, ont été à l'instant même accomplis.

Je vous le demande, messieurs, n'est-ce pas là le tableau fidèle de ce qui s'est passé? N'est-ce pas là l'explication vraiment politique, vraiment morale, du spectacle, triste sans doute, auquel le pays a assisté? Tout en déplorant ce spectacle, il ne faut pas croire que ce soit quelque chose d'inouï dans l'histoire du gouvernement représentatif; cela s'est vu ailleurs, cela s'est vu plusieurs fois, et cela ne s'est jamais heureusement dénoué à aucune époque, ni dans aucun pays, que par la fidélité des hommes politiques à leurs principes, à leurs antécédents, à leurs amis, à leur parti.

C'est là, messieurs, ce qui a fait notre règle, c'est ainsi que nous nous sommes conduits ; vous auriez beau scruter tous les bruits publics, toutes les anecdotes de café et de salon, vous n'y trouveriez rien, rien du moins de vrai et d'authentique qui démente ce que je viens de dire.

Telles sont, messieurs, les seules explications que, pour mon compte, je crois pouvoir donner. Je remercie de nouveau, en finissant, l'honorable préopinant du terrain sur lequel il nous a placés, et du soin avec lequel il a écarté lui-même toutes les parties mesquines d'une pareille question. A toutes les époques, au mois de novembre comme aujourd'hui, nous avons voulu maintenir la politique que nous avons suivie depuis quatre ans. Nous n'avons pas voulu souffrir qu'elle subit aucune déviation importante; nous avons voulu rester fidèles aux mêmes amis, aux mêmes relations; nous avons voulu maintenir notre parti dans la même position, dans la même union; c'est pour éviter la division de la majorité que nous sommes sortis des affaires; c'est dans l'espoir qu'elle resterait unie que nous sommes rentrés au pouvoir.

Il n'y a point d'autre explication juste, ni vraie, de ce qui s'est passé depuis trois semaines. (*Très-bien ! très-bien !*)

Dans cette même séance, M. Sauzet prit la parole pour attaquer la politique qu'annonçait le cabinet reconstitué, s'opposer au procès des insurgés d'avril 1834, et réclamer l'amnistie. Je lui répondis :

M. GUIZOT, *ministre de l'instruction publique.*—Messieurs, si nous montions à cette tribune pour nous donner les uns aux autres des conseils ou des avertissements de morale, j'aurais l'honneur de répondre à ce qu'a dit l'honorable M. Sauzet sur la vivacité des expressions qui peuvent échapper à telle ou telle portion de cette Chambre. Je ne crois pas qu'à cet égard l'opinion à laquelle j'ai l'honneur d'appartenir ait de graves reproches à craindre, ni qu'elle puisse être fréquemment accusée d'apporter dans nos discussions plus de vivacité, plus d'amertume et de récriminations que ses adversaires. Je ne veux, je le répète, rien reprocher à personne. Je ne veux pas nier que, sur tous les bancs de cette Chambre, à tous les orateurs, il ne puisse échapper une expression trop vive, trop dure. Il m'en est probablement échappé plus d'une fois. Mais je n'ai jamais reproché rien de semblable à mes adversaires, et je ne me suis jamais plaint à cette tribune de l'âpreté de leur langage. J'accepte même l'âpreté du langage; sans doute il est très-désirable que les formes de tout le monde soient douces, mesurées. Mais, en vérité, ce n'est pas là pour nous un digne objet de récrimination et de débat.

Je le laisse donc là et j'aborde le fond de la question.

L'honorable orateur l'a complétement déplacée. (Oui! oui!) Remarquez qu'il ne s'agit plus en ce moment d'explications, d'interpellations sur les motifs de la décomposition et de la recomposition du cabinet; il s'agit du fond même du système du cabinet, du fond de la politique. C'est là ce que le préopinant a mis en question. Il est venu vous dire que la crise ne serait pas finie tant qu'une autre politique ne serait pas substituée à la nôtre. Il faut bien qu'il en convienne; lorsqu'il vient demander l'amnistie que nous repoussons, c'est évidemment le fond de la politique qu'il veut changer, puisqu'il soutient que la crise ne sera pas finie tant que cette politique, qui est la nôtre, ne sera pas changée.

Certes, en soutenant cette thèse, l'honorable préopinant use de son droit; mais, à coup sûr, il ne s'agit plus ici d'interpellations au ministère, et de réponses à des interpellations sur la cause de la décomposition et la recomposition du cabinet. C'est le fond même de la politique qui devient l'objet du débat.

Je suis tout prêt aussi à traiter cette question, mais il faut que la Chambre sache que ce n'est pas celle que nous avons débattue jusqu'à présent.

L'honorable préopinant pense que la crise ministérielle ne peut pas finir tant qu'il y aura sur ces bancs un ministère qui ne voudra pas l'amnistie. Pour moi, messieurs, je pense que le jour où il y aurait sur ces bancs, dans les circonstances actuelles, un ministère qui voudrait l'amnistie, ce jour-là commencerait pour le pays une nouvelle crise bien plus générale et bien plus dangereuse. (*Interruption.*)

Voix diverses.—Non! non! Oui! oui!

M. *le ministre de l'instruction publique.*—Ne vous étonnez pas, messieurs, que je le dise, car c'est là l'opinion qui nous divise; c'est cette question que nous débattons, et vous ne pouvez en conscience me l'imputer à tort; ce n'est pas moi qui l'ai élevée le premier.

Voix nombreuses.—C'est vrai!

M. *le ministre de l'instruction publique.*—J'y entre donc et je vais rappeler l'histoire de la question de l'amnistie.

Plusieurs voix.—A lundi!

Autres voix.—Continuez!

M. *le ministre de l'instruction publique.*—Je préfère continuer.....

Voix confuses.—Parlez! parlez!

Autres voix.—A lundi!

M. *le ministre de l'intérieur.*—Aujourd'hui!

M. *le président.*—Écoutez l'orateur, vous déciderez ensuite si vous voulez continuer ou clore la séance.

M. *le ministre de l'instruction publique.*—Quand je suis monté à cette tribune, au commencement de la séance, j'ai eu l'honneur de dire à la Chambre que, l'été dernier, l'opinion du cabinet avait été plutôt favorable que contraire à l'amnistie; l'honorable M. Sauzet n'a donc rien appris à la Chambre à ce sujet.

Lorsque la question s'est développée sous nos yeux, lorsque nous avons vu l'amnistie prendre un caractère et entraîner des conséquences qui nous ont paru tout à fait contraires à ce que nous en espérions, contraires à la politique que nous voulions maintenir, notre opinion s'est modifiée; je ne ferai pas à l'honorable préopinant et à ses amis l'injure de croire que, s'il leur arrivait la même chose, ils ne feraient pas ce que nous avons fait. Certainement, si après avoir adopté une opinion sur telle ou telle question, il survenait des faits, des circonstances qui leur fissent croire qu'ils s'étaient trompés, ils modifieraient aussi leur opinion. Je ne pense pas qu'ils soient invariablement fixés à une idée, quand une fois ils l'ont conçue. C'est là la situation dans laquelle nous nous sommes trouvés.

L'honorable M. Sauzet a dit que nous avions attaché trop d'importance au point de vue sous lequel une portion de la presse périodique avait présenté l'amnistie, et aux conséquences qu'elle en avait voulu tirer. Messieurs, ce n'est point parce que telle ou telle portion de la presse a parlé tel ou tel langage, parce que telles paroles ont été écrites dans tel journal, que notre opinion a été modifiée. Notre opinion ne se forme pas sur les journaux. Nous ne contestons pas à la presse la plus entière latitude; il n'est jamais entré dans notre pensée de la restreindre en aucune façon. Et, de même que je ne me plains pas des vivacités et des âpretés de la tribune, je ne me plains pas des vivacités, des âpretés, ni même des emportements de la presse. Il est dans l'essence de la presse d'exagérer toutes les opinions, d'aller fort au delà de la vérité; il est de son essence d'être fort souvent injurieuse et licencieuse; il ne faut pas s'en étonner; il ne faut pas même lui en vouloir. Mais il ne faut pas non plus lui accorder, sur les mesures du gouvernement, sur la marche de l'administration, une influence, une autorité qui ne lui appartiennent pas. Il ne faut pas craindre de venir ici combattre une mesure parce qu'elle est recommandée par des journaux; il ne faut pas craindre de résister à tel entraînement, à telle idée du jour, parce que la presse s'y abandonne. Sachez que, tout en respectant beaucoup la liberté de la presse, et sans lui porter la moindre apparence de haine ou d'humeur, je crois que le premier devoir, la première condition du gouvernement est d'être parfaitement indépendant à son égard, de se régler sur le fond des choses, sur la vérité des faits, et non sur l'opinion ou sur les vœux exprimés par tel ou tel journal. (*Très-bien!*)

Dans l'état d'esprit où nous étions sur la question d'amnistie, ce fut cette question qui amena en novembre la dissolution du cabinet, et nous sépara ainsi d'un chef illustre que nous honorions tous, et auquel plusieurs de nous étaient et sont encore attachés par les liens d'une estime et d'une amitié sincères.

Après que nous nous fûmes séparés sur cette question, survinrent, vous le savez, les difficultés de composition du cabinet, et, par suite, les anxiétés du pays et de la couronne. Au milieu de cette anxiété, pressés par la difficulté, beaucoup disaient par l'impossibilité de former un cabinet nouveau, nous fûmes nous-mêmes amenés à nous demander s'il ne serait pas possible de sortir, par une transaction, d'un si cruel embarras, s'il ne nous serait pas possible, non pas de faire l'amnistie immédiatement et par ordonnance, comme l'avait demandé l'honorable chef du cabinet à cette époque, mais de reconstituer un cabinet qui soumît cette question (je me sers à dessein de ces termes) à l'arbitrage des Chambres.

Ce fut, je le répète, sous l'empire de l'anxiété générale qui pressait la recomposition du cabinet que nous nous trouvâmes ainsi entraînés, non point à faire le sacrifice de notre opinion primitive, non point à proposer une amnistie faite par nous-mêmes, immédiatement et par ordonnance, mais à admettre la possibilité que cette grande question fût soumise à l'arbitrage des Chambres. En même temps, M. le duc de Broglie devait entrer dans le cabinet. Telle était la combinaison qui fut un moment proposée, par le désir sincère de mettre un terme aux anxiétés de la couronne et du pays. Nous étions sortis des affaires, nous touchions encore aux origines, pour ainsi dire, de la question, à ces premiers moments où notre propre disposition lui avait été favorable ; le désir de ne pas tomber dans le reproche d'entêtement, d'attachement absolu à nos idées, à nos résolutions, nous porta seul à rechercher s'il ne serait pas possible d'entrer dans cette voie de transaction.

C'était une grande marque de facilité que nous voulions donner. L'honorable maréchal se refusa à cette combinaison. Rentrés alors dans la pleine liberté de nos pensées et de nos actions, le cabinet se reconstitua, en se déterminant à ne pas faire et à ne pas proposer l'amnistie. (*Mouvement.*)

Voilà l'exacte vérité, messieurs ; nous n'avons certes pas donné là, permettez-moi de le dire, une preuve de cette inflexibilité, de cet entêtement absolu, qu'on a coutume de nous reprocher ; et ces détails justifient complétement, je crois, la conduite du cabinet à cet égard.

L'honorable préopinant a adressé au cabinet un second reproche, relatif à une ordonnance de grâce pour vingt-sept ou vingt-huit condamnés ; je ne suis pas sûr du nombre. Si je me trompe, M. le garde des sceaux aura la bonté de me dire le nombre exact.

M. le garde des sceaux. — C'est vingt-neuf.

Voix à droite. — Le nombre n'y fait rien.

M. le ministre de l'instruction publique. — Je dirai que, pour mon compte, j'ai regretté que cette ordonnance parût la veille de la discussion du projet de loi sur le crédit extraordinaire de 360,000 fr. Il y avait longtemps que la mesure était arrêtée, il y avait longtemps qu'il avait été adopté en principe qu'on ferait grâce aux condamnés qui s'étaient bien conduits à l'incendie du Mont-Saint-Michel. Les correspondances que cette affaire avait nécessitées avaient entraîné des retards. C'est l'explication de la coïncidence dont on s'est étonné.

J'arrive au fond de la question, et je serai très-court. C'est bien là le point qui nous divise. Nous ne croyons pas l'amnistie bonne, praticable aujourd'hui dans l'intérêt du pays. L'honorable préopinant et ses amis croient le contraire; ils rappellent les amnisties du Consulat; nous repoussons la comparaison. J'ai déjà eu l'honneur de le dire à cette tribune, il n'y a pas de proscrits en France, il n'y a pas eu de proscrits depuis 1830. On ne peut pas invoquer le principe de ces grandes mesures politiques qui ont pour objet de faire cesser les proscriptions dans un pays, de rétablir l'ordre social troublé. Il n'y a rien de pareil pour nous, il n'y a pas d'ordre social à rétablir, pas de proscriptions à faire cesser; l'amnistie, je le répète, n'est nullement commandée comme une grande mesure politique.

L'honorable préopinant ne croit pas que la Chambre doive prendre l'initiative de l'amnistie; il pense que c'est à la couronne et au gouvernement seul à savoir dans quel moment une telle mesure doit être proposée; cependant il vous dit que la crise ministérielle ne sera finie que lorsqu'il y aura sur ces bancs un ministère qui donnera l'amnistie. Mais quelle est donc, de la part de la Chambre, la route à suivre pour arriver à une mesure qu'elle veut, sinon de faire changer un ministère qui ne la veut pas? Si ce n'est pas faire soi-même l'amnistie, c'est certainement en prendre l'initiative, l'initiative la plus efficace. Le jour où la Chambre se séparera du cabinet sur la question de l'amnistie, le jour où, en refusant son concours à la politique du cabinet parce qu'il ne pense pas comme elle sur cette question, la Chambre amènera la nécessité d'un autre cabinet, ce jour-là la Chambre aura pris l'initiative de l'amnistie; elle en aura la responsabilité avec l'initiative. A Dieu ne plaise qu'il entre dans ma pensée de lui contester ce droit! Si la Chambre pense que l'amnistie doit avoir lieu, elle a parfaitement le droit de refuser son concours aux ministres qui ne partagent pas cette pensée, et d'amener un changement de cabinet. Mais il ne faut pas qu'on vienne dire qu'on ne prend pas l'initiative de l'amnistie quand on marche dans une pareille voie; il ne faut pas avoir la prétention d'imposer aux conseillers de la couronne et à eux seuls la responsabilité de l'amnistie, et dire, en même temps, que la crise ministérielle à laquelle se rattache l'avenir du pays ne sera finie que lorsqu'il y aura sur ces bancs un ministère qui voudra l'amnistie. Il faut être plus sincère, plus hardi dans sa politique et dans ses propositions.

Voulez-vous l'amnistie? la croyez-vous bonne, salutaire pour le pays? Croyez-vous que ce soit le seul moyen de finir réellement la crise ministérielle et la crise du pays? Refusez votre concours au cabinet qui ne pense pas comme vous; amenez un ministère qui fasse l'amnistie, mais ne dites pas que vous n'en prenez pas l'initiative et que vous n'en voulez pas la responsabilité. (*Marques d'adhésion au centre.*)

LXVI

— Chambre des députés. — Séance du 17 mars 1835.—

Le gouvernement présenta, le 1ᵉʳ décembre 1834, un projet de loi sur la responsabilité des ministres et des autres agents du pouvoir. M. Sauzet en fit le rapport, le 5 mars 1835, au nom de la commission chargée de l'examiner et qui y proposa divers amendements. La discussion s'ouvrit le 16 mars et se prolongea jusqu'au 2 avril, où le projet de loi fut adopté par 185 voix contre 161. Indépendamment de plusieurs observations de détail par lesquelles j'y pris part, je combattis, en répondant à M. Odilon Barrot, un amendement de M. Léon de Maleville qui voulait supprimer, dans les articles 2, 3, 4 et 5 du projet, toute spécification des crimes ou délits à raison desquels les ministres pouvaient être accusés.

M. GUIZOT, *ministre de l'instruction publique.*—Messieurs, je pense, comme l'honorable préopinant, que la question n'a pas une grande importance pratique, et que, quel que soit le système qu'on adopte, soit qu'on rejette ou qu'on accepte les définitions, il n'y a ni dans l'un, ni dans l'autre cas, grand danger ni pour le pouvoir, ni pour la liberté.

Cependant, le système du gouvernement et de la commission me paraît, à tout prendre, préférable. Vous êtes ici en présence de deux écueils qu'il faut également éviter : d'une part, le danger du vague, de l'arbitraire, la crainte que les passions politiques ne s'emparent de ce vague, de cet arbitraire, pour se porter à des violences ; d'autre part, le danger de laisser, en dehors de vos définitions, des actes réellement punissables, et de limiter ainsi les droits de la Chambre et de la justice publique.

Eh bien! le premier sentiment, la crainte du vague et de l'arbitraire, le besoin d'imposer quelque règle aux actes mêmes de ce pouvoir souverain et redoutable, ce sentiment est respectable, ce besoin est réel ; c'est une idée juste en soi à laquelle il importe que vous donniez satisfaction. C'est en même temps une idée qui est enracinée dans toutes nos habitudes, conforme à toute notre histoire judiciaire; poursuivre, condamner un homme sans pouvoir qualifier selon la loi l'acte en raison duquel il est poursuivi, il y a là quelque chose d'exorbitant, quelque chose qui choque les idées du sens commun et les habitudes de la justice. Autant donc qu'on pourra respecter ce sentiment, éviter ce danger sans porter atteinte aux pouvoirs de la Chambre et aux libertés publiques, il faut le faire. Je crois que le système de la commission atteint ce double but; le projet de loi qualifie, définit les actes les plus graves, le plus sévèrement punissables, la trahison et la concussion, il en donne une définition précise, dans laquelle il faudra se renfermer toutes les fois qu'on voudra accuser un ministre de trahison ou de concussion. Cela fait, la loi assure à la Chambre, sous le nom de prévarication, toute la latitude dont elle aura besoin pour atteindre des actes qui ne pourraient pas être atteints sous le nom de trahison ou de concussion.

Vous atteignez ainsi le but de définir les plus graves des actes qui peuvent donner lieu à des poursuites contre les ministres, d'imposer ainsi aux poursuites de la Chambre et à la justice nationale ce degré de précision et de gravité qui donne satisfaction à un bon sentiment public, et cela sans limiter en rien les droits de la Chambre, sans restreindre en rien la responsabilité ministérielle.

L'exemple même que l'on vient d'alléguer à cette tribune vient à l'appui de mon opinion. On a parlé du procès de Strafford. Il y avait, messieurs, à cette époque, des lois sur la trahison en Angleterre, il y avait des définitions légales qu'on essaya d'appliquer aux crimes de lord Strafford. On en reconnut la difficulté ; les définitions légales se prêtaient mal à l'accusation ; la Chambre des communes laissa là les voies judiciaires et se porta à un acte de violence, à un bill d'*attainder* ; elle poursuivit par un acte législatif au lieu de poursuivre judiciairement. Rien ne prouve mieux à quel point les définitions légales peuvent être importantes : la Chambre des communes, ne pouvant supporter le joug de ces définitions, s'en affranchit par la violence : de telles violences sont toujours funestes ; il ne faut pas que les pouvoirs publics en donnent l'exemple.

Laissez donc subsister les définitions de la *trahison* et de la *concussion* ; quand il y aura lieu de poursuivre des ministres sous ce titre, vous trouverez dans la loi la définition des actes punissables ; et lorsqu'il ne s'agira pas de trahison ou de concussion, vous trouverez sous le mot *prévarication* les autres actes punissables ; vous pourrez les atteindre, mais, en les atteignant, vous ne leur attribuerez pas un caractère de gravité factice et menteuse ; vous ne serez pas obligés de violenter les définitions légales, d'appeler trahison ce qui n'est pas trahison, concussion ce qui n'est pas concussion, et de faire un acte d'iniquité en voulant faire un acte de justice.

Je crois donc que le système du gouvernement n'a point les inconvénients qu'on lui reproche ; il est en harmonie avec le sentiment public, avec les règles ordinaires de la législation, et, en même temps, il satisfait aux besoins d'une situation spéciale et extraordinaire : d'après ces considérations, je l'appuie formellement.

LXVII

— Chambre des députés. — Séance du 25 mars 1835. —

L'article 37 du projet de loi présenté par le gouvernement sur la responsabilité des ministres et des autres agents du pouvoir retirait, à ces derniers, la garantie de l'autorisation préalable du conseil d'État en cas de poursuites dirigées contre eux. M. Vivien proposa de substituer à cet article une série de dispositions qui maintenait, sauf certaines modifications, la garantie établie en faveur des fonctionnaires. Ses amendements furent vivement combattus et appuyés. Le duc de Broglie, en persistant dans la proposition du gouvernement, demanda le renvoi de la question et des amendements à la commission pour qu'ils y fussent l'objet d'un nouvel examen. M. Mauguin s'opposa à ce renvoi que j'appuyai, et qui fut ordonné.

M. GUIZOT, *ministre de l'instruction publique.*—Quand

M. le président du conseil est venu dire à cette tribune que le ministère persistait dans son système, ce n'est pas certainement pour l'abandonner, comme le dit l'honorable préopinant. Mais le ministère n'a pas la prétention de ne retirer aucun fruit des discussions de cette Chambre. Le ministère n'a pas la prétention que les amendements qui peuvent être proposés dans le sein de cette Chambre ne l'éclairent jamais sur ce qu'il peut être utile d'ajouter ou de modifier dans ses propositions. M. le président du conseil a dit la chose du monde la plus naturelle et la plus simple ; il a dit que le ministère persistait dans sa proposition et dans l'avis de la commission, mais qu'il y avait, dans les observations provoquées par le débat et dans l'amendement de M. Vivien, des dispositions qui pouvaient modifier utilement la proposition du gouvernement. Le ministère ne pense pas qu'il y ait un abîme, comme le disait l'honorable préopinant, entre la proposition de M. Vivien et celle du gouvernement ; plus cette discussion sera approfondie, plus vous verrez que cet abîme n'existe pas. Nous pensons qu'aux termes des promesses de la Charte de 1830, l'article 75 de la constitution de l'an VIII ne doit pas être maintenu ; nous pensons que la loi doit donner des garanties et aux citoyens et aux agents du pouvoir. L'amendement de M. Vivien nous paraît contenir le germe de quelques-unes de ces doubles garanties, et c'est dans cet esprit, c'est pour perfectionner le système du gouvernement en complétant les garanties, soit des fonctionnaires publics, soit des libertés publiques, que nous demandons le renvoi à la commission avec laquelle nous nous entendrons. (*Marques nombreuses d'adhésion.*)

LXVIII

— Chambre des députés. — Séance du 3 avril 1835. —

Le général Sébastiani avait passé de l'ambassade de Naples à l'ambassade de Londres. On soutint qu'à raison de cette mutation, il devait, en vertu de la loi du 12 septembre 1830, être soumis, comme député, à la réélection. Un débat s'éleva dans la Chambre à ce sujet. Je répondis aux membres qui soutenaient que la réélection était de rigueur. La Chambre passa à l'ordre du jour.

M. GUIZOT, *ministre de l'instruction publique.* — Messieurs, M. le ministre de l'intérieur, présent en ce moment, je crois, à l'une des commissions de la Chambre, avait des explications à donner sur la question qui vient d'être élevée. Je les donnerai à sa place ; elles seront fort courtes.

La Chambre se rappelle peut-être que j'ai eu l'honneur, au mois d'août 1830, de présenter moi-même le projet de loi dont on réclame en ce moment l'exécution : cette exécution a été de notre part, toutes les fois que nous avons été appelés à en délibérer, aussi complète et aussi loyale que possible.

La Chambre n'ignore pas que dans plusieurs circonstances, notamment au mois de novembre dernier, lorsque nous sommes sortis du cabinet pour quelques jours, et que d'autres membres de cette Chambre y sont entrés pour quelques jours, les uns et les autres nous avons été soumis à la réélection, et que, sans la moindre hésitation, nous avons accepté cette obligation légale, sur laquelle cependant on avait élevé des doutes, doutes qui allaient jusqu'à dire que nous ne l'accepterions pas.

Nous l'avons acceptée complétement, loyalement, toutes les fois que l'occasion s'est présentée : la loi a toujours reçu sa pleine et entière exécution. On ne peut élever à cet égard la moindre incertitude.

A l'occasion du général Sébastiani s'est élevée la nécessité d'interpréter la loi. Voici les motifs de la résolution que nous avons prise à cette époque.

Il faut remonter en toutes choses au véritable sens, à l'esprit d'une loi. Quel était le sens, l'esprit de la loi du 12 septembre 1830 ?

C'est qu'il fallait que les électeurs connussent bien la situation politique et personnelle de l'homme qu'ils choisissaient, et que, cette situation politique changeant, il fallait consulter les électeurs. Voilà, en réduisant les choses aux termes les plus simples, voilà le véritable sens, voilà l'esprit de la loi de 1830. Et dans les discussions qui se sont élevées à cette époque, dans l'exposé des motifs même, on ne trouvera rien qui ne convienne parfaitement à ce sens.

Lorsque M. le général Sébastiani fut nommé ambassadeur à Naples, il y avait, sans aucun doute, lieu à la réélection ; M. le général Sébastiani s'est présenté devant le collége de Vervins, et le collége de Vervins l'a réélu, sachant très-bien qu'il allait partir pour Naples, et connaissant parfaitement et sa position personnelle et sa situation politique.

Au bout de quelque temps, M. le général Sébastiani est appelé à l'ambassade de Londres ; évidemment, quant aux électeurs, sa situation n'est point changée ; il occupait des fonctions publiques, et des fonctions publiques qui l'obligeaient à une absence ; s'il s'agissait de compter les lieues, de mesurer les distances, Londres serait plus près que Naples. A l'égard des électeurs, la situation politique de M. le général Sébastiani n'est donc en aucune façon changée ; elle est la même, politiquement parlant, exactement la même qu'au moment où les électeurs ont réélu M. le général Sébastiani.

Sous ce premier point de vue donc, sous le point de vue moral, dans l'intention réelle et morale de la loi, la réélection du général Sébastiani n'était pas obligatoire.

Veut-on prendre la question sous un autre point de vue, celui des fonctions mêmes qu'a occupées et qu'occupe encore le général Sébastiani ?

Eh bien ! tout le monde sait que, dans le département des affaires étrangères, tous les ambassadeurs sont sur le même rang ; le passage d'une ambassade à une autre ambassade n'est point un avancement. Quand un ministre plénipotentiaire devient ambassadeur, alors il y a avancement ; mais quand un ambassadeur quitte une ambassade pour aller en occuper une autre, il n'y a là aucun avancement. La différence des traitements provient uniquement de la diversité des dépenses qu'entraîne telle ou telle résidence. Il n'est personne qui ne sache qu'une somme plus considérable, 2 ou 300,000 francs par exemple, à Londres, équivaut à une somme moins considérable, 60 ou 100,000 francs à Naples.

La diversité des traitements n'introduit pas une diversité réelle, une gradation entre les fonctions ; elle signale uniquement l'inégalité des indemnités attachées à des résidences inégalement dispendieuses.

Ainsi, messieurs, soit que l'on considère la question dans les rapports de M. le général Sébastiani avec les électeurs, ou dans ses rapports avec ses fonctions elles-mêmes, il n'y avait aucun motif, du moins aucun motif obligatoire, à la réélection.

On a cité des précédents, et des précédents qui remontent à 1830; mais il serait facile d'en citer de différents. Les précédents, sans être bien anciens, sont déjà divers à ce sujet. Il est vrai, le précédent allégué par l'honorable préopinant est fondé; mais à peu près à la même époque, peut-être dans le même mois, l'honorable M. Laffitte, qui avait été réélu lorsqu'il était entré dans le conseil comme ministre sans portefeuille, devint ministre des finances et président du conseil, il ne fut pas soumis à la réélection. Cependant la différence des situations était ici bien plus grande. L'honorable M. Laffitte passait de fonctions non salariées à des fonctions salariées, et de ministre sans portefeuille il devenait ministre des finances et président du conseil. Cependant, je le répète, il n'y eut pas de réélection.

M. LHERBETTE.—Il aurait dû y en avoir.

M. le ministre de l'instruction publique.—Je prie l'honorable M. Lherbette de remarquer que je n'examine point la valeur intrinsèque du précédent; je le cite, en fait, et je dis qu'il appartient à la même époque que la réélection de M. Degouve de Nuncqués.

Je pourrais citer d'autres exemples de la même nature; il est arrivé, par exemple, qu'un ministre a passé d'un département à un autre; eh bien! on peut dire que tel ou tel département ministériel est plus important que tel autre; il y a même tel département auquel est attaché un traitement plus considérable. Ainsi, M. le général Sébastiani a passé du ministère de la marine au ministère des affaires étrangères, où il jouissait d'un traitement plus considérable. Il ne fut pas soumis à la réélection.

Le même fait a eu lieu pour l'amiral de Rigny, qui a passé du ministère de la marine au ministère des affaires étrangères sans être soumis à la réélection. Pourquoi? Parce qu'on a considéré que les fonctions ministérielles étaient toutes pareilles, que les divers départements ministériels étaient égaux entre eux, qu'il n'y avait là point d'avancement, point de changement dans leur situation politique, qu'il n'y avait, par conséquent, aucun des motifs moraux ou légaux qui ont déterminé la loi de 1830.

La Chambre voit qu'ainsi, soit que l'on considère la question dans les rapports du député avec les électeurs, ou dans ses rapports avec ses fonctions, soit que l'on consulte les précédents, il n'y avait aucun motif légal, impérieux, d'obliger M. le général Sébastiani à une réélection. Il s'agissait de l'interprétation de la loi ; nous l'avons examinée avec une complète impartialité; nous n'avions aucun intérêt à éluder la réélection. Toutes les fois que la loi a été claire, nous avons accepté le vœu sans aucune hésitation. Je comprends qu'on ait, sur cette question, des avis différents; mais les raisons qui ont réglé notre conduite nous ont paru et nous paraissent encore les meilleures pour donner à la loi cette interprétation.

La Chambre, du reste, décidera la question comme elle le jugera convenable.

LXIX

— Chambre des députés. — Séance du 11 avril 1835. —

Le 15 janvier 1835, le gouvernement proposa un projet de loi pour l'exécution du traité du 4 juillet 1831 qui avait reconnu la France débitrice des États-Unis d'Amérique pour une somme de 25 millions, et dont le rejet, prononcé par la Chambre dans la session précédente, avait déterminé la retraite du duc de Broglie comme ministre des affaires étrangères. M. Dumon fit, le 25 mars 1835, le rapport de ce projet de loi dont la discussion se prolongea du 9 au 18 avril. J'y pris part dans les séances du 11 et du 17 en réponse à MM. Ducos et Mauguin. Le projet de loi fut adopté dans la séance du 18, par 289 voix contre 137.

M. GUIZOT, *ministre de l'instruction publique.* — Je demande à dire un mot.

Messieurs, je ne me propose pas d'entrer en ce moment dans la discussion ; mais l'honorable préopinant, après s'être appliqué à prouver, et avoir pleinement prouvé, selon nous, que la somme déterminée par le traité de 1831 ne s'élève point au-dessus des légitimes dettes de la France, après avoir, dis-je, complétement établi cette démonstration, l'honorable préopinant a paru rejeter sur les ministres signataires de ce traité je ne sais quelle responsabilité obscure sur laquelle il ne s'est pas expliqué, et dont, pour notre compte, nous n'avons pas compris le sens.

La Chambre sait que ce ne sont pas les membres actuels du cabinet qui ont signé le traité ; il a été signé par un illustre général, qui a rendu à cette époque, et qui rend encore d'honorables et importants services à la France. Mais en présentant le traité à la Chambre, en le soutenant devant vous, nous avons eu et nous avons la ferme conviction qu'aucune responsabilité, sinon cette responsabilité générale et politique qui s'attache à tous les actes du pouvoir, ne pèse sur la tête de ceux qui l'ont signé. Nous prions donc l'honorable préopinant de venir dire quel sens il attache à ces paroles que, nous le répétons, nous n'avons pu comprendre. (*Mouvements divers.*)

M. Ducos. — Ma réponse se trouvera renfermée dans un mot : comme règlement de compte, je suis partisan de votre traité, parce que je pense que vous n'avez pas payé plus que nous ne devons. Mais, et c'est sur ce point que je me suis arrêté, s'il ne fallait juger votre traité que comme transaction, j'en serais le premier adversaire.

Voix à gauche. — Très-bien ! (*Vive agitation.*)

Un grand nombre de membres. — Expliquez-vous ; nous ne comprenons pas.

(*M. le ministre de l'instruction publique monte à la tribune ; le silence se rétablit très-difficilement.*)

M. le ministre. — Je demande pardon à la Chambre si je remonte à la tribune ; mais je désire que le sens de la réponse de l'honorable préopinant soit bien clair pour tout le monde. Il a parfaitement établi dans son discours qu'un pays loyal devait payer ses dettes. Il a également établi, à mon avis, que la dette de la France envers les États-Unis s'élevait au moins à la somme fixée par le traité. Je serais même en droit de dire, d'après les termes de son discours, qu'il regarde la dette de la France comme plus considérable que la somme assignée par le traité. Je ne comprends pas dès lors quel sens il peut attacher au mot de transaction dont il a parlé. La France devait, à son avis, plus de 25 millions, ou au moins 25 millions. C'est là la somme assignée par le traité. Il n'y a là, aux termes mêmes de l'opinion de l'honorable préopinant, point de transaction, mais payement d'une dette. (*Bruits divers.*)

M. ODILON BARROT. — Mais non!... (*Nouveaux bruits.*) Accordez-vous donc avec M. le ministre des affaires étrangères.

M. le ministre de l'instruction publique. — Ceux qui croient que la France devait davantage, ceux qui croient qu'indépendamment des 25 millions assignés par le traité, il y avait d'autres réclamations contestables sans doute, mais dont une partie au moins pouvait être légitimement réclamée par les États-Unis, ceux-là peuvent parler de transaction. Voilà pourquoi nous pensons, nous, qu'il y a eu transaction, et que, lorsqu'on s'est arrêté à la somme de 25 millions, c'est un terme moyen qu'on a pris entre des prétentions différentes, et qui s'élevaient au-dessus de cette somme. En ce sens, on peut parler de transaction; mais le préopinant aurait-il voulu dire qu'il y avait eu transaction quoique la dette fût au-dessous de 25 millions? Cela ne serait pas soutenable. Il a établi lui-même que la dette s'élevait au moins à 25 millions, et probablement au-dessus. Il n'y a donc pas lieu à la distinction qu'il vient d'établir entre le règlement de compte et la transaction.

Je ne comprends donc pas encore le sens de cette responsabilité grave, indéfinie, qu'il a voulu renvoyer aux signataires du traité. Ils ont eu à débattre des prétentions beaucoup plus élevées que les 25 millions ; ils ont transigé en ce sens qu'ils ont offert un terme moyen qui a été accepté par les États-Unis ; transaction légale, transaction définitive, qui terminait une grande question. Mais dans ce sens du mot transaction, je ne saurais démêler aucune responsabilité qui doive peser le moins du monde aux signataires. Je persiste donc à demander que le sens des paroles du préopinant soit clairement établi. (*Agitation.*)

M. Ducos. — Je pense déjà avoir donné à la Chambre une assez grande preuve de ma bonne foi pour qu'elle croie que je n'emprunte mes inspirations à personne.

Ma réponse sera nette et précise.

Je n'ai entendu en aucune façon atteindre le caractère personnel des signataires du traité ; et je déclare formellement que je n'ai entendu me livrer à aucunes insinuations malveillantes ou odieuses à leur égard. (*Mouvements et bruits divers.*)

Je dis seulement que votre traité n'a pas été un payement régulier, mais bien une transaction.

M. le ministre de l'instruction publique. — Oui, sans doute.

M. Ducos. — M. le ministre de l'instruction publique me paraît en contradiction avec lui-même, car tout à l'heure, il soutenait à cette tribune qu'il n'y avait pas eu transaction.

Aux centres. — Si, si, au contraire !

M. Odilon Barrot. — C'est alors une misérable équivoque.

M. Ducos. — Je le répète : si c'est un payement réel, un payement définitif et régulier que vous avez entendu faire par le traité du 4 juillet 1831, je l'approuve, parce que je dis encore une fois qu'à mon sens nous devons réellement 25 millions et même davantage. Mais si c'est comme transaction, je croyais vous avoir dit que, comme transaction, la Chambre pouvait accuser les signataires du traité ou d'imprévoyance ou d'impéritie. (*Violents murmures aux centres.*)

M. le ministre de l'instruction publique. — Je remonte à la tribune pour remercier l'honorable M. Ducos des paroles qu'il a dites, et que nous tenions à entendre de sa bouche. Il vous a dit qu'il n'avait pas entendu élever la moindre insinuation contre les honorables signataires du traité de 1831. Cependant il les avait renvoyés à leur conscience; il leur avait demandé d'interroger leur conscience, et de voir si elle pouvait leur répondre en paix. C'est cette phrase qui m'a fait monter à la tribune. L'honorable préopinant l'a expliquée; je répète que je le remercie de l'explication qu'il en a donnée. (*Très-bien! très-bien!*)

—Séance du 17 avril 1885.—

Je répondis à **M. Mauguin** qui avait dit que les États-Unis d'Amérique n'avaient pas défendu leur pavillon contre l'Angleterre.

M. Guizot, *ministre de l'instruction publique.*—L'honorable préopinant veut-il me permettre d'expliquer en deux mots ce que je voulais dire? (*M. Mauguin fait un signe d'assentiment.*) Voici ce que je lis dans l'*Histoire de France depuis le 18 brumaire jusqu'à la paix de Tilsitt,* par M. Bignon :

« Un ordre du cabinet britannique ayant autorisé l'arrestation de tout bâtiment américain chargé de marchandises ou denrées qui ne proviendraient pas des États-Unis, plus de cinquante bâtiments subirent les conséquences de cet ordre, et furent conduits dans des ports britanniques. On n'évaluait pas à moins de trois mille le nombre des marins *pressés* par les vaisseaux de guerre anglais. De telles insultes étaient intolérables. Le gouvernement des États-Unis n'avait de prise que contre les Anglais qui résidaient sur son territoire. On les fit rassembler dans un même lieu, sous la surveillance d'un commissaire américain. En ouvrant la session du Congrès, le président Jefferson éleva la voix contre des vexations insupportables, ayant leur source dans un système nouveau qu'on ne pouvait laisser subsister. Par un message en date du 27 janvier 1806, il réclama encore contre les nouveaux principes interposés par l'Angleterre dans la loi des nations ; mais ce qui valait mieux qu'un appel à la justice, toujours dédaigné par le cabinet britannique quand il peut le faire sans danger, une mesure courageuse, adoptée par le Congrès relativement à la presse des matelots américains, fit voir aux Anglais que, même pour des États dépourvus de marine capable de lutter contre eux, il existe toujours des moyens de se défendre contre l'oppression. Voici le texte du bill :

« Tout individu qui pressera un matelot américain sera
« considéré comme pirate, et puni de mort. Tous les ma-
« rins américains sont autorisés à tuer les individus qui
« voudraient presser à leur bord. Chaque matelot, pour
« prix de sa résistance en pareil cas, recevra 200 dollars.
« Si le président des États-Unis apprend qu'un marin
« américain est enrôlé par force, un semblable traitement
« sera fait à un marin de la puissance qui aura commis
« l'offense. Tout marin américain qui aura été pressé de
« cette manière recevra une indemnité de 60 dollars pour
« chaque mois qu'il aura passé dans l'esclavage. » Cet acte du gouvernement américain plaît à l'âme et à la raison, parce qu'il montre un peuple qui, malgré l'extrême infériorité de ses forces, conserve envers un État puissant le juste sentiment de sa dignité. Il est beau pour un peuple, dont la marine est si faible encore, d'avoir le courage de déclarer piraterie et de punir comme telle des actions autorisées par une puissance aussi redoutable que l'Angleterre ; il est beau d'assurer un prix à une généreuse résistance ; il est digne d'un peuple libre de pourvoir aux dédommagements de tout marin victime de la *presse* pour chacun des jours pendant lesquels il aura été privé de sa liberté. »
(*Sensation prolongée. Mouvement marqué d'agitation.*)

LXX

— Chambre des députés. — Séance du 18 mai 1836. —

Dans la discussion du budget du ministère de la guerre pour l'année 1836, M. Arago avait demandé que les élèves sortants de l'École polytechnique pussent, s'ils le désiraient, entrer dans la carrière de l'instruction, donnant à entendre que cette faculté leur était interdite. Je lui répondis :

M. Guizot, *ministre de l'instruction publique.* — Je ne voudrais pas exprimer une opinion positive sur la question soulevée par l'honorable préopinant. Je ferai seulement remarquer que la carrière de l'instruction publique n'est pas fermée aux élèves qui sortent de l'École polytechnique : on entre dans l'instruction publique, c'est-à-dire dans les colléges royaux, par la voie du concours de l'agrégation. Les élèves de l'École normale, bien qu'ils soient spécialement destinés à l'instruction publique, sont obligés de subir l'épreuve du concours. Les élèves de l'École polytechnique, comme les autres, peuvent se présenter ; il n'y a pas de raison pour les en dispenser, puisque les élèves de l'École normale eux-mêmes n'en sont pas exempts. Il n'est donc pas exact de dire que la carrière de l'instruction publique soit fermée aux élèves de l'École polytechnique. Ils peuvent se présenter au concours comme tous les autres et aux mêmes conditions.

M. ARAGO.—Je n'ai pas émis une opinion arrêtée ; j'ai seulement manifesté le vœu de voir introduire dans l'instruction publique les élèves de l'École polytechnique. Mais vous voyez que la question est celle-ci : l'examen subi par l'élève de l'École polytechnique, au moment de sa sortie, est-il suffisant pour qu'un élève puisse être reçu professeur dans les colléges royaux ?

Plusieurs voix.—Non ! non !

M. le ministre de l'instruction publique.—Pour répondre à l'honorable membre, je dois insister sur ce fait que j'ai mis sous les yeux de la Chambre, c'est que l'École normale est particulièrement destinée à former des professeurs. Les élèves de l'École normale subissent des examens en sortant de l'École; cela ne les dispense pas de se présenter au concours d'agrégation et de lutter avec des hommes qui sortent de l'instruction libre. C'est cette concurrence entre l'instruction reçue à l'École normale et l'instruction libre qui fait la force des concours d'agrégation et la garantie de la science de ceux qui entrent dans l'instruction publique.

M. ARAGO.—Je n'insisterai pas sur cet incident que j'ai jeté dans la discussion sans avoir réfléchi. M. le ministre de l'instruction publique verra s'il n'y aurait pas moyen de faire arriver d'une manière utile les élèves de l'École polytechnique dans l'instruction publique.

M. le ministre de l'instruction publique.—Ils n'ont qu'à se présenter au concours ; il leur est ouvert comme à tout le monde.

LXXI

— Chambre des députés. — Séance du 29 mai 1835. —

Dans la discusssion du budget du ministère de l'instruction publique pour l'exercice 1836, plusieurs députés, entre autres MM. de Tracy, Eusèbe Salverte, Auguis, demandèrent de nombreuses et importantes réformes dans le système des études et le régime de l'Université, surtout en ce qui concernait les études classiques littéraires et les études scientifiques. Je leur répondis :

M. GUIZOT, *ministre de l'instruction publique.* — Messieurs, s'il pouvait exister quelques craintes sérieuses sur l'avenir de l'instruction publique en France et sur les progrès auxquels elle est destinée, la discussion qui s'est élevée aujourd'hui suffirait, je crois, pour les dissiper. Je ne sache rien de plus remarquable, au milieu des travaux de la Chambre, à la fin de sa session, après toutes les fatigues qu'elle a supportées, que cette attention presque subite, inattendue et si sérieuse, si forte, qui s'est attachée au budget du département dont j'ai l'honneur d'être chargé. Il y a, messieurs, dans une telle disposition des esprits, un gage de progrès, une certitude d'avenir infiniment plus sûre que tous les essais auxquels on pourrait vouloir se livrer.

La Chambre n'attend pas de moi, je l'espère, que j'entre profondément, et comme elles le méritent, dans l'examen de toutes les questions qui ont été soulevées dans ce débat. Les honorables préopinants en ont fait ressortir avec éclat l'élévation et l'importance. Je partage à cet égard leur conviction, et c'est parce que je la partage que je ne crois pas que de telles questions puissent être traitées en passant ; non, messieurs, que je désapprouve le moins du monde, non que je regrette cette habitude de soulever ainsi, à l'occasion du budget, les questions générales auxquelles il peut donner lieu : c'est le droit de la Chambre, et c'est le moyen d'introduire dans nos institutions publiques de grandes améliorations. Mais le gouvernement, mis ainsi sur la voie, averti, provoqué par de telles interpellations, de telles digressions, passez-moi le mot, le gouvernement ne peut cependant pas s'y laisser aller complétement ; il est obligé, l'opposition me permettra ce langage, de traiter toutes choses plus sérieusement, plus profondément, avec des idées plus arrêtées et plus pratiques que ne fait l'opposition. Je me garderai donc d'entrer aujourd'hui aussi avant que je le voudrais, et qu'il faudrait le faire, dans les questions dont on vous a occupés ; elles ont droit à un examen plus spécial et plus réfléchi.

Savez-vous, messieurs, pourquoi la loi sur l'instruction primaire a, j'oserai le dire, si bien réussi ? C'est parce que la question a été prise à part, isolément, considérée sous toutes ses faces, approfondie par l'opposition comme par l'administration. C'est dans ce long, laborieux et patient examen que réside la principale et véritable cause du succès de nos institutions naissantes en fait d'instruction primaire.

Je supplie donc la Chambre de procéder, dans toutes les branches de l'instruction publique, comme elle a procédé dans celle-là; je supplie la Chambre de ne pas apporter, dans l'examen des autres parties de mon département, plus d'impatience, plus de précipitation, et passez-moi l'expression, plus de légèreté: c'est la condition *sine qua non* du succès.

L'occasion, messieurs, l'occasion naturelle, légitime, de traiter à fond les grandes questions que les honorables préopinants ont soulevées, se présentera lorsque la loi sur l'instruction secondaire sera mise sous les yeux de la Chambre. Et ici, je ne puis m'empêcher de protester de toutes mes forces contre cette accusation de négligence, de lenteur, qui a été plusieurs fois renouvelée à cette tribune au sujet de cette loi. J'ai déjà eu l'honneur de rappeler une ou deux fois à la Chambre un fait général qu'elle me permettra de lui rappeler encore. Savez-vous combien de grandes lois, de lois fondamentales et politiques vous aurez faites en quatre ans? Vingt-cinq grandes lois, messieurs, vingt-cinq lois d'institutions! Si la Chambre en avait besoin, je mettrais l'état sous ses yeux, et la Chambre, et tous les hommes sensés en dehors de la Chambre seraient, permettez-moi de le dire, effrayés qu'en quatre ans on ait enfanté ainsi vingt-cinq grandes lois, et qu'on ait résolu, que du moins on ait cru avoir résolu toutes les questions qui s'y rattachent. Non, messieurs, pour se faire bien, pour se faire durablement, les choses ne se font pas si vite. Il faut, messieurs, il faut absolument nous guérir du mal de l'impatience: c'est le plus grand mal peut-être qui nous reste des quarante années que nous avons traversées; nous avons vu commencer et finir tant de choses, nous les avons vu faire si vite, nous les avons vu défaire si vite que nous nous laissons aller à toujours procéder de la sorte. Messieurs, on détruit ainsi, on ne construit pas. Quand on veut construire, quand on veut fonder quelque chose, il faut y mettre le temps de l'étude et de la réflexion. Cela est indispensable pour les Chambres comme pour les individus, pour l'opposition comme pour l'administration.

Je ne pense donc pas qu'il y ait ni lenteur, ni négligence dans le retard apporté à la présentation de la loi sur l'instruction secondaire. Pour mon compte, messieurs, je m'en accuse formellement, c'est à dessein, c'est bien volontairement que je n'ai pas demandé que cette loi vous fût présentée plutôt. Je ne l'ai pas demandé par une raison, la première de toutes, à mes yeux, c'est que les questions qui se rattachent à cette loi ne sont pas, pour moi-même, suffisamment résolues ; c'est que je ne suis suffisamment éclairé ni sur tous les faits, ni sur la solution convenable de toutes les difficultés. Je respecte trop la Chambre pour me permettre jamais d'apporter ici des articles de loi et des idées de la bonté desquels je ne me croirais pas sûr. (Très-bien! très-bien!)

A part cette raison, messieurs, il en est une autre d'un grand poids. Vous avez fait la loi sur l'instruction primaire, et dans cette loi vous avez établi, sous le nom d'écoles primaires supérieures, un système d'écoles qui touchent de très-près à l'instruction secondaire, d'écoles destinées à combler quelques-unes des lacunes, à corriger quelques vices de notre instruction secondaire. Il fallait voir ces dispositions à l'épreuve ; il fallait étudier ces écoles primaires supérieures, il fallait se rendre compte de leur organisation et de leurs effets.

Je n'ai pas cru possible d'apporter une loi sur l'instruction secondaire avant que nos institutions d'instruction primaire, et particulièrement les écoles primaires supérieures, eussent été réellement organisées et en vigueur : c'est ma seconde raison de retard.

Il y en a encore une troisième. Ne croyez pas, messieurs, que vous soyez, en matière d'instruction secondaire, comme vous étiez en matière d'instruction primaire ; vous n'avez pas ici tout à créer ; vous ne manquez pas d'écoles secondaires ; vous avez un système d'instruction secondaire complet, régulier, auquel on peut objecter beaucoup, auquel on peut trouver beaucoup de défauts, beaucoup de lacunes, mais enfin qui a la première de toutes les qualités, c'est de vivre, de vivre depuis longtemps, d'avoir été éprouvé par l'expérience, d'être beaucoup plus adapté qu'on ne le croit aux besoins de notre société. On parle toujours, messieurs, comme si notre société datait d'hier, comme s'il n'y avait, dans cette société, que des besoins nouveaux, auxquels les anciennes institutions ne répondent plus. Ne croyez pas cela, messieurs; notre société renouvelée est pourtant ancienne : indépendamment des besoins nouveaux qui se sont développés dans son sein, indépendamment des grandes modifications qu'elle a subies, ses mœurs sont anciennes, ses croyances sont anciennes. Une grande partie des institutions qu'elle a possédées, sous lesquelles elle a grandi et prospéré, une grande partie de ces institutions lui sont encore utiles, indispensables.

Lorsque nous entrerons dans l'examen de notre système d'instruction secondaire, quand nous verrons comment nos écoles se sont formées, comment notre société s'est formée au sein de nos écoles, vous verrez alors, messieurs, que ces écoles ne nous sont pas si étrangères qu'on le disait tout à l'heure à cette tribune; vous verrez qu'il n'y a pas, entre ces écoles et nos besoins, tant de dissidence et d'incohérence; sans doute, il y a beaucoup à changer, beaucoup à améliorer, mais le système n'est pas à répudier tout entier; il est, en général, au contraire, bon, national, et il peut admettre dans son large sein toutes les modifications, toutes les améliorations que réclament les besoins nouveaux, en les rattachant toujours aux principes qui ont fait jusqu'ici sa force et son éclat.

Messieurs, l'honorable préopinant qui descend de cette tribune a répondu à l'une des principales objections dirigées contre notre système d'instruction secondaire; il y a répondu comme je me proposais de le faire, et avec une telle force que je ne crois pas avoir besoin d'y revenir. Il vous a dit, et je crois prouvé, que ce qui importe le plus en matière d'instruction, c'est de bien apprendre une chose, de former des esprits clairs, précis, vigoureux, capables de s'appliquer ensuite à toutes les études qui conviennent à l'intelligence humaine. Ainsi se forme l'élite de la jeunesse dans nos collèges; voilà quel est le résultat de notre système d'éducation; il y a plus de valeur réelle dans ces simples et fortes études que dans l'infinie variété de ces connaissances à la fois légères et indigestes dont on voudrait nourrir, ou plutôt fatiguer nos enfants.

Messieurs, quand nous discuterons, l'année prochaine, la loi des écoles secondaires, vous verrez que cette étude forte, approfondie, dont il faut faire la principale étude des enfants appelés à recevoir une éducation savante, c'est l'étude des langues anciennes; car je ne ferai pas la concession dont a parlé l'honorable préopinant, je ne permettrai pas qu'on substitue l'étude de l'anglais ou de l'allemand à l'étude du grec ou du latin. J'estime beaucoup les langues, les littératures anglaise et allemande; mais avez-vous oublié, messieurs, ce que c'est que la langue et la littérature grecque et latine? C'est la langue, c'est la littérature de la civilisation; c'est par elles que la civilisation est née dans notre Europe; vous-même, peuple moderne, c'est par ces études que vous êtes entrés en communication avec la civilisation antique, et en possession de son héritage; et aujourd'hui, par je ne sais quelle nouvelle invasion de barbares, vous voudriez abandonner ces études, ces langues que les barbares seuls ont détruites aux IVe et Ve siècles !

Ne vous y trompez pas, messieurs; Dieu me garde de médire jamais des sciences et de les proscrire; quelle que soit la part qu'elles occupent déjà aujourd'hui dans nos études, elles doivent de jour en jour en occuper une plus grande encore; mais si elles devaient jamais faire tort aux lettres, si elles venaient à resserrer le domaine de ces lettres grecques et latines qui ont enfanté la civilisation et l'esprit moderne, ce serait la ruine de l'instruction publique; ce serait le plus grand affaiblissement, le plus grand abaissement, la plus grande dégradation de l'intelligence humaine, qui se soient encore vus dans le monde. (*Très-bien! très-bien!*)

Messieurs, pour vous indisposer, passez-moi l'expression, contre le grec et le latin, on vous a cité des exemples de folie qui se sont introduits dans quelques esprits à la suite du grec et du latin, et par l'étude trop exclusive, par la préoccupation ignorante des noms et des souvenirs de l'antiquité. Je n'aime pas les récriminations, c'est un pauvre moyen de raisonnement ; mais, en vérité, je ne serais pas embarrassé de citer des exemples tout aussi frappants et tout aussi peu concluants contre les sciences ; je pourrais vous parler de mathématiciens, de chimistes, de physiciens, qui ont dit de grandes absurdités, de grandes folies puisées aussi dans le mauvais emploi des études scientifiques. L'esprit peut se corrompre à toutes les écoles, et les sciences exactes ou naturelles ne le préservent pas plus que les lettres de tout funeste ou ridicule égarement.

Croyez-vous, messieurs, que nous en tirions cette conclusion qu'il faut affaiblir, resserrer l'étude des sciences exactes ou naturelles? Non, messieurs, nous voulons protéger en même temps les sciences et les lettres; nous voulons que toutes les études soient réunies et mariées dans une belle harmonie; nous voulons que toutes les facultés de l'intelligence humaine, toutes les carrières de la vie sociale reçoivent dans nos écoles pleine et suffisante satisfaction.

Je reconnais tout le premier qu'il y a des vices réels, considérables, dans l'état actuel de notre système d'instruction secondaire : conçus au milieu d'une société où il n'y avait guère d'autres professions appelées à étudier que les professions littéraires ou presque littéraires, nos établissements d'instruction publique offrent, il est vrai, des lacunes ; ils sont trop exclusivement classiques pour tout le monde; l'éducation secondaire est trop pareille pour tout le monde; il faut, j'en conviens, des établissements d'une autre sorte, où des classes diverses de la société puissent trouver un aliment intellectuel qui convienne à leur vie, à leur destinée.

C'est là ce que nous avons fait, ou plutôt, pour ne pas employer des expressions ambitieuses, c'est là ce que nous avons commencé dans la loi sur l'instruction primaire; c'est ce que nous avons commencé quand nous avons créé des écoles primaires supérieures.

Elles ont précisément pour objet, soit dans leur principe, soit dans leur développement, de satisfaire à ces besoins nouveaux de notre société; elles ont pour objet de donner ces connaissances scientifiques usuelles, nécessaires à l'agriculture, à l'industrie, au commerce, à ces importantes et nombreuses professions pour lesquelles les études classiques ne sont pas nécessaires. Oui, et je me félicite de l'avoir entendu proclamer à cette tribune, sur tous les bancs de cette Chambre, sans aucune acception d'opinion politique ou de parti, oui, c'est un mal, un grand mal, que cette manie, partout répandue dans toutes les classes de notre société, de venir pêle-mêle, et à tout hasard, s'abreuver aux sources savantes. Sans doute, cela n'est pas bon pour tout le monde; cela forme beaucoup d'esprits inquiets, malades, beaucoup d'existences vides et agitées qui pèsent sur la société, pour retomber douloureusement sur elles-même. Sans doute il faut que notre système d'éducation secondaire porte à ce mal un remède efficace; mais ne croyez pas que le grec et le latin périssent dans cette réforme. Le nombre de leurs élèves sera plus restreint, d'accord, mais en même temps il faudra que ces études deviennent plus fortes, plus longues; elles seront plus difficiles et plus chères, je le veux; mais, à Dieu ne plaise, qu'elles faiblissent jamais! à Dieu ne plaise que nous voyions jamais tarir ou seulement baisser cette source abondante de civilisation et de gloire! (*Très-bien! très-bien!*)

Je m'arrête, messieurs; je ne voulais que repousser d'une manière générale les reproches, à mon avis, un peu vagues et un peu légers adressés à notre système d'instruction secondaire. Le jour où la loi, ce qui aura lieu, j'ose l'espérer, à la prochaine session, le jour où la loi sera mise en discussion devant cette Chambre, toutes les objections seront reproduites, toutes les réponses seront faites, tous les systèmes seront examinés. Quant à présent, je crois avoir pleinement établi que notre système d'éducation secondaire n'est pas, tant s'en faut, étranger à la France actuelle, à ses besoins, à ses intérêts, et qu'il a droit à plus d'estime et d'égard.

Des objections ont été faites contre tel ou tel chapitre de mon budget, contre telle ou telle partie de nos institutions d'instruction publique ; je demanderai à la Chambre la permission d'ajourner mes réponses jusqu'au moment où ces chapitres seront mis en discussion. Je ne pourrais faire en ce moment que des réponses très-insuffisantes, comme m'ont paru l'être la plupart des objections qui nous ont été adressées.

Ce discours est suivi de nombreuses marques d'adhésion de toutes les parties de la Chambre.

LXXII

— Chambre des pairs.—Séance du 11 juin 1835. —

Le projet de loi adopté, le 22 avril 1835, par la Chambre des députés pour l'exécution du traité du 4 juillet 1831 et le payement des 25 millions dus par la France, en vertu de ce traité, aux États-Unis d'Amérique, fut présenté, le 27 avril, à la Chambre des pairs ; le rapport en fut fait, le 3 juin, par M. de Barante, et la discussion s'ouvrit, le 11 juin, par un discours de M. le duc de Noailles contre le projet. Je lui répondis, et le projet de loi fut adopté, le 12 juin, par 125 voix contre 29.

M. GUIZOT, *ministre de l'instruction publique.*—Messieurs, le noble duc qui descend de la tribune s'est prévalu, contre le traité de 1831, de ce qu'il a appelé les antécédents de ce traité. Il a voulu trouver dans ces antécédents, dans l'histoire de la négociation, des motifs de suspicion contre le traité même. Je demande à la Chambre la permission de tirer de ces mêmes faits une conclusion directement contraire. La Chambre sait que ce n'est pas le ministère actuel qui a conclu le traité de 1831 ; elle sait qu'à diverses époques les motifs, ou du moins les prétextes, n'auraient pas manqué au ministère, sinon pour condamner, du moins pour laisser languir ce traité et son adoption. Il a été rejeté une fois par la Chambre des députés ; plus tard, une offense politique, des paroles peu convenables employées par le président des États-Unis, ont fourni un prétexte nouveau d'ajourner, de remettre en question. Le gouvernement n'a rien fait de semblable ; quels qu'aient été les prétextes, de quelques apparences qu'il eût pu se saisir, il n'a jamais voulu délaisser ou seulement ajourner cette affaire ; il l'a soutenue comme si elle eût été son ouvrage propre ; il l'a soutenue comme une œuvre de justice et d'intérêt national. Jamais cabinet n'a été personnellement plus désintéressé dans une question, et jamais il ne s'y est engagé plus profondément, avec plus de persévérance. Cela suppose au moins, de la part du gouvernement, une conviction profonde, un sentiment profond et de la justice du traité et de sa conformité au véritable intérêt national. Loin donc que les antécédents du traité, considéré dans ses rapports avec le ministère, fournissent un argument, une présomption seulement contre son mérite, j'y vois une preuve évidente de l'importance que le gouvernement y attache, et de la conviction avec laquelle il l'a soutenu et vous le présente aujourd'hui.

J'aborde le fond de la question, et j'essayerai de la ramener à des termes simples, suivant le noble duc dans la marche qu'il a lui-même adoptée.

Il y a ici, messieurs, une question de droit, ensuite une question d'intérêt national, enfin une question de gouvernement et de conduite constitutionnelle.

Ce sont là les trois points de vue sous lesquels le traité doit être considéré, et sous lesquels le noble duc l'a considéré lui-même.

Quant à la question de droit, je prie la Chambre de remarquer sur quel terrain s'est toujours placé le gouvernement américain. Il a constamment réclamé, au nom du droit des neutres méconnu, violé, a-t-il dit, par les décrets de Berlin et de Milan; il a constamment attaqué la légitimité de ces décrets, et il professe si obstinément cette opinion que, encore aujourd'hui, dans la répartition de l'indemnité allouée aux États-Unis, il ne tient aucun compte de ces décrets, et fait participer à l'indemnité tous ceux de ses sujets qui ont souffert de la violation du droit des neutres. Jamais gouvernement n'a plus fermement adhéré au principe qu'il avait une fois posé.

Je n'entrerai pas, messieurs, dans la discussion de ce principe. Je n'examinerai pas le mérite intrinsèque des décrets de Berlin et de Milan. C'est une question immense, c'est la question de tous les droits des neutres ; c'est la question du blocus continental. Cette question divise les meilleurs esprits, non-seulement entre les États-Unis et la France, mais en Europe et au sein de la France elle-même.

La légitimité du blocus continental a été assez longtemps, assez vivement contestée pour qu'on puisse penser qu'il y avait là matière à transaction, et que la prétention des États-Unis n'était pas tellement dénuée de fondement, d'apparence de légitimité, qu'elle dût être repoussée d'une manière absolue et soudaine.

Je ne vais pas plus loin, messieurs ; je ne concède rien ; je dis seulement qu'il y avait là matière à *transaction*.

Et certes, il s'agit ici d'une question assez longtemps, assez profondément douteuse, pour que cette assertion soit bien modeste. Je vous prie de vous rappeler, messieurs, le temps où les décrets de Berlin et de Milan, ainsi que tout le système du blocus continental, étaient en vigueur, ce qu'on en pensait, ce qu'on en disait, non-seulement au dehors, mais en France même. Je vous demande si les arguments par lesquels on s'efforce aujourd'hui d'établir la parfaite légitimité de ces décrets, leur parfaite harmonie avec les intérêts de la

France, auraient eu alors la valeur et l'efficacité qu'on essaye de leur donner aujourd'hui.

Évidemment non. Vous n'avez qu'à consulter vos souvenirs : ils vous diront que les décrets de Berlin et de Milan et le blocus continental excitaient les plus vives réclamations, les doutes les plus sincères, qu'en un mot, on est fondé à dire que c'était là une de ces questions douteuses sur lesquelles deux gouvernements sensés peuvent fort bien transiger. Eh bien ! messieurs, malgré cela, malgré la persévérance avec laquelle les États-Unis ont soutenu leur principe, à vrai dire, il n'y a pas eu de transaction. Les États-Unis ont abandonné, non pas en droit, mais en fait, leurs principes. Dans le traité de 1831, la légitimité des décrets de Berlin et de Milan a été reconnue. Il a été reconnu que c'était seulement l'application irrégulière, illégale, de ces décrets qui pouvait donner lieu, de la part des sujets américains, à des réclamations légitimes. Le principe a été soutenu par le gouvernement français; la légitimité fondamentale des décrets de Berlin et de Milan est la base même du traité.

Bien loin donc qu'on ait fait aux État-Unis une concession excessive, étrange, bien loin qu'on ait abandonné les principes de notre droit public, c'est le gouvernement des États-Unis qui a été contraint de renoncer à son principe, de le faire céder devant le nôtre.

Une fois ce point admis, que l'application irrégulière des décrets de Berlin et de Milan pouvait seule donner lieu à réclamation, il y avait là matière à liquidation ; il y avait lieu à rechercher dans quels cas ces décrets avaient été illégalement appliqués.

Ici la Chambre me permettra de négliger les questions de détail, et de ne prendre les faits que dans leur ensemble et dans leur résultat.

A diverses époques, des chiffres divers ont été proposés par les commissions françaises, ou indiqués par le gouvernement américain, comme éléments de la négociation. Je dis *indiqués*, car jamais, à aucune époque, le gouvernement américain n'a donné ni pensé à donner de véritables états de réclamations. Il est inexact de dire que le gouvernement a présenté des états tantôt de 20, tantôt de 30, tantôt de 40, tantôt de 70, tantôt de 90 millions. Le gouvernement américain n'a jamais présenté d'états proprement dits. Dans la généralité de ses réclamations, dans la diversité des négociateurs qui en ont été chargés, différents chiffres ont été énoncés, soit dans des conversations particulières, soit dans des documents écrits; mais il n'y a jamais eu d'états réguliers produits. Ici encore, il y avait matière à transaction; on recherchait des renseignements; on formait des catégories de réclamations. Tous les gouvernements, tous les cabinets qui se sont succédé ont admis tantôt deux, tantôt trois catégories. En 1831, le gouvernement s'est arrêté à l'admission de quatre catégories ; il a examiné, d'après les renseignements qu'il avait entre les mains, et non d'après les renseignements américains, les résultats de ces catégories, et les a évalués à 25 millions.

On vous a parlé de diverses évaluations inférieures, faites par différentes commissions; mais toutes ces commissions, messieurs, et notamment M. le duc de Vicence, ont établi qu'elles n'avaient entre les mains que des documents incomplets, et que, probablement, si elles avaient des documents complets elles porteraient plus haut leur évaluation. Or, quand une fois on s'est arrêté à un certain nombre de catégories, et après avoir réuni tous les documents qui s'y rapportaient, on est arrivé à une somme de 24 à 25 millions; et quand on compare ce résultat avec les états que les Américains ont dressés eux-mêmes pour opérer la répartition entre leurs sujets, on trouve que les mêmes catégories s'éleveraient, d'après les documents américains, à 29 millions.

Mais ne vous y trompez pas, messieurs; ne prenez pas cela pour une liquidation. Il n'y a point eu, il n'a pu ni dû y avoir aucune liquidation de ce genre avant le traité. Nous avons éprouvé quels sont les dangers des liquidations, les dangers de principes posés d'une manière générale, et établissant des droits sans qu'on ait pu en apprécier les limites ; le négociateur de 1831 n'a eu garde d'entrer dans cette voie. Pour mon compte, je suis bien tenté de croire que, si on avait adopté certains principes généraux, établi certaines catégories, et ensuite admis à la liquidation toutes les réclamations particulières qui auraient pu se ranger dans ces catégories, on serait arrivé à une somme supérieure à celle de 25 millions. On n'a point voulu courir une telle chance ; là aussi, messieurs, il y a eu forfait, il y a eu transaction, et la base en a été puisée dans les documents recueillis par l'administration française elle-même.

Ainsi, messieurs, sur la question de droit, et dans tous les temps, il y a eu transaction, et c'est d'après les principes français et les documents français que la transaction a eu lieu.

Je crois que cela me dispense d'entrer dans l'examen particulier de telle ou telle catégorie. Aucune catégorie n'a été attaquée dans son principe par le noble duc lui-même ; il a rappelé quelques-unes des objections qui leur ont été adressées ; mais il n'a point soutenu que telle ou telle catégorie aurait dû être rejetée, que le principe des réclamations qui s'y rattachaient devait être repoussé. Les diverses catégories restent donc reconnues comme justes, et si on avait procédé par voie de liquidation, probablement le chiffre se serait élevé au-dessus des 25 millions admis à forfait et par transaction.

J'arrive à la deuxième question, à la question d'intérêt. L'intérêt national commandait-il une transaction pareille ? Je soutiens l'affirmative, et je demande à parler d'abord de notre intérêt politique ; il a bien fallu en tenir grand compte.

De telles affaires, messieurs, ne se règlent pas comme des affaires privées, et isolément. Les considérations politiques sont d'un poids immense ; or, il est impossible de méconnaître que l'alliance des États-Unis est fort importante pour la France, dans toutes les hypothèses, et quel que soit le système de politique européenne dans lequel la France se trouve engagée.

Sans doute, messieurs, cette considération a influé sur la conclusion du traité ; elle devait surtout agir sur un gouvernement nouveau qui, par sa nature et ses principes, avait plus d'un lien avec le gouvernement des États-Unis, et qui, au moment même où il s'établissait, voyait, sinon se briser, du moins se dissoudre ce grand lien de l'unité européenne, qui avait fait la loi de la politique pendant la Restauration.

Eh bien ! dans une telle situation, il importait au gouvernement français de s'assurer des alliés, des amis ; et de même qu'il mettait à l'alliance anglaise une importance prépondérante, de même il devait attacher une grande valeur à l'alliance américaine.

Il n'y a rien là, messieurs, qui ne puisse, qui ne doive être hautement avoué, rien qui n'ait pu très-légitimement influer sur la conclusion du traité, et rendre très-légitimement le gouvernement français plus facile, plus bienveillant dans une telle négociation.

Après l'intérêt de politique générale, un autre intérêt, celui de la neutralité maritime, a été pris en grande considération. En principe, messieurs, tout le monde reconnaît les droits des neutres ; tout le monde désire leur maintien ; mais quand on en vient à l'application, tout le monde en fait bon marché ; je dis tout le monde, du moins tous les forts ; car le droit des neutres, c'est le droit des faibles. Savez-vous ce qu'on leur demande alors, ce que demandait tout à l'heure le noble duc ? On leur demande d'être forts, de faire la guerre pour faire respecter leur neutralité, c'est-à-dire de cesser d'être neutres.

Mais, messieurs, pensez-y ; il est naturel, il est inévitable que les neutres se refusent très-longtemps à faire la guerre, même pour se faire respecter ; il est inévitable qu'ils fassent toutes les concessions possibles pour rester en paix et conserver les avantages, les profits de leur neutralité. On s'indigne de ce mot profit ; on s'élève contre ce qu'on appelle l'égoïsme du commerce. Mais, messieurs, n'est-ce pas de commerce et de profits qu'il s'agit dans la question qui vous occupe? n'est-ce pas pour faire des profits que les neutres gardent la neutralité? Il faut bien se résigner à appeler par leur nom les faits dont il s'agit; il faut bien aussi se résigner à ce que les neutres ne soient pas d'une énergie passionnée ; c'est leur condition naturelle, leur impérieuse nécessité. Les Américains n'ont pas été autres, ne se sont pas conduits autrement que n'ont fait les Hollandais à d'autres époques.

Dans la situation actuelle de l'Europe, la Hollande ayant péri ou à peu près comme grande puissance commerciale, l'Amérique a été appelée à la remplacer, et il a toujours été, il est toujours de l'intérêt de la France de maintenir, de défendre la neutralité américaine.

Je demande pardon à la Chambre si j'interromps un moment la discussion ; il me revient à la pensée une assertion du noble duc à laquelle je voudrais répondre sur-le-champ. Il a paru croire que, dans le cours de cette longue lutte de l'Empire contre l'Angleterre, les Américains s'étaient soumis à toutes les vexations, à toutes les avanies des Anglais. Le noble duc est dans l'erreur; la conduite des Anglais a été le sujet de réclamations, de discussions continuelles dans le congrès américain. Les États-Unis, avant d'en venir à déclarer la guerre à l'Angleterre, ont pris beaucoup de mesures, rendu beaucoup de décrets pour l'obliger à respecter leur neutralité; ils ont lutté autant qu'ils l'ont pu. Lorsque, par exemple, le congrès a rendu un décret pour donner aux marins américains le droit de tuer tout matelot anglais qui viendrait les saisir, et qu'une récompense a été promise à tous ceux qui auraient, dans ce cas, tué un Anglais, certes, ce n'étaient pas là des mesures pacifiques, ce n'était pas là une lâche complaisance envers l'Angleterre.

Les Américains ont employé tous les moyens en leur pouvoir pour faire respecter les droits des neutres, et je suis très-porté à penser que, sans les décrets de Berlin et de Milan, ils auraient déclaré la guerre beaucoup plus vite.

Tous ces faits, messieurs, sont loin aujourd'hui, bien loin de nous ; mais il n'en est pas moins aujourd'hui d'un bon exemple, dans l'intérêt maritime du monde entier comme de la France, que le droit des neutres reçoive une nouvelle consécration ; il est d'un bon exemple qu'on sache que la violation des droits des neutres a de graves inconvénients, et qu'on peut être obligé enfin de leur accorder quelque compensation. Et cet exemple, messieurs, la France le donnera dans son propre intérêt, car elle est fortement intéressée au respect du droit des neutres ; elle le donnera dans les limites de sa propre législation, sans porter atteinte en principe à ces décrets de Berlin et de Milan dont la légitimité a été cependant si contestée.

Si de l'intérêt maritime je passe à l'intérêt commercial, je crois que les résultats de la discussion ne seront pas moins évidents. Le noble duc a attaché une grande importance à l'article 8 du traité de la cession de la Louisiane, et aux avantages qu'il pouvait offrir à la France. Il est difficile de contester des perspectives aussi indéfinies que celles qu'a ouvertes le noble duc, de les évaluer en chiffres, de prouver que telle ou telle réduction du droit sur nos vins équivaut ou n'équivaut pas aux avantages de l'art. 8. Mais je prierai le noble duc de remarquer une erreur fondamentale dans laquelle il est, je crois, tombé. Il a paru considérer l'art. 8 comme important pour la France, surtout en ce qu'il établissait la concurrence entre les commerces français et anglais dans les ports de la Louisiane. Une telle concurrence n'aurait pu avoir lieu, et il n'en pourrait être ici question. Il ne s'agissait point, en effet, dans l'art. 8, du commerce en général ; il s'agissait uniquement du transport des denrées françaises sur bâtiments français, dans les ports de la Louisiane. Il n'y avait là occasion à aucune concurrence avec le commerce anglais.

Je ne me hasarderai pas à évaluer la portée de la réduction du droit sur nos vins ; mais je n'hésite pas à affirmer que l'importance qu'on attache à l'art. 8 du traité de la Louisiane est exagérée, et provient surtout d'une fausse appréciation du sens même de cet article, qu'on croit applicable au commerce français en général, tandis qu'il ne s'applique qu'aux marchandises françaises transportées à la Louisiane par des vaisseaux français.

Sous le rapport donc de l'intérêt commercial, comme de l'intérêt politique, le traité est conçu dans les vrais intérêts de la France.

Reste une dernière question, la question politique, constitutionnelle, la question de conduite du gouvernement dans le cours de la négociation. Je n'abuserai pas longtemps, sous ce rapport, des moments de la Chambre.

J'ai, avant tout, une observation générale à lui soumettre. En fait de dignité, le gouvernement actuel n'a rien à réparer, rien à établir; il n'y a rien, ni dans son origine, ni dans sa situation, ni dans sa cause, qui compromette le moins du monde la dignité nationale; né, au contraire, de l'élan national, il est, dans tous ses sentiments, dans tous ses intérêts, conforme à l'intérêt, au sentiment national; il n'a point de preuves à faire : son existence seule est la preuve la plus forte, le gage le plus éclatant de l'indépendance et de la dignité de la France. Que le gouvernement de Juillet se montre et se nomme, cela suffit ; son apparition sur la scène du monde, son attitude en Europe, sa durée en France, voilà de quoi satisfaire l'honneur et l'orgueil français. La France, en fondant librement ce gouvernement, lui a donné le droit d'être aussi modéré, aussi modeste qu'il lui conviendra. Si jamais gouvernement a été maître de se montrer en toute occasion équitable, prudent, de ne pas s'engager dans des entreprises insensées ou seulement douteuses, c'est le gouvernement de Juillet; il n'a, je le répète, point de preuves à faire; il les a faites dans son berceau; il est né par un acte glorieux d'indépendance nationale; il est parfaitement libre; il peut se confier dans sa dignité naturelle. (*Marques d'adhésion.*)

Qu'a-t-il été fait, messieurs, de contraire à cette noble origine, à cette noble situation de notre gouvernement? Des réclamations lui étaient adressées ; elles ont paru justes dans une certaine mesure. On a transigé sur ces réclamations, dans les limites indiquées par les documents nationaux.

Mais le traité une fois conclu, on ne l'a pas présenté tout de suite à la sanction des Chambres.

Une circonstance, j'en conviens, a empêché que le traité ne fût soumis aux Chambres aussitôt après sa ratification ; c'est le choléra qui est venu, en avril 1832, mettre subitement fin à la session et à tous ses travaux.

Lorsque le cabinet auquel j'ai l'honneur d'appartenir se forma le 11 octobre 1832, le traité ne fut pas présenté immédiatement ; mais ce fut à dessein, messieurs, et parce que nous désirions sincèrement qu'il fût adopté ; nous ne voulions pas le soumettre à la discussion des Chambres pour lui faire courir des risques presque insurmontables alors, et l'événement n'a que trop justifié notre prévoyance. Nous avions trouvé, en entrant aux affaires, deux traités, l'emprunt grec et le traité américain. Nous avons présenté d'abord et fait adopter l'emprunt grec. Si le traité américain eût été présenté en même temps, il l'eût été à peu près sans chances de succès. Nous ne voulions pas, messieurs, remplir une simple formalité et pouvoir dire que nous avions présenté le traité promptement. Les hommes qui ont l'honneur de tenir entre leurs mains les affaires de leur pays sont obligés de se conduire plus sérieusement ; il ne s'agit pas pour eux de satisfaire à telle ou telle apparence ; il faut aller au fond des choses ; il faut réussir ; il faut faire effectivement prévaloir ce qu'on entreprend : c'est là le motif qui, dans la session de 1833, empêcha la présentation immédiate du traité.

Dans la session suivante, il fut rejeté malgré nos efforts. Ce rejet entraîna la retraite du ministre des affaires étrangères. Certes, messieurs, il était impossible d'attacher plus d'importance à la question, de la traiter avec plus de dignité. Le cabinet prit immédiatement, avec le cabinet des États-Unis, l'engagement de représenter ce traité à la session suivante. A l'ouverture de cette session, est arrivé le message du président Jackson ; je serai peut-être, en parlant des formes de ce message, moins âpre qu'on ne l'a été quelquefois ; je crois, messieurs, que c'est un devoir, quand on parle d'un gouvernement étranger, de ne pas suivre soi-même l'exemple dont on se plaint.

Le message du président choqua, et avec raison, le sentiment national. Qu'avions-nous à faire ? A Paris, le message trouvait le gouvernement convaincu que le traité était dans l'intérêt de la France, et engagé, par sa parole, à insister pour son adoption. A Washington, le message avait laissé les esprits divisés ; c'était l'acte du président Jackson seul. Une forte opposition, non-seulement dans le public, mais dans les Chambres américaines, s'était manifestée ; le Sénat en particulier désapprouvait hautement le président.

Nous n'avions que deux partis à prendre : on pouvait ajourner l'affaire, en disant : « Le message nous a placés dans une situation nouvelle ; nous ne devons plus d'égards au gouvernement américain ; nous attendrons des réparations. » Mais cette mesure avait un triple inconvénient ; d'une part elle devait inspirer des doutes, je ne veux pas dire légitimes, sur notre sincérité dans les engagements que nous avions pris ; elle donnait une apparence de raison à quelques paroles du président Jackson ; elle affaiblissait donc inévitablement, aux États-Unis, l'opinion qui s'était élevée contre le message, et ralliait au président la partie du congrès et du public qui l'avait blâmé. Enfin, elle avait en France l'inconvénient de prolonger indéfiniment cette affaire, et de tenir en suspens tous les intérêts commerciaux et politiques qui s'y rattachent.

Ces trois inconvénients étaient assez graves pour que, convaincus comme nous l'étions que le traité devait être adopté, nous n'hésitassions pas à tenir, malgré notre ressentiment de l'offense, les engagements que nous avions pris : la preuve la plus éclatante que nous avions ressenti l'offense, le rappel du ministre du roi à Washington, cet acte qui, dans les relations diplomatiques, précède souvent de bien peu une déclaration de guerre, a été ordonné ; et en même temps le traité a été présenté, discuté et adopté, avec cet amendement qui couvre pleinement la dignité de la France. Qu'est-il résulté de cette conduite, messieurs ? La division qui s'était manifestée aux États-Unis s'est maintenue. La même modération qui a présidé à notre conduite a éclaté dans le congrès américain. Le langage tenu à notre égard dans les deux Chambres a été très-différent de celui du président. Malgré les embarras qui s'attachent à l'amendement inséré dans la loi, les deux nations restent dans des termes où rien ne les empêche de se rapprocher. Nous avons porté remède au mal, en sauvant pleinement l'honneur de la France et de son gouvernement.

Je crois que la question de dignité ainsi réduite à ses véritables termes, on peut dire que jamais affaire n'a été conduite avec plus de probité politique, plus de persévérance, d'esprit de suite, et avec plus de soin de la dignité du pays.

Reste à savoir si les prérogatives constitutionnelles des Chambres ont été méconnues ; c'est le dernier point sur lequel j'aie à vous présenter quelques observations.

Je pourrais m'en référer sur ce point aux paroles de votre honorable rapporteur. La question m'y paraît traitée avec une lucidité et une vérité rigoureuses. Sans nul doute, le droit de conclure des traités appartient à la couronne ; il lui appartient, non-seulement aux termes de la Charte, mais aux termes de la raison, car il est impossible de conduire des négociations et d'arriver à la conclusion d'un traité sans cette liberté de mouvement qui n'appartient qu'à l'unité du pouvoir.

Mais tout traité qui contient une clause quelconque pour laquelle le concours des Chambres est nécessaire est soumis de droit, non pas à la sanction, ce n'est pas là le mot propre, mais à la discussion et au vote des Chambres.

La question ainsi posée, le seul reproche qu'on puisse adresser au traité de 1831, c'est que cette condition n'y a pas été textuellement énoncée. Le noble duc m'a paru ignorer qu'il en était ainsi dans la plupart des États constitutionnels, et qu'en Angleterre, par exemple, dans tous les traités de la nature de celui dont nous nous occupons, et dans lesquels il n'y a point d'emprunt contracté, il n'est nullement d'usage d'insérer la clause du vote des Chambres, qui est de droit. Dans le traité relatif à l'emprunt grec, cette insertion a eu lieu ; on a dit positivement qu'il serait soumis à l'acceptation des Chambres. Pour le traité américain, on a suivi la forme usitée en Angleterre ; mais on a été si loin de compromettre en quoi que ce soit les droits des Chambres que M. le ministre des affaires étrangères leur a non-seulement présenté le traité, mais que, dans sa correspondance avec le gouvernement des États-Unis, il a constamment maintenu en principe le droit des Chambres, la nécessité de leur soumettre le traité, et l'impossibilité pour le gouvernement de l'exécuter avant qu'il eût été adopté par elles.

En fait donc, le principe a été hautement avoué et rigoureusement respecté dans les rapports du gouvernement avec les Chambres. Le reproche se réduit donc à ce que la clause n'est pas textuellement insérée dans les termes mêmes du traité, et la réponse se réduit à dire que telle est la pratique usitée dans la plupart des États constitutionnels, notamment en Angleterre. Peut-être vaudrait-il mieux faire autrement ; peut-être vaudrait-il mieux que, lorsqu'il y a une clause qui exige le concours des Chambres, la nécessité de ce concours fût toujours exprimée. Je n'y vois, pour mon compte, aucune objection.

Vous le voyez, messieurs, sous quelque point de vue que l'on considère la question, le gouvernement n'a rien à se reprocher. Nous avons soigneusement respecté les droits américains, ménagé les intérêts français, soigné les prérogatives constitutionnelles des Chambres, la dignité du pays, et nous l'avons fait dans un traité dont nous n'étions pas les premiers auteurs, dont, par conséquent, nous n'avions pas la responsabilité directe et immédiate. C'est que nous avions la conviction profonde que le traité était juste en soi, utile à la France, et qu'il importait à l'honneur comme à l'intérêt du pays qu'il fût adopté par les Chambres et reçût sa complète exécution. Tels ont été, messieurs, les motifs de notre conduite; nous espérons qu'ils recevront votre approbation. (*Très-bien! très-bien!*)

LXXIII

— Chambre des députés. — Séance du 17 août 1835. —

L'un des projets de loi présentés par le gouvernement à la Chambre des députés, le 4 août 1835, après l'attentat de Fieschi, était relatif au mode de procéder du jury en matière criminelle. Le rapport en fut fait, le 11 août, par M. Parant, député de la Moselle. La discussion dura du 14 au 20 août, et le projet de loi fut adopté par 224 voix contre 149. Je pris la parole les 17 et 20 août, en réponse à MM. Arago, Roger du Loiret et Gauguier.

M. GUIZOT, *ministre de l'instruction publique.*—Messieurs, c'est sur la position de la question et l'ordre de la délibération que j'ai quelques mots à dire à la Chambre. Tout le monde ici a l'intention de voter en parfaite connaissance de cause. Il est donc indispensable de bien établir où nous en sommes.

Il y a trois systèmes en présence, comme le disait tout à l'heure votre honorable président : le système de la majorité de huit contre quatre, le système de la majorité de sept contre cinq, et le système de cette même majorité de sept contre cinq avec l'adjonction de la cour. Quand nous avons proposé le système de la majorité de sept contre cinq, nous avons pensé que, dans l'état actuel des esprits et des faits, ce système offrait à l'ordre social d'une part, à l'accusé de l'autre, des garanties suffisantes, et qu'en même temps il conservait à l'institution du jury toute son énergie. C'est encore, je dois le dire, l'opinion du gouvernement. Un assez grand nombre de personnes paraissent croire que l'adjonction de la cour à la majorité de sept contre cinq donne une garantie de plus à l'accusé. Nous ne croyons pas, pour notre compte, que cette garantie soit nécessaire..... Si la Chambre me permettait de rentrer dans la discussion..... (Oui! oui! Parlez! parlez!) j'essayerais de le montrer en posant la question fondamentale de la manière la plus simple. Je n'ai pas l'intention de combattre les divers arguments présentés contre tel ou tel système.

M. Thil.—Combattez-les, au contraire, cela nous éclairera.

M. le ministre de l'instruction publique.—Je répète que je n'ai pas l'intention de les combattre; je ne veux toucher qu'au nœud de la question.

Messieurs, je trouve quelque chose d'étrange à nous entendre reprocher ici l'instabilité de nos lois. Mais, en vérité, à qui ce reproche s'adresse-t-il? Est-ce à nous, gouvernement? Mais nous ne sommes pour rien dans l'instabilité dont on nous accuse. Est-ce nous, est-ce le gouvernement, sont-ce ses amis, ses partisans qui ont amené les faits, les désordres desquels cette instabilité provient? Permettez-moi de vous le dire : s'il n'y avait que nous, que nos amis, ou plutôt s'il n'y avait que des hommes animés des mêmes sentiments que nous, la France pourrait jouir sans trouble, sans instabilité, de toutes les libertés qu'elle peut posséder..... (*Vive interruption à gauche.*).

M. Laffitte.—Votre France n'est pas la nôtre; c'est celle de 1815.

M. le ministre de l'instruction publique.—Je prie les honorables membres qui m'interrompent de me laisser continuer; je n'accepte pas une discussion qui se passe en colloques et en conversations continuelles.....

M. Arago.—Je suis bien aise que vous le reconnaissiez.....

M. le ministre de l'instruction publique.—Je n'interromps jamais.

M. Arago.—Je ne vous accuse pas d'interrompre, mais je suis bien aise que vous reconnaissiez cela.

M. le ministre de l'instruction publique.—Je n'ai jamais fait à cette tribune l'apologie des interruptions. Il est dans mes habitudes de respecter complétement la liberté de ceux qui parlent, et d'user complétement de la mienne..... (*C'est vrai! c'est vrai!*)

M. le président.—Tout le monde a eu des torts.

M. le ministre de l'instruction publique. — Je prie M. le président de ne pas me comprendre dans ces mots : *tout le monde.* (*On rit.*)

Je reprends, messieurs, et je dis que si, hors de cette enceinte, il n'y avait, pour se mêler des affaires de la France, que des hommes animés des mêmes sentiments que nous, les libertés de la France, quelque étendues qu'elles soient, ne seraient jamais en question. Ce n'est pas nous, messieurs, ce sont les hommes qui font de ces libertés des instruments de désordre, des causes d'affaiblissement pour la sécurité des citoyens, ce sont ceux-là qu'il faut venir accuser de l'instabilité des lois, et non pas nous qui sommes chargés de porter remède aux maux qui éclatent, non pas nous qui sommes chargés de réprimer les désordres, et qui ne pouvons pas, sous notre responsabilité, accepter l'insuffisance des lois quand elle est évidente.

La question, la vraie question se réduit donc à ceci : Dans l'état actuel des faits, dans l'état actuel des esprits, avec les tentatives chaque jour renouvelées qui menacent l'ordre social, qui attaquent publiquement, ouvertement, patemment, en s'en faisant gloire, l'ordre établi, dans un pareil état des esprits et des faits, les garanties judiciaires de l'ordre social, les garanties de la stabilité, les garanties de la sécurité de tous sont-elles suffisantes, particulièrement en ce qui concerne le jury ?

C'est là l'unique question. Eh bien ! il est vrai qu'en 1831, quand on a fait la loi du 4 mars, tout le monde a pensé, et moi comme les autres, tout le monde a pensé que le pays était assez tranquille, l'ordre assez fort pour qu'on pût donner à l'accusé, dans les procès criminels, la garantie d'une voix de plus. Cela est vrai, nous l'avons pensé; les Chambres et le roi l'ont ainsi décidé le 4 mars 1831 ; mais aujourd'hui, après tout ce qui est survenu... Messieurs, je ne veux accuser personne, je ne veux rappeler aucun fait particulier; mais, en vérité, je pourrais me borner, comme le faisait tout à l'heure l'honorable M. Hébert, à faire un appel à l'expérience et à la conscience de tout le monde. N'est-il pas vrai qu'il s'est élevé en France un cri, je ne veux pas dire, je ne dis pas universel, mais un cri très-répandu, un cri mille fois répété, sur la faiblesse d'un grand nombre de décisions en matière criminelle. (*Interruption à gauche.*)

Messieurs, vous êtes parfaitement les maîtres de penser que l'on a eu tort, que cette plainte est mal fondée ; mais je dis qu'en effet la plainte s'est élevée, et il y a sur les bancs de cette Chambre assez d'hommes qui l'ont entendue pour que je ne craigne pas d'être démenti dans mon assertion.

Nous sommes donc aujourd'hui en présence de faits différents, et sous l'empire d'impressions différentes de ce qui était en 1831.

On nous reproche de faire des lois sous l'empire de ces impressions ; on dit que nous voulons exploiter les circonstances, que nous profitons d'événements déplorables pour enlever au pays, lambeaux par lambeaux, toutes ses libertés. (*A gauche.* Oui ! Oui !) Messieurs, je vous dirai toute ma pensée ; ce n'est pas hier pour la première fois que nous avons pensé que des mesures analogues à celles que nous vous avons présentées pourraient devenir nécessaires ; ce n'est pas d'aujourd'hui que j'en ai, pour mon compte, entrevu la convenance et l'utilité. Mais c'est le droit et l'honneur des pays libres de ne recevoir des lois que lorsque tout le monde, la majorité s'entend, est convaincu de leur nécessité ; il y a là un mal sans doute, mais un mal inévitable, et qui est infiniment surpassé par le bien de la liberté. Oui, c'est le droit des pays libres que la nécessité ne soit pas prévenue par la sagesse même des gouvernements ; c'est le droit des pays libres que la sagesse du pays ait parlé.

Eh bien ! c'est vrai, nous avons attendu ; il nous est souvent arrivé, et il nous arrivera souvent d'attendre que la nécessité soit venue, évidemment venue. Il y aura, sachez-le bien, dans le cours de votre vie politique, dans le cours de la vie politique du pays, il y aura souvent des lois qui viendront trop tard, des lois dont l'absence aura quelque temps laissé souffrir la société. Résignez-vous à cela ; soyez-en fiers. C'est, je le répète, votre droit, votre privilége, le privilége attaché à notre qualité de pays libre. Mais quand les événements ont éclaté, quand la nécessité a parlé, quand du moins elle a apparu à un grand nombre d'esprits, et qu'elle est devenue matière de discussion publique, quand tout le monde en parle, au spectacle, dans les rues, dans l'intérieur du foyer domestique, quand tout le monde élève les questions que nous traitons ici nous-mêmes, quand tout le monde parle du jury, du mode de procédure, de la presse, vous voudriez que le gouvernement restât inactif ? que quand la France crie, les pouvoirs publics gardassent le silence ? Vous appelez cela exploiter les circonstances, profiter des événements ? Messieurs, c'est notre premier devoir, comme gouvernement, d'agir ainsi ; nous serions impardonnables si, quand tout le monde élève la voix, nous nous taisions ; si nous ne faisions rien quand tout le monde attend notre action, si nous ne profitions pas, oui, si nous ne profitions pas,

dans l'intérêt du pays, de l'évidence de la nécessité ; faibles et inertes à ce point, nous serions indignes de paraître devant vous, indignes de prendre part aux affaires du pays.....
(*Marques d'assentiment.*)

Eh bien! il nous a paru qu'en de telles circonstances, après tout ce qui s'était passé, la loi du 4 mars 1831 n'avait pas tous les avantages que nous en avions attendus, et qu'elle avait, dans l'état actuel des faits, des inconvénients graves. Elle a fait deux choses : elle a supprimé l'intervention des cours, elle a restitué le jugement des causes criminelles, dans sa plénitude, au jury seul. C'était déjà un grand pas vers la complète indépendance, vers le développement entier de l'institution du jury. La loi en a fait un second ; elle a donné à l'accusé, aux garanties individuelles, une voix de plus.

Nous ne pensons pas, messieurs qu'il y ait..... Pardon, si je m'arrête ; j'ai besoin d'exprimer avec précision mon idée. Non, messieurs, il n'y a, quant à ce point, quant au nombre de voix nécessaires pour la condamnation, rien d'absolu, aucun principe impérieux, et que la raison soit obligée d'adopter. S'il y avait une règle simple, évidente, ce serait celle de la majorité, car c'est la règle générale qui s'applique à la décision de toutes choses dans la société. Pour le cas dont il s'agit, on ne s'en est pas tenu à la majorité ; on a cherché un autre chiffre, dix contre deux, neuf contre trois, huit contre quatre ; en un mot, on est entré dans la carrière des solutions arbitraires. Je ne nie pas qu'on n'y soit entré à bonne intention, je dis seulement qu'il n'y a là aucun principe absolu, que, quand on a pris le chiffre de huit contre quatre, il n'a pas été dit, par cela même, que c'était un chiffre irrévocablement vrai, irrévocablement juste, irrévocablement nécessaire, le seul auquel les lois pussent s'arrêter. Cela est si vrai qu'on en avait proposé plusieurs autres ; le premier chiffre adopté dans cette Chambre était de neuf contre trois, la Chambre des pairs en a jugé autrement, elle a adopté le chiffre de huit contre quatre ; la Chambre des députés l'a adopté, à son tour, quoiqu'elle en eût d'abord jugé autrement. Est-ce à dire qu'elle ait cru que les jugements allaient être entachés d'iniquité, que beaucoup d'accusés allaient être injustement condamnés? Non, messieurs, la Chambre a pensé qu'il y avait là matière à incertitude, à discussion, et elle a adopté le chiffre de huit contre quatre comme un élément de décision juste, de même qu'elle avait primitivement adopté celui de neuf contre trois.

Vous voyez donc bien qu'il n'y a là rien d'absolu ; on peut discuter ; le chiffre peut varier selon les divers états de la société, les diverses circonstances ; il y a tel moment où l'ordre public n'exige pas des garanties tellement fortes qu'on doive surtout s'en préoccuper. On peut dire alors, comme en 1831 : il n'y a pas d'inconvénient, il y a même de l'avantage, à donner aux accusés des garanties de plus ; nous verrons bien si elles sont d'accord avec les nécessités de l'état social, si l'ordre public, si la bonne administration de la justice n'ont pas à en souffrir.

Eh bien! messieurs, après tout ce qui s'est passé depuis 1831, il nous paraît que l'ordre social n'a pas toutes les garanties dont il a besoin ; il nous paraît que la bonne administration de la justice est en souffrance. Ne vous en étonnez pas ; il ne suffit pas que l'ordre ait des garanties, il faut qu'on y croie ; il ne suffit pas que la justice soit forte, il faut qu'on croie qu'elle est forte ; en pareille matière, l'opinion que l'on se forme de la force de la justice fait sa force réelle. Or, je n'hésite pas à dire qu'il y a dans les esprits un sentiment général que la justice est faible, que les garanties ne sont pas suffisantes. Et permettez-moi de le dire, les discussions que nous soutenons à cette tribune sont un peu puériles. Quand il serait vrai, absolument parlant, que le chiffre de huit contre quatre ne fût pas essentiellement contraire à la bonne administration de la justice, si le pays en pensait autrement, si son opinion était telle que ce chiffre amenât un réel et grand affaiblissement de la justice, si le public ne se croyait pas protégé, si la majorité nationale, cette majorité qui a nommé la Chambre, qui pense comme la Chambre, dont nous vous regardons comme les véritables organes, les interprètes fidèles, si cette majorité était convaincue que la justice est énervée, que l'ordre public est chancelant, tous vos raisonnements, toutes vos distinctions, toutes vos théories, passez-moi l'expression, seraient vaines; car elles ne rendraient pas à la justice la force, ni au pays la sécurité dont ils ont besoin. Vous auriez beau décider que huit contre quatre sont suffisants; vous ne changeriez pas l'état des faits, vous ne feriez pas que la France crût à la force de la justice, ni que la masse des citoyens, la majorité nationale, se crût suffisamment garantie. Ce n'est pas par des paroles qu'on change de pareils faits, il y faut des réalités; il faut une justice plus forte, une protection plus efficace.

Sans doute, s'il était vrai que la majorité de sept contre cinq fût un vrai péril pour les innocents, qu'elle eût pour résultat certain un grand nombre de condamnations d'innocents, nous serions les premiers à repousser avec aversion un pareil résultat, mais cela n'est pas..... (*Bruit à gauche.*) Cela n'est pas, je répète que cela n'est pas. Ce qui est certain, c'est qu'avec une majorité de huit contre quatre, un plus grand nombre de coupables seront acquittés; mais il n'en résulte pas nécessairement qu'avec celle de sept contre cinq, un plus grand nombre d'innocents seront condamnés. Il n'en résulte pas nécessairement......... (*Nouvelle interruption*) il n'en résulte pas nécessairement, je le répète, qu'un plus grand nombre d'innocents seront condamnés. (*Bruit.*)

M. *le président*. — J'invite la Chambre au silence.

M. *le ministre de l'instruction publique*. — Non, messieurs, la majorité de sept contre cinq n'est pas une garantie essentiellement insuffisante. Dans tous les pays, et je crois que la discussion l'a mis en évidence, dans tous les pays la majorité de deux voix a suffi pour la condamnation. On a déjà dit, et je répète qu'en Angleterre l'unanimité n'est au fond que la majorité; car, dans le plus grand nombre des cas, la minorité se soumet purement et simplement à l'avis de la majorité.

Vous n'avez donc jamais vu comment un jury se décide en Angleterre? Il se décide avec une rapidité extrême, infiniment plus grande que celle de nos juges à nous. Très-souvent, les jurés anglais ne se retirent même pas dans la salle des délibérations; le plus souvent on recueille immédiatement les voix, et la décision est presque aussitôt formée ; car l'opinion de la majorité évidente entraîne, dans une foule de cas, l'unanimité.

Messieurs, en votre qualité de législateurs et d'hommes qui se mêlent des affaires du pays, vous êtes obligés de peser les circonstances, de comprendre les nécessités diverses de la situation ; vous êtes obligés de tenir compte de tout, de fortifier aujourd'hui les garanties de l'ordre social ; vous serez obligés de fortifier peut-être un jour les garanties des libertés individuelles; le gouvernement n'est pas autre chose que cette alternative perpétuelle qui fait que la raison publique, que la force publique se portent vers le côté menacé. Et nous sommes nous-mêmes, messieurs, la preuve vivante de ce grand fait.

Tout à l'heure l'un des préopinants nous parlait de ce que nous avons dit, de ce que nous avons pensé, de ce que nous avons fait, il y a quelques années, sous un autre gouvernement.

Oui, messieurs, et, pour mon compte, je m'en honore, et mes amis certainement pensent comme moi ; oui, toutes les fois que nous avons vu les libertés publiques menacées, toutes les fois que nous avons vu un gouvernement à arrière-pensées, enclin à porter atteinte à nos institutions, nous avons travaillé à fortifier les garanties individuelles. Mais quand les choses ont changé, quand la France a obtenu, je ne dis seulement pas tout ce qu'elle avait demandé, mais fort au delà de ce qu'elle avait demandé... (*Murmures à gauche*) oui, messieurs, fort au delà de ce que vous demandiez vous-mêmes, lorsque la France a obtenu tout cela, et qu'au même moment nous avons vu l'ordre attaqué, le renversement du gouvernement posé en principe, poursuivi tous les matins, tous les jours, quand nous avons vu tout cela, alors, messieurs, avec franchise, avec fermeté, nous nous sommes portés à la défense de l'ordre, à la défense des garanties publiques, des garanties de la sécurité et de la paix de tous, et c'est là, je crois, la conduite obligée de tout gouvernement sensé et de tout bon citoyen. (*Vive approbation aux centres.*)

Je demande à la Chambre la permission d'ajouter un seul mot sur l'amendement de M. Hébert. Pour mon compte, je ne le regarde pas comme nécessaire ; je crois que le projet de loi du gouvernement contient des garanties suffisantes de liberté individuelle. Cependant (*On rit*)....., messieurs, il n'y a pas d'arrière-pensée dans ce que je dis ; je n'ai pas coutume d'atténuer ce que je pense, ni de masquer ce que je fais, et vous le voyez bien. (*Interruption.*)

Cependant si la Chambre voyait, si la majorité de la Chambre voyait, dans cet amendement, une garantie pour la sécurité de l'accusé, comme nous sommes certains qu'il n'affaiblit en rien les garanties de l'ordre public, comme nous sommes certains que l'intervention de la magistrature, qui peut-être, dans quelques cas, pourra être favorable à l'accusé, viendra, dans le plus grand nombre des cas, au secours de l'ordre public attaqué, nous ne faisons à cet amendement aucune objection pratique, politique ; nous ne le regardons pas comme entraînant aucun danger pour la société. Nous ne le jugeons pas nécessaire, je le répète ; mais si la Chambre croyait devoir l'adopter, le gouvernement y donnerait son adhésion. (*Mouvements divers.*)

M. Briqueville, *de sa place.*—Je demande à M. le ministre s'il regardait la rédaction des lois qui établissaient les cours prévôtales comme utile à la liberté. (*Rumeur au centre.*)

M. *le président.*—La parole est à M. Mauguin.

M. *le ministre de l'instruction publique.* — Je demande à répondre un mot.

Je ne crois pas devoir de réponse à l'interpellation de l'honorable membre, qui n'a aucun droit de me l'adresser ; cependant je lui dirai que je n'étais membre d'aucune Chambre à l'époque de la loi sur les cours prévôtales, et que j'ai été complétement étranger à cette loi, comme à beaucoup d'autres au sujet desquelles on s'est plu à prononcer mon nom. — Mais, encore une fois, dans l'intérêt de la liberté et du respect dû aux lois du pays, je ne crois pas devoir de plus ample réponse. (*Approbation aux centres.*)

LXXIV

— Chambre des députés. — Séance du 20 août 1835. —

En attaquant le projet de loi qui prononçait, contre certains crimes, la peine de la détention dans la déportation, M. Roger du Loiret s'éleva contre l'odieuse nature de cette peine, et il termina en s'écriant : « Grâce, messieurs, pour la civilisation et pour l'honneur de notre pays ! » Je lui répondis :

M. Guizot, *ministre de l'instruction publique.*—Permettez, messieurs, qu'avant d'entrer dans la discussion, je commence par écarter les prétextes, ou, si vous voulez, les motifs des paroles que vous venez d'entendre.

On a toujours supposé, en attaquant le projet de loi, qu'il s'agissait d'envoyer les condamnés sous un climat dévorant, de renouveler les hontes de Sinamary. Je voudrais bien savoir où l'on a trouvé cette disposition. Je voudrais bien savoir ce qui, dans le projet de loi, pourrait donner lieu à cette supposition. Est-ce qu'il n'y a, hors de France, point d'autres climats que des climats dévorants ? Est-ce que nous n'avons, est-ce que nous ne pouvons avoir des possessions que sous les tropiques ? Est-ce qu'il n'y a point de prisons aux États-Unis ? Est-ce qu'il n'est pas possible de trouver un lieu de déportation dans un climat sain, analogue au nôtre ? Est-ce qu'il n'est pas écrit dans votre code que le lieu de la déportation sera déterminé par une loi ? Est-ce que nous vous avons proposé de déroger à cette disposition ? Non, messieurs, nous ne vous avons proposé rien de semblable. Oui, le lieu de la déportation, le lieu de la détention en attendant la déportation, doit être déterminé par une loi : le code l'ordonne ; nous ne vous avons pas demandé d'abroger cette disposition. Non-seulement nous ne vous l'avons pas demandé ; mais, dans nos prévisions à cet égard, nous n'avons jamais pensé à envoyer les détenus dans les lieux dont on vous a parlé. Nous savons qu'il y a des climats où la liberté est la condition nécessaire de la vie ; nous n'avons pas besoin qu'on nous le rappelle à cette tribune. Mais nous savons aussi qu'il est très-possible d'organiser la détention sous un climat sain, avec un régime analogue à celui de notre pays, et qu'alors elle n'a aucune des conséquences dont on vous a parlé tout à l'heure et dont on voulait vous faire horreur. Nous repoussons, comme vous, ces conséquences ; et lorsque le lieu de déportation ou de détention, qui doit être déterminé par les lois, vous sera soumis, vous examinerez s'il réunit toutes les conditions de salubrité. Jusque-là, personne n'a le droit de nous dire que nous avons oublié, dans cette circonstance, les droits de la justice et de l'humanité.

M. Gauguier. — Si M. le ministre y a pensé, il pourrait nous indiquer le lieu de la déportation.

M. Guizot. — Je répondrai à l'honorable M. Gauguier que, relativement aux moyens d'exécution, nous y pensons, et qu'il faut y penser mûrement. Nos paroles, messieurs, ne sont pas si légères, soit lorsqu'il s'agit de proposer, soit lorsqu'il s'agit de prendre les mesures d'exécution.

J'aborde le fond de la question, tout à fait indépendant de la question préliminaire dont je viens de parler.

Messieurs, on oublie continuellement dans ce débat le but fondamental de toute peine, de toute législation pénale. Quel est-il? Ce n'est pas seulement de punir et de réprimer le condamné; il s'agit surtout de prévenir des crimes pareils. Il s'agit, non-seulement de mettre celui qui a commis le crime hors d'état de nuire de nouveau, mais d'empêcher que ceux qui seraient tentés de commettre des crimes semblables et de devenir coupables à leur tour ne se laissent aller à cette tentation.

L'intimidation préventive et générale, tel est le but principal, le but dominant des lois pénales; il faut, pour qu'il y ait utilité sociale dans les peines, qu'elles effrayent et contiennent le grand nombre; c'est là l'utilité générale, l'utilité permanente.

Et il faut bien, messieurs, que les peines aient cet effet, car il faut choisir dans ce monde entre l'intimidation des honnêtes gens et l'intimidation des malhonnêtes gens. (*Voix nombreuses* : C'est vrai !)

Il faut choisir entre la sécurité des brouillons et la sécurité des pères de famille. Il faut que les uns ou les autres aient peur dans ce monde; il faut que les uns ou les autres redoutent la société. Eh bien ! je vous le demande, messieurs, regardez, je vous prie, regardez à l'état actuel des faits, regardez à ce qui se passe en matière de crimes contre la société, contre l'ordre public. Est-il vrai qu'elle existe, cette intimidation préventive et générale qui est le but fondamental de toute législation? Est-il vrai que les brouillons, les destructeurs de l'ordre, les ennemis de la sécurité des honnêtes gens aient peur en France? (*Voix nombreuses* : Non ! non !)

Ils n'ont pas peur, messieurs, ils ne sont pas intimidés: le but de la législation pénale est manqué; votre loi pénale, en ceci du moins, est un mensonge. Et qu'on ne nous dise pas que nous invoquons ici la force matérielle d'une législation brutale; non, messieurs, c'est la force morale que nous invoquons, laissez-moi vous le rappeler ; il n'y a point de moralité, point de vraie moralité sans la crainte.

Voix de la gauche.—Vous voulez de la terreur, de la violence.

M. le ministre de l'instruction publique.—Non, messieurs, je ne veux point de violence ; mais, je le répète, dans la moralité, il y a de la crainte. (*Rumeurs à gauche.*) Vous me répondrez, messieurs, faites-moi l'honneur de commencer par m'écouter.

Il faut le sentiment profond, permanent, énergique.....

Voix à gauche.—La terreur!

M. le ministre de l'instruction publique.—Il faut le sentiment profond, permanent, énergique, d'un pouvoir supérieur, d'un pouvoir toujours capable d'atteindre et de punir. Pensez-y, messieurs; dans l'intérieur de la famille, dans l'intérieur de la société, dans les rapports de l'homme avec son Dieu, il y a de la crainte ; il y en a nécessairement, sans quoi il n'y a pas de véritable moralité. Qui ne craint rien bientôt ne respecte plus rien. La nature morale de l'homme a besoin d'être contenue par une puissance extérieure, de même que dans sa nature physique, son sang, toute son organisation ont besoin d'être contenus par l'air extérieur, par la pression atmosphérique qui pèse sur lui. Opérez le vide autour du corps de l'homme, à l'instant vous verrez son organisation se détruire ; elle ne sera plus contenue. Il en est de même de sa nature morale. (*Voix nombreuses :* Très-bien ! très-bien !) Il faut, messieurs, qu'un pouvoir constant, énergique, redoutable, veille sur l'homme et le contienne ; sans quoi vous livrez l'homme à toute l'intempérance, à toute la démence de l'égoïsme individuel. (*Sensation.*)

Regardez, messieurs, regardez ce qui se passe autour de vous, les faits dont vous êtes chaque jour témoins, et demandez-vous si cette crainte salutaire contient aujourd'hui les hommes qui pourraient être tentés par l'esprit de désordre. D'ordinaire, l'ordre, la puissance publique, n'ont affaire qu'à un genre d'ennemis, tantôt au fanatisme ardent et sombre, tantôt à la licence, au dérèglement des idées et des mœurs; aujourd'hui, vous avez affaire à ces deux maux, à ces deux ennemis à la fois; nous assistons à l'étrange alliance du fanatisme et du cynisme, de la licence des esprits, du dérèglement des mœurs et des passions sombres, farouches, haineuses. Cette alliance s'accomplit dans les mêmes personnes, dans les mêmes factions. Et en présence de ces dangers, vous ne sentiriez pas le besoin d'opposer, pour la société, pour vos familles, pour l'honneur de la dignité humaine, d'opposer une crainte juste et salutaire? vous ne sentiriez pas la nécessité de lutter avec les forces légales et morales; car je le répète, ce n'est pas une force matérielle, ce n'est pas une législation brutale, c'est la crainte légitime, c'est la crainte morale que doit inspirer la loi; c'est celle-là et celle-là seule que nous réclamons. (*Très-bien! très-bien!*)

M. BRIQUEVILLE.—Je demande la parole.

M. le ministre de l'instruction publique.—Je me résume, messieurs, et je dis que, dans le projet qui vous est soumis dans la pensée qui y est écrite, il n'y a rien, absolument rien, qui ne soit parfaitement conforme aux principes que j'ai eu l'honneur de développer ici.

Je répète qu'on ne peut parler de climat dévorant, de lieu insalubre. Vous ne savez pas quel sera le lieu, quel sera le climat; vous le saurez; vous en délibérerez. Vous avez raison sur ce point; il faut que le lieu soit sain, il faut que le régime soit sain. (*Interruption à gauche.*)

M. le ministre de l'intérieur.—La discussion est-elle libre ou ne l'est-elle pas?

M. le président.—J'invite la Chambre à garder le silence.

M. le ministre de l'instruction publique.—Il faut qu'aucun danger physique ne vienne déshonorer la peine; mais il faut que, comme peine morale, elle soit forte, efficace; il faut qu'une forte privation morale agisse sur les imaginations. Vous avez besoin, comme je l'ai dit, d'intimider les factieux; vous avez besoin d'une peine redoutée et redoutable. C'est cette peine que nous avons voulu écrire dans nos lois. Nous repoussons absolument les reproches qu'on lui a adressés. Non, ce n'est pas un danger physique, ce n'est pas une souffrance physique que nous recherchons ; c'est une peine puissante, mais essentiellement morale, qui inflige aux hommes condamnés à la subir une véritable douleur morale ; c'est celle-là qu'il importe d'éveiller dans les âmes, de faire agir sur les imaginations. Si vous ne savez pas employer ces légitimes et uniques moyens de gouvernement, si vous voulez que vos lois soient vaines, faites des lois vaines ; mais sachez que, le jour où les lois seront vaines, la société sera en grand danger. (*Mouvement prolongé d'assentiment.*)

LXXV

— Chambre des députés. — Séance du 28 août 1835. —

Le projet de loi sur la presse, suscité par l'attentat de Fieschi, avait été présenté le 4 août 1835. M. Sauzet en fit le rapport, le 18 août, au nom de la commission chargée de l'examiner. La discussion dura du 21 au 29 août et fut aussi violente que longue. Je pris la parole, le 28 août, pour répondre, en les résumant, aux diverses attaques dont le projet de loi et la politique du cabinet avaient été l'objet. Le projet de loi fut adopté, le 29 août, par 226 voix contre 153. Les trois lois furent promulguées le 9 septembre. J'en ai déterminé dans mes *Mémoires* le vrai caractère [1].

M. Guizot, *ministre de l'instruction publique.* — Messieurs, je ne veux pas rentrer dans les discussions qui ont occupé

[1] T. III, p. 310-317.

la Chambre ces jours derniers. Je ne veux pas traiter la question particulière qui l'occupe en ce moment, mais je ne puis laisser passer sans réponse les paroles que vous venez d'entendre. Personne ne rend plus de justice que moi à la bonne foi, à la conviction consciencieuse de l'honorable préopinant. Mais je réclame pour moi, comme pour tous mes collègues, la même justice. Comment, messieurs, c'est l'intérêt de la Charte, c'est la défense de la Charte qui nous a appelés à cette tribune, qui nous a fait porter dans cette Chambre les lois que nous avons eu l'honneur de lui présenter; c'est la Charte, de tous côtés attaquée par les factions; la Charte, insultée comme vaine, comme bâclée dans un moment, sans réflexion, comme ne liant personne ; la Charte mise en péril, je le répète, tous les jours ; c'est la nécessité de la défendre qui commande notre conduite, nos paroles : et on nous accuse de détruire la Charte, que nous travaillons à sauver !

Messieurs, nous vous l'avons dit dès le premier moment; nous n'avons présenté ces lois que pour faire rentrer tout le monde, toutes les factions, dans la Charte, pour faire de la Charte la loi de la France, une loi réelle et puissante, au lieu d'une loi méconnue, violée depuis trois ans. (*Très-bien! très-bien!*) C'est par ce motif seul que nous avons présenté ces lois, et l'on vient nous dire que nous violons la Charte, que nous détruisons la Charte, nous qui, je le répète...... (*Interruptions...... Interpellations diverses......*)

M. ODILON BARROT.—Vous la violez dans ses dispositions les plus vitales ! (*Violente agitation.*)

Voix aux centres.—A l'ordre! à l'ordre!

M. ARAGO.—Rentrez dans la Charte.

M. le ministre de l'instruction publique. — Nous sommes dans la Charte, messieurs, nous y sommes les premiers.

M. ODILON BARROT.—Oui, comme les jésuites sont dans l'Évangile...... (*Nouvelle agitation.*)

M. le ministre de l'instruction publique. — Nous soutenons...... (*Bruit.*) Messieurs, vous avez parfaitement le droit de soutenir le contraire ; je vous ai écoutés attentivement, je vous demande la même justice.

Nous soutenons que c'est nous qui sommes dans la Charte. (*Oui! oui!*)

A gauche.—Non ! non ! (*Nouvelles rumeurs.*)

M. BUGEAUD.—Je demande la parole.

M. le ministre de l'instruction publique. — Nous soutenons que c'est nous qui sommes dans la Charte, nous soutenons.... (*Bruits à gauche.*) Mais, messieurs, je vous répète que j'ai eu l'honneur de vous écouter avec attention, je vous demande d'en faire autant.

M. HAVIN.—Adressez-vous aux centres !

M. le président.—Il y a eu réclamation de toutes parts..... (*Non, non ! oui, oui !*)

M. le président.—Permettez. Je suis équitable et sévère envers tout le monde ; la première interruption (*Mouvement à la gauche.*) est partie de là ; je m'y suis opposé, et j'ai invité les interrupteurs à se calmer.

Voix des centres.—Ils ne l'ont pas fait.

M. le président. — S'ils ne l'ont pas fait, je n'y puis rien faire ; je ne puis que rappeler à l'exécution du règlement.

Ensuite, quand M. le ministre de l'instruction publique a dit : C'est nous qui sommes dans la Charte, les trois quarts de la Chambre ont répondu *oui*, un quart a répondu *non*, et tout le monde a parlé.

Plusieurs voix.—C'est vrai !

M. le ministre de l'instruction publique. — Je reprends les paroles que vient de répéter votre honorable président, et je dis que c'est nous qui sommes dans la Charte, que c'est nous qui venons ici la défendre, et que, dans l'état auquel on travaille à la réduire depuis trois ans, si nous n'apportions pas, si vous n'apportiez pas à l'appui de cette Charte, une défense efficace, elle serait bientôt perdue. (*Marques d'assentiment.*)

On a adressé à nos lois, messieurs, de singulières accusations, des accusations étrangement contradictoires.

J'ai entendu les mots de *ruse* et de *subterfuge*. On nous a dit : « Votre loi n'est pas franche; ce qu'elle ose faire, elle n'ose pas le dire. »

Messieurs, c'est là un reproche nouveau pour nous, et auquel nous ne sommes guère accoutumés. On ne nous reproche pas en général de ne pas oser dire ce que nous faisons ; ce n'est pas de ruse, c'est de violence, c'est d'emportement, en général, qu'on nous accuse. Mais dans quelle occasion, je vous le demande, a-t-on parlé plus sincèrement que nous ne l'avons fait en présentant cette loi? Dans quelle occasion a-t-on plus formellement exprimé l'intention qui avait présidé à la loi ?

Quoi ! nous sommes venus vous dire expressément : oui, il y a une presse que nous regardons comme inconstitutionnelle, comme radicalement illégitime, comme infailliblement fatale au pays et au gouvernement de Juillet; nous voulons la supprimer : c'est la presse carliste, la presse républicaine; voilà le but de la loi.

Nous sommes venus vous dire : les représentations théâtrales livrées à elles-même, à toute leur licence, sont la honte et la mort morale du pays ; nous voulons arrêter ce mal ; nous vous proposons de les soumettre à l'autorisation préalable.

Je vous le demande, messieurs, est-il possible de parler plus sincèrement, d'appeler plus crûment les choses par leur nom? Peut-on trouver là quelque ruse, quelque subterfuge? Jamais, messieurs, jamais loi ne s'est avouée plus franchement, jamais intention n'a été plus hautement déclarée.

Je sais bien qu'on a employé les mots de ruse et de subterfuge, parce qu'on n'a pas trouvé dans notre projet de loi, à côté de la conversion de certains délits en attentats, l'énonciation formelle de la juridiction devant laquelle nous avions dessein de les porter. Mais, en vérité, on n'a pas pu croire, on n'a pas pu supposer que nous eussions la pensée d'éluder cette question, d'éviter cette discussion.

Le subterfuge aurait été trop puéril, trop vain; on ne

peut raisonnablement l'attribuer un instant à des hommes sérieux; et je puis le dire, il est peu digne d'hommes sérieux de le supposer. A l'instant même où votre commission a jugé nécessaire ou seulement convenable d'énoncer formellement dans la loi quelle était la juridiction devant laquelle nous croyions que de telles accusations devaient être portées, nous y avons adhéré; nous avons déclaré que c'était là notre pensée, et que nous ne faisions pas le moindre obstacle à ce qu'elle fût écrite dans la loi. Certes, il n'y a eu là ni ruse, ni subterfuge; nous n'avions pas cru l'énonciation nécessaire, mais nous n'avons jamais songé ni à éluder la question, ni à dissimuler sur ce point notre véritable pensée.

On a dit encore... Je demande pardon à la Chambre, j'ai été appelé à la tribune par cette accusation d'attenter à la Charte, qui est de toutes, je le répète, celle qui nous tient le plus fortement à cœur.

M. ODILON BARROT. — Vous avez raison!

M. le ministre de l'instruction publique. — ....Car il n'est personne qui ait, plus que le gouvernement, plus que nous en particulier, le ferme dessein d'adhérer fortement à la Charte, le parti pris de la défendre, le parti pris d'en faire la loi réelle, la loi puissante, et non pas la loi vaine de la France. (*Aux centres* : Très-bien! très-bien!)

On nous dit encore, puisque la Chambre me permet de passer en revue les reproches qui nous ont été ainsi adressés, on nous dit encore que nous nous méfions du pays. Certes, messieurs, ce n'est pas là notre pratique depuis cinq ans : quel a été, depuis cinq ans, le principe de notre politique? D'avoir foi dans le pays, foi dans sa sagesse, foi dans sa fermeté.

Quand nous avons entrepris l'œuvre difficile à laquelle nous nous sommes voués, l'œuvre de consommer une révolution en l'arrêtant, en la contenant, sur quoi avons-nous compté? Quand nous n'avons eu recours ni aux mesures violentes, ni aux lois d'exception, ni à la suspension des libertés publiques, sur quoi avons-nous compté? Sur la sagesse du pays, sur sa fermeté. Nous en avons appelé constamment au pays, aux électeurs, aux gardes nationaux, et je ne doute pas que le pays, que les bons citoyens, que tous les amis de l'ordre ne trouvent que, depuis cinq ans, nous les avons appelés à un métier difficile, à une tâche laborieuse, que nous leur avons demandé beaucoup d'efforts, beaucoup de sacrifices. Il est vrai, nous leur en avons demandé beaucoup, et nous leur en demanderons encore, parce que nous avons foi dans la bonté de notre cause (*Très-bien! très-bien!*) Mais notre foi, messieurs, n'est pas une foi inerte, une foi de spectateur et d'amateur ; nous pensons, nous, que la foi qui n'agit point n'est pas une foi efficace, car c'est celle dont le pays a besoin, c'est la nôtre; c'est aussi celle que nous demandons au pays ; et le jour où, comme on l'a vu souvent en France depuis quarante ans, le jour où les amis de l'ordre, où les bons citoyens se contenteraient de la foi qui attend et regarde passer le mal, dans l'espérance qu'il passera en effet, le jour où cette foi impuissante serait celle du pays, ce ne serait pas nous qui en accepterions la responsabilité. (*Très-bien! très-bien!*)

M. Dufaure. — Je demande la parole.

M. le ministre de l'instruction publique. — Messieurs, je demande encore pardon à la Chambre de prolonger cette discussion...

M. Odilon Barrot *et une foule de voix.* — Parlez, parlez !

M. le ministre de l'instruction publique. — Les sentiments que j'exprime devant la Chambre me préoccupent depuis trois jours ; depuis trois jours, j'éprouve le besoin de les exprimer devant la Chambre et devant le pays ; je saisis la première occasion. (*Très-bien! très-bien!*)

D'autres mots encore ont été prononcés. Il en est un qui m'a blessé. On a parlé d'irritation, on a parlé de désillusions, d'hommes de bien irrités. Ceci, messieurs, est un fait personnel, un fait intérieur, dont chaque homme sincère et consciencieux est juge. Eh bien ! pour mon compte et celui de mes amis, je désavoue formellement cette inculpation. Non, messieurs, nous ne sommes pas irrités ; ce qui se passe ne nous étonne point; nous le trouvons tout simple; la lutte que nous soutenons, nous nous y sommes toujours attendus. Nous la soutenons en hommes calmes, décidés à la soutenir complétement, à ne jamais lâcher pied un instant (*Très-bien !*) et à accepter jusqu'au bout toutes les chances qui y sont attachées. J'ignore, messieurs, si Dieu me destine à parvenir jusqu'à la vieillesse ; mais, si telle est sur moi sa volonté et s'il m'est permis alors d'élever encore la voix sur les affaires de mon pays, je demande à Dieu, pour unique et dernière grâce, de n'y pas porter alors plus d'irritation ni plus d'amertume que je n'en ressens aujourd'hui. (*Très-bien! très-bien!*)

On a parlé de moralité, de la moralité du gouvernement. Messieurs, la première condition de la moralité des gouvernements, la vraie base de cette moralité, c'est la sincérité. On nous dit : « Vous tentez une œuvre impossible, vous voulez réprimer la licence de la presse, les dérèglements de la presse; vous n'y réussirez pas : aucun gouvernement n'y a jamais réussi. Ou bien la presse vous tuera, ou vous serez contraints de tuer la presse; ou bien vous resterez dans la licence, ou vous irez jusqu'à la tyrannie. »

Messieurs, on se trompe. (*Une voix* : Nous verrons!) Nous avons entrepris depuis cinq ans bien des choses qu'on disait impossibles, bien des choses qui ont perdu d'autres gouvernements. Nous avons vaincu l'insurrection, tiré le canon dans les rues de Lyon et de Paris; nous avons dissous les associations, nous avons fait, je le répète, bien des choses qu'on réputait impossibles, et dont la tentative, la simple tentation, a perdu d'autres gouvernements. Et pourtant, messieurs, nous avons réussi ; et non-seulement nous avons réussi, mais nous nous sommes fortifiés, nous nous sommes enracinés dans les mêmes épreuves auxquelles d'autres gouvernements avaient succombé.

Pourquoi, messieurs ? par deux raisons :

La première, c'est que la France a obtenu et possède

aujourd'hui, en fait de garanties et de libertés politiques, tout ce qu'elle désire depuis 1789, tout ce dont elle a besoin d'ici à longtemps ; elle ne demande plus, pour le moment, à rien conquérir : elle ne demande qu'à jouir en paix de ce qu'elle possède. Nous secondons la France dans ce vœu, qui est son vœu véritable ; voilà pourquoi elle nous soutient.

De plus, messieurs, la France a besoin d'un gouvernement sans arrière-pensée ; et c'est la situation du gouvernement de Juillet. Tous les gouvernements qui l'ont précédé ont eu, à l'égard des libertés du pays, à l'égard de ses institutions, des arrière-pensées. Ils ont tous été plongés, plus ou moins, dans la réticence et le mensonge. L'Empire voulait le pouvoir absolu ; la Restauration voulait l'ancien régime. Le gouvernement actuel ne veut que ce qui est ; tout ce qu'il dit, il le pense ; tout ce qu'il veut, il le veut sincèrement ; rien de moins, rien de plus : il veut la Charte, rien que la Charte. Il est sincère, pleinement sincère dans ses relations avec le pays ; il a le cœur sur les lèvres avec la France. Voilà ce qui fait sa force ; voilà ce qui fait non-seulement sa force, mais sa moralité ; voilà pourquoi ses rapports avec le pays sont essentiellement honnêtes, moraux. Il n'y a, dans le gouvernement de Juillet, ni corruption, ni mensonge. Quand il s'est formé une idée sur les besoins du pays, il vient la dire, il vient la dire sincèrement, complétement, à vous et au pays ; il ne craint pas d'être accusé d'arrière-pensée ; il ne craint pas qu'on lui dise que, derrière ce qu'il demande, il y a quelque chose qu'il cache. Les gouvernements précédents cachaient leurs intentions derrière leurs actes ; nous, nous n'avons pas d'autres intentions que nos actes. Notre conduite, notre pensée, nos intentions, notre langage, tout cela se confond, tout cela est identique avec les vœux, les sentiments, les intérêts de la France. Voilà la première, la vraie moralité des gouvernements ; c'est la nôtre, et nous n'y manquerons jamais. (*Vive approbation au centre.*) Voilà pourquoi, messieurs, nous avons réussi ; voilà pourquoi nous espérons encore réussir.

Mais on nous dit : « Vous serez obligés d'aller plus loin ; vous serez poussés jusqu'à la tyrannie; vous ne vous arrêterez pas à supprimer la presse illégale, inconstitutionnelle, anti-constitutionnelle; vous irez jusqu'à la presse légitime, jusqu'à la presse opposante dans tous les partis, mais opposante dans les bornes constitutionnelles. »

Non, messieurs; de même que notre pensée et nos intentions ne vont pas jusque-là, nos actes n'iront pas davantage. C'est encore ici, permettez-moi de vous le dire, une méprise, un anachronisme, une routine déplorable. Ces choses-là sont bonnes à dire aux partis qui obéissent à des principes absolus dont ils sont forcés de subir toutes les conséquences; ces choses-là sont bonnes à dire à nos adversaires, aux factions absolutistes et révolutionnaires qui, en effet, poursuivent chacune le triomphe d'un principe absolu, incapable de transaction et de mesure. Mais notre politique à nous, messieurs, la politique du juste-milieu est essentiellement ennemie des principes absolus, des conséquences trop loin poussées. Nous en sommes nous-mêmes la preuve vivante; car, permettez-moi de vous le rappeler, nous avons combattu pour la liberté comme pour l'ordre ; nous avons tous fait nos preuves dans l'une et l'autre cause. Et non-seulement nous ne nous en défendons pas, messieurs, mais nous nous en faisons gloire. C'est la nature de notre politique d'être ennemie de tous les excès, de faire sans le moindre embarras, sans la moindre inconséquence, volte-face pour combattre tantôt les uns, tantôt les autres. Oui, messieurs, la politique du juste-milieu doit se défendre de tous les excès ; oui, elle repousse les principes absolus, les conséquences extrêmes ; elle s'adapte aux besoins divers de la société ; elle sait prendre en considération ses états successifs et livrer tour à tour des combats différents. C'est là ce qui fait notre force; voilà pourquoi nous ne craignons pas d'être poussés à des excès qui répugnent, et qui ont constamment répugné au système que nous pratiquons. (*Au centre :* Très-bien ! très-bien !)

Je ne pousserai pas plus loin cette discussion. Je tenais

vivement à rendre aux projets de lois leur véritable caractère, à ces projets qui ne sont pas dirigés contre la Charte, mais qui, au contraire, ont pour unique objet de sauver la Charte, de mettre notre constitution, notre pays, à l'abri des factions. Nous n'avons point d'arrière-pensées; nous sommes parfaitement sincères. Tout ce que disent les projets de lois, nous le voulons; nous ne voulons rien que ce qu'ils disent.

Et ce que les Chambres auront voté, messieurs, nous le ferons, mais nous ne ferons rien de plus; pas un seul pas hors de l'enceinte légale, de même que nous voulons que personne en France ne puisse faire un pas hors de la constitution. (*Très-bien! très-bien!*)

LXXVI

— Chambre des députés. — Séance du 24 mars 1836. —

Après la dissolution du cabinet du 11 octobre 1832, et la formation d'un cabinet par M. Thiers (22 février 1836), la demande des fonds secrets par le nouveau ministère amena, sur la dernière crise ministérielle et la politique future, des explications auxquelles je pris part en ces termes :

M. Guizot. — Je n'avais nul dessein de prendre la parole dans ce débat ; j'avais même le dessein de me taire. Mais au milieu de ce mouvement subit d'explication et de sincérité qui s'est emparé de toutes les parties de la Chambre, j'éprouve le besoin de dire aussi très-brièvement ce que je pense de notre situation, et quelle est celle que, pour mon compte et, j'ose le dire, pour celui de mes amis, je me propose de tenir devant la Chambre.

Je demande à la Chambre la permission d'écarter sur-le-champ toute considération, toute question personnelle ; je n'ai pas coutume, la Chambre me fera, j'en suis sûr, l'honneur de me croire, de m'établir sur ce terrain. J'ai défendu la politique qui a prévalu depuis six ans ; je l'ai défendue comme simple député, sans y avoir aucun intérêt. Comme ministre, j'ai aidé, il m'est permis de le dire, j'ai aidé M. Casimir Périer à faire prévaloir cette politique ; j'aiderai mes successeurs comme j'ai aidé mes prédécesseurs, avec le même zèle, la même franchise. (Très-bien ! très-bien !)

J'écarterai également tout le passé. Je n'ai pas plus qu'un autre la manie d'en faire un continuel sujet de récriminations, un obstacle au rapprochement des esprits, à l'extension de notre ancienne majorité, un obstacle aux victoires de notre politique, de cette politique que nous avons soutenue dans les mauvais jours, et à laquelle on se rallie aujourd'hui dans les jours de prospérité. On nous l'a contestée pendant cinq ans, quand l'émeute grondait aux portes de cette Chambre, quand les difficultés les plus graves pesaient sur la tête du gouvernement. On cesse de la contester aujourd'hui.

M. ODILON BARROT.—Je demande la parole.

M. GUIZOT.—On nous l'accorde, je dis *nous*, car c'est de nous qu'il s'agit ici, aussi bien que des ministres qui siègent sur ces bancs ; on nous l'accorde maintenant au milieu de la paix publique, au milieu de la prospérité publique. Certes, messieurs, je ne ferai aucune objection à cette victoire nouvelle de notre ancienne majorité et de sa politique. Je m'en applaudis, je m'en félicite ; je n'aurai garde de réveiller des souvenirs qui pourraient y apporter obstacle ; mais je ne souffrirai pas non plus les méprises ou les fautes qui mettraient de nouveau cette politique en péril. Je ne prends la parole que pour les repousser.

Je ne dirai qu'un mot de deux reproches qui ont souvent retenti à cette tribune, et que l'honorable préopinant vient y renouveler.

On a parlé de progrès ; on a accusé notre politique d'être une politique rétrograde et une politique de rigueur. Je ne répondrai que deux mots à ces deux accusations.

Je ne pense pas, messieurs, et aucun homme de sens ne peut penser que le progrès d'une société consiste à avancer aveuglément et toujours dans le même sens, dans la même voie, sans se demander si c'est la voie qui mène la société à son but, si c'est le véritable progrès qu'elle aurait à faire. Le progrès pour la société, messieurs, c'est d'avancer vers ce dont elle a besoin ; ce dont elle a besoin, c'est de ce qui lui manque. Ainsi, quand la société est tombée dans la licence, le progrès, c'est de retourner vers l'ordre. (*Très-bien ! très-bien !*) Quand la société a abusé de certaines idées, le progrès, c'est de revenir de l'abus qu'on en a fait ; le progrès, messieurs, c'est toujours de rentrer dans la vérité, dans les conditions éternelles de la société, de satisfaire à ses vrais besoins réels et actuels. Si la société aujourd'hui avait besoin, comme on le lui répète, d'une extension indéfinie, je dirai seulement d'une extension nouvelle des libertés politiques, si c'était là son vœu, son sentiment, son besoin réel, il y aurait progrès à marcher dans cette voie. Mais ce n'est pas là le besoin actuel de notre France. Elle a besoin, messieurs, de s'établir, de s'affermir sur le terrain qu'elle a conquis, de s'éclairer, car les lumières lui manquent ; elle a besoin de s'organiser, de retrouver les principes d'ordre et de conservation qu'elle a longtemps perdus et vers lesquels elle cherche à retourner. Voilà le progrès véritable auquel elle aspire et pour lequel il faut l'aider. (*Très-bien !*)

Soyez-en bien sûrs, messieurs, il n'y a pas de progrès pour la Chambre, pas de progrès pour la France à se passionner pour les idées et les pratiques de 1791 ; ce qui fut progrès alors serait aujourd'hui une marche rétrograde ; les besoins qu'on avait alors sont satisfaits aujourd'hui ; les besoins qu'on a aujourd'hui, on ne les avait pas alors. Le véritable progrès pour nous, c'est de donner à la société ce dont elle a besoin aujourd'hui, c'est de la faire marcher dans la voie dans laquelle elle est en arrière, et non de la pousser encore une fois indéfiniment en aveugle, par routine, par préjugé, dans des voies où notre société s'est peut-être déjà trop avancée, et qui la mèneraient à sa ruine, non à sa grandeur. (*Très-bien ! très-bien !*)

Je repousse donc, je repousse absolument cette accusation de rétrograde intentée contre notre politique. C'est là un anachronisme, une vieille routine ; c'est vous, messieurs nos adversaires, qui vous traînez dans une ornière; c'est vous qui répétez ce qu'on disait dans d'autres temps, sans vous apercevoir que tout est changé autour de vous, que la société est changée, que ses besoins sont changés. C'est nous qui avons l'intelligence des temps nouveaux. (*Très-bien ! oui ! oui !*) Oui, messieurs, c'est nous. Je comprends très-bien que vous pensiez autrement, et c'est de quoi je vous accuse. Je vous accuse de n'avoir pas compris ce qui s'est passé en France depuis quarante ans, je vous accuse d'être en arrière. (*Très-bien ! très-bien ! Mouvement prolongé.*)

Un seul mot maintenant sur un autre reproche. On a taxé notre politique de rigueur, et je puis croire que c'est à moi particulièrement que ce reproche s'adresse. Si je ne me trompe, c'est moi qui ai prononcé le premier à cette tribune, à propos des lois de septembre, le mot d'intimidation. Je l'avoue, messieurs, quand j'ai prononcé ce mot, je croyais exprimer le lieu commun le plus vulgaire. Je croyais dire ce que nous avons tous lu dans nos catéchismes et dans la préface de tous les codes pénaux du monde. Il a toujours été convenu, toujours entendu, que les lois pénales avaient essentiellement pour objet d'intimider.....

Plusieurs voix.—C'est clair !

M. Guizot.— D'intimider, de réprimer par la crainte, les mauvais penchants de la nature humaine. Il a toujours été entendu dans les plus simples traités de morale, dans les livres écrits pour l'éducation du peuple, que la crainte était un frein nécessaire, salutaire à l'homme dans l'imperfection de sa nature et de sa condition.

Je n'avais donc exprimé que la vérité la plus commune, la plus simple, et il faut que certains esprits soient étrangement pervertis (passez-moi l'expression), qu'ils aient étrangement dévié du vrai, pour qu'un tel mot, une telle idée aient causé une seconde d'étonnement.

Si, au lieu des idées, je consulte les faits, si je me rappelle ce qui s'est passé en France depuis six ans, et les actes auxquels j'ai eu l'honneur de concourir, en est-il un seul, je vous le demande, auquel le mot de *rigueur* puisse s'appliquer? Je défie qui que ce soit, dans quelques années d'ici, quand les passions seront amorties, ces passions prétendues, qui ne sont, je le sais, que de pâles copies des vraies passions d'autrefois (*Très-bien! très-bien!*); quand, dis-je, ces prétendues passions se seront amorties, quand les souvenirs de nos débats se seront calmés, je défie un homme sensé de venir dire à cette tribune qu'il y a eu des rigueurs en France depuis six ans.

Des rigueurs, messieurs? Mais nous avons à peine suffi aux nécessités sociales; mais il a fallu cinq ans pour nous amener à les reconnaître, à les proclamer, nous, nous-mêmes dépositaires du pouvoir, sur ces bancs où nous étions assis. Il a fallu des désordres effroyables, des dangers extrêmes pour nous faire recourir, à quoi? aux moyens de répression les plus simples, les plus modérés, les plus légaux, à des moyens de répression qui sont le code commun, l'état habituel de toute société policée, de tout gouvernement civilisé.

Je suis donc frappé, étrangement frappé de cette aberration de certains esprits qui leur fait donner le nom de rigueur aux idées les plus élémentaires de la loi et de la morale, qui leur fait qualifier de rigoureux les actes les plus modérés, le gouvernement le moins oppressif, le plus patient qui ait jamais existé depuis qu'il existe des gouvernements.

Non, messieurs, il n'y a point eu de rigueurs, il n'y a point eu d'intimidation brutale; il y a eu l'emploi le plus réservé du pouvoir armé de ses droits dans l'intérêt de la société, et non dans un intérêt de personnes et de ministère. (*Très-bien!*)

J'en resterai là avec le passé ; je ne dirai rien de plus. On ne m'accusera pas de vouloir réveiller les passions, empêcher les réconciliations : je viens droit au présent. Qu'est-il arrivé depuis que l'ancien cabinet s'est retiré ? Je ne veux pas dire un mot de sa retraite, je la prends comme un fait accompli ; qu'est-il arrivé ? A l'instant, il a été évident pour tout le monde que la Chambre ne voulait pas changer sa politique, que le gouvernement du roi ne voulait pas changer sa politique ; malgré les accidents qui avaient amené la chute de l'ancien cabinet, le lendemain la majorité et le cabinet nouveau ont senti la nécessité de persévérer ; leur première pensée a été de le dire et de le prouver par leurs actes et par leurs paroles.

C'est qu'en effet il y avait quelque inquiétude, quelque doute dans les esprits. C'est cette inquiétude, c'est ce doute qui ont poussé le nouveau cabinet d'une part, la majorité de l'autre, à se hâter de rassurer les esprits et le pays ; car, entendez-le bien, messieurs, on s'est hâté de rassurer le pays. On a compris que l'ébranlement de la politique qui avait prévalu depuis cinq ans, c'était l'ébranlement du pays même, du gouvernement fondé par la révolution de Juillet ; on a compris que le plus pressant besoin, c'était que cette politique reparût ouvertement, prévalût toujours. On s'est donc hâté de rassurer le pays, et on a eu raison, c'était nécessaire. D'une part, l'ancienne opposition continuait à pousser au changement de système ; c'était son droit : elle a considéré constamment le système comme mauvais. Aujourd'hui, il est vrai, une partie de ses membres paraissent ne pas garder la même conviction ; peu importe : ceux qui la gardent ont le droit de continuer à provoquer un changement de système ; et, en effet, ils ont agi en ce sens depuis un mois plus activement et avec plus d'espérances qu'auparavant; d'autre part, on a dit que les circonstances étant changées, la politique devait changer aussi, qu'il y avait, après la répression des désordres, possibilité, utilité de modifier le système suivi pour les réprimer.

D'autres personnes enfin, le défilé passé, le grand péril surmonté, la société sauvée, ont pu être moins frappées des moyens nécessaires pour conserver les biens une fois conquis. Il est arrivé plus d'une fois que le danger passé, le remède a eu moins de prix aux yeux de ceux qu'il avait rendus à la vie. Toutes ces causes, toutes ces dispositions ont pu, ont dû faire craindre l'altération de la politique suivie depuis cinq ans.

Eh bien! messieurs, je n'hésite pas à l'affirmer, malgré les changements survenus dans l'état des affaires, et qui sont le fruit de la politique suivie depuis cinq ans, malgré l'apaisement des esprits qu'a amené cette politique qui devait, disait-on, les irriter, les diviser chaque jour davantage, je persiste à penser qu'il est aujourd'hui plus nécessaire que jamais, pour les Chambres, pour le gouvernement de Juillet, pour notre glorieuse révolution, de persévérer dans cette politique; et c'est là le motif qui m'a décidé à monter à la tribune, j'ai besoin d'exprimer à cet égard ma conviction : je demande encore à la Chambre, à ce sujet, quelques minutes d'attention. (*Mouvements divers.*)

Messieurs, on nous a dit plus d'une fois, à mes amis et à moi, que nous ne nous souvenions pas de la révolution de Juillet, que nous n'avions pas une juste idée de son importance et de sa grandeur. Je serais bien tenté de renvoyer ce reproche à ceux qui nous l'adressent; bien souvent, en les voyant tenir la même conduite, en les entendant tenir le même langage qu'ils auraient tenu, il y a douze ans, il y a quinze ans, sous la Restauration, en les voyant constamment occupés à contrôler, à affaiblir le pouvoir, à envahir, à conquérir au profit de ce qu'on appelle les libertés publiques, j'ai été tenté de leur dire à mon tour : Mais vous ne savez donc pas qu'il y a eu une révolution ? (*On rit.*) Vous n'avez donc aucune idée de ce qu'est un pareil fait, de tout ce qu'il a de puissant, de redoutable, du long tremblement qu'il imprime à la société tout entière et de la difficulté de la rasseoir? Eh bien! oui, nous avons fait une révolution, et je la crois plus grande, je la sens plus profonde que vous ne l'avez jamais senti. Oui, la France, par un acte de sa volonté, a changé son gouvernement. Vous figurez-vous dans quel état un tel fait laisse pendant longtemps le peuple qui l'a accompli? C'est un grand acte, un acte glorieux, un de ces actes qui grandissent les nations, qui en font des personnages historiques admirables. Mais un tel acte, messieurs, est pendant longtemps, pour le peuple qui l'a accompli, une source féconde d'aveuglement et d'orgueil. La pensée de l'homme ne résiste pas à un tel entraînement; elle en reste longtemps troublée et enivrée. Elle se persuade qu'elle peut chaque jour, à son plaisir et par cela seul qu'elle le veut, renouveler ce fait terrible, et faire ainsi à tout venant, devant le monde, acte de sa puissance.

Regardez autour de vous, regardez l'état général des esprits, indépendamment des opinions politiques; écoutez ce que disent les dévots comme les impies; écoutez les gens qui parlent au nom du Christ comme ceux qui parlent dans l'intérêt du monde; vous les verrez, et en grand nombre, atteints comme de folie, par ce seul fait qu'ils ont vu une grande révolution s'accomplir sous leurs yeux, et qu'il leur plairait qu'on en recommençât une autre dans leur sens. (Sensation.) Descendez en vous-mêmes, dans votre pensée, vous tous qui êtes des hommes sages, des hommes sensés. N'avons-nous pas entendu dire par des hommes sages, à cette tribune, que les citoyens étaient libres de choisir dans les lois les articles qui leur plaisaient pour leur obéir, et ceux qui ne leur plaisaient pas pour leur désobéir? N'avons-nous pas entendu dire à cette tribune : « Vous ferez des lois, mais je n'y obéirai pas. » Est-ce que vous n'êtes pas frappés du degré d'égarement, et je ne puis m'empêcher de le dire, d'abaissement auquel il faut que les esprits soient arrivés pour tenir un pareil langage? Est-ce que vous ne reconnaissez pas, dans de tels faits, cette puissance d'une révolution de la veille qui pèse encore sur toutes les têtes, qui trouble et égare la raison de l'homme? Messieurs, voilà, au vrai, l'état où nous sommes;

nous en sortons peu à peu, laborieusement, comme on échappe à la tempête; nous en sortons, nous en sortirons victorieusement. Mais nous sommes encore à la porte, et encore bien atteints du mal que je viens de vous décrire.

Et songez au milieu de quel pays un tel fait est tombé, au milieu de quel pays une telle révolution s'est accomplie ! Au milieu d'un pays qui venait de traverser quarante ans de révolutions, d'un pays profondément imbu des principes, des habitudes, des pratiques révolutionnaires. Ne croyez pas que je médise de notre passé, que je m'élève contre la révolution de 1789, pas plus que contre la révolution de 1830. La première aussi a fait son œuvre. Elle a été immensément utile, salutaire à la France. Mais enfin, nous savons bien aujourd'hui que les idées, les habitudes, les passions de ce temps étaient anarchiques, vouées à une œuvre de destruction : œuvre nécessaire, inévitable, mais qui ne convient ni à d'autres temps, ni à d'autres besoins.

Pour mon compte, je crois que ce n'est pas faire injure à nos illustres devanciers, à nos pères de 1789 et de 1791, que de ne pas suivre la même route qu'eux. Je vais plus loin ; je ne doute pas que, dans leur séjour inconnu, ces nobles âmes, qui ont voulu tant de bien à l'humanité, ne ressentent une joie profonde en nous voyant éviter aujourd'hui les écueils contre lesquels sont venues se briser tant de leurs belles espérances...... (*Vif mouvement d'adhésion.*)

Je les honore assez pour être sûr qu'aujourd'hui, toutes les fois que nous signalons des tendances anarchiques, que nous les combattons, ils se réjouissent, ils nous applaudissent; ils ont le sentiment que nous continuons leur œuvre, que nous faisons les véritables progrès qu'ils n'ont pu faire de leur temps, mais auxquels nous sommes appelés aujourd'hui.

Voulez-vous, messieurs, que nous y regardions encore de plus près ? Voulez-vous qu'après avoir considéré l'état général de notre société et les faits dont elle sort à peine, nous regardions les partis proprement dits qui s'agitent encore au milieu de nous? Vous verrez si ce sont là encore des maux et des dangers qu'on puisse espérer de guérir en cinq ou six ans, avec les moyens que nous avons employés jusqu'à ce jour.

Prenez le parti carliste. (*Sensation prolongée.*) Il y a quarante ans qu'on dit qu'il est vaincu. Il a subi des défaites effroyables : la Convention, l'Empire, ont passé sur lui et l'ont broyé. Eh bien ! de notre temps, tout à l'heure, il s'est retrouvé vivace; il n'est pas vaincu, ne le croyez pas, vous aurez affaire à lui longtemps (*On rit*); c'est un parti qui a des racines profondes dans le passé; c'est le parti de l'ancien régime, de l'ancienne France, avec ce qu'elle avait de bon et de mauvais, de vices et de mérites. Un parti qui vient de si loin, qui est toujours resté semblable à lui-même, qui a survécu à de telles défaites, un tel parti ne meurt pas si vite, bien qu'on dise qu'il est mort, qu'on n'a plus rien à redouter de lui. C'est le parti du passé, et avant qu'il se soit transformé, avant qu'il ait reconnu ses vices, les vices de son système et de sa nature, avant qu'il les ait reconnus assez pour accepter notre société actuelle et s'y incorporer pleinement, il se passera bien des années et bien des luttes encore.

Voulez-vous que je parle du parti révolutionnaire? Je ne le traiterai pas avec plus de dédain. Il a reçu aussi, depuis quarante ans, bien des démentis, il a aussi éprouvé bien des défaites. Ses idées, ses pratiques ont été mises à l'épreuve; et, toutes les fois qu'il s'est agi de fonder un gouvernement, elles ont été trouvées vides et vaines; ce sont de pures machines de guerre, incapables de fonder un gouvernement : on ne bâtit pas des villes à coups de canon. (*Sensation prolongée.*)

Mais, enfin, malgré cela, ne traitez pas ce parti légèrement; ne lui croyez pas l'haleine si courte ; non-seulement à cause de sa force, non-seulement parce qu'il a été accoutumé à se voir puissant dans le pays, et qu'il croira l'être encore longtemps, mais aussi parce qu'il a des idées profondes, puissantes; c'est un parti qui a rêvé toute une organisation de la société ; c'est un parti qui croit avoir résolu tous les grands problèmes qui tourmentent l'homme et la société depuis le commencement du monde. Prenez-le toujours, messieurs, en grande considération; pensez-y toujours car vous ne le vaincrez pas dans quelques années; vous le trouverez encore longtemps, dans le pays et sur ces bancs, au sein de la Chambre, parmi les vieillards et parmi les jeunes gens; vous le trouverez longtemps redoutable, toujours dangereux, toujours faux, car il l'est essentiellement, mais longtemps actif et puissant.

Eh bien! messieurs, ces maux que je viens de signaler, ces dangers que je viens de rappeler, ce ne sont pas des maux et des dangers dont on se débarrasse en quelques années, comme on se complaît aujourd'hui à le croire. Croyez-moi, messieurs, tout n'est pas fini ; il s'en faut beaucoup que tout soit fini, vous aurez encore très-longtemps besoin de lutter.

Et avec quoi lutterez-vous? Avec quoi avez-vous lutté? Vous avez un gouvernement libre, un gouvernement hérissé de libertés publiques, c'est-à-dire qui entretient, qui excite, qui provoque chaque matin les partis; je ne m'en plains pas, je n'en accuse pas la nature du gouvernement; je désire cette lutte; j'aime mieux qu'elle soit longue, qu'elle soit redoutable, et qu'elle aboutisse enfin à l'honneur de la raison et de la liberté humaine ; mais je ne veux pas non plus qu'on la méconnaisse. Sachez que la nature de votre gouvernement entretient les partis et les fait vivre infiniment plus longtemps qu'ils ne vivraient si vous pouviez les combattre avec le pouvoir absolu que vous n'avez pas, et que, grâce à Dieu, personne dans mon pays n'aura plus jamais. (*Très-bien! très-bien!*)

Soyez-en sûrs, messieurs, ce n'est pas avec quelques victoires dans la rue, avec quelques lois comme celles que vous appelez *lois d'intimidation*, que vous en finirez véritablement avec les longs et durables dangers auxquels cette société est en proie.

Tout cela a été très-bon, très-nécessaire : il faut vaincre les partis dans la rue quand ils y descendent; il faut les enchaîner dans les lois quand ils repoussent les lois ; mais savez-vous ce qui a fait notre véritable force depuis cinq ans? Savez-vous avec quoi nous avons dompté ou plutôt commencé à dompter les partis? Savez-vous ce qu'il vous importe par-dessus tout, ce qu'il importe par-dessus tout au pays de maintenir? Ce sont ces deux choses-ci : l'harmonie, la forte harmonie des grands pouvoirs de l'État, et, dans le sein de chacun de ces pouvoirs, une conduite prudente, habile, indépendante, suivie.

Ce qui nous a fait triompher depuis cinq ans, c'est qu'il s'est formé dans le sein des Chambres une majorité qui n'a consulté que sa propre raison, qui ne s'est pas laissé étourdir par le bruit qu'on faisait à sa porte pour l'asservir, qui ne s'est pas laissé éblouir par les promesses qu'on lui jetait à la tête pour l'égarer; une majorité qui a agi avec une ferme indépendance, qui a constitué dans les Chambres un véritable pouvoir public, un pouvoir qui a persévéré dans la politique qu'il avait adoptée, qui a compris qu'à travers la diversité des années et des situations, il fallait marcher dans la même voie, imposer aux factieux les mêmes lois; un pouvoir qui s'est offert sagement et noblement à la couronne et à l'autre Chambre; qui a marché constamment de concert avec eux, qui a respecté les attributions et les limites de tous les autres pouvoirs. C'est à cette politique indépendante, suivie, mesurée, c'est à la majorité qui l'a faite, adoptée, qui l'a constamment pratiquée, qu'est dû véritablement notre succès depuis cinq ans. Voilà ce qu'il nous importe de maintenir; voilà ce qui a introduit dans notre gouvernement quelque chose des mérites qui manquent si souvent dans les gouvernements libres, un peu de fixité et un peu de dignité.

Ne vous y trompez pas, messieurs, quelles que soient leur nécessité et leur légitimité, quels que soient le bien et la gloire qu'elles procurent à une nation, les révolutions ont toujours ce grave inconvénient qu'elles ébranlent le pouvoir et qu'elles l'abaissent; et quand le pouvoir a été ébranlé et abaissé, ce qui importe par-dessus tout à la société, à ses libertés comme à son repos, à son avenir comme à son présent, c'est de raffermir et de relever le pouvoir, de lui rendre de la stabilité et de la dignité, de la tenue et de la considération. Voilà ce qu'a fait la Chambre depuis 1830, voilà ce qu'elle a commencé; car Dieu me garde de dire que tout soit fait! Non, tout est commencé parmi nous, rien n'est fait, tout est à continuer. Si vous ne persévériez pas dans la politique que vous avez adoptée, si cette majorité, qui s'est glorieusement formée et maintenue, ne se maintenait pas encore, si elle ne se maintenait pas intimement, énergiquement, en accueillant toutes les conquêtes, en s'ouvrant à toutes les réconciliations; mais en ne laissant jamais enfoncer ses rangs, en ne se laissant jamais diviser, si vous ne faisiez pas cela, si vous ne saviez pas le faire, vous verriez en quelques mois, peut-être en quelques jours, s'évanouir toute votre œuvre, cette œuvre salutaire que vous avez si laborieusement accomplie.

Messieurs, gouvernement ou Chambres, ministres, députés, citoyens, nous n'avons qu'une chose à faire, c'est d'être fidèles à nous-mêmes, de faire ce que nous avons fait, d'avancer au lieu de reculer dans la voie dans laquelle nous nous sommes engagés. Non, nous n'avons point à rétrograder; nous n'avons rien à rétracter; il faut, au contraire, que nous poursuivions, que nous avancions; et ce seront là les progrès véritables, les véritables services rendus à la révolution de Juillet, que j'aime et que j'honore autant que qui que ce soit dans cette Chambre, mais que je veux voir ferme, digne, sage, pour son salut et pour notre honneur à nous, à nous tous. (*Vives acclamations.*)

LXXVII

— Chambre des députés. —Séance du 31 mai 1836. —

En février 1836, le cabinet du 11 octobre 1832 s'était dissous. J'étais sorti du ministère de l'instruction publique. La commission du budget avait proposé, dans le budget de ce département, et sur les chapitres relatifs aux encouragements et souscriptions littéraires, des amendements que je crus devoir combattre, et qui furent rejetés.

M. Guizot. — Messieurs, votre commission vous fait sur ce chapitre deux propositions : l'une de le diviser en trois chapitres nouveaux qui deviendront l'objet d'un vote spécial; l'autre de déclarer, par un article additionnel, que désormais aucune distribution de livres ne pourra être faite qu'à des bibliothèques ou à des établissements publics; jamais à des particuliers.

J'ai quelques observations à soumettre à la Chambre sur ces deux amendements, particulièrement sur le second; quant au premier, je serai fort court.

Il n'est pas toujours sans inconvénients de multiplier,

comme le propose votre commission, la spécialité des chapitres, surtout lorsque cette spécialité s'applique à des objets analogues et à des sommes très-peu considérables. La spécialité a évidemment pour objet, non pas d'introduire dans le budget et dans les comptes une classification parfaitement systématique, non pas de pousser l'analyse, la décomposition des dépenses aussi loin qu'on le pourrait, mais d'y apporter la clarté, de faire en sorte que la Chambre et ses commissions puissent en toute occasion se rendre un compte exact des dépenses publiques et de leur emploi. Quand ce but est atteint, quand la clarté est parfaite, quand la Chambre peut se rendre ce compte rigoureux, le but de la spécialité est atteint.

Un membre.—Non, le but n'est pas atteint.

M. GUIZOT. — Vous me répondrez. Je dis que lorsqu'il s'agit d'objets analogues et de sommes peu considérables, il n'y a pas de raison de pousser trop loin la spécialité; elle a l'inconvénient de lier les mains à l'administration dans des cas où il serait utile peut-être que l'administration fût libre. J'en donnerai à la Chambre un exemple pris dans le sujet particulier dont il s'agit. Des deux premiers articles du chapitre, l'un concerne les souscriptions aux ouvrages, l'autre les encouragements littéraires à donner aux personnes; le premier est de 134,000 francs, le second de 154,000 francs.

Il est bien difficile, pour ne pas dire impossible, de déterminer d'avance avec une parfaite précision l'emploi complet de ces sommes divisées en beaucoup de petites sommes, et de dire : il y aura tout juste pour 134,000 francs de souscriptions, pour 154,000 francs d'encouragements à des hommes de lettres. Il arrive souvent dans le courant de l'année, par des cas fortuits, que l'article des souscriptions est épuisé et qu'il reste quelques fonds vacants sur l'article des encouragements. Eh bien! il est utile alors que l'administration puisse reporter sur l'article des souscriptions le reste de fonds disponible sur celui des encouragements; car, après tout, dans l'un et l'autre cas, c'est d'encouragements littéraires qu'il s'agit. Eh bien! lorsque vous aurez complétement lié les mains à l'administration dans l'un et l'autre chapitre, rien de semblable ne pourra se faire, et les fonds en seront souvent beaucoup moins bien employés.

Je ne crois pas, messieurs, qu'il soit de l'intérêt public, ni même de l'intérêt de la Chambre en particulier, d'avoir ainsi d'avance une multitude de petites volontés pour se donner le plaisir de les imposer à l'administration. Il convient à la Chambre d'avoir de grandes volontés, de les avoir d'une manière énergique, efficace; mais comme elle n'est pas appelée à administrer, comme elle n'est propre, ni par ses commissions, ni par elle-même, à régler le détail des petites affaires, je crois qu'il y a un véritable inconvénient quand elle lie les mains à l'administration, et qu'elle l'empêche ainsi de faire le bien dans les cas où l'administration seule peut le faire.

Je ne pense donc pas qu'il y ait réellement utilité à séparer en deux chapitres les deux articles dont il s'agit. Je n'en dirai pas autant de l'une des subdivisions que votre commission propose d'introduire, de ce qui se rapporte aux sommes allouées par les Chambres pour la collection des documents inédits relatifs à l'histoire de France; il est clair qu'il s'agit là d'un travail tout à fait spécial, d'une entreprise distincte qui ne se lie point aux encouragements généraux pour les lettres. Je comprends qu'on en fasse l'objet d'un chapitre particulier; mais sur le reste, sans attacher une grande importance à ces observations, sans croire que le budget de l'instruction publique ait beaucoup à en souffrir, je pense qu'il serait mieux de laisser les choses comme elles sont, et les deux premiers articles confondus dans le même chapitre.

Je passe au second amendement proposé par votre commission. Il a plus d'importance.

Personne n'est plus éloigné que moi de contester les droits de la Chambre et leur étendue en matière de dépenses publiques. Malgré ce que j'avais l'honneur de dire tout à l'heure sur le peu de convenance pour les Chambres d'entrer dans une multitude de détails d'administration, la Chambre a certainement le droit de regarder à tout, de s'enquérir de tout, et de s'assurer que les dépenses publiques ont été faites conformément à leur destination et dans le véritable intérêt public.

Cependant, il y a ici, si je ne me trompe, de la part de la Chambre même et de ses commissions, quelques précautions à prendre, quelque réserve à apporter dans l'examen des actes de l'administration. Toutes les fois que la Chambre pénètre dans des détails petits, minutieux, même quand ce sont des commissions qui s'y livrent avec tout le soin, tout le scrupule qu'y ont apporté, par exemple, la commission du budget de l'instruction publique et son honorable rapporteur, il leur est très-difficile de bien apprécier les motifs de ces actes. Quand il s'agit d'actes considérables, généraux, les motifs se révèlent pour ainsi dire d'eux-mêmes; ils sont aisés à reconnaître. Mais quand il s'agit d'actes de détail, de petites affaires d'administration, les raisons des actes administratifs sont quelquefois difficiles à démêler. Ce sont des faits particuliers, et surtout lorsqu'on n'a eu aucune communication personnelle avec l'administrateur qui a agi, lorsqu'on n'a reçu de lui aucun renseignement sur les motifs qui ont pu déterminer tel ou tel acte, on peut aisément les ignorer ou s'y tromper. La Chambre et ses commissions peuvent ainsi être conduites à blâmer les actes sans en connaître les raisons, sans être à portée d'en bien juger. Je ne dis pas que cela leur arrive nécessairement; je dis que c'est un danger qu'elles courent, et auquel je crois qu'elles feront bien de regarder.

Il y en a un autre qui, je l'avoue, n'intéresse que l'administration et est complétement étranger à la Chambre. Il résulte d'une investigation très-minutieuse des actes administratifs et de la publicité qui lui est donnée avec l'autorité qui s'attache au nom de la Chambre et de ses commissions, il en résulte, dis-je, souvent des occasions fournies aux accusations, et (que la Chambre me passe cette expression), aux calomnies extérieures. Ce fait, je le sais parfaitement, ne peut, ne doit être, en aucune façon, imputé à la Chambre ni aux commissions, ni à leurs honorables rapporteurs ; mais comme il y a là un mal réel, un véritable inconvénient, il importe, je crois, que les membres de cette Chambre et des commissions prennent garde de ne pas y donner légèrement matière ou prétexte.

Je ne dis pas cela, je le répète, pour contester, pour limiter en aucune façon les droits de la Chambre, ni leur étendue dans l'examen des dépenses publiques, mais uniquement pour montrer que, lorsqu'on pénètre dans les détails de l'administration, lorsqu'on étudie de petites questions, il est, vous me permettrez de le dire, il est du devoir de la Chambre et des commissions (car nous avons tous des devoirs) d'y apporter une réserve, une prudence, sans lesquelles le but légitime de ces investigations ne serait pas atteint.

J'entre maintenant dans l'examen des faits mêmes. Le chapitre dont il s'agit et le rapport de votre commission élèvent deux questions différentes : celle des souscriptions littéraires et celle de la distribution des ouvrages auxquels on a souscrit. Les observations de l'honorable rapporteur ont porté successivement sur les deux questions. Je les distinguerai comme lui..

Parlons d'abord des souscriptions.

Je mets sous les yeux de la Chambre l'état des souscriptions du ministère de l'instruction publique en 1834 et en 1835.

En 1834, il a été souscrit par le ministère de l'instruction publique à cent vingt-huit ouvrages, dont vingt et un grands ouvrages à planches, scientifiques ou littéraires, qui n'auraient probablement jamais pu être publiés sans son appui. Votre commission paraît penser que les souscriptions devraient être exclusivement réservées pour de tels ouvrages. Toute autre souscription lui semble abusive. Ainsi les vingtet un grands ouvrages que je viens d'indiquer, ou d'autres analogues, auraient absorbé, seuls, les fonds de 1834. J'en ai pensé autrement, messieurs ; la Chambre jugera si je me suis trompé.

Voici pour quels autres ouvrages des souscriptions ont eu lieu :

D'abord pour trente-huit ouvrages relatifs à l'histoire de France, presque tous à l'histoire locale. La Chambre sait quelle activité ont prise depuis quelques années les travaux relatifs à l'histoire nationale. Tout le monde est d'accord de les encourager, non-seulement à Paris, mais surtout dans les localités. Or, le meilleur moyen, messieurs, de les encourager, c'est de ne pas les laisser mourir sur les lieux même où ils ont été faits. C'est cependant ce qui arriverait presque toujours s'ils n'étaient pas, de la part de l'administration centrale, l'objet d'un encouragement particulier, d'une souscription qui a lieu pour un petit nombre d'exemplaires. Je ne crois donc pas que les trente-huit ouvrages de ce genre encouragés en 1834 puissent être appelés un abus.

Viennent ensuite trente-trois ouvrages... Je demande pardon à la Chambre d'entrer dans ces détails ; mais, comme ils ont été l'objet d'une critique minutieuse, il importe que la Chambre soit parfaitement instruite des faits. (*Parlez! parlez!*)

Viennent ensuite, disais-je, trente-trois ouvrages relatifs à l'enseignement des sciences et des lettres, et qui m'ont paru bons à répandre dans quelques établissements voués à l'instruction publique, ou à placer entre les mains de quelques hommes également voués à l'instruction publique et pour qui ils auraient été quelquefois chers à acheter. Cet encouragement, utile pour les auteurs de ces ouvrages, utile aussi là où ils ont été placés, ne saurait non plus, je crois, être qualifié d'abus.

Après ceux-là, viennent huit ouvrages bons à répandre dans les écoles primaires, et dix-huit ouvrages de science ou de littérature peu populaire, auxquels il a été souscrit pour quelques exemplaires, dans l'unique but d'encourager les auteurs. Quand il se fait de tels travaux, par exemple, des travaux curieux sur telle ou telle langue orientale, sur telles ou telles parties des connaissances humaines qui n'ont qu'un public si restreint que les frais de publication dépassent évidemment de beaucoup ce que le public peut faire pour les encourager et les soutenir, il est, je crois, du devoir d'une bonne administration de donner un encouragement aux auteurs et une marque d'intérêt à la science rare et difficile qui est l'objet de leurs livres.

Voilà, messieurs, la décomposition exacte des souscriptions de 1834. Ainsi, sur cent vingt-huit ouvrages, il y en a cent dix-huit dont la souscription est évidemment fondée sur des motifs graves et bons à mettre sous les yeux de la Chambre. Il n'en reste que dix dont la souscription ait été peut-être déterminée par des motifs moins sérieux. Je n'ai pas, messieurs, la prétention qu'il ne se soit jamais introduit aucun *laisser-aller*, ou une complaisance un peu trop facile dans tel acte isolé et rare de l'administration. La Chambre et ses commissions ont grande raison de les remarquer et d'en avertir; mais j'ai la prétention de montrer que l'abus dont on a parlé n'a eu, à beaucoup près, ni l'étendue, ni l'importance qu'on a cru y voir, et que, parmi les ouvrages auxquels on a souscrit, le plus grand nombre, de beaucoup le plus grand nombre, méritaient tout à fait cet encouragement.

En 1835, la même marche a été suivie; il a été souscrit à quatre-vingt-quinze ouvrages, savoir : huit grands ouvrages scientifiques ou littéraires, trente-huit ouvrages relatifs à l'histoire de France, dix-neuf relatifs à l'enseignement des sciences et des lettres, un à répandre dans les écoles primaires et quatorze relatifs à des objets de science ou de littérature populaire, et en tout quatre-vingt-un. Je puis donc tirer, des faits de 1835, les mêmes conclusions auxquelles les faits de 1834 m'ont tout à l'heure amené.

Vous le voyez, messieurs, quant aux souscriptions l'emploi

des fonds n'a point été fait sans réflexion et sans discernement. Il peut y avoir, il y a réellement plusieurs motifs de souscription ; il ne faut pas les restreindre à un seul ; il ne faut pas croire que les seuls ouvrages auxquels le gouvernement doive souscrire sont ceux qui ne pourraient s'exécuter sans lui. Les sciences et les lettres auraient un dommage réel à en souffrir.

Je passe à la deuxième question, à celle de la répartition des ouvrages auxquels il avait été souscrit. (*Mouvement général d'attention.*)

Messieurs, j'ai fait sur les distributions un travail analogue à celui que je viens de mettre sous les yeux de la Chambre relativement aux souscriptions.

En voici le résultat : En 1834, les cent vingt-huit ouvrages auxquels il avait été souscrit, et que je viens d'énumérer devant la Chambre, ont donné 3,347 exemplaires. Sur ce nombre, il en a été distribué 2,295 à des établissements publics, bibliothèques, colléges ou autres.

Je prie la Chambre de remarquer le chiffre : 2,295 sur 3,347 ; 457 exemplaires ont été accordés à des particuliers, il en reste en magasin 595 ; en tout, 3,347.

Je vais décomposer les 457 exemplaires distribués à des particuliers. Je demande à la Chambre, et je suis convaincu que la Chambre sera de mon avis, la permission d'écarter tous noms propres. Je ne crois pas qu'en aucune occasion, soit qu'il s'agisse de fonctions publiques, soit qu'il s'agisse d'autres faits, les noms propres doivent arriver à cette tribune. L'administration procède d'après des idées générales ; ses actes sont discutés d'une manière générale ; les simples individus et ce qui les concerne ne doivent jamais être mis ici en question. (*Vive approbation.*)

Je décompose donc en quelques classes les 457 exemplaires donnés à des particuliers.

J'ai trouvé établi, en arrivant au ministère de l'instruction publique, un usage qui existait également dans toutes les administrations ayant des distributions de ce genre à faire et qui remonte, non-seulement à la Restauration, mais à l'Empire, comme l'a fait remarquer M. le rapporteur. C'est que, pour tout ouvrage auquel l'administration souscrit, un exemplaire était donné au ministre et un autre au chef de la division des sciences et des lettres. Jusqu'en 1834, cet usage a été suivi partout. Je dirai tout à l'heure à la Chambre comment il a été réformé en partie l'année suivante.

Sur les 457 exemplaires donnés à des particuliers, 115 ont été donnés au ministre de l'instruction publique, 105 au chef de division.

Voilà donc déjà 220 exemplaires donnés en vertu d'un usage ancien et général. Quant aux autres, il en a été distribués 57 à des savants et à des hommes de lettres qui s'occupaient du sujet spécial de l'ouvrage, et à qui l'achat aurait pu être difficile et onéreux. Je crois qu'il est non-seulement naturel, mais que c'est un devoir, pour un ministre de l'instruction publique qui a des distributions de livres à faire, d'en placer quelques-uns entre les mains de ceux qui s'en servent et pour lesquels il serait difficile de les acquérir.

Vingt-six autres exemplaires ont été donnés à des hommes qui avaient rendu à l'instruction publique, soit par des travaux administratifs ou littéraires, soit de plusieurs autres manières, des services utiles et gratuits.

Les services gratuits, messieurs, se multiplient chaque jour dans l'administration, dans celle de l'instruction publique en particulier. Vous connaissez ce grand nombre de comités qui ont été appelés à concourir à l'exécution de la loi sur l'instruction primaire. Eh bien ! il est naturel, quant au secrétaire, par exemple, du comité d'instruction primaire, dont les fonctions sont laborieuses quoiqu'elles soient sans indemnité, il est naturel, dis-je, que le ministre puisse, à titre de récompense et d'encouragement, lui donner quelques-uns des ouvrages dont il dispose.

Plus vous voudrez multiplier les services gratuits, plus vous serez naturellement conduits à répandre sur les hommes de qui vous les recevez, je ne dis pas une récompense, mais une marque de satisfaction, de sympathie, un remerciement, car ce n'est pas autre chose. Eh bien ! c'est là ce qui a été fait pour un certain nombre de personnes, et ce qui, à moins que vous n'adoptiez l'amendement proposé par votre commission, devrait l'être davantage de jour en jour. Plus vous multiplierez les services gratuits, particulièrement dans l'instruction publique, plus vous trouverez nécessaire et honorable cette manière de leur témoigner votre satisfaction.

Sur 457 exemplaires, en voilà donc 303 dont la distribution se justifie pleinement par les motifs généraux que je viens de mettre sous les yeux de la Chambre. Il en reste 154 donnés à diverses personnes pour des motifs purement individuels, qu'il serait presque toujours facile de légitimer, mais qui ne peuvent pas être ramenés à des classes générales. Je répète à la Chambre que je n'ai pas la prétention qu'aucun laisser-aller, aucune complaisance ne se soit glissée ici ; cela est toujours arrivé, cela arrivera toujours ; mais je ne crois pas que ce soit une raison suffisante pour en interdire absolument le droit, comme le propose l'amendement de votre commission.

Voilà pour 1834. En 1835, la distribution a été faite de la même manière. Seulement, comme il y avait eu quelques réclamations sur les abus qui avaient pu s'introduire dans cette branche d'administration, comme un article de loi qui avait été porté dans le budget de 1835 portait qu'il fallait donner des motifs individuels quand on distribuait des ouvrages à des particuliers, j'ai supprimé dans le ministère de l'instruction publique l'usage ancien de donner un exemplaire de chaque ouvrage au chef de la division des sciences et des lettres ; il a pu lui arriver de recevoir un exemplaire de quelques ouvrages, mais il n'a plus eu un exemplaire de tous. Les 95 ouvrages auxquels on a souscrit en 1835, ont produit en totalité 1,727 exemplaires. Sur ces 1,727 exemplaires, 1,062 ont été donnés à des établissements publics, à des colléges, à des bibliothèques, à des sociétés savantes.

Comme l'honorable rapporteur pourrait remarquer quelque différence, s'il a fait un travail analogue, entre les chiffres que je cite et les siens, j'ai l'honneur de l'avertir que j'ai compris dans l'année 1835 ce qui s'est fait et distribué dans les premiers mois de 1836.

Je dis donc que sur 1,727 exemplaires, 1,062 ont été donnés à des établissements publics, à des colléges, à des bibliothèques et à des sociétés savantes ; 191 seulement à des particuliers ; il en reste 572 en magasin.

Vous voyez que déjà, en 1835, la proportion du nombre des ouvrages donnés à des établissements publics augmente beaucoup ; les particuliers en ont reçu beaucoup moins. En voici le détail : 126 aux deux ministres de l'instruction publique qui se sont succédé en 1835 et dans les premiers mois de 1836 ; 4 seulement aux chefs de division ; 21 pour services gratuits rendus à l'administration, 8 à des savants et hommes de lettres occupés du sujet de l'ouvrage, 33 à diverses personnes pour des motifs individuels non susceptibles de classement.

Voilà les faits exacts et complets. Voilà, pour les années 1834 et 1835, d'après quels principes l'administration a agi et dans les souscriptions et dans les distributions.

Eh bien! messieurs, l'amendement que votre commission vous propose ne tient aucun compte de ces faits, absolument aucun ; il suppose qu'il ne peut y avoir qu'un seul motif de souscription, une seule espèce de distribution, qu'il ne peut jamais y avoir de bonnes raisons de souscrire à tout ouvrage qui n'est pas du genre de ces grands ouvrages que le gouvernement seul peut faire exécuter, jamais de distribuer des ouvrages à des particuliers.

Je crois pouvoir l'affirmer encore, messieurs ; un tel amendement est en contradiction avec tous les faits que je viens d'exposer à la Chambre, et qui sont évidemment raisonnables et légitimes.

Je vais plus loin ; je dis que cet amendement méconnaît, si l'on peut se servir de si grandes expressions dans une si petite question, méconnaît l'état actuel de la société. Il veut que tous les ouvrages soient distribués aux bibliothèques publiques. Mais, messieurs, autrefois les bibliothèques étaient attachées historiquement à des établissements savants, à des corporations savantes ; ces établissements, ces corporations avaient des bibliothèques et les avaient faites ; en sorte que, quand on plaçait des livres dans la bibliothèque de tels établissements, d'une congrégation de bénédictins, par exemple, on les mettait à coup sûr entre les mains de savants, d'hommes empressés et capables de s'en servir. La bibliothèque était née au milieu de la science, et c'était la science qui avait créé la bibliothèque. Aujourd'hui, il n'y a rien de semblable ; la plupart des bibliothèques publiques ont été créées fortuitement, et point par la science, ni en vue de la science ; il n'y avait dans les villes point de corps savants par qui et pour qui la bibliothèque fût faite ; les villes ont recueilli les débris des bibliothèques savantes qui existaient dans leur voisinage ; ainsi sont nées la plupart des bibliothèques municipales. Vous n'avez donc aujourd'hui point de savants tout formés à côté de toutes les bibliothèques, point de corporations savantes qui puissent se servir des livres que vous y placez.

Et c'est en présence d'un tel fait qu'on veut interdire à l'administration de donner des livres aux particuliers, de se mettre, dans l'intérêt de la science, en relation avec les particuliers ! On oublie donc que la science, l'étude sont individuelles, isolées aujourd'hui, comme tout le reste. Nous savons pourtant tous que, dans les départements, les hommes, par exemple, qui se dévouent aux études historiques, le font chacun pour son compte, parce que ce travail leur plaît, dans un but solitaire, sans appartenir à aucune congrégation savante. Trouverez-vous mauvais, étrange, que l'administration aille chercher ces hommes épars sur les divers points du territoire, qu'elle communique avec eux, les éclaire, les encourage? Quand un savant du Vivarais a écrit l'histoire de sa province, trouverez-vous étrange qu'on aille donner son ouvrage à un savant de la Normandie qui, lui aussi, s'occupe, dans son coin, de travaux analogues? Non, messieurs, il n'en saurait être ainsi; il faut au contraire, il faut en toute hâte porter au savant de la Normandie les lumières et l'ouvrage du savant du Vivarais, et ne pas restreindre la distribution aux établissements publics quand les établissements publics manquent.

Je pourrais étendre ces considérations et montrer par beaucoup d'autres encore que l'amendement de la commission ne tient pas un compte suffisant des faits, qu'il en méconnaît de considérables, et qu'au lieu de servir les intérêts de la science, il pourrait leur nuire. Je ne mets pas à ces observations plus d'importance qu'il ne convient. La science saura bien triompher de ces petites difficultés, et l'administration aussi. Elles ont fait leur chemin à travers des difficultés beaucoup plus grandes. Cependant il ne faut pas méconnaître les faits et croire qu'une disposition légale sera utile quand elle ne fera, au contraire, que gêner l'administration et la science. La publicité, la discussion annuelle, voilà les véritables garanties du bon emploi des fonds en pareille matière. Je crois que ces garanties suffisent et que celles qu'on veut y ajouter seraient des entraves et non des garanties. Sans y mettre donc une extrême importance, sans demander avec insistance le rejet formel de l'amendement, je crois devoir soutenir qu'il n'atteindra pas le but qu'on se propose, et qu'il ne servira en rien les intérêts des études, de la science, de la bonne administration et de la civilisation. (*Mouvements divers.*)

LXXVIII

— Chambre des députés.—Séance du 10 juin 1836.—

La commission du budget avait proposé, dans le budget du ministère de la guerre, des réductions sur les demandes d'hommes et d'argent faites, par le cabinet que présidait M. Thiers, pour l'Algérie. Je pris la parole pour combattre ces réductions et pour appuyer les propositions du gouvernement.

M. Guizot.—Messieurs, je ne veux pas occuper cette tribune par surprise, ni que la Chambre se puisse un moment tromper sur mon intention. L'honorable membre qui a bien voulu me céder son tour de parole était inscrit pour appuyer les réductions proposées par la commission ; je les repousse; j'appuie les demandes d'hommes et d'argent faites par le gouvernement pour les possessions d'Afrique. (*Très-bien! Mouvement.*)

Encore une observation préliminaire.

Tout à l'heure, au milieu du tumulte, la Chambre me

pardonnera cette expression, qui s'est élevé pendant que l'honorable M. Desjobert parlait, j'ai été sur le point de regretter d'avoir demandé hier à la Chambre de prolonger jusqu'à aujourd'hui cette discussion. (*Mouvement.*) Un désordre contraire à la liberté du débat, et qui n'a été arrêté que par la fermeté courageuse dont je remercie notre honorable président (*Très-bien!*), est un des incidents les plus fâcheux, les plus contraires, je ne dis pas seulement à la dignité de nos discussions, mais à l'efficacité de nos résolutions, qui se puissent élever dans cette enceinte. (*Très-bien!*)

L'an dernier, un honorable membre qui siége maintenant au banc des ministres, prit la parole avec beaucoup de développement pour provoquer l'abandon de nos possessions d'Afrique, pour soutenir par toutes sortes de raisons, les unes politiques, les autres matérielles, d'autres purement morales, que c'était une possession onéreuse et funeste à la France. Je montai à cette même tribune pour répondre à l'honorable M. Passy. Que la Chambre me permette de lui rappeler quelques mots que je crois de mon devoir d'adresser à M. Passy, avant de le combattre ;

« Avant d'entrer dans la discussion, j'éprouve le besoin de remercier le préopinant de la sincérité courageuse avec laquelle il a exposé ici ses idées; il a donné un noble et rare exemple, en disant au pays, en dépit des passions du pays, ce qu'il a considéré comme la vérité et l'intérêt national. Bien loin donc de m'en plaindre, quoique je ne partage pas les idées de l'honorable préopinant, je l'en remercie, j'en félicite la Chambre, et je regarde une telle sincérité comme un véritable service, un service moral rendu au pays. » Et la Chambre me fit l'honneur d'approuver ces paroles.

Messieurs, ce qui était vrai et bon il y a un an est également vrai et bon aujourd'hui. Il est bon, il est honorable pour le pays que chaque membre de cette Chambre vienne ici, avec une entière sincérité, malgré les opinions, malgré les nobles passions du pays lui-même, dire ce qu'il croit être l'intérêt du pays. (*Très-bien! très-bien!*)

Je sais parfaitement que cette liberté, cette publicité, cette discussion continuelle ont des inconvénients; nous les avons éprouvés depuis six ans, en discutant des intérêts bien autrement graves, bien autrement délicats et qui pouvaient avoir des conséquences bien plus funestes que celles qui peuvent résulter d'un débat sur nos possessions d'Afrique. Pendant quelques années, nous avons traité ici de la paix et de la guerre avec les puissances de l'Europe entière, nous avons parlé de toute l'Europe, de ses intentions, de ses gouvernements, avec une entière liberté. Nous avons qualifié... Je dis nous, quoique ce soit de l'opposition que je parle, mais quand il s'agit de liberté de la tribune, l'opposition et nous, c'est une seule et même chose, un seul et même intérêt. (*Nouvelles marques d'approbation.*) Et je dis cela, non par un sentiment de pure générosité, de loyauté envers nos adversaires, mais parce que j'ai confiance, une ferme confiance dans la vertu de nos institutions. Malgré tous les périls de ces discussions, malgré l'inconvénient d'alarmer sans cesse les puissances qui nous entourent, nous avons depuis six ans réussi à maintenir, à affermir la paix. La vertu de nos institutions, la puissance de la majorité, l'évidence des intérêts nationaux ont triomphé de tous les inconvénients de la chaleur des débats.

Il en arrivera de même à l'égard de nos possessions d'Afrique. Sans doute, il a pu y avoir des paroles excessives, des paroles imprudentes; des cœurs honorables, des intérêts légitimes ont pu être blessés par quelques mots qui sont tombés de cette tribune; mais l'opinion publique, la majorité prononcée de la Chambre sont là pour guérir ces blessures momentanées. Et puisqu'on a parlé de l'armée, puisqu'on a paru dire qu'il ne fallait pas parler de l'armée avec autant de liberté que nous en avons déployé en parlant de toutes les puissances de l'Europe, je dirai à mon tour que l'armée française aime, respecte tout comme vous, tout comme le peuple français, la liberté de la tribune (*Très-bien! très-bien!*) Je dirai que l'armée se sent honorée elle-même quand cette tribune est libre. Je dirai que nos soldats se sentiront, seront réellement honorés quand ils s'entendront recommander d'ici toutes les vertus, quand d'ici on leur parlera de modération, de douceur, de civilisation dans la guerre. Si on signale quelques désordres, quelques excès particuliers, ils sauront qu'on les signale pour faire sentir à l'armée tout entière qu'elle a des vertus civiques, des vertus humaines à déployer, aussi bien que des vertus militaires, et qu'elle est appelée à faire honorer partout, en Afrique comme en Europe, le nom français, aussi bien qu'à faire respecter la puissance française. (*Très-bien! bravo!*)

Ainsi, messieurs, toutes ces difficultés, tous ces embarras préliminaires écartés, j'aborde la question même.

Il y a une question qui n'existe plus, c'est celle de l'abandon ou de l'occupation de nos possessions d'Afrique. (*Très-bien!*)

Je dis que cette question n'existe plus : non-seulement elle a été constamment résolue dans le même sens à cette tribune, mais ce qui s'est passé depuis l'année dernière est la preuve la plus certaine qu'elle est irrévocablement résolue.

Quand je vins dire l'an dernier à cette tribune que la France avait conquis Alger et qu'elle conserverait sa conquête, je répondais, comme j'avais l'honneur de le rappeler tout à l'heure à la Chambre, à un honorable membre, alors rapporteur de votre commission du budget, qui depuis a passé sur le banc des ministres. Il n'a point abandonné son opinion ; j'estime trop son caractère pour le supposer ; mais il n'a pu la faire passer avec lui dans le gouvernement. La conservation de nos possessions d'Afrique a subi cette épreuve que ses plus redoutables adversaires sont devenus membres du gouvernement et que l'opinion du gouvernement s'est de nouveau prononcée à cette tribune pour la conservation de nos possessions d'Afrique. Ce qui n'a pas été au pouvoir d'un membre du gouvernement, d'autres ne pourraient y parvenir. Aujourd'hui comme dans le passé, comme dans l'avenir, la conservation de nos possessions d'Afrique est une question vidée sur laquelle le débat est fermé. (*Marques nombreuses d'assentiment.*)

Puisque nous gardons l'Afrique, il faut la garder avec sécurité et dignité. Cela est évident.

Ces seuls mots, sécurité et dignité, excluent complétement, à mon avis, un système qui s'est produit plusieurs fois à cette tribune, qui est presque indiqué de nouveau par votre commission et que M. le président du conseil repoussait avec raison hier.

C'est le système de l'occupation purement militaire et *intra muros* d'un, deux ou trois points sur la côte.

Je ne sais pas ce qui aurait été possible, ce qui aurait été bon dans l'origine de la conquête. Il est clair qu'aujourd'hui un pareil système serait un véritable abandon, que la reculade serait évidente et d'un effet désastreux sur l'esprit des populations d'Afrique.

Il n'y a point ici d'analogie. Il ne faut pas nous parler de Gibraltar, de Malte et des possessions de ce genre que l'Angleterre occupe dans la Méditerranée. Du haut de Gibraltar, l'Angleterre domine l'ouverture de la Méditerranée. Du haut de Malte, l'Angleterre domine le milieu de la Méditerranée. Mais que feriez-vous du haut d'Oran ou d'Alger? Vous ne domineriez rien, vous seriez en prison. (*De toutes parts* : C'est vrai!)

Les populations arabes vous entoureraient et vous emprisonneraient. Ainsi, au lieu d'avoir, comme l'Angleterre, ou la clef de la Méditerranée; ou un port admirable sur la Méditerranée, vous seriez dans une véritable prison. Un tel système ne supporte pas le moindre examen.

Reste donc, messieurs, la possession, la conservation du territoire africain que nous avons conquis. C'est ainsi que la question doit être posée. Eh bien! ainsi posée, y a-t-il ou n'y a-t-il pas deux systèmes de conduite, deux modes d'administration entre lesquels le gouvernement français soit appelé à choisir? Voilà la vraie question. Je la resserre à dessein dans ces limites, et c'est dans ces limites que je me propose de soumettre de courtes observations à la Chambre.

Je ne voudrais pas, messieurs, me servir du mot de système : c'est trop dire. La différence qui existe, au moins en commençant, entre les deux conduites qu'on peut tenir, je crois, à l'égard de nos possessions d'Afrique, n'est pas assez fondamentale, assez radicale pour qu'on puisse dire qu'il s'agit de deux systèmes en présence. Cependant je crois la différence réelle; et de même que deux lignes qui à l'origine sont presque parallèles, s'éloignent à mesure qu'elles se déploient, et avec l'aide de l'espace et du temps, peuvent conduire à des résultats fort contraires, quoique presque confondues à leur point de départ, de même deux conduites, deux modes d'administration, quoique très-semblables en apparence à leur origine, quoique entraînant les mêmes dépenses, exigeant les mêmes efforts, peuvent, dans l'avenir, différer essentiellement et avoir des conséquences, l'un utiles, l'autre contraires aux intérêts du pays.

Or, messieurs, il y a une conduite que je me permettrai d'appeler agitée, guerroyante, jalouse d'aller vite, d'aller loin, d'étendre brusquement, par la ruse ou par la force, la domination française, la domination officielle française, sur toutes les parties, sur toutes les tribus du territoire de l'ancienne régence.

Il y a une autre conduite moins inquiète, moins guerroyante, plus lente, plus pacifique, qui aurait pour objet d'établir fermement l'autorité, la possession française sur certaines parties du territoire, sur les parties appropriées aux premiers temps de notre occupation, et qui s'appliquant, de là, à entretenir de bonnes relations avec les indigènes, ne les inquiéterait pas immédiatement sur leur indépendance, ne leur ferait la guerre que par force, en cas d'absolue nécessité.

Eh bien! je crois que l'état de l'Afrique, l'état de la France, l'état de l'Europe, toutes les raisons imaginables repoussent la première conduite, la conduite guerroyante, agitée, et conseillent la conduite lente, pacifique, mesurée.

Quant à l'Afrique, je n'entrerai pas dans de longs détails ; après tout ce que vous avez entendu, il est clair que nos possessions sont là couvertes de populations liées entre elles par l'identité d'origine, de religion, de mœurs, de langage, et naturellement liguées contre nous ; de populations guerrières et qui peuvent le devenir bien plus encore, qui le deviennent davantage tous les jours ; de populations qu'on ne peut, en aucune manière, assimiler ni aux Indiens de l'Amérique du Nord, ni aux Indous de l'Asie qui ont été conquis et domptés par la domination anglaise. Rien de semblable ne peut se passer en Afrique. La race arabe ne ressemble ni à la race rouge de l'Amérique du Nord, ni à la race jaune de l'Asie ; elle est dans des conditions différentes ; elle vous opposera une résistance bien plus énergique, bien plus organisée. N'imaginez pas non plus, messieurs, que vous prendrez purement et simplement la place des Turcs, et que, parce que les Turcs ont réussi à étendre partout leur domination, vous réussirez comme eux. Je crains que cette analogie ne trompe beaucoup de bons esprits, et qu'elle ne coure le risque d'entraîner le gouvernement dans une mauvaise voie. Il y avait entre les Turcs et les Arabes une similitude de religion, de mœurs, d'origine, qui se prêtait à la domination d'un peuple sur l'autre : il y avait encore les habitudes de violence et de barbarie des Turcs dans leurs moyens d'administration ; violence, barbarie que vous ne voulez pas, que vous ne devez pas employer. Ce qu'on vous a dit tout à l'heure sur la nécessité de respecter la législation du pays, ses usages, ses mœurs, tout cela est vrai, je ne le conteste pas. Cependant, sachez bien que toutes les fois qu'en vertu de ces mœurs et de ces usages, il se commettra en Afrique quelques-uns de ces actes que nous appelons excès, violence, désordre, cela retentira à Paris ; vous aurez les débats que vous venez d'avoir ; Paris n'est pas Constantinople. Quand à Alger, à Bone ou ailleurs, il se commettait de pareils excès, Constantinople ne s'en inquiétait pas, elle laissait faire. Paris s'en inquiétera, et il aura raison ;

c'est l'honneur de Paris, l'honneur de la France, de ne pas pouvoir souffrir, même en récits, de pareilles violences dans un pays où flotte notre drapeau, où nous commandons. Gardez-vous bien d'interdire ces débats, de les bannir ; ils sont honorables pour la Chambre, pour le pays ; ils entretiennent la force de votre civilisation, de vos mœurs, de vos lois ; et c'est à ce prix, c'est à l'aide d'une telle impulsion que vous ferez pénétrer vos lois, vos mœurs, votre civilisation dans cette terre que vous occupez et à qui vous les devez. (*Très-bien ! très-bien !*)

Encore une dernière circonstance de l'Afrique, qui est importante et qu'on a peut-être trop oubliée : il est vrai que l'ancienne régence, par les différents pachaliks qu'elle contenait, tenait encore par un lien à l'empire turc; mais enfin, l'indépendance étant à peu près complète, le gouvernement turc ne s'inquiétait guère de ce qui se passait en Afrique ; il n'y avait pas de responsabilité politique du gouvernement turc à la régence d'Alger. Vous êtes dans une situation différente; vous n'avez pas en Afrique des deys qui se perpétuent par eux-mêmes; l'Afrique est gouvernée de Paris par les ministres du roi des Français, par le vote des Chambres, en sorte que la responsabilité en pèse sur le gouvernement du roi, sur la Chambre, sur vous tous, et que, puisque nous en répondons, c'est par nous-mêmes, c'est d'après nos propres idées, nos propres sentiments que nous devons régir ce pays. (*Très-bien !*)

Si je regarde la France, je trouve que le système de guerre, le système d'extension rapide et par voie de conquête, n'est pas moins contraire aux habitudes de la France et à notre situation en France qu'aux habitudes de l'Afrique et à la situation de ces peuples.

Un tel système entraîne nécessairement une masse de dépenses, de désordres, de violences, de souffrances, qui n'est pas compatible avec l'état actuel de nos mœurs et avec nos institutions. Il est très-vrai que le gouvernement représentatif, quoiqu'il ne soit pas étranger aux grandes choses, quoiqu'il ait fait de grandes choses et qu'il puisse, en fait de grandeur, se mettre à côté de tout autre gouvernement dans le passé aussi bien que dans le présent, il est très-vrai que le gouvernement représentatif ne sacrifie pas le présent à l'avenir; il est très-vrai qu'il ne se livre pas à des entreprises lointaines, autant que les gouvernements absolus; il est très-vrai qu'il est plus réservé, plus lent, par cela seul que la responsabilité y joue un rôle énorme. Ne demandez donc pas au gouvernement représentatif de fonder des colonies aux mêmes conditions que l'ont fait les gouvernements absolus. Les colonies des États-Unis ont coûté tout autant, peut-être même plus d'argent, plus de désordres et de sang que n'en coûteraient aujourd'hui des colonies en Afrique ou ailleurs. Mais cela se pouvait alors, cela ne se pourrait plus aujourd'hui. N'entreprenez pas ce que vous ne mèneriez pas jusqu'au bout. Vous vous plaignez avec raison de l'incertitude qui pèse sur nos idées et nos résolutions à l'égard de nos possessions d'Afrique. Si vous entrez dans un système qui choque nos sentiments et nos mœurs, un système tel que la bouche de vos meilleurs citoyens, de vos hommes les plus éclairés, vienne répandre sans cesse des doutes sur l'utilité, sur la légitimité de votre conduite, vous ne mènerez pas un tel système jusqu'au bout; et loin d'avoir réussi, vous tomberez dans la faiblesse parce que les voix qui s'élèveront, même dans votre sein, contre les résultats d'un tel système, ces voix-là vous frapperont d'impuissance.

J'ajouterai un seul mot sur l'Europe. Vous ne pouvez douter que notre belle position sur la Méditerranée ne soit un sujet d'inquiétude jalouse pour de certaines puissances. Vous ne pouvez douter qu'en particulier, à l'égard de nos possessions en Afrique, il n'y ait de secrètes pensées, je dirai volontiers de secrètes menées, qui ont pour objet de nuire à la sécurité de notre possession. Vous ne pouvez douter qu'il ne doive y avoir des efforts tentés pour reformer autour de nos possessions d'Afrique les confédérations arabes, la puissance turque, pour semer autour de nous des ennemis et des obstacles. Ce n'est pas une raison pour abandonner nos possessions d'Afrique, puisque au contraire cela prouve l'importance qu'elles ont aux yeux des puissances jalouses; mais c'est une raison pour nous d'agir avec une grande réserve, avec une grande prudence; vous aurez naturellement beaucoup de difficultés; n'y ajoutez donc pas vous-mêmes; ne prêtez donc pas le flanc plus qu'il ne faut à ces jalousies naturelles, inévitables; vous êtes condamnés en Afrique à être plus prudents, plus réservés, plus patients que partout ailleurs, puisque vous y êtes l'objet d'une inquiétude jalouse et peut-être de quelque chose de plus que de la jalousie.

Vous le voyez, messieurs, je n'entre dans aucun fait particulier; je les écarte tous, comme l'a fait hier M. le président du conseil. Je n'examine la question que dans ses traits généraux; il résulte évidemment, à mon avis, que le meilleur système, c'est celui que j'avais eu l'honneur d'indiquer l'année dernière à cette tribune, et que les résolutions du gouvernement du roi avaient ensuite sanctionné; ce système consiste à se fortifier, à s'établir bien solidement dans certaines parties du territoire, au lieu de promener promptement et par force la souveraineté française sur toutes les parties du territoire; à entretenir les meilleures relations possibles, les plus pacifiques possibles avec les indigènes, sans les inquiéter tous sur leur indépendance, sans inquiéter les divers chefs sur la petite portion de souveraineté à laquelle ils prétendent. Je sais, messieurs, qu'il n'est pas toujours aisé de se maintenir sur cette ligne, qu'il est facile d'être entraîné du système tranquille au système agressif et de la paix à la guerre; c'est là une pente périlleuse pour le gouvernement; c'est à lui de se défendre contre ce péril; il faut qu'il se défende des séductions militaires, des séductions de souveraineté complète et prompte; il faut qu'en matière d'expéditions, de promenades guerrières, il ne fasse que celles qui sont indispensables pour la sécurité, pour la dignité. Mais, cela convenu, messieurs, que la Chambre ne s'y trompe pas, elle doit se montrer très-large sur les moyens qu'on demande en hommes et en argent pour faire réussir l'établissement d'Afrique. Ce à quoi il faut qu'elle tienne par une volonté forte et simple, c'est à l'exécution fidèle et ferme de la conduite qu'elle aura adoptée, qu'elle aura reconnue une fois bonne ; qu'elle fasse servir son influence sur le gouvernement à le défendre contre les entraînements auxquels il est exposé ; c'est à cela que la Chambre doit employer son influence. Quoi qu'il arrive, elle sera responsable de notre conduite et de la destinée de nos possessions d'Afrique. Si l'on échoue, faute de moyens, la Chambre en sera responsable ; on dira qu'elle n'a pas su soutenir l'administration. Si l'on échouait par précipitation, par esprit inquiet, agressif, on s'en prendrait également à la Chambre; on dirait qu'elle n'a pas su contrôler et contenir l'administration. Il faut que la Chambre soutienne et contienne ; il faut qu'elle soit très-large et très-ferme en même temps. Pour mon compte, je vote sans réduction tout ce que demande le gouvernement pour nos possessions d'Afrique, et en même temps je conjure le gouvernement et la Chambre de bien considérer notre situation et la pente sur laquelle nous sommes placés. Il n'y a encore aucun parti fâcheux irrévocablement pris, aucune faute décisive ; mais nous sommes, je le répète, sur une pente périlleuse ; nous pourrions y être entraînés.

M. le président du conseil. — Je demande la parole.

M. GUIZOT. — La Chambre peut beaucoup pour avertir et retenir le gouvernement ; je la conjure d'y employer toute sa sagesse.

Après le discours de M. Thiers et ses observations sur quelques-unes des paroles que je venais de prononcer, je remontai à la tribune :

M. GUIZOT. — Moi aussi, messieurs, je n'ai que quelques mots à dire ; il y en a un qui me presse ; je n'ai jamais eu et n'aurai jamais, à cette tribune, la prétention de donner des leçons à personne. Les paroles qui descendent de cette tribune ne sont point des leçons, nous y disons tous notre avis avec une entière liberté; c'est notre avis, rien de plus. (*Approbation marquée.*)

J'ai trouvé qu'en effet, dans le discours prononcé hier par mon honorable ami M. Duvergier de Hauranne, discours inspiré par un sentiment moral profond, et une raison très-éclairée, il y avait quelques paroles imprudentes; j'en dirai autant du discours prononcé tout à l'heure par l'honorable M. Desjobert.

Je l'ai dit comme je le pense; mais j'ai dit en même temps, et parce que je voulais exprimer toute ma pensée, que je rendais un éclatant hommage au noble zèle qui a animé ces honorables membres. Quand ils sont venus entretenir la Chambre de ce qu'ils regardaient comme un mal, un grand mal, un mal moral quelquefois pour le pays, je leur en ai su, je leur en sais un gré infini, et si j'ai trouvé dans quelques-unes de leurs paroles quelque imprudence, si j'ai regretté quelques mots, je me hâte de dire ou plutôt de répéter que je les remercie, pour l'honneur de mon pays, de leurs discours tout entiers.

Dans une occasion semblable et bien mémorable, messieurs, dans la Chambre des communes, à propos de l'abolition de la traite des nègres, M. Pitt, alors premier ministre, qui se connaissait, je crois, en fait de pouvoir, et qui n'était pas disposé à trouver bon qu'on parlât mal de son pays, M. Pitt, en entendant plusieurs membres de la chambre des Communes s'écrier, lorsqu'on racontait les atrocités commises par des Anglais sur les vaisseaux négriers : « Assez! assez! » M. Pitt se leva et dit : « Non, ce n'est pas assez; tant qu'il se commettra sur un seul vaisseau anglais un seul acte semblable, ce ne serait pas trop de tous les cris de la Chambre des communes tout entière pour en effacer le souvenir.» (*Profonde sensation.*)

Voilà quel fut, dans cette occasion, le cri du premier

ministre anglais, cri honorable pour lui, pour la Chambre des communes, pour le pays tout entier.

Je reviens à la question. M. le président du conseil a raison; tous les faits qui se sont accomplis en Afrique, et à raison desquels on demande des suppléments d'hommes et d'argent, ont eu lieu sous l'administration de l'ancien cabinet. La même part de responsabilité qui appartient, à raison de ces faits, à M. le président du conseil, m'appartient également; je ne la répudie pas plus que lui. Mais je n'en suis point embarrassé. M. le président du conseil ne pense certainement pas que j'entretiendrai la Chambre de ce qui a pu se passer dans l'intérieur du conseil. Je dirai donc, sans parler en aucune façon ni du conseil, ni de ses délibérations intérieures, qu'après le débat de l'année dernière, après les instructions données à M. le gouverneur de nos possessions d'Afrique, il me parut plus d'une fois, pendant que j'avais l'honneur de siéger dans les conseils de la couronne, que l'esprit de ces instructions n'était pas parfaitement saisi, parfaitement suivi. Non-seulement j'eus pour mon compte cette impression, mais je crois me rappeler qu'il y eut certains actes, certaines dépêches de l'administration, qui furent inspirés par la même idée, par la crainte que l'esprit des instructions données au gouverneur de nos possessions d'Afrique n'eût pas été parfaitement compris et parfaitement suivi dans leur exécution. Je dis là un fait qui est, je n'en doute pas, aussi présent à la mémoire de M. le président du conseil qu'à la mienne...

M. LE MARÉCHAL CLAUZEL.—Je demande la parole. (*Mouvement de curiosité.*)

M. GUIZOT.—Aujourd'hui je n'ai fait autre chose que porter à cette tribune le sentiment que j'avais alors; si j'avais continué à siéger dans le conseil du prince, il est probable que je n'aurais pas porté à cette tribune l'expression de ce sentiment, et qu'elle aurait trouvé sa place ailleurs; il est probable que j'aurais employé, pour exprimer mon opinion et pour la faire prévaloir, les moyens qui auraient été à ma disposition. Ayant changé de situation, siégeant aujourd'hui dans ce grand conseil du pays et du roi qui s'appelle la Chambre des députés, j'ai cru et je croirai toujours de mon devoir d'y dire mon avis, comme je le disais dans le conseil de la couronne, avec la même réserve et dans la même intention; dans l'unique dessein, non pas de donner une leçon aux ministres du roi, pas plus qu'à aucun de mes collègues, mais de m'acquitter de mon devoir et de concourir, selon ma situation et mes lumières, au gouvernement du pays; car, messieurs, ne perdez jamais de vue cette pensée : vous êtes une portion éminente du gouvernement du pays; la responsabilité qui pèse sur le gouvernement pèse sur vous. Vos conseils ont tant de poids, vos résolutions sont si décisives que vous ne pouvez échapper à cette responsabilité. C'est donc pour chacun de nous un devoir de faire tout ce que nous pouvons pour maintenir le gouvernement dans une ligne conforme aux intérêts de la France. Voilà ce que j'ai fait, rien de moins, rien de plus. Je remercie M. le président du conseil des assurances de prudence et de réserve qu'il nous a données quant à l'administration de l'Afrique. Je ne demandais pas davantage et je n'attendais pas moins de son excellent esprit et de sa sagacité. (*Mouvement universel et très-prononcé d'approbation.*)

FIN DU TOME DEUXIÈME.

TABLE DES MATIÈRES

DU TOME DEUXIÈME.

DISCOURS.

XLV.—Exposé du projet des motifs de loi sur l'instruction primaire présenté à la Chambre des députés le 2 janvier 1833. (Chambre des députés, séance du 2 janvier 1833.).... 1
    Séance du 29 avril 1833......................... 27
    Séance du 30 avril 1833......................... 32
    Séance du 2 mai 1833........................... 57
    Séance du 3 mai 1833........................... 59
    Chambre des pairs, séance du 6 mai 1833.......... 69
    — séance du 27 mai 1833........ 72
    — séance du 28 mai 1833........ 83
    Chambre des députés, séance du 1er juin 1833..... 86
    — séance du 17 juin 1833..... 88

XLVI.—Discussion sur un projet de loi relatif à l'état de siége. (Chambre des pairs, séance du 16 février 1833.)...... 94

XLVII.—Discussion du budget du ministère des affaires étrangères pour 1833. (Chambre des députés, séance du 20 février 1833.)... 104

XLVIII.—Proposition d'un projet de loi sur des récompenses nationales pour les familles de MM. Cuvier, Champollion jeune, Abel Rémusat, Saint-Martin, Chézy, morts dans le cours de l'année 1832. (Chambre des députés, séance du 2 mars 1833.).................................. 111

XLIX.—Discussion du projet de loi sur les crédits supplémentaires pour l'exercice 1833. (Chambre des députés, séance du 6 mars 1833.).................................. 121
    Séance du 25 mars 1833......................... 135

L.—Débat relatif à la rétribution universitaire. (Chambre des députés, séance du 18 avril 1833.).................. 145

LI.—Explications relatives aux bourses dans les divers établissements communaux d'instruction publique. (Chambre des députés, séance du 13 mai 1833.)................. 149

TABLE DES MATIÈRES.

LII.—Discussion sur le projet de loi relatif à la garantie de l'emprunt grec. (Chambre des députés, séance du 20 avril 1833.) 155

LIII.—Discussion du budget du ministère de l'instruction publique. (Chambre des députés, séance du 29 mai 1833.) 168

LIV.—Discussion du budget du ministère de la marine. Débat relatif à l'expédition dans les eaux du Tage et à la capture de la flotte portugaise. (Chambre des députés, séance du 11 juin 1833.) 176

LV.—Discussion de l'adresse de 1834. (Chambre des députés, séance du 3 janvier 1834.) 179
Séance du 6 janvier 1834 193

LVI.—Débat sur l'étendue, les conditions et les formes du droit d'interpellation. (Chambre des députés, séance du 5 mars 1834.) 202

LVII.— Discussion du projet de loi sur les associations. (Chambre des députés, séance du 12 mars 1834.) 209
Séance du 21 mars 1834 220

LVIII.—Discussion du budget du ministère de l'instruction publique. (Chambre des députés, séance du 8 mai 1834.) 249
Séance du 9 mai 1834 253
Même séance 260
Séance du 10 mai 1834 263

LIX. — Discussion du projet de loi relatif aux détenteurs d'armes et munitions de guerre. (Chambre des députés, séance du 14 mai 1834.) 271

LX.—Discussion de l'adresse de la Chambre des pairs pour l'ouverture de la session de 1835. (Chambre des pairs, séance du 9 août 1834.) 275

LXI.—Explications relatives aux crises ministérielles survenues dans le dernier semestre de 1834. (Chambre des députés, séance du 5 décembre 1834.) 289
Séance du 6 décembre 1834 309

LXII.—Débat sur le projet de loi relatif au crédit extraordinaire demandé pour la construction d'une salle des séances judiciaires de la cour des pairs. (Chambre des députés, séance du 30 décembre 1834.) 320

LXIII.—Continuation du même débat. (Chambre des députés, séance du 2 janvier 1835.) 334

LXIV.—Interpellations sur les causes de la crise ministérielle survenue à la fin de février 1835. (Chambre des députés, séance du 11 mars 1835.) 348

LXV.—Nouvelles interpellations sur les causes de la crise ministérielle survenue à la fin de février 1835. (Chambre des députés, séance du 14 mars 1835.) 358

LXVI.—Discussion du projet de loi relatif à la responsabilité des ministres et des autres agents du pouvoir. (Chambre des députés, séance du 17 mars 1835.) 377

TABLE DES MATIÈRES.

LXVII.—Discussion du projet de loi relatif à la responsabilité des ministres et autres agents du pouvoir. (Chambre des députés, séance du 25 mars 1835.)................... 381

LXVIII.—Débat relatif à la réélection du général Sébastiani appelé de l'ambassade de Naples à celle de Londres. (Chambre des députés, séance du 3 avril 1835.)........ 383

LXIX.—Discussion du projet de loi pour l'exécution du traité du 14 juillet 1831, par lequel la France se reconnaissait débitrice des Etats-Unis d'Amérique pour une somme de vingt-cinq millions. (Chambre des députés, séance du 11 avril 1835.)... 388
    Séance du 17 avril 1835........................... 392

LXX.—Discussion du budget du ministère de la guerre. Débat relatif à l'admission des élèves de l'Ecole polytechnique dans l'instruction publique. (Chambre des députés, séance du 18 mai 1835.).. 394

LXXI.—Discussion du budget du ministère de l'instruction publique. Débat concernant les études classiques littéraires et les études scientifiques. (Chambre des députés, séance du 29 mai 1835.).... 396

LXXII.—Discussion du projet de loi pour l'exécution du traité du 14 juillet 1831, par lequel la France se reconnaissait débitrice des Etats-Unis d'Amérique pour une somme de vingt-cinq millions. (Chambre des pairs, séance du 11 juin 1835.)... 405

LXXIII.—Discussion du projet de loi sur le mode de procéder du jury en matière criminelle. (Chambre des députés, séance du 17 août 1835.)........................ 420

LXXIV.—Discussion du projet de loi sur la peine de la détention dans la déportation. (Chambre des députés, séance du 20 août 1835.)................................. 431

LXXV.—Discussion du projet de loi sur la presse. (Chambre des députés, séance du 28 août 1835.)................. 437

LXXVI.—Discussion des fonds secrets demandés par le cabinet du 22 février 1836. (Chambre des députés, séance du 24 mars 1836.)... 447

LXXVII.—Discussion sur les encouragements et souscriptions littéraires dans le budget du ministère de l'instruction publique. (Chambre des députés, séance du 31 mai 1836. 460

LXXVIII.—Discussion sur les affaires de l'Algérie. (Chambre des députés, séance du 10 juin 1836)................. 473

FIN DE LA TABLE DU TOME DEUXIÈME.

PARIS.—IMPRIMÉ CHEZ BONAVENTURE ET DUCESSOIS,
55, QUAI DES AUGUSTINS.

www.ingramcontent.com/pod-product-compliance
Lightning Source LLC
Chambersburg PA
CBHW060234230426

43664CB00011B/1642